21 世纪全国高等院校财经管理系列实用规划教材

劳动法与社会保障法
（第 3 版）

主编 李 瑞 李文丽

内 容 简 介

本书比较系统、全面地介绍了劳动法与社会保障法的基础知识，论述了劳动法的基本概念、基本原则和主要法律制度。全书分章阐述了劳动法的基本理论、劳动法的历史沿革、促进就业法律制度、劳动合同法、工会法律制度、工作时间与休息时间法律制度、工资与职工福利法律制度、劳动安全卫生法律制度、劳动争议处理法律制度、劳动监督检查法律制度以及违反劳动法的法律责任等重要内容。

本书既注重劳动法基本理论的解析，反映劳动法领域的最新研究成果，又十分注重理论知识在实践中的应用，体现了追求劳动法知识的科学性、前沿性、体系性和实践性的特色。

本书既适用于普通高等院校法学专业、财经专业开设的"劳动法"或"劳动法与社会保障法"课程，也可供其他专业学生选修使用，还可作为普通读者了解、学习和运用劳动法知识的参考书。

图书在版编目(CIP)数据

劳动法与社会保障法 / 李瑞，李文丽主编．—3 版．—北京：北京大学出版社，2017.6
（21世纪全国高等院校财经管理系列实用规划教材）
ISBN 978-7-301-28356-1

Ⅰ．①劳… Ⅱ．①李…②李… Ⅲ．劳动法—中国—高等学校—教材 ②社会保障—行政法—中国—高等学校—教材 Ⅳ．① D922.5 ② D922.182.3

中国版本图书馆 CIP 数据核字 (2017) 第 115532 号

书　　　名	劳动法与社会保障法（第 3 版） LAODONGFA YU SHEHUI BAOZHANGFA
著作责任者	李　瑞　李文丽　主编
策划编辑	王显超
责任编辑	李瑞芳
标准书号	ISBN 978-7-301-28356-1
出版发行	北京大学出版社
地　　　址	北京市海淀区成府路 205 号　100871
网　　　址	http://www.pup.cn　　新浪微博：@北京大学出版社
电子信箱	pup_6@163.com
电　　　话	邮购部 62752015　　发行部 62750672　　编辑部 62750667
印　刷　者	北京鑫海金澳胶印有限公司
经　销　者	新华书店
	787 毫米 × 1092 毫米　16 开本　22 印张　525 千字 2009 年 12 月第 1 版　2012 年 10 月第 2 版 2017 年 6 月第 3 版　2017 年 6 月第 1 次印刷
定　　　价	48.00 元

未经许可，不得以任何方式复制或抄袭本书之部分或全部内容。
版权所有，侵权必究
举报电话：010-62752024　电子信箱：fd@pup.pku.edu.cn
图书如有印装质量问题，请与出版部联系，电话：010-62756370

第 3 版前言

第十届全国人民代表大会常务委员会第二十八次会议于 2007 年 6 月 29 日通过的《中华人民共和国劳动合同法》以及第十届全国人民代表大会常务委员会第二十九次会议于 2007 年 8 月 30 日通过的《中华人民共和国就业促进法》，都于 2008 年 1 月 1 日起施行，这是我国劳动法法制建设中具有里程碑意义的重要法律，对于发展和完善我国和谐劳动关系将产生重大而深远的影响。另外，《中华人民共和国劳动争议调解仲裁法》已于 2008 年 5 月 1 日起实施。

劳动法与社会保障法关系到每个劳动者的切身利益，现实生活中的劳动纠纷越来越多，需要每个劳动者掌握一定的劳动法知识，以便维护自己的合法权益。本书在前版的基础上结合最新法律的基本内容，吸收以往劳动法与社会保障法的理论研究成果进行编写，注重内容的实用性，穿插了许多常见的、典型的劳动纠纷的实例，既生动，又具有说服力。作为法治社会的成员，非常有必要选择具有实际使用价值的法律书籍来武装自己的头脑。

本书比较系统、全面地介绍了劳动法与社会保障法的基础知识，论述了劳动法的基本概念、基本原则和主要法律制度。全书共分 11 章，分别阐述了劳动法的基本理论、劳动法的历史沿革、促进就业法律制度、劳动合同法、工会法律制度、工作时间与休息时间法律制度、工资与职工福利法律制度、劳动安全卫生法律制度、劳动争议处理法律制度、劳动监督检查法律制度，以及违反劳动法的法律责任等内容。

本书由李瑞、李文丽担任主编，汤建华、焦娟担任副主编。本书作者主要是来自华南农业大学、华中农业大学、新疆塔里木大学、广东技术师范学院、广东肇庆学院等单位长期从事劳动法教学和理论研究的人员。具体分工如下：李瑞、唐元平编写第 1 章，汤建华编写第 2 章，许英编写第 3 章，李瑞、刘雪梅编写第 4 章，唐元平编写第 5 章，焦娟编写第 6 章，钟广池编写第 7、9 章，焦娟、吕惠琴编写第 8、10 章，李瑞、李文丽编写第 11 章。本书由李瑞、李文丽最后统改定稿。

由于编者水平有限，不当和错漏之处在所难免，恳请广大读者批评指正。

编　者
2017 年 3 月

目 录

第1章 劳动法的基本理论 ………… 1
  1.1 劳动法的概念与调整对象 ……… 2
  1.2 劳动权 …………………………… 5
  1.3 劳动法律关系 …………………… 6
  1.4 劳动法的地位与作用 …………… 13
  1.5 劳动法律渊源与体系 …………… 16
  1.6 劳动法的基本原则 ……………… 19
  本章小结 ……………………………… 22
  复习思考题 …………………………… 22
  课后阅读 ……………………………… 22

第2章 劳动法的历史沿革 ………… 25
  2.1 劳动法的产生 …………………… 26
  2.2 外国劳动立法 …………………… 27
  2.3 中国劳动法的历史沿革 ………… 31
  2.4 国际劳工立法 …………………… 39
  本章小结 ……………………………… 46
  复习思考题 …………………………… 46
  课后阅读 ……………………………… 49

第3章 促进就业法律制度 ………… 55
  3.1 促进就业概述 …………………… 56
  3.2 就业与就业权 …………………… 63
  3.3 人力资源市场 …………………… 69
  3.4 就业服务与管理 ………………… 74
  3.5 职业教育与培训 ………………… 80
  本章小结 ……………………………… 87
  复习思考题 …………………………… 88
  课后阅读 ……………………………… 88

第4章 劳动合同法 ………………… 90
  4.1 劳动合同及立法概述 …………… 91
  4.2 劳动合同的订立 ………………… 96
  4.3 劳动合同的履行与变更 ………… 102
  4.4 劳动合同的解除与终止 ………… 109
  4.5 劳动合同的特别规定 …………… 113
  4.6 用人单位的内部规章制度 ……… 117
  4.7 法律责任 ………………………… 118
  本章小结 ……………………………… 121
  复习思考题 …………………………… 121
  课后阅读 ……………………………… 122

第5章 工会法律制度 ……………… 124
  5.1 工会的法律地位与职责 ………… 125
  5.2 工会法与劳动法的关系 ………… 130
  5.3 职工参与权 ……………………… 131
  5.4 集体劳动关系及其法律调整 …… 134
  5.5 三方协商机制 …………………… 141
  本章小结 ……………………………… 146
  复习思考题 …………………………… 146
  课后阅读 ……………………………… 147

第6章 工作时间与休息时间
       法律制度 ……………………… 148
  6.1 工作时间与休息时间法律
       制度概述 ………………………… 149
  6.2 工作时间法律制度 ……………… 155
  6.3 休息时间法律制度 ……………… 160
  6.4 延长工作时间法律制度 ………… 164
  本章小结 ……………………………… 168
  复习思考题 …………………………… 168
  课后阅读 ……………………………… 168

第7章 工资与职工福利法律制度 … 171
  7.1 工资概述 ………………………… 172
  7.2 工资构成与工资形式 …………… 176
  7.3 最低工资制度 …………………… 185
  7.4 特殊情况下的工资支付 ………… 193
  7.5 工资的法律保障 ………………… 195
  7.6 职工福利法律保障 ……………… 202
  本章小结 ……………………………… 204
  复习思考题 …………………………… 204
  课后阅读 ……………………………… 206

第8章 劳动安全卫生法律制度 ········ 207
- 8.1 劳动安全卫生法律制度概述 ········ 208
- 8.2 劳动安全法律制度 ················ 215
- 8.3 劳动卫生法律制度 ················ 221
- 8.4 劳动安全卫生管理法律制度 ······ 225
- 8.5 职业伤害法律制度 ················ 234
- 8.6 特殊劳动保护法律制度 ·········· 247
- 本章小结 ······························ 257
- 复习思考题 ··························· 257
- 课后阅读 ······························ 258

第9章 劳动争议处理法律制度 ········ 261
- 9.1 劳动争议处理法律制度概述 ······ 262
- 9.2 劳动争议处理的基本原则 ········ 271
- 9.3 劳动争议的调解法律制度 ········ 273
- 9.4 劳动争议的仲裁法律制度 ········ 276
- 9.5 劳动争议的诉讼法律制度 ········ 284
- 本章小结 ······························ 288
- 复习思考题 ··························· 288
- 课后阅读 ······························ 289

第10章 劳动监督检查法律制度 ······ 291
- 10.1 劳动监督检查法律制度概述 ···· 292
- 10.2 劳动监察 ·························· 295
- 10.3 工会和人民群众的监督 ········· 302
- 10.4 其他行政机关的监督检查 ······ 305
- 本章小结 ······························ 306
- 复习思考题 ··························· 306
- 课后阅读 ······························ 307

第11章 违反劳动法的法律责任 ······ 309
- 11.1 违反劳动法的法律责任概述 ···· 310
- 11.2 违反劳动法责任的种类 ········· 314
- 11.3 用人单位违反劳动法的法律责任 ···· 318
- 11.4 劳动者违反劳动法的法律责任 ···· 335
- 11.5 其他劳动法主体违反劳动法的法律责任 ···· 338
- 本章小结 ······························ 343
- 复习思考题 ··························· 343
- 课后阅读 ······························ 345

参考文献 ···································· 346

第1章 劳动法的基本理论

学习目标

知识目标	技能目标
1. 了解劳动法的概念	1. 能够区分劳动法律关系与其他法律关系
2. 了解劳动法的调整对象	2. 能够把握劳动法律关系的内涵与特征
3. 了解劳动权的概念	3. 运用劳动法的渊源解决劳动争议
4. 了解劳动法律关系的内涵与特征	4. 熟悉劳动法的基本原则
5. 了解劳动法律关系的构成要素	5. 通过运用劳动法的基本原则解决劳动争议
6. 了解劳动法的地位、作用和渊源	6. 熟悉劳动法的地位与作用
7. 了解劳动法的基本原则	7. 熟悉劳动权

是劳动法律关系还是民事法律关系

某个体餐馆因为在扩大经营规模,需要对店面重新进行装修。该餐馆经人介绍,决定由某美术学院的在校学生张某承揽该项业务,并与之签订了一份餐馆门面装修的合同。合同中规定,张某为甲方,个体餐馆为乙方,由乙方出料,由甲方负责按照双方议定的施工图样进行施工。此外,双方还对交工日期和报酬等有关事项达成了协议。双方签订合同后,张某便按照合同规定开始了工作。

劳动法以劳动关系为主要调整对象,旨在维护劳动者的合法权益和促进社会生产力的发展。它是我国社会主义市场经济法律体系中一个重要的法律部门。劳动法的调整对象,即劳动关系以及与劳动关系有密切联系的其他社会关系。劳动权与生存权密不可分,在现代人权法中占有相当重要的地位,受到法律的特别保护。劳动法律关系就是指劳动法律规范在调整劳动关系过程中形成的法律上的劳动权利和劳动义务关系,是劳动关系在劳动法律上的表现形式,是当事人之间发生的符合劳动法律法规、具有权利义务内容的关系。我国劳动法的基本原则包括保障公民劳动权的原则、建立公平劳动标准原则、建立劳动关系协调机制的原则。

1.1 劳动法的概念与调整对象

1.1.1 劳动法的概念

关于劳动法的概念,国内外学者众说纷纭,莫衷一是。英国《牛津法律大辞典》将"劳动法"表述为与雇佣劳动相关的全部法律原则和规则,大致和工业法相同。其意指规定雇佣合同和劳动或工业关系法律方面的问题。我国著名法学家史尚宽先生在其《劳动法原论》中指出:"劳动法为关于劳动之法。详言之,劳动法为规定劳动关系及附随一切关系之法律制度之全体。"① 德国有学者认为,劳动法是与劳动有关的法律规范的总和;而凡是经济意义上的劳动,包括脑力劳动和体力劳动,都属于劳动法上的劳动范畴。日本学者认为劳动法是调整雇佣劳动关系的法律规范的总称,该雇佣关系被称为劳资关系,即指劳动者受雇主雇用,并在其指挥下从事劳动的被动性劳动关系。韩国劳动法是以劳动者与使用者之间的劳动关系为调整对象,以确保劳动者的生存为目的的法律;而所谓劳动者与使用者之间的劳动关系,是指在市场经济秩序下,以劳动者与使用者之间的雇佣状态为前提,在劳动者与使用者之间形成一种劳动契约关系。俄罗斯劳动法调整全体劳动者的劳动关系,其劳动合同是劳动者与企业、机关和团体必须为劳动者支付劳动报酬并保障劳动法、集体合同和双方协议规定劳动条件的协议。

上述各论的解释着眼点虽不同,但其共性还是较为明显的:劳动法是有关劳动的法

---

① 史尚宽. 劳动法原论[M]. 上海:正大印书馆,1934:1.

律；劳动法是涉及劳动者的法律；劳动法是调整雇佣性劳动关系的法律。因此，可对劳动法做出以下定义：劳动法是调整劳动关系和与劳动关系密切联系的其他社会关系的法律规范的总称。

国内劳动法学界普遍对劳动法概念理解为广义和狭义两种。广义上理解的劳动法是指调整劳动关系以及与劳动关系有密切联系的其他关系的法律规范的总称，包括宪法中相关的劳动规范；法律中相关的劳动规范；行政法规和部委规章中相关的劳动规范；地方性法规和地方政府规章中相关的劳动规范；经我国政府批准的国际劳工公约中相关的劳动规范；规范性的劳动法律、法规解释；国际惯例等。狭义上理解的劳动法是指由国家颁布的关于调整劳动关系以及与劳动关系有密切联系的其他关系的、全国性的、综合性的法律，即第八届全国人民代表大会常务委员（以下简称"全国人大常委会"）会第八次会议于1994年7月5日通过，并于1995年1月1日起施行的《中华人民共和国劳动法》（以下简称《劳动法》）。

1.1.2 劳动法的调整对象

根据大多数中外学者的一般理解，劳动法的调整对象就是劳动关系以及与劳动关系有密切联系的其他社会关系。

1. 劳动关系

劳动关系产生于劳动过程，因此认识劳动关系，就应该先了解什么是劳动。马克思认为"劳动是人以自身的活动来引起、调整和控制人与自然之间的物质变换的过程"[①]。不过劳动法上的劳动却有其特定的内涵。史尚宽提出"广义的劳动谓之有意识的且有一定目的之肉体的或精神的操作。然而在劳动法上之劳动，须具备下列条件：①为法律的义务之履行；②为基于契约关系；③为有偿的；④为职业的；⑤为在于从属的关系"[②]。因此，"劳动法上的劳动为基于契约上义务在从属的关系所为之职业上有偿的劳动"[③]。

广义上的劳动关系是指人们在从事劳动过程中所发生的社会关系，是社会生活中最基本、最活跃的组成部分，其实质是基于合法的、有偿的、具有职业性的劳动而产生的，是特定社会关系在劳动领域的体现。不过，劳动法并不调整所有一切与劳动有关的社会关系，而只调整其中的部分关系，即主要体现在集体劳动过程中劳动者与用人单位之间所发生的关系。一般认为，作为劳动法调整对象的劳动关系是指劳动者与用人单位之间，为实现劳动过程而发生的一方有偿提供劳动力，由另一方用于实现其经济利益的社会关系。该意义上的劳动关系具有下列特征。

（1）与劳动直接关联性。该关系是在社会劳动过程中产生并以劳动作为其实质内容。

（2）经济有偿性，即劳动者以其劳动力让渡给用人单位使用和用人单位给予劳动者经济补偿之互为目的与条件，并围绕着劳动报酬产生相应的权利义务关系，劳动经济关系与劳动有偿性受到法律的保护。

---

① 马克思. 资本论(第1卷)[M]. 北京：人民出版社，1975：210.
② 史尚宽. 劳动法原论[M]. 上海：正大印书馆，1934.
③ 同上.

(3) 平等合法性，即指劳动关系主体（劳动者与用人单位）的法律地位是平等的，劳动关系的发生、变更或终止与其主体资格、权利义务、劳动条件等均应依法处理，这也是区分规范就业和非规范就业的主要标志。

(4) 依附隶属性，表现为雇员对劳动组织的依附，劳动者要成为受雇的用人单位的一员，要完成其指派的任务，遵守其工作章程或劳动纪律规则，彼此存在着管理与被管理的隶属关系。

(5) 契约性。劳动关系即主要表现为劳动者与用人单位之间存在雇用与被雇用的契约关系。

(6) 职业性，即以职业性生产劳动（就业工作）为常态内容，而非家务劳动、自主劳动或临时偶发性劳务，由此体现劳动关系的稳定性、技能性特征，以及对职业培训的需求。

(7) 对立统一性，即存在双方各自的利益冲突（所谓"雇主追求最大利润和雇员追求最高工资的利益冲突"）和企业等劳动组织、生存利益的统一。

2. 劳动关系的分类

依据不同的标准，劳动关系可做如下多种分类。

(1) 集体劳动关系和个体劳动关系。集体劳动关系是指雇员的结社（工会）和雇主个人或雇主结社之间的关系，集体劳动关系在欧美等西方发达国家存在已久，并且十分强大；个体劳动关系即指个体雇员和个体雇主之间基于劳动合同而建立的劳动关系。

(2) 公共部门劳动关系和私营部门劳动关系。公共部门劳动关系是指国家雇主和雇员之间的劳动关系（如我国传统社会存在的全民所有制劳动关系、集体所有制劳动关系）；私营部门劳动关系是指各类私营雇主和雇员之间的劳动关系（如个体经营劳动关系、股份联营企业劳动关系）。

(3) 正规劳动关系和非正规劳动关系。正规劳动关系是劳动者基本权益有保障的劳动关系，如签订了合法有效的劳动合同、保证工资支付、执行国家安全卫生标准和为雇员缴纳社会保险费等，否则就是非正规劳动关系（如口头协议劳动关系、事实劳动关系等）。

(4) 国内劳动关系和国际劳动关系。国内劳动关系是指发生在一国内部的本国劳动关系，包括国内的涉外劳动关系；国际劳动关系是发生在国内的外国劳动关系和发生在国外的两个或多个国家之间的劳动关系。

3. 与劳动关系有密切联系的社会关系

劳动法除了调整劳动关系外，还调整与劳动关系有密切联系的其他某些关系，也可称为劳动附随关系或附随劳动关系，如国家劳动行政部门因执行劳动行政管理职能而与企事业单位、机关团体之间发生的关系，社会保险经办机构同劳动者或用人单位之间产生的关系，劳动争议处理中所发生的劳动争议仲裁委员会、人民法院同劳动者或用人单位之间的关系，工会组织与企业在执行劳动法、工会法过程中所发生的关系，其他相关管理机构在监督劳动法执行过程中所发生的关系等。这些关系或是劳动关系产生的前提条件，或是劳动关系的直接后果，或伴随劳动关系附带产生的关系，与劳动关系共同成为劳动法的调整对象。这些社会关系本身虽然并不是劳动关系，但与劳动关系有着密切的联系。

总而言之，劳动关系是构成劳动立法调整对象的最主要的一种关系，但并非是唯一的关系，它还包括基于劳动关系，政府部门、工会组织和其他社会团体介入其中而与劳动关系密切联系的其他关系，主要为主管部门和工会组织与劳动关系当事人之间发生的关系。这些关系和劳动关系的区别主要在于，这些关系的当事人和劳动关系的当事人不完全相同，其中一方是劳动关系当事人，而另一方则是国家机关或工会组织。也就是说，这些关系的当事人必须有一方不是劳动关系的当事人，如此才与劳动关系有所区别；同时，这些关系的当事人又必须有一方是劳动关系的当事人，这样才与劳动关系有着密切的联系。此外，这些关系还包括社会保险、社会救助、社会福利、社会互助而形成的社会保障关系。

1.2 劳动权

1.2.1 劳动权的概念

劳动是人的本能和需要，劳动权是人的天赋权利，它与人权有着密切的联系，是人权的重要内容之一，在人权中又具体表现为生存权。劳动权作为一种法律概念，最早由奥地利法学家安东·门格(Anton Menger)在其1886年出版的《全部劳动权史论》一书中提出。他认为劳动权是经济基本权的基础，劳动者的劳动权是生存权的一部分，应得到法律的保障；社会财富的分配应确立一个使所有人都获得与其生存条件相适应的基本份额的一般客观标准，社会成员依据这一标准具有向国家提出比其他具有超越生存欲望的人优先的、为维持自己生存而必须获得的物和劳动的要求的权利。人类历史上第一次将劳动权归入人的生存权利中的法律是1919年德国《魏玛宪法》，其规定的劳动权是"德国人民应有可能的机会从事经济劳动，维持生机"。其后，各国宪法明确规定了公民的劳动权。例如，法国宪法规定"任何人有工作的义务并享有就业的权利"；日本宪法规定"全体国民均有劳动的权利和义务"；1936年苏联宪法规定"苏联的公民有劳动的权利，即有权取得有保障的工作及按其劳动数量、质量发给之报酬"。

可见，劳动权与生存权密不可分，在现代人权法中占据相当重要的地位，受到法律的特别保护。然而，一旦劳动权由天赋权利成为法赋权利，则包括以下基本特征和内容：一是劳动权即生存权，公民需要通过劳动建立社会关系和获取报酬；二是劳动权即就业权，具有劳动能力和求职愿望的公民具有得到职业培训和工作岗位的权利；三是劳动权即保障权，公民需要持续收入和健康的基本保障。

根据国内法学界有关劳动权的讨论，通常认为，"所谓劳动权，是指具有劳动能力的公民，有获得参加社会劳动并按照其所提供的劳动数量和质量取得相应的报酬或收入的权利"[①]。若从广义上理解，劳动权泛指劳动者依据劳动法律、法规和劳动合同所获得的一切权利，系指以劳动就业权为核心的，与其相互联系、相互作用的诸多权利的总和。它不仅包括劳动就业权(工作权)、职业选择权，而且包括劳动报酬权、休息权、分配权、解决劳动争议权等。在当今社会，劳动权是生存权最基本的构成部分，国家负有保障公民生存权的义务是现代法治文明的重要标志，这就决定了公民劳动权中包含基于国家保障义务而产生的权利内容，劳动权就是指依据宪法和法律规定，具有就职愿望和劳动能力的公民为了

---

① 韩德培. 人权的理论与实践[M]. 武汉：武汉大学出版社，1995：578.

维持其生存需要，始终享有从社会平等获得职业技能、实现有偿劳动就业愿望的机会和保障及社会经济组织中进行劳动的享有的与劳动有关的权益。其核心内容包括自主择业权、平等就业权、劳动报酬权、休息休假权、职业培训权和职业保障权6个方面。

1.2.2 劳动权在我国立法中的体现

1. 宪法中的劳动权

《中华人民共和国宪法》（以下简称《宪法》）第四十二条规定："中华人民共和国公民有劳动的权利和义务。国家通过各种途径，创造劳动就业条件，加强劳动保护，改善劳动条件，并在发展生产的基础上，提高劳动报酬和福利待遇。劳动是一切有劳动能力的公民的光荣职责。国有企业和城乡集体经济组织的劳动者都应当以国家主人翁的态度对待自己的劳动。国家提倡社会主义劳动竞赛，奖励劳动模范和先进工作者。国家提倡公民从事义务劳动。国家对就业前的公民进行必要的劳动就业训练。"该条款既表明了我国公民劳动权的基本内容（如获得就业前职业培训；获得劳动报酬和福利；劳动安全和卫生保障等），也明确了为实现公民的劳动权而对国家设立了相应的义务（如提供就业前职业培训；发展经济，制定劳动力市场政策，创造就业条件；加强安全管理，改善劳动条件；提高劳动报酬与福利待遇等）。

2. 劳动法中的劳动权

我国《劳动法》第三条将《宪法》所规定的公民劳动权基本内容具体化为平等就业和选择职业的权利、取得劳动报酬的权利、休息休假的权利、获得劳动安全卫生保护的权利、接受职业技能培训的权利、享受社会保险和福利的权利、提请劳动争议处理的权利等。

此外，《劳动法》第四条规定"用人单位应当依法建立和完善规章制度，保障劳动者享有劳动权利和履行劳动义务"。第七条规定"劳动者有权依法参加和组织工会。工会代表和维护劳动者的合法权益，依法独立自主开展活动"。第八条规定"劳动者依照法律规定，通过职工大会、职工代表大会或者其他形式，参与民主管理或者就保护劳动者合法权益与用人单位进行平等协商"。

1.3 劳动法律关系

1.3.1 劳动法律关系的内涵与特征

1. 劳动法律关系的内涵

法律关系即为一定的社会关系经法律规范调整后在当事人之间产生的法律上的权利义务关系；不同范畴的社会关系成为不同法律部门的调整对象，即由不同的法律规范调整，从而形成不同的法律关系。劳动关系是劳动法的主要调整对象，是劳动法律关系产生的社会基础，劳动关系由劳动法律规范加以调整后即形成劳动法律关系。劳动法律关系就是指劳动法律规范在调整劳动关系过程中所形成的法律上的劳动权利和劳动义务关系，是劳动关系在劳动法律上的表现形式，是当事人之间发生的符合劳动法律法规、具有权利义务内容的关系。例如,某自然人在某企业参加了工作,相互之间形成了劳动权利与义务关系,劳动法对之进行调整,就在该自然人与该企业之间产生了劳动法律关系。

弄清劳动法律关系的概念,既有法学理论上的意义也有法律实践上的意义。在此特别需要注意区分劳动法律关系与劳动关系、劳动法律关系与民事法律关系的不同属性或特征。

劳动法律关系与劳动关系是两个既有联系又有区别的不同概念。它们之间的联系表现在两个方面。①劳动关系是劳动法律关系产生的基础,劳动法律关系是劳动关系在法律上的表现形式。因而在制定劳动法时,必须考虑现实劳动关系的法律要求,脱离现实要求的法律,是不会产生积极效果的;②劳动法律关系不仅仅反映劳动关系,而且当其形成后,便给具体劳动关系以积极的影响,即现实的劳动关系唯有取得劳动法律关系的形式,其运行过程才有法律保障。

劳动法律关系与劳动关系的区别如下。①劳动关系是生产关系的组成部分,属于经济基础的范畴;而劳动法律关系是思想意志关系的组成部分,属于上层建筑的范畴;②劳动关系的形成以劳动为前提,发生在现实社会劳动过程之中;劳动法律关系的形成则是以劳动法律规范的存在为前提,发生在劳动法律规范调整劳动关系的范围之内;③劳动关系的内容是劳动,劳动者提供劳动力,用人单位使用劳动力,双方形成劳动力的支配与被支配的关系。如果没有相应的法律规范进行调整,就不会形成法律上的权利义务关系;劳动法律关系的内容则是法定的权利义务,双方当事人必须依法享有权利并承担义务。如果任何一方当事人不履行自己应尽的义务,侵犯对方的权利或者损害对方的利益,另一方当事人有权请求法院强制其履行义务,以维护自己的合法权益。

应用实例1-1

是劳动法律关系还是民事法律关系

保姆因劳务遭受人身损害,雇主应承担过错责任。

原告曾某、杨某、曾某某诉称,曾某从2006年4月起至2011年11月一直在被告家中从事保姆工作。2011年11月12日,曾某在被告家中换上下铺床单时不慎从梯子上滑落至地面造成摔伤。事故发生后,曾某被送到成都军区八一骨科医院住院治疗68天。2012年3月22日,四川求实司法鉴定所对曾某的伤情鉴定为九级伤残。原告杨某是曾某次子、曾某某是曾某父亲,均是曾某的被抚养人,被告应当承担被抚养人生活费。请求依照《关于审理人身损害赔偿案件适用法律若干问题的解释》之规定判令被告赔偿原告医药费、误工费、护理费、住院伙食补助费、营养费、交通费、残疾赔偿金、精神抚慰金、鉴定和照相费、后续治疗费及被扶养人生活费共计122 746元。

被告王某辩称,对曾某在被告家中从事保姆工作及其受伤的事实无异议。被告已经支付曾某住院期间的医疗费及护理费,并支付了其住院期间2 500元的生活费。原告曾某因自己的原因造成身体受伤,被告无过错。依照《侵权责任法》第三十五条"提供劳务一方因劳务自己受到损害的,根据双方各自的过错承担相应的责任。"在被告没有过错的情况,被告不应承担责任。被告垫付17 140.13元,原告应该返还给被告。请求驳回原告诉讼请求。

青羊区人民法院经审理查明,曾某从2006年4月起至2011年11月一直在被告家中从事保姆工作。2011年11月12日,曾某在被告家中更换上下铺高低床之上层床铺的床单时不慎从梯子上滑落地面摔伤。事故发生后,曾某被送到成都军区八一骨科医院住院治疗,共计住院68天,出院诊断为胸12椎体压缩性粉碎性骨折伴椎管狭窄。被告支付曾某住院治疗费13 297.53元、442.6元及住院期间的护理费3 400元。曾某支付复查费123元。2012年3月22日，四川求实司法鉴定所鉴定曾秀英的伤残为九级伤残。曾某支付鉴定费750元。审理中，被告请求重新鉴定。青羊区人民法院委托成都联合司法鉴定中心鉴定，鉴定曾某的伤残为十级伤残；后续治疗费大约需700元/月，全年8 400元。被告支付鉴定费1 400元。

　　青羊区人民法院认为，曾某在王某家中从事保姆工作，双方形成雇佣关系。曾某在从事雇佣活动中受伤，王某作为曾某的雇主，未对曾某从事工作提供安全保护、完善保障义务，其存在过错，应对曾某所受伤害承担赔偿责任。曾某作为长期专门从事家庭服务人员，应当预见到更换上下铺高低床的上层床铺床单工作具有一定的危险性，其应尽到必要的审慎注意义务，造成其自身伤害，其本人具有一定的过错，应当承担部分责任。根据双方的过错程度等因素，认定曾某受伤所致损失由曾某自己承担40%、王某承担60%。造成曾某的损失包括医疗费、住院伙食补助费、营养费、误工费、护理费、残疾赔偿金、被抚养人生活费、后续治疗费、交通费、精神损害抚慰金、鉴定费共计80 093.53元，其中，精神损害抚慰金酌定为3 000元，应由王某直接赔付，不应再按照双方责任比例分担，扣除被告王某已经支付的医疗费、护理费、鉴定费合计18 540.13元，被告还应支付原告30 715.99元。综上，法院判决王某于本判决发生法律效力之日起十日内支付曾某、杨某、曾某某30 715.99元；驳回原告曾某、杨某、曾某某其他诉讼请求。一审宣判后，在法定期限内双方当事人均未上诉，判决已生效。（一审裁判文书案号：(2012)青羊民初字第2246号）

（资料来源：http：//www.szlabour.org.有改动。）

　　在实际生活中某些特定的场合，劳动法律关系与某些民事法律关系也容易混淆，如民事承揽合同关系、民事委托代理关系以及居间、行纪等合同关系等。因为这些民事法律关系也包含着一定劳务工作的内容，从事该特定工作行为者获取来自对方支付的报酬（似乎在"支付工资"），但关键点在于这些民事法律关系的一方当事人与另一方当事人并不存在隶属关系，即工作行为者并不成为付酬方的成员，也不享受对方单位职工的权利及承担相应的义务，不需要遵守对方单位内部的规章制度。当然，劳动法律关系与民事法律关系赖以产生的前提基础、法律依据以及具体内容也大不相同。

　　2. 劳动法律关系的特征

　　（1）劳动法律关系主体之间具有平等性和隶属性。劳动者与用人单位在劳动法律关系建立前是平等的主体，双方是否建立劳动关系以及建立劳动关系的条件由其基于平等自愿、协商一致的原则依法确定。劳动法律关系建立以后，劳动者即成为用人单位的职工，处于提供劳动力的被管理者地位；用人单位则成为劳动力的使用者，处于劳动者的管理者地位，双方形成管理与被管理的隶属关系。劳动法律关系的该特点可与民事法律关系主体间之平等性、行政法律关系主体之隶属性区别开来。

　　（2）劳动法律关系具有以国家意志为主导、以当事人意志为主体的属性。劳动法律关系是按照劳动法律规范和劳动合同约定形式形成的，既体现了国家意志性，又体现了双方当事人的自由意志。劳动法律关系具有较强的国家干预性质，当事人双方的意志虽为劳动法律关系体现的主体意志，但它必须符合国家意志并以国家意志为主导。这可与民事法律关系具有平等性而主要反映当事人意思自治的精神、行政法律关系具有隶属性的法律关系（即体现国家强制性）相区别。

　　（3）劳动法律关系具有在社会劳动过程中形成和实现的特点。劳动法律关系的基础是劳动关系，而只有劳动者同用人单位提供的生产资料相结合，在实现社会劳动过程中，才能在劳动者与用人单位之间形成劳动法律关系；实现社会劳动过程，也就是劳动法律关系得以实现的过程。劳动过程形成和实现劳动法律关系,劳动法律关系与市场、流通过程中形成和实现的民事法律关系区别开来。

1.3.2 劳动法律关系的构成要素

劳动法律关系由劳动法律关系主体、劳动法律关系内容和劳动法律关系客体这3个基本要素构成,而且该3个要素之间具有相互依赖的内在联系,缺一不可。

1. 劳动法律关系的主体

劳动法律关系主体是指劳动法律关系参加者,即依劳动法享有权利与承担义务的劳动关系主体。劳动法律关系主体一般被称为当事人,习惯上又分称为"雇员"(劳动者)与"雇主"(用人单位)。

1) 劳动者

劳动法中的劳动者是指达到法定年龄、具有劳动能力、以从事某种社会劳动获取收入为主要生活来源的自然人。他们是依照法律或合同的规定,在用人单位管理下从事劳动并获取劳动报酬的劳动关系当事人。劳动者包括公民、外国人和无国籍人。一般公民要成为劳动者,参加具体的劳动法律关系,必须具有劳动权利能力和劳动行为能力。公民的劳动权利能力和劳动行为能力,是指公民依据劳动法的规定,能够享有劳动的权利与义务,并以自己的行为行使劳动权利和承担劳动义务,从而引起劳动法律关系产生、变更或消灭的能力。公民的劳动权利能力和劳动行为能力,与公民的民事权利能力和行为能力是不同的。

公民享有民事权利能力,但不一定享有或不一定完全享有民事行为能力,享有民事行为能力必然同时享有民事权利能力;公民享有劳动权利能力必然同时享有劳动行为能力,反之亦然。公民的劳动权利能力与劳动行为能力具有统一性。根据我国《劳动法》的规定,"合法劳动者"的法律要求如下。

(1) 达到法定年龄。关于劳动者的就业年龄,世界各国的劳动法都有规定,一般规定为14~16周岁。我国《劳动法》第十五条规定:"禁止用人单位招用未满十六周岁的未成年人。文艺、体育和特种工艺单位招用未满十六周岁的未成年人,必须依照国家有关规定,履行审批手续,并保障其接受义务教育的权利。"年满16周岁的公民才具有劳动权利能力和劳动行为能力,才能行使自己的劳动权利和承担劳动义务。故公民的劳动权利能力与劳动行为能力晚于公民的民事权利能力,早于一般公民的行为能力。

(2) 劳动者的劳动权利能力与劳动行为能力须由本人依法行使,不允许他人代理,否则便是非法而无效的。这一点与公民的民事权利能力和民事行为能力可以由他人代理不一样。

(3) 在某些特殊情况(如井下危险工作、繁重体力劳动、有毒有害的劳动等工种)下,对未成年劳动者和妇女职工有必要的限制,以维护其身心健康,使该群体避免遭受与其生理状态不能适应的劳动的伤害。

一般不具备劳动行为能力的公民包括以下4类:①未满16周岁的未成年人;②完全丧失劳动能力的残疾人;③精神病患者;④行为自由被剥夺者或受到特定限制者。

2) 用人单位

用人单位是指依法招用和管理劳动者,并按法律规定或合同约定向劳动者提供劳动条件、劳动保护及支付劳动报酬的劳动组织。我国现阶段的用人单位包括企业、事业单位、国家机关、社会团体、个体经济组织和民办非企业单位。作为雇主的用人单位的主体资格，同样由用人（工）权利能力和用人（工）行为能力两个方面构成。用人权利能力是指法律规定的用人单位能够享有劳动用人权利和承担用人义务的资格；用人行为能力是法律规定的用人单位能够以自己的行为行使劳动用人权利和承担劳动用人义务的资格。依照劳动法律法规的规定，用人单位的劳动权利能力范围包括：①劳动用人权利义务的规定；②劳动者管理权利义务的规定；③分配劳动报酬权利义务的规定；④劳动安全卫生保障权利义务的规定。用人单位的用人权利能力多为权利范围的限制性规定和承担义务的资格规定。用人单位的劳动行为能力在劳动法律法规中的规定，与其劳动权利能力的范围是一致的。也就是说，法律赋予其实现劳动用人权利和承担劳动用人义务的行为能力。

法律规定用人单位应当为劳动者提供必要的劳动条件并保障劳动者利益的实现，这就涉及用人单位的主体资格条件：①独立支配的生产资料，包括生产工具和设备、生产材料和劳动对象、一定的自有奖金；②健全的劳动组织，包括劳动组织机构和内部劳动规则；③相应的技术条件，包括生产技术和生产工艺等。但是我国尚未建立用人单位主体资格确认制度，在司法实践中一般是以组织体取得民事主体资格作为其参加劳动法律关系的标准。组织体参与劳动法律关系最基本的条件应当是依法成立的民事主体。

应当注意的是，国家机关、事业组织和社会团体作为《劳动法》的适用对象是有条件的。根据现行法律、法规及规章规定，国家机关和社会团体只有在其通过劳动合同或应实行劳动合同关系与其工作人员之间建立关系时，才适用《劳动法》。事业组织适用《劳动法》存在两种情况：一是实行企业化管理的事业组织；二是通过劳动合同（聘用合同）或应通过劳动合同与其工作人员建立关系的事业组织。

应用实例 1－2

退休后继续工作是劳动关系还是雇佣关系

黄新出生于 1951 年 7 月 16 日。2011 年 4 月 13 日，因久仰黄新的技术能力，启东某公司派出工作人员邀请其去该单位上班。黄新心想既然有自身这么好的技术条件，待在家里也浪费了，便欣然前往。双方于同年 7 月 19 日签订《劳动合同》一份，约定双方劳动合同期限为自 2011 年 4 月 13 日至 2013 年 4 月 12 日止；黄新担任被告某车间主任，工资约定为每年 8 万元，被告每月支付 4 000 元，剩余部分年终一次性结清；合同还就保密、敬业、竞业限制等其他责任义务做了约定。某公司和黄新虽有相见恨晚之感，但随着长时间的接触，双方开始经常发生一些摩擦。黄新认为被告老是拖欠自己的工资；而且公司老总经常要求自己去单位加班，心中不快，并打起了自己的小九九——记账：把自己不属于 8 小时工作范围内的工作全部记录下来。而某公司则认为黄新是按照年薪来领取工资的，且高于普通工作人员，理应为公司做出更大的贡献；对于工资待遇，公司领导认为正是因为欣赏黄新的才能，考虑到让他开轿车上下班产生了交通费，所以才将拟定的年薪 6 万元提高到 8 万元的。镜子一旦出现裂痕，恢复原样就难上加难了。2011 年 11 月 21 日，黄新向公司董事长发出一封信，请求单位为其补交同年 4 月到其达到退休年龄之日的社会保险费，后被告虽未补办，但黄新交纳后，由公司进行了报销。但好景不长，黄新感觉公司两年多来一直存在拖欠工资现象，便于 2012 年 12 月 8 日向启东市劳动争议仲裁委员会提起仲裁申请，要求公司支付加班工资、经济补偿金；同年 12 月 25 日，劳动仲裁委以黄新已达到法定退休年龄及已超过法定的仲裁申请期限为由做出不予受理通知；12 月 29 日，黄新向公司发出终止劳动合同通知，双方于 2013 年 1 月 4 日签订协议书一份，确认 2011 年 4 月 13 日签订的劳动合同中的竞业限制条款不再履行。2013 年 1 月 7 日黄新离开，并办理了离职手续。2014 年 1 月 8 日，黄新诉请至法院，要求公司支付加班费。

法院经审理后认为，劳动者已达到退休年龄，办理退休手续，与用人单位的劳动关系终止。黄新虽于 2011 年 4 月 13 日至被告处工作，但 2011 年 7 月，黄新办理了退休手续，故双方间的劳动关系于 2011 年 7 月即终止。其后，黄新虽仍在被告处工作，但双方形成的是雇佣关系而非劳动关系，故黄新主张 2011 年 7 月劳动关系终止以后的加班工资，没有法律依据。关于劳动关系终止前的加班工资，应在劳动关系终止后一年内提出，黄新于 2013 年 12 月 18 日才向仲裁部门提出申请，已超过了一年法定时效，亦不予支持。综合以上理由，法院判决驳回了黄新的诉讼请求。

（资料来源：http://jsfzb.xhby.net/html/2014-07/10/content_1061073.htm.）

思考：以上案例中，法院的判决是否合理？试说明理由。

2. 劳动法律关系的内容

劳动法律关系的内容是指劳动法主体双方依法享有的劳动权利和承担的劳动义务，即劳动法律关系主体依法享有的权利义务。劳动法律关系的内容具有两个特点：一是当事人双方之间的权利和义务是相互对应的，劳动者的权利即用人单位的义务，劳动者的义务即用人单位的权利；二是当事人之间的基本权利和基本义务是法定的，对当事人双方的意思自治给予必要的限制，如《劳动法》第七十二条规定"用人单位和劳动者必须依法参加社会保险，缴纳社会保险费"。

绝大多数国家的宪法和劳动法对劳动者的劳动基本权利作了相应的规定。我国《劳动法》第三条规定："劳动者享有平等就业和选择职业的权利、取得劳动报酬的权利、休息休假的权利、获得劳动安全卫生保护的权利、接受职业技能培训的权利、享受社会保险和福利的权利、提请劳动争议处理的权利以及法律规定的其他劳动权利。"因此，我国劳动者的基本权利可以概括为以下几个方面。

（1）平等就业和选择职业权。平等就业和选择职业权，又称狭义的劳动权或工作权，是指具有劳动能力、达到法定就业年龄的劳动者有获得劳动机会的权利。它是劳动基本权的核心，它主要包括 4 个方面：①劳动作为权利，标志着劳动是自由的，是否就业、从事何种职业，均由劳动者自己选择，对不愿就业的劳动者不得加以强迫；②每个劳动者参加劳动的机会也是平等的，在平等的基础上竞争，不允许任何人以任何方式妨碍劳动者就业。劳动者就业不因民族、种族、宗教信仰不同而受歧视；妇女享有与男子平等的就业的权利；③国家有义务通过各种途径创造就业条件，帮助劳动者就业；④任何用人单位不得滥用解雇权。用人单位必须依法才能解除劳动合同，凡是滥用解雇权的行为，均属违法行为，行为人应受法律的追究。

应用实例 1-3

（1）即将毕业的某大学财经学院研究生小王刚刚应聘了一家私企，虽然粗选、笔试、面试发挥都不错，却没有接到录用通知。在这家公司工作的师姐告诉小王，老总对她的工作能力、面试表现、临场发挥都很满意，唯一不满意的是她的"生肖"，"老板说了，你属鸡，他属兔，生肖犯冲"。

（2）某煤矿在招聘井下采煤工时，在煤矿家属区张贴的招聘广告中特意指明，只招男性不招女性，引起了很多女家属的不满，认为这是歧视。

（3）某集团在 A 大生命科学学院网站发布招聘启事，招聘业务人员、外销员、商务及行政秘书 3 个岗位，共 40 余人。3 个岗位除注明了求职应届毕业生的专业、外语水平外，还要求形象佳、性格外向亲和。而优先录用的条件中，国内业务人员和商务及行政秘书两岗位"擅酒者优先"。

（4）某贸易公司的招聘信息这样写道："我们是广东人的公司，为人宽厚、大气，完全香港作风，没有任何义乌公司和老板的坏毛病。如果你能满足以下几点，就请来面试……义乌人不要，请义乌人绕行……"

思考：以上行为哪些属于就业歧视？

（2）劳动报酬权。劳动报酬是指劳动者参加社会劳动，按其劳动的数量和质量，从用人单位取得报酬。通过劳动取得报酬，作为劳动者的一项劳动基本权利，其内容具体表现为：①劳动者参加了社会劳动，用人单位必须按照劳动者劳动的数量和质量支付劳动报酬；②同工同酬。不分性别、年龄、民族、种族，等量劳动就应当获取等量劳动报酬；③劳动者在法定工作时间内提供了正常劳动的情况下，用人单位不得低于当地最低工资标准向劳动者支付工资；④禁止用人单位随意克扣、拖欠、拒付职工工资的行为。

（3）劳动保护权。劳动保护权又称劳动者职业安全权，是指劳动者在职业劳动中人身安全和身心健康获得保障，从而免遭职业危害的权利。劳动保护权是最基本的人权。具体内容包括：①用人单位必须按照国家劳动安全卫生的标准，配备劳动安全设施和发放劳动保护用品，并依法给予女职工和未成年工以特殊的劳动保护；②用人单位有义务负责劳动者伤残及职业病治疗的费用；③用人单位有责任不断改善劳动条件和提高劳动保护标准。

（4）接受职业技能培训权。职业技能培训是指对具有劳动能力的未能参加工作的劳动者和在职劳动者进行技术业务知识和实际操作技能的教育和训练，包括就业前的培训和在职培训。就我国目前劳动者接受职业技能培训权的内容来看，就业前的劳动者有权通过各种途经使自己获得专业知识和技能，从而为就业创造条件；在职劳动者有权利用业余时间参加各类学习。

（5）社会保障权。社会保障权又称物质帮助权，是指劳动者暂时或永久丧失劳动能力时，有权依法获得物质帮助，以保证劳动者在生、老、病、死、伤、残等情况下，本人及其直系亲属的生活需要。我国《宪法》第四十五条规定："中华人民共和国公民在年老、疾病或者丧失劳动能力的情况下，有从国家和社会获得物质帮助的权利。"

我国《劳动法》同时还规定了劳动者的基本义务：应当完成劳动任务、提高职业技能、执行劳动安全卫生规程、遵守劳动纪律和职业道德。

另外，为了突出强调用人单位的义务，《劳动法》第四条还特别规定："用人单位应当依法建立和完善规章制度，保障劳动者享有劳动权利和履行劳动义务。"

3. 劳动法律关系的客体

劳动法律关系的客体是指劳动者和用人单位的权利和义务共同指向的对象，具体表现为一定的劳动行为和财物。它是劳动法律关系赖以存续的客观基础。劳动法律关系不等同于具体的民事法律关系，而是具有多项内容的整体，是带有综合性的法律关系，作为承载劳动权利和劳动义务的客体，实际要体现双方当事人的利益需求，构成双方当事人多元化利益关系的连接点。例如，劳动者能提供何种类型的劳动力，直接影响劳动权利和劳动义务的实质内容；用人单位能支配使用何种类型的劳动力，并根据劳动者具体劳动行为的形式、质量和数量来确定劳动报酬的支付标准数额；而无论是劳动者支出劳动力从事劳动行为，还是用人单位使用劳动力、组织劳动行为，都必须有生产资料等物质条件、劳动安全卫生条件、工作环境，同时需要补充劳动力消耗的薪酬福利及休息休假的待遇，还要提高劳动效能的培训条件等。诸如这些均可统称为"劳动条件"。

1.3.3 劳动法律关系的产生、续延、变更和终止

1. 劳动法律关系的产生、续延、变更和终止的法律意义

劳动法律关系的产生、续延、变更和终止反映劳动法律关系形成与存续之运行的具体状态，其处于不同的状态有一定的规律性与法定条件，并对劳动者和用人单位实现相互权利和义务起决定或制约作用。

劳动法律关系的产生，是指特定的用人单位和劳动者依据法律规定的条件和形式确定劳动关系，明确双方的权利和义务。如《劳动法》第十六条规定："劳动合同是劳动者与用人单位确立劳动关系、明确双方权利和义务的协议。"故依法签订劳动合同即意味着劳动法律关系的产生。

劳动法律关系的续延，是指既定的劳动法律关系的有效期依法延长，在一定期限内，双方当事人延续享有和承担原有效期限届满前完全或基本相同的权利和义务。例如，职工在规定的医疗期、孕期、产假期或哺乳期内，到期的劳动合同顺延至这些期限届满时为止；担任工会特定职务的职工，其劳动合同期限自动延长至任期届满。

劳动法律关系的变更，是指在原法律关系主体不变的条件下，当事人之间既定的权利和义务内容及其指向的具体对象（如工作岗位、工资等级等）依法发生变更。实践中，劳动法律关系变更的情形，既可能是当事人双方协议或单方决定变更，也可能是由行政决定、仲裁裁决或法院判决变更。

劳动法律关系的终止，是指既存的劳动法律关系依法不复存在，即双方当事人之间的权利和义务依法消灭。实践中，常见的劳动法律关系终止情形包括因有效期限届满而终止；因主体消失或丧失一定资格而终止；因不可抗力及法定或约定的解除条件出现而终止；因辞职、辞退而终止；因行政决定、仲裁裁决或法院判决而终止。

2. 劳动法律关系的产生、续延、变更和终止的法律事实

劳动法律关系的产生、续延、变更和终止必须依据一定的事实。能够引起法律关系产生、续延、变更和消灭并为劳动法所确认的客观情况即法律事实。劳动法律事实又区分为行为和事件两大类。行为是当事人有意识的活动，包括合法行为和违法行为，其还可分为合同行为、行政行为、调解行为、仲裁行为和司法行为等；事件是不以人的意志为转移的法律事实，如年老、患病、伤残、死亡、战争、动乱等。

1.4 劳动法的地位与作用

1.4.1 劳动法的地位

劳动法的地位，可以有两种理解：一是指劳动法在法律体系中的地位，即劳动法在法律体系中是否为一个独立的法律部门；二是指劳动法在社会经济生活中的地位，即劳动法的重要性有多大。其实，这两者是相互联系、相辅相成的，劳动法在社会经济生活中的地位是决定劳动法在法律体系中所处地位的重要因素，而劳动法在法律体系中的地位则是劳

动法在社会经济生活中所处地位的法律表现和法律保障。一般而言，学界谈及劳动法的地位大多是指劳动法在法律体系中的地位。

构成一国法律体系的若干法律部门存在或划分的基本依据主要在于各法律部门是否有独立的调整对象，辅之以观其有无独特的调整模式或调整方法。

劳动法在法律体系中的地位经历一个逐步演变的过程，现实中其是否成为一个独立的法律部门的问题，也曾引起法学界的某些争论。虽然自古以来的法律中就有调整劳动关系的法律规范，但其并非以独立的劳动法出现。在近代产业革命与工人运动以前，劳动者先期被视同"会说话的工具"，并非法律关系的主体；即使在资本主义初期，劳动关系也等同于作为特殊商品的劳动力的买卖关系，各国基本上是将有关雇佣关系的法律规范列入民法的债法中，劳动契约（雇佣合同）是民事合同的一种形式而已，劳动法律规范当属民法的范畴。在现代社会，有人认为劳动法应作为经济法体系的一个组成部分，其主要理由是，劳动法同经济法一样是国家干预的法律手段，都有公法和私法的性质；劳动法的调整对象包括在经济法的调整对象之内，如劳动关系既属于企业内部经济关系，劳动行政也是一种纵向经济关系，都应由经济法统一调整。不过目前法学界大多数人还都认为劳动法是与民法、经济法并列的一个独立的法律部门。其主要理由如下。

（1）劳动法有特定的调整对象。劳动法以劳动领域的劳动关系作为主要调整对象，劳动关系是一种以劳动力的使用和再生产为核心内容的经济关系，而一般意义上的企业内部关系以资产损益分配和生产经营管理为主要内容。所以，劳动法并不调整一般的经济关系，而只是限于对劳动领域的主要社会关系（劳动关系以及与劳动关系有密切联系的其他社会关系，如社会保险关系）进行统一调整。

（2）在现代市场经济社会中，劳动法是一个不可或缺的重要法律部门。因为只要劳资关系或劳动关系带有利益冲突的特点，劳动法就有存在的必要；而且，劳动关系是其他社会经济关系赖以运行的基础，劳动关系的状况直接关系到社会经济秩序的稳定与否。劳动法通过对劳动关系以及与其密切相关的其他社会关系进行调整，直接为劳动者的各项合法权益提供法律保障，为社会化劳动确立组织规则和管理规则，为劳动力的再生产设定目标和措施，从而有利于协调劳动关系，促进经济发展与社会进步。为此，劳动法有自己的调整原则与调整模式，其调整机制的重要性是其他法律部门所不能取代的。

1.4.2 劳动法的作用

劳动法以规范劳动行为、调整劳动关系为主要内容，并以保护劳动者的合法权益为立法宗旨。劳动行为是社会的基本行为，劳动关系是社会关系中的核心部分。劳动关系若能够得以科学合理的调整，就会形成稳定和谐的氛围，劳动者的合法权益就能得到有力的保障，社会产生极大的劳动积极性与创造性，由此成为促进社会生产力发展和推进社会进步的必要条件；反之，若劳动关系调整不好，就有可能引发矛盾的激化，进而影响社会的稳定，直接阻碍生产力的发展。可见，劳动法对社会、经济发展所起的作用重大，具体可分述如下。

1. 保护劳动者的合法权益，调整劳动者的生产积极性和创造性

我国社会主义劳动关系中的劳动者与用人单位在根本利益上是一致的，但在当前市场经济条件下，两者也不可避免地存在着具体利益上的矛盾与冲突。用人单位作为独立的市场主体，在市场竞争机制的驱动下，不得不考虑以最小的成本获取最大限度的利润。如此就有可能在劳动待遇、劳动条件等方面侵害职工的权益，从而挫伤劳动者的生产积极性。为此需要用法律来保护劳动者的合法权益，确立劳动者主人翁的地位。而劳动法的首要宗旨就是保护劳动者的合法权益。劳动法确认劳动力为劳动者所有，赋予劳动者在劳动法律关系中与用人单位处于平等的法律地位；规定劳动者享有就业与选择职业、获得劳动报酬、休息、劳动安全与卫生、社会保障和福利待遇等权利；规定用人单位负有向劳动者提供劳动待遇、劳动条件与生活条件等义务，从而使劳动者的正当权益有了法律保障。劳动者的权益能依法得到实现，在以按劳分配原则建立的主导分配机制的激励下，在国家、企业、劳动者的利益共同体中，劳动者的生产积极性和创造性便能得到充分的发挥。

2. 合理组织社会劳动、改进劳动管理以促进劳动生产率的提高

劳动力是社会生产力中的决定性要素，合理地组织社会劳动，不断改进劳动组织，充分发挥劳动者在生产劳动中的主观能动性，就可以不断地提高劳动生产率和经济效益，促进生产力的发展。劳动法在该方面的促进作用具体表现如下。

（1）通过规范劳动力市场、确立劳动合同制度，促进人才合理流动，使劳动力资源得以合理配置，使劳动力与生产资料的结合趋于最佳状态。

（2）通过按劳分配和其他激励机制，充分调动劳动者的生产积极性和创造性，充分发挥其主观能动性，从而成为推进科学技术发展的根本动力。

（3）通过建立劳动安全卫生保障制度与加强职业安全管理，促进用人单位不断改善劳动条件，切实保护劳动者在生产过程中的安全与健康，使劳动者在现代生产力系统的运作中正常发挥作用。

（4）通过实行职业培训制度与强化职业技能开发管理和职业资格证书制度，确保和不断提高劳动者队伍的整体素质，以适应现代化大生产的要求。

（5）通过合理组织劳动过程，巩固劳动纪律，加强劳动管理，为持续提高劳动生产力创造组织条件。

3. 规范劳动力市场，完善市场运作的法律保障体系

劳动力市场是社会主义市场经济的主要组成部分，劳动力的开发、配置和使用趋于社会化、商品化，并通过市场竞争机制，使劳动力与生产资料的结合处于最佳状态，以创造良好的劳动效益。在劳动力市场的运行中，除了遵循市场经济的一般规则外，还需要以劳动法则对劳动力市场加以特别规范，包括界定供求主体与中介主体资格、明确市场准入条件、规范市场行为、确定当事人的权责范围等。近些年来我国劳动力市场培育和发展的实践表明，没有相应的法律规范，就不能发挥市场运行的积极效应。具体而言，劳动法对劳动力市场的规范保障作用主要体现在以下几个方面。

（1）确认劳动者有就业和选择职业的权利，明确劳动关系供求双方及市场中介机构的法律地位，保证主体具有相应的行为能力和责任能力。

（2）健全劳动合同管理制度，要求建立劳动关系必须签订劳动合同，即以劳动合同作为确立劳动关系的法律形式，为劳动关系的供求双方相互选择和享受权利、履行义务提供法律条件。

（3）实行各种劳动标准制度，如工时休假、工资保障、劳动安全卫生及特殊劳动保护

制度，使在通过市场机制所确立的劳动关系中的劳动者基本权益得到保障。

（4）实行统一的社会保险制度，为劳动者的合理流动和劳动力再生产提供基本保障。

（5）实行集体协商、职工民主参与、调解、仲裁等制度，为预防和化解劳动争议，保证劳动力市场顺利运行提供有效的法律手段。

4. 构建规范、有序、和谐的劳动关系，合理解决劳动争议，促进社会的安定团结

在社会生产活动的劳动关系中，各种矛盾冲突的产生是不可避免的，劳动纠纷若不能及时地得以化解、处理，就会加深用人单位与职工之间的隔阂和矛盾，从而影响生产秩序与社会安定团结。劳动关系保持和谐稳定，是直接关系到社会安定团结的重要因素，劳动法的重要功能就在于，通过规范劳动行为，使主体双方按照规范的要求认真履行义务，正当行使权利，维护正常的生产秩序，使劳动关系纳入规范有序的法制轨道，劳动法的产生与发展的历史背景，即在缓和资本主义社会阶级矛盾和协调劳资关系中的作用也证明了这一点。在现实生活中，劳动法正是处理劳动纠纷的准绳，正确地运用劳动法可以减少劳动争议的发生，即使发生了争议，也能够依法得到及时处理，事实上已对促进社会的安定团结发挥了重要的保障作用。

1.5 劳动法律渊源与体系

1.5.1 劳动法律规范与劳动法律渊源概述

1. 劳动法律规范的含义

法律规范是国家制定或认可的行为规则。法律规范一般通过法律条文表示，即条、款、项；一个条款可以表现为几个法律规范，几个条文也可以表述为一个法律规范。劳动法律规范即劳动关系主体的行为规范，它是构成具体劳动法律制度的基本单元。

2. 劳动法律渊源

法律渊源即法律规范的具体表现形式。劳动法律渊源即劳动法的存在形式，它表明劳动法律规范以何种形式存在于法律体系中，人们可以从何处找到某类或某项劳动法律规范。从世界情况来看，劳动法律渊源既有成文法形式，又有判例法和习惯法形式。劳动法律渊源包括国际渊源和国内渊源两大类别。国际渊源主要是来自国际劳工组织公约、建议书和国家之间有关的双边或多边协议；国内渊源以国内劳工立法为主，它包括认可法和制定法，制定法又包括规范性劳动文件与准规范性文件（如劳动政策、劳动标准、劳动法规司法解释、集体合同、工会章程等）。

1.5.2 我国的劳动法律渊源

我国的劳动法律渊源即由我国国家制定或认可的劳动法律规范的表现形式，具体包括以下几点。

1. 宪法中有关劳动问题的原则规定

新中国成立以来，我国历部宪法都有关于劳动问题的规定，而现行（1982年）宪法的规定尤为详尽，其中多达26个条文与劳动和社会保障问题密切相关。例如，《宪法》第四十二条规定"中华人民共和国公民有劳动的权利和义务"；第四十三条规定"中华人民共和国劳动者有休息的权利"；第四十四条规定"退休人员的生活受到国家和社会的保障"；第四十八条规定"实行男女同工同酬"；2004年《中华人民共和国宪法修正案》规定"国家建立健全同经济发展水平相适应的社会保障制度"等。这些规定既是劳动立法的指导性依据，也是劳动法律规范的一种表现形式。

2. 法律

这里的法律是指全国人大及其常委会所制定的规范性文件。另外，香港、澳门特别行政区立法机关制定的规范性文件在本行政区也属于法律。包含劳动法律规范的法律存在3种形态：一是劳动基本法，即劳动法典，在我国是指1994年颁布的《劳动法》，它细化了宪法中提出的劳动法主要原则，综合规定了劳动立法的基本问题，在劳动法体系中起统帅作用；二是单项劳动法律，是指由全国人大常委会依据宪法及劳动基本法，就特定的劳动问题或某项劳动制度做出具体规定的法律，如《中华人民共和国安全生产法》（以下简称《安全生产法》）、《中华人民共和国工会法》（以下简称《工会法》）、《中华人民共和国矿山安全法》（以下简称《社会保险法》）、《中华人民共和国职业病防治法》（以下简称《职业病防治法》）、《中华人民共和国就业促进法》（以下简称《就业促进法》）、《中华人民共和国劳动合同法》（以下简称《劳动合同法》）、《中华人民共和国社会保险法》（以下简称《社会保险法》）等；三是其他相关法律，如《中华人民共和国公司法》《中华人民共和国妇女权益保障法》等存在有关劳动问题的规定。

3. 单项行政法规

单项行政法规是指专门就劳动法的部分内容作出规定，或在其他行政法规中的劳动法律规范。

4. 劳动行政规章

由劳动行政部门单独制定或会同有关部门制定的专项劳动规章，是劳动法律的渊源中为数最多的一种。

5. 地方劳动法规、经济特区法规及地方劳动规章

地方劳动法规的制作主体主要是省、自治区、直辖市人大及其常委会，经济特区法规的制作主体当属经全国人大常委会的授予立法权的经济特区人大及其常委会，而地方规章是指省、自治区、直辖市人民政府、省会、自治区首府所在地的市和经国务院批准的较大市的人民政府制定有关劳动问题的规范性文件。

6. 国际公约和协议

凡是经我国政府批准或加入的国际劳动公约，除其中被我国声明保留的条款外，其内容我国有义务实施；另有其他由我国政府参与签订的有关劳动社会保障问题的双边或多边协议。

7. 劳动标准

劳动标准是指特定主体依据劳动法规与标准化法规制定的有关劳动保护或劳动管理方面的标准，它将劳动法规的要求定型化、具体化、数量化，具有同法律法规一样的普遍适应性和反复适用性，因而被视为劳动法律规范的一种特殊表现形式。

8. 工会规章

工会组织作为一种社会政治团体，基于法定职责制定的各项规章，不仅对工会组织内部的活动，而且对于工会组织与国家机关、用人单位等的相关活动，均起到一定的规范作用，故一般认为，中华全国总工会制定的规章，也是劳动法律规范的一种特殊形式。

1.5.3 劳动法律体系

1. 劳动法律体系的含义

法律体系泛指一国所有的或某一领域的具体法，按一定的标准分类，组合成具有一定内在结构的有机整体。它是一个历史的范畴，且与一定的国情密切联系，不仅包括一国的现行立法或法律制度，也包括将要制定及需要制定的法，直接反映一国全部或某一领域法律制度的现状及发展趋向。

所谓劳动法律体系，基于不同的角度或标准，可以分别理解为劳动立法或法规体系、劳动法目标体系及劳动法学科体系等。劳动立法或法规体系是针对一国劳动立法构架现状而言的，即指由现行有关劳动问题的规范性文件及准规范性文件组成的系统；劳动法目标体系是就劳动法将来的发展趋向而言的，即指按照国家的立法规划拟在一定的时期内产生、形成的劳动法规体系；劳动法学科体系是指学界从学科专业建设与学术理论研究视角，即依据劳动法学要研究的内容、范围和分科目构成的一个有机整合的劳动法学体系，带有较强的理论性、系统性、探索性，且综合考证了其他部门法的学术体系。劳动立法或法规体系是劳动法法学体系形成的现实基础，而劳动法学科体系是劳动立法体系的一种理论升华。

通常所说的劳动法律体系是基于现行劳动立法所包括的各项劳动法律制度及相应的劳动法律规范的内容结构而言的。研究该意义上的劳动法律体系，应结合现行劳动立法的基础条件与实践动态，关注劳动法制建设的客观要求、目标与发展趋向，从而确立系统化的劳动法相关理论、专业化的知识结构和学科体系，以促进构建较完美的劳动法现行体系及提高劳动法目标体系的优化程度。

2. 我国劳动法律规范的内容体系

在我国，劳动立法是在劳动用工、工资、社会保险制度改革被导入法制化轨道的基础上得以逐步完善的。自1994年《劳动法》颁布实施以来，一系列配套性劳动行政法规与部门规章及实施性的地方劳动法规及规章陆续出台，逐步形成了以《劳动法》为统帅的劳动法律体系。目前，可将劳动法规范的基本内容归纳如下：①劳动就业法律制度，即有关劳动就业的方针、原则、途径以及促进就业的法律保障措施等；②劳动合同法律制度，即包括劳动关系的产生、变更和终止的法律形式，以及由此产生的双方当事人的权利义务，录用职工的程序、辞职、辞退的法律规制等；③劳动标准条件的法律制度，即包括工作时间和休息休假、工资、劳动安全卫生、职业培训、女职工和未成年工特殊保护等规定；④社会保险法律制度，即包括社会保险的项目和待遇以及保险基金的来源、监管及营运体制等；⑤劳动争议处理的法律制度，即包括劳动争议的范围、劳动争议处理的机制与运作程序规范等；⑥劳动行政执法及监督法律制度，即包括劳动行政执法体制、方式程序及监督检查机制等；⑦工会与集体协商法律制度，主要涉及工会组织的法律地位、职责、集体劳动关系调整的法律机制、集体协商机制及法律规范等。

此外还有劳动纪律和奖惩办法、用人单位内部劳动规则等方面的法律制度。

1.6 劳动法的基本原则

1.6.1 劳动法基本原则概述

劳动法的宗旨是保护劳动者的合法权益，协调劳动关系和促进生产、维护社会公平和推动社会经济发展，并由此产生劳动法的基本原则。

法律的基本原则往往是贯穿某一法律始终与各个方面的基本准则，具有普遍的指导意义，反映该法律的本质属性和相对稳定性的特点。劳动法的基本原则是指集中体现劳动法的本质和基本精神，主导整个劳动法体系，贯穿于劳动立法、执法、司法、守法等环节，对各项劳动法律制度和全部劳动法律规范起指导和统率作用的指导方针。劳动法的基本原则是调整劳动领域的社会关系所应遵循的基本准则，同一定的社会或一个国体的基本政治经济体制是密切相关的。我国劳动法的基本原则是制定、解释、实施和研究我国劳动法的出发点和基本依据。

劳动法基本原则的确立不仅是劳动法学理论研究的重要任务，更重要的是关系到劳动立法完善与执法的效果问题。在我国，确立劳动法基本原则的依据如下。

（1）要以宪法为依据。宪法是我国的根本大法，宪法中关于我国政治、经济制度的规范，关于公民劳动权的规定是确立劳动法基本原则的依据。我国《宪法》第四十二至四十八条规定的内容为确立劳动法基本原则奠定了基础。劳动法首先应体现宪法精神，将宪法规定的基本原则具体化，使之得以贯彻实施。

（2）应突出劳动法的基本特征。劳动法自诞生之日起，就是旗帜鲜明地强调保护劳动者的权益。其不同于民法与经济法的表现之一在于，民法和经济法一般是保护双方当事人，而劳动法虽然也不否认要保护劳动关系双方当事人的合法权益，但更倾向于对劳动者的保护。劳动法律的很多规定，都是体现了国家对具体劳动关系的干预。

（3）要以现实为依据，要结合具体国情。我国正处于社会经济转型时期，劳动关系显现出变化多样性、复杂化的特点，现有的劳动法律及规范性文件不可避免地存在疏漏，劳动执法领域也会出现盲点，这就客观上不仅要求确立劳动法基本原则的重要性，而且在确立劳动法基本原则时，应认真了解现阶段劳动关系特点，全面了解市场经济条件下劳动关系的性质和发展趋向，使劳动关系法律调整的基本方针符合我国的国情，以达到弥补法律漏洞、修正法律矛盾的效果。

1.6.2 我国劳动法的基本原则

1. 保障公民劳动权的原则

劳动权是人权的基本内容，是公民生存权利的基础。劳动权是劳动法的基本问题，劳动法所规定的诸项权利，如休息权、劳动报酬权、劳动安全卫生权、物质帮助权等，都是以劳动权的确立与实现为前提的。劳动法是权利保障法，即保障公民实现劳动权的基本法律，整个劳动法可以说是建立在劳动者的劳动权得以实现和保障的基础上的。我国《宪法》将劳动权规定为公民的基本权利之一，《宪法》第四十二条规定："中华人民共和国公民有劳动的权利和义务。国家通过各种途径，创造劳动就业条件，加强劳动保护，改善劳动条件，并在发展生产的基础上，提高劳动报酬和福利待遇。"劳动法是将宪法规定的公民权具体化，并就劳动权的实现规定了各种保障措施，其主要内容包括以下几点。

（1）保障公民享有平等就业和选择职业的权利。劳动就业权是劳动者赖以生存的基本权利，是实现劳动权的基础，固然其在劳动权之中占据首要地位。根据《劳动法》第十二条、第十三条的规定，凡是有劳动能力和意愿的公民都有平等地获得劳动机会的权利，有根据其志愿、才能、教育程度并考虑社会需求的情况下选择职业及工种的权利。

（2）国家有义务保障劳动者获得劳动权，当劳动者谋求不到工作时国家应给予帮助、扶持或提供必要的生活费。

（3）劳动者有按其劳动的数量与质量获得不低于规定的最低数额的劳动报酬的权利。

（4）保障劳动者享有休息休假的权利。

（5）保障劳动者享有获得劳动安全卫生保护的权利。

（6）保障劳动者享有社会保险和福利待遇的权利。

（7）保障劳动者享有职业教育技能培训的权利。

（8）保障劳动者享有组织工会和参与民主管理的权利。

（9）保障劳动者享有提请劳动争议处理的权利。

（10）公民劳动权必须得到尊重，任何组织和个人不得侵犯他人的劳动权，对劳动力使用者滥用解雇权的行为应当加以规制或限制。

上述权利体现了我国公民劳动权的基本内容，《劳动法》及相关的配套法律规定和规章对劳动权予以全面的保障，即充分体现了保障劳动权原则是我国劳动法首要、最重要的原则。

应用实例 1-4

夏某是某纺织厂的职工，生活比较困难，为了给孩子支付上大学的费用，向厂里借了一笔钱，并写了借条，约定半年后还清。半年之后，夏某未能按照约定还款，请求厂里能够延期，可是纺织厂坚持要夏某按协议偿还债务，否则开除夏某。

思考： 案例中纺织厂的做法是否合法？请说明理由。

2. 建立公平劳动标准原则

保障劳动者的合法权益，首先是最基本的保护，即对劳动者基本利益的保护。这种基本利益就是国家通过劳动法律规定颁布的、强制实施的、普遍适用的最低劳动标准，要求用人单位为劳动者提供的劳动条件不得低于国家规定；这种基本利益应当获得绝对性的保障，而且对所有用人单位要求都是一致的，不应存在单位所有制或组织形式的差别。在全球范围内，劳动标准的水平要求不一，在发展中国家需要建立最低劳动标准，在发达国家可以建立一般劳动标准，但其内容正在趋同发展，主要包括劳动强度，劳动时间，最低工资和最大差距，工作地的安全卫生，以及医疗、失业、职业伤害等社会保障。切实保障公民劳动权，需要建立公平的劳动标准，建立的法律方式包括国际公法、国家法律、集体协议、单位规章和劳动合同，它们在法律效力和待遇水平上是逆向发展的，即法律效力最高的是国际公约，通常提供全球范围内相对的劳动标准；如果是发达国家发起的公约，其标准往往高于发展中国家可以接受的水平；法律效力最低的个体劳动合同可以提供个体化的高水平的劳动标准。

3. 建立劳动关系协调机制的原则

劳动关系的协调机制是指政府、工人组织、企业组织代表等作为主体共同参与劳动关系的协调。该机制应当支持劳动关系当事人之间的自治行为，它的核心是源于西方国家较早提出的"三方原则"，全称是"三个协商劳动标准和处理劳动关系的原则"，具体是指在劳动标准的确定和劳动关系的处理上由政府、雇主和工人的代表在平等的基础上协商解决。该原则已由国际劳工组织在1976年通过的《三方协商以促使实施国际劳工标准公约》和《三方协商以促使实施国际劳工标准建议书》（即国际劳工组织第144号公约和152号建议书）明确规定。目前，世界上实行市场经济的国家普遍实行这一原则，它对于缓和劳资矛盾、解决劳资冲突、协调劳动关系、避免社会动荡发挥着积极有效的作用。1990年9月7日，我国全国人大常委会批准了这一公约，为我国建立劳动关系协调机制提供了法律依据。

我国基于国际公约的三方原则精神，应建立和发展的劳动关系协调机制的主要内容包括以下几点。

（1）在劳动立法活动中应充分贯彻民主参与的方针。在制定主要的劳动法律法规或确立劳动标准时，应由政府、工会和企业组织代表共同参与，政府在立法活动中处于主导地位，政府在立法时必须广泛听取工会和企业组织的意见，采纳其合理建议。工会和企业组织代表参与立法或重大决策，能够及时地反映劳动关系参与者的意愿，使立法内容更切合实际，决策更为科学合理；而且，也使政府的劳动政策和重大决策对工会和企业组织的活动产生更为直接的影响，便于劳动法律法规的执行。

（2）推行集体谈判和协商，达到集体协议，充分发挥集体合同的效能。在我国现阶段，国家有必要使用政治权力，通过政府行政指导与宏观调控，对具体劳动关系施加积极的影响，在诸如工资、劳动标准、劳动条件等方面体现国家的产业政策。具体而言，在劳动行政部门指导下，集体合同双方当事人通过充分自行协商签订集体合同，并由劳动行政部门依法调查；集体合同谈判由政府进行指导、协调，能够及时化解集体合同双方当事人的纠纷，避免集体争议的出现。

（3）针对重大劳动争议和突发性事件，政府、工会和企业组织应进行积极的协调和谈判解决。随着我国市场化改革的深入，不可避免地会在一定范围内发生一些重大的劳动争议和突发性的劳动冲突事件，解决不好，就会影响我国政治、经济的稳定，通过三方协调和谈判解决，使其及时得到化解，避免社会动荡，通过社会对话，在更大范围内达成合作协议。

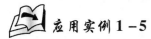

应用实例 1-5

某公司在报纸上刊登招聘广告，重金聘请销售总监。在"要求"中，除了常见的学历和工作经验外，还有"血型为O型或B型"。按照该公司人力资源部的解释，"血型决定性格"，性格对事业的成功有重要的作用。而人的血型则决定着一个人的性格。血型为O型或B型的人，比较适合从事销售工作。

思考：该公司的做法是否合法？为什么？

本 章 小 结

劳动法以劳动关系为主要调整对象,旨在维护劳动者的合法权益和促进社会生产力的发展。劳动法律关系就是指劳动法律规范在调整劳动关系过程中形成的法律上的劳动权利和劳动义务关系。我国劳动法的基本原则包括保障公民劳动权的原则、建立公平劳动标准原则、建立劳动关系协调机制的原则。

复习思考题

一、名词解释

1. 劳动权　　2. 劳动法律关系　　3. 劳动法律渊源

二、选择题

1.《劳动合同法》施行的时间是(　　)。
   A. 1994 年 7 月 5 日　　　　　　　　　B. 2008 年 1 月 1 日
   C. 1997 年 7 月 1 日　　　　　　　　　D. 1995 年 5 月 1 日
2. 人类历史上第一次将劳动权写入宪法的国家是(　　)。
   A. 美国　　　　B. 英国　　　　C. 法国　　　　D. 德国
3. 劳动法律关系的主体是(　　)。
   A. 劳动者　　　　B. 政府　　　　C. 工会
   D. 用人单位　　　E. 劳动争议调解委员会

三、简答题

1. 简述劳动法的概念及调整对象。
2. 简述劳动法律关系的内涵、特征与要素。
3. 简述劳动法律渊源。

四、论述题

结合我国国情,论述劳动法的基本原则。

课 后 阅 读

北京首判未毕业大学生享有劳动权

1. 背景新闻

小刘是北京农学院的应届大学毕业生,2009 年 7 月从该大学正式毕业。2008 年 12

月，北京某投资顾问公司到北京农学院招聘。小刘于2009年1月8日被招聘进入该公司工作，职务为投资顾问，负责开发行业市场，吸纳客户入金。双方约定试用期为1个月，试用期底薪800元，提成另计，第二个月转正，底薪提高到1 500元。

2月10日，公司以工资条形式发放小刘工资539元。3月11日因为公司拖欠工资，小刘离开公司。由于公司一直拖欠小刘的工资，小刘遂向北京市劳动争议仲裁委员会提出了仲裁申请。仲裁委员会认为，小刘属于未取得毕业证书的在校大学生，未完成学业并取得相关学历证明，在校期间到企业从事工作，仅作为参与社会实践的活动，不属于《劳动合同法》中规定的劳动者，不是与用人单位订立劳动合同并建立劳动关系的适格主体，最终裁决驳回了他的仲裁申请。

小刘接到仲裁委的败诉裁决后，又将公司诉至西城区法院，要求其支付工资并赔礼道歉。

西城区法院经过审理认为，劳动者与用人单位建立劳动关系，付出劳动，应当从单位取得相应的劳动报酬。本案中，被告承认小刘于2009年1月8日至3月11日在该公司工作，法院予以确认。

北京市西城区人民法院首次判决确认大学生的劳动主体地位，明确肯定大学生也可就业，属于《劳动合同法》管辖的范围，并据此判决用人单位——北京某投资顾问有限责任公司给付小刘自2009年2月1日至3月11日的工资1 847元。

2. 说法一：未毕业大学生依法享有劳动权

王立谦（南阳市中级人民法院民二庭庭长）认为：劳动权是指宪法保障下的劳动者获得劳动机会并在劳动过程中获得报酬，得到基本保障的权利。劳动权的权利主体是劳动者，劳动权的义务主体是国家、社会和用人单位。劳动权的内涵很广，主要包括以下内容。

第一，劳动就业权，指具有劳动能力的公民在法定劳动年龄内有参加社会劳动、获得劳动报酬或经营收入的权利。

第二，劳动报酬权，是劳动者通过从事各种劳动获得合法收入的权利，包括工资协商权、工资请求权和工资支配权。

第三，提请劳动争议处理权。劳动争议是劳动关系当事人双方因劳动权利和劳动义务发生分歧而引起的争议。法律规定劳动关系当事人双方可到劳动争议仲裁委员会申请仲裁，不服的可向人民法院提起诉讼。

另外，《劳动法》规定的雇员劳动权的内容还包括休息休假权、劳动保护权、职业培训权、社会保险权以及组织工会和参与民主管理权。

本案涉及小刘的相关劳动权利包括劳动就业权、劳动报酬权和提请劳动争议处理权。

宋浙平（浙川县人民法院法官）认为：我国《劳动法》规定，年满16周岁的公民享有劳动的权利和义务。同时，又将现役军人、保姆、公务员序列人员和农村劳动者等排除在劳动权利义务主体之外，但没有排除未毕业大学生的劳动权利。也就是说，没有被排除在外的劳动者，只要符合《劳动法》关于年龄条件规定就应依法享有劳动权。

同时，我国《劳动合同法》第三条规定："订立劳动合同，应当遵循合法、公平、平等自愿、协商一致、诚实信用的原则。依法订立的劳动合同具有约束力，用人单位与劳动者应当履行劳动合同约定的义务。"

本案中，小刘进入公司工作时已年满16周岁，符合《劳动法》规定的劳动能力年龄，其在校大学生的身份并非《劳动法》规定排除适用的对象。另外，小刘在与公司签订合同时，已明确告知自己尚未毕业，公司在知道这一情况的前提下与小刘签订合同。同时，小刘所在公司也向小刘明确了具体岗位和职责，并向其发放了1个月的工资。以上事实充分表明，小刘在该公司并非实习，而应属于就业，属于《劳动合同法》管辖的范围。因此，根据我国《劳动法》和《劳动合同法》的相关规定，应确认小刘为适格的劳动合同主体，双方的劳动合同关系成立，公司应向小刘支付劳动报酬。

3. 说法二：应立法明确未毕业大学生的劳动地位

何栓林(唐河县人民法院法官)指出：我国的高等教育已经由过去的精英教育转变为素质教育，很多大学生，特别是从农村或城市低收入家庭走出来的大学生，需要用勤工俭学的方式来承担高昂的学费，减轻家庭负担。即便家庭没有负担的学生，通过社会实践和锻炼，对将来就业和更好地适应社会也大有裨益。因此，很多在校大学生在假期或即将毕业的时候，都会选择与企业签订短期用工合同，参与社会锻炼或者干脆提前就业。

但就在未毕业大学生参加社会实践、实习成为普遍现象的今天，法律对他们能否作为《劳动合同法》的适格主体，发生纠纷时能否直接适用《劳动法》及相关解释、规定，发生纠纷后能否通过《劳动法》维权等一系列问题没有明确说法。只有在原劳动部(现已并入人力资源和社会保障部)1995年8月4日颁布的《关于贯彻执行劳动法若干问题的意见》(以下简称"意见")第十二条中有简短而存在歧义的规定，"在校生利用业余时间勤工助学，不视为就业，未建立劳动关系，可以不签订劳动合同"。但该法条没有对"勤工助学"做出明确定义，只规定了在校生"可以不签订劳动合同"。对于签订了的该怎么办，没有明确答复。

张辛(镇平县人民法院副院长)认为：原劳动部的意见虽然容易产生歧义，但没有否定在校大学生的劳动权益。这是因为在以往大学精英教育时代，所谓就业就是国家给大学生分配工作，而在校大学生勤工俭学不能算做分配工作，原劳动部从维护国家利益和大学生合法权益的角度考虑才有了这一规定。

不将大学生勤工俭学视为就业，并非不承认在校大学生的劳动权。同时，"不视为就业"从另一个角度看，也恰恰说明在校大学生有劳动权，因为"不视为就业"说明在别的地方如分配工作就视为就业，从侧面说明了在校大学生只要年龄符合条件，是具备劳动能力、享有劳动权利的。但这一规定最大的弊端就是，导致在目前国家对大学生不再包分配的情况下，未毕业大学生的劳动权益陷入了混沌状态，很多用人单位往往以此为借口否定在校大学生的劳动者身份，进而损害其合法权益。损害在校大学生合法劳动权益的劳动争议案时有发生，而争议发生后，往往面临"无法可依"的尴尬。

因此，建议国家以法律的形式明确在校大学生的劳动地位和劳动权益，或者撤销原劳动部的这条规定，这样不仅可以减少用人单位恶意损害未毕业大学生劳动权益的行为发生，发生纠纷后不再面临"法律尴尬"，还可以在一定程度上引导大学生提前就业，分流就业压力。

(资料来源：http://news.sina.com.cn/o/2009-12-01/072016696205s.shtml。)

第 2 章 劳动法的历史沿革

学习目标

知识目标	技能目标
1. 了解劳动法产生的历史背景 2. 掌握劳动法产生的社会经济基础 3. 了解资本主义国家、社会主义国家劳动法的沿革及其区别 4. 了解我国劳动法的历史沿革 5. 了解我国现阶段劳动法的特点 6. 了解我国劳动法的发展趋势 7. 了解国际劳动立法的概念、国际劳工组织 8. 了解我国与国际劳动立法的关系	1. 理解劳动法产生的条件 2. 理解劳动法产生的原因 3. 掌握资本主义国家劳动法沿革的历史阶段及其特点 4. 掌握社会主义国家劳动法沿革的历史阶段及其特点 5. 理解我国劳动法沿革的历史阶段及其特点 6. 熟悉国际劳动立法的内容和特点 7. 熟悉国际劳动立法的评价 8. 理解我国与国际劳动立法的关系及我国劳动法发展的趋势

我国劳动法体系不断完善

2007年6月29日,《劳动合同法》(2008年1月1日起施行)正式颁布。该法在《劳动法》原则性规定的基础上,对劳动合同的适用范围、合同的订立、履行和变更、解除和终止、建立平等协商的集体合同制度,对实施劳动合同制度的监督检查以及法律责任等方面都做出了大幅调整,为妥善调整劳动关系提供了详细的、可供操作的规范。为了解决就业工作中面临的突出矛盾和问题,形成促进就业的长效机制,保障劳动者的合法权益,我国于2007年8月30日通过了《就业促进法》,自2008年1月1日起施行。另外,颁布已60年之久的《工会法》,迎来第三次大修订。2010年8月20日,中华全国总工会法律工作部部长刘继臣在"中国工会法60年和劳动法15年"研讨会后,向记者透露《工会法》修正案的起草工作,由中华全国总工会、全国人大内务司法委等有关部门合作展开,初步修正案已接近完成。在新的《工会法》修正草案中,对于工会的会员资格、职工代表大会的产生程序、基层工会干部的选举、工会经费保障等方面,都将有更加细致的规定,将更加突出民主管理的程序。此外,修正草案中,还针对工会发展的深层次体制问题进行了尝试性突破。

《劳动合同法》《就业促进法》的颁布,《工会法》的修订,进一步丰富和完善了我国劳动法律体系。通过学习本章内容,读者可全面掌握劳动法的历史演进及其发展规律。

劳动法的历史是一部曲折发展的历史,每前进一步都标志着社会的深刻变革。熟悉和理解劳动法的历史发展对于完善现有劳动法律体系无疑具有重大的借鉴意义。

2.1 劳动法的产生

劳动关系是和人类社会同时产生的,但是劳动法却是直到资本主义社会才产生的。根据现代法学理论,劳动法是以雇佣劳动关系的存在为其产生前提的。雇佣劳动关系作为劳动力与生产资料相结合以实现劳动过程的一种社会关系,只有在劳动力和生产资料分别归属于不同所有者,劳动者拥有人身自由时才会实现。

在原始社会,由于生产资料归氏族共有,氏族成员既是劳动力所有者,又是生产资料所有者,不可能产生雇佣劳动关系。在奴隶社会,不但生产资料为奴隶主所有,而且奴隶是奴隶主"会说话的工具",完全没有人身自由。在封建社会,农民对封建主具有很强的人身依附性,农民仍然没有获得完全的人身自由。同时,农民部分地占有生产资料,并且可以享有部分劳动成果,其劳动具有较强的自主性,劳动时间、劳动内容、劳动方式等事项一般是自己决定的。因此,封建社会也不具备产生劳动法的社会条件。

在资本主义以前的社会,雇佣劳动关系不存在或不占主导地位,因此,不存在独立的劳动法规。随着资本主义生产关系的产生与发展,雇佣劳动关系逐渐占据社会的主导地位,从而产生了对雇佣劳动关系进行调整的劳动法。

18世纪资产阶级革命以后,资本主义经济飞速发展,而资本主义生产方式赖以存在的基础是雇佣劳动。雇佣劳动关系的一方是拥有生产资料的资本家,另一方是自由劳动者。所谓自由劳动者,即"他们本身既不像奴隶、农奴等等那样,直接属于生产资料之列，也不像自耕农那样，有生产资料属于他们。相反地，他们脱离生产资料而自由了，同生产资料分离了，失去了生产资料"[①]。在资本主义国家发展初期，新兴资产阶级公开使用国家暴力，颁布了一系列血腥恐怖的"劳工法规"，强迫失去了土地的农民到工厂做工，并接受苛刻的劳动条件。这些"劳工法规"的特点是，首先，以强制手段迫使被剥夺土地的农民到资本家的工厂做工。例如，英国亨利八世时曾规定：对流浪者给予鞭打；再度流浪则被捕，遭受鞭打，还被割去半只耳朵；三度流浪就要被当作重犯罪人或社会敌人处死。其次，规定了最高工资和最低工时。例如，英国伊丽莎白女王统治时期颁布的《学徒法》规定，在法定限额以上支付工资要受处罚，取得工资者要被判处监禁10日。此时的"劳工法规"带有明显的封建压迫的性质，实际上是反劳工法规，因此还不是现代意义上的劳动法。

资产阶级为了赚取更多的剩余价值，不断加强对工人的剥削，使工人在极其恶劣的条件下劳动，大量的工伤事故和职业病威胁着工人的生命。面对资产阶级的残酷剥削，工人为了争取自身的生存权利，开始自发地与资本家开展斗争。随着工业化的发展，无产阶级的队伍日益壮大。无产阶级反对资产阶级的斗争由自发性的运动发展到有组织的自觉运动。工人纷纷罢工，强烈要求废除原有的"劳工法规"，要求缩短劳动时间、增加工资和禁止使用童工，并要求对未成年人和女工给予特殊保护等。工人运动的发展，直接威胁着资本主义国家政权的稳定。为了协调劳资关系，稳定社会秩序，资本主义国家从19世纪初期开始适当放宽对工人的压迫程度，先后制定了一些"劳工法规"。1802年，英国议会通过了《学徒健康与道德法》，规定纺织工厂18周岁以下的学徒每天工作时间不得超过12小时；禁止学徒在晚21时至翌晨5时之间从事夜工；禁止纺织工厂使用9岁以下学徒。虽然这一法规在改善童工工作时间方面只迈出了一小步，但它是为保护工人利益而制定的，与原有的法规有本质的不同。这是世界上第一个限制工作日长度的法律，是资本主义国家工厂法的开端，同时也意味着劳动法的产生。

2.2　外国劳动立法

劳动法最早产生于西方资本主义国家，在工人阶级的不断斗争下，经过一个世纪的发展，到了20世纪初期，劳动法终于成为一个独立的法律体系。而在以苏联为首的社会主义国家，劳动法的发展体现了新的特色。

2.2.1　资本主义国家劳动立法的历史沿革

劳动立法的数量逐步增长，经过一个世纪的发展，到了20世纪初期，劳动法终于成为一个独立的法律部门。具体来说，资本主义社会劳动立法的发展可以分为以下几个阶段。

1. 劳动法的开端：工厂法的产生(19世纪前期)

工业革命以后，资产阶级的地位得到了巩固，对工人的剥削更重了。很多工人每天要

---

① 马克思，恩格斯. 马克思恩格斯全集(第23卷)[M]. 北京：人民出版社，1972：782.

工作16个小时,甚至18个小时,这就严重损害了工人的健康,造成了工人的强烈反抗。为了缓和社会矛盾,一些主要的资本主义国家相继制定了限制工作日长度的法律。1802年,英国议会通过了《学徒健康与道德法》。1819年和1833年两次修订了《学徒健康与道德法》。

后来英国又通过一系列的立法,如《工厂法》(1833年)、《十小时法》(1842年)等,逐步扩大了工厂法的适用范围和适用对象。继英国之后,法国、德国、意大利等国家都相继制定了有关工厂的立法。例如,法国于1806年制定了《工厂法》,1841年制定了《童工、未成年工保护法》;德国于1839年颁布了《普鲁士工厂矿山条例》等。

2. 劳动法的发展:工厂法的发展与工会法的产生(19世纪后期)

19世纪中叶以后,西方各国相继进入了自由竞争的资本主义阶段。各国更加重视劳动法的作用,大多数国家都在本国工厂立法的基础上制定了大量的劳动法规,这在一定程度上缓解了资本主义社会中的劳资矛盾。工厂法的适用范围逐步扩大,内容逐渐充实,出现了一些对工资问题的规定。例如,新西兰1894年的最低工资立法是世界上最低工资立法的开端;法国1874年的《劳动保护法》;德国1891年的《德意志帝国工业法》,等等。

19世纪后期产生了工会法。到了19世纪末,欧洲各国大多已经承认工会为合法组织,对工会的行动也给予一定的自由,有些国家还解除了对工会组织罢工权的限制。例如,英国在1842年颁布法令,承认工人有组织工会和罢工的权利。1868年,英国全国总工会成立。1871年英国公布了世界上第一部现代工会法。

3. 劳动法的高潮:专门劳动立法时期(20世纪前期)

20世纪以来,随着工人运动的开展,各国相继制定了大量的专门劳动立法。例如,1910年法国公布了《劳动法典》第一卷,将雇佣合同列为第二篇。1918年,德国颁布了《失业救济法》《工人保护法》《集体合同法》。1935年美国国会通过了《国家劳动关系法》(又称《瓦格纳法》),承认工人有权组织工会与雇主进行集体谈判,签订集体合同,并依据该法成立了专门管理机构,即国家劳工关系委员会(Natonal Labor Relations Board, NLRB)。这些专门立法标志着各国的劳动法律体系框架基本形成。

4. 劳动法的转折:从福利国家到放松规制(20世纪中叶后)

第二次世界大战(以下简称"二战")结束以后,西方主要资本主义国家相继宣布要建立不同模式的"福利国家",对劳动者的保护开始以人权为中心向更深层次发展。例如,为劳动者提供各项社会保障措施、重视劳动者的发展权、为失业者提供就业培训、推行员工股权计划、重视劳动者参与企业管理等。这些社会措施一方面改善了工人的生活条件,另一方面也降低了工会的重要性,工人运动开始走向衰落。

20世纪70年代以后,英国开始推行新自由主义经济政策,大幅度削减社会福利开支。同时,还开始大幅度地放宽劳动标准方面的法律规制,提倡劳动力市场的弹性。这些做法对世界许多国家产生了很大的影响。在1991年苏联东欧集团解体之后,由于冷战压力的突然消失,西方国家放宽了对劳动者的保护性立法。

在很多发展中国家,特别是一些亚洲国家,为了提高本国经济竞争力,并且吸引外国投资，也有意地放宽了劳动标准，某些国家甚至还采取了一些限制工人权利的政策。这样，在全世界范围内，劳动法的发展都进入了一个相对低潮的时期。

法国总理决定强行通过劳动法修改草案

2016年5月10日下午，法国总理瓦尔斯在国民议会（议会下院）宣布，决定动用宪法第49条第3款，不经议员讨论和表决，强行通过劳动法修改草案。这一备受争议的法案引发众多法国民众抗议示威。另外，执政党社会党中的不少议员表示对草案将投反对票。反对劳动法修改草案的法国"黑夜站立"运动呼吁10日在国民议会前示威，抗议政府动用宪法第49条第3款。这份法案引起那么多的争议，究竟是为什么呢？劳动法修改草案是现任劳工部长高姆丽（Myriam El Khomri）主管的，所以此项草案又被称为"高姆丽法"（la loi El Khomri）。"高姆丽法"和现存的劳动法在解雇职工限制、工时、加班费、劳动时间安排上都有不小的改动。

1. 强化老板解聘权

在131页的劳动法修改草案中，新规定允许企业着手经济解聘。所谓经济解聘，就是在企业经营状况不佳的情况下，解雇手下的职工。具体的规定为，企业在经济效益不佳的情况下，可以辞退员工。经济效益不佳的概念包括订单减少、营业额连续4个季度降低、财政收入减少等不利于企业运转的情况发生。不仅如此，企业还可以依据增强竞争力或跟进技术革新的理由，让职工改变工种。如果职工拒绝老板的提议，他将被辞退。众所周知，法国劳动法的基调保护职工利益。这样一改，老板解雇职工的权利大大增强了。

2. 可再延长工时

在2000年推行每周35小时工作制以前，法国员工此前的法定工时是每周39小时。其实法国现存的法律已经允许雇主延长工时。按照现在的规定，企业可以让员工每周平均工作44小时，但这种延长工时的时段不得超过3个月。而"高姆丽法"规定，职工每周可以平均工作46小时，延长工时的时段可以持续4个月。按照欧盟的规定，员工每周的工作时间不得超过48小时。这一规定引起法国工会的强烈不满。

3. 小范围决定工时和如何支付加班费

现阶段，法国职工的工作时间长短和薪水一般是按照工种来定的，这种协议通常被称为"行会协议"。新的规定取消了按照工种制定工时的做法，把是否需要延长工时和如何支付加班费用的权利下放给了每个企业。例如，法国的冶金业工人的加班费用按照行会协议的规定是多支付25%。取消"行会协议"之后，每个企业自行制定加班费用的多少。在企业效益不好的企业，加班有可能只能拿到不足10%以上的加班费用。工会人士表示，多给还是少给加班费，都是老板说了算，这是社会的倒退。

4. 给"劳资法庭"经济赔偿封顶

在法国随便解雇职工是要付出经济代价的，特别是解雇老职工，雇主一旦被罚，老板要支付非常高的赔偿金。法国的员工被解雇后，如果觉得冤枉，他可以请律师把雇主告上"劳资法庭"（le Conseil de Prud'hommes）。劳资法庭的判例很多是在考虑职工的利益，有时对老板的惩罚重得企业不得不关门，因老板支付不起沉重的罚金。新的法律草案规定，职工一旦在劳资法庭上胜诉的话，按照员工在企业的年限计算经济赔偿，20年以上的职工获得的经济赔偿最多不得超过15个月工资。这个封顶措施严重损伤了被无缘无故解雇的职工，特别是老职工。一些经济分析师和工会人士表示，给劳资法庭经济赔偿封顶会引发企业雇主对老职工的解聘潮。而支持修改法律的人表示，老板的顾忌少了，他会大胆雇用新职工。

（资料来源：http://www.xineurope.com/article-8077-1.html.）

2.2.2 社会主义国家劳动立法的历史沿革

1. 苏联的劳动立法

苏维埃俄国是世界上第一个社会主义国家,无产阶级当家做主,劳动立法自然会很快得到发展。苏维埃政权在废除资产阶级劳动立法的同时,制定了新的保护工人阶级利益的劳动法令,从而产生了社会主义国家的劳动法。

1918年,苏维埃政权颁布了《劳动法典》。1922年颁布了《苏俄劳动法典》。到20世纪50年代后期,苏联开展了大规模的立法活动,先后公布了15部联邦和各加盟共和国的劳动立法纲要,其中1970年最高苏维埃会议通过的《劳动立法纲要》规定了劳动关系的各个方面,包括总则、集体合同、劳动合同、工作时间和休息时间、劳动报酬、劳动纪律、劳动安全与卫生、妇女和未成年人劳动、职业培训、工会和民主管理、社会保险、劳动争议、监督检查以及附则,内容系统而全面,将社会主义劳动立法大大向前推进了一步。其后,各加盟共和国根据该纲要,结合自己的具体情况修订和通过了新的劳动法典和制定了相应的劳动法规。其中,最先制定的是1971年俄罗斯共和国的新苏俄劳动法典。该法典的体例和基本思想与纲要相同,但内容更为详尽。除此之外,苏联还制定了一些新的单行劳动法规,如1971年的《工会基层委员会权力条例》、1972年的《标准内部劳动规则》、1974年的《劳动纠纷审理程序条例》、1983年的《劳动集体法》、1989年的《工会及其权利和活动保障法》等。1977年的苏联宪法,重新规定公民在劳动方面的权利和义务,扩大了对劳动者的社会保障,同时也加强了劳动者完成工作任务方面的责任。

2. 东欧各国和朝鲜的劳动立法

"二战"结束后,东欧出现了波兰、捷克斯洛伐克(1993年,正式分裂为捷克共和国和斯洛伐克共和国两个国家)、保加利亚、匈牙利、罗马尼亚、南斯拉夫、阿尔巴尼亚等一系列社会主义国家。这些国家关于劳动方面的立法,从20世纪40年代后期开始,只经过较短的发展过程,很快趋向完备。

东欧各社会主义国家在新中国成立之初,废除旧的劳动立法,颁布了一系列新劳动法令。新法着重对改善劳动条件、减少失业、实行工人监督、开展工会运动方面作出规定。这一时期多数国家主要通过集体合同来调整劳动关系,而且工人和部分职员的劳动关系由民法调整,国家职员的劳动关系则由行政法调整。至20世纪50年代初,劳动法形成独立的法律部门,专司劳动关系的调整。

20世纪50年代以后,东欧各社会主义国家以及朝鲜的劳动立法都有较快发展。在50—70年代,各社会主义国家普遍重视劳动法典的制定,都根据本国宪法规定的基本原则,先后制定了劳动法典。在此期间,各国还颁布了一批单行劳动法规,其中特别受到重视、发展比较充分的是劳动保险立法和职业技术培训立法。各国政权建立初期,都颁布和实施了社会保险法,后来鉴于社会保险事业有了很大发展,各国又于20世纪70年代纷纷颁布新的社会保险法。进入20世纪60年代,许多社会主义国家相继颁布有关职业培训方面的法律,加强了对职业培训关系的法律调整。

2.3 中国劳动法的历史沿革

中国劳动法的历史发展大致分为两个阶段：中华人民共和国成立以前(旧中国)、中华人民共和国成立至今(新中国成立以来)。新中国成立以来，劳动法有了全新的发展，特别是改革开放以来，劳动法的发展有了质的飞跃，基本建立起比较完善的劳动法律体系。

2.3.1 新中国成立以前的劳动立法

1. 中国劳动法的产生

劳动法大纲

1922年8月16日，中国共产党发起劳动立法运动，并发布《劳动法大纲》(见图2.1)。

图2.1 部分代表合影

1922年8月16日，中国劳动组合书记部发布《劳动法大纲》。大纲中要求工人有集会、结社、罢工等权利，实行8小时工作制、保障工人最低工资和享受劳动保险以及保护女工、童工等。大纲规定，禁止雇用16岁以下的男女工，禁止18岁以下的男女工担任剧烈、有害卫生及法定工作时间外的劳动，重工的法定工作时间不得超过6小时等。8月初，中国劳动组合书记部给众议院发出《关于劳动立法的请愿书》，要求国会在宪法中规定保护劳工的条文。请愿书说："同人等素从事劳工运动，连年来亲睹国内劳工饱受暴力摧残之惨状，深知国内劳工无法律保护之痛苦，加以感受操政柄者之巧于舞文玩法，益觉得劳动法案规诸宪法之重要。为全国劳工请命计，为国家立法前途计，理合拟具劳动法案大纲19条，依法请愿贵院尽量采纳通过，规诸宪法。"22位国会议员对此举表示支持。大纲发布后，中国劳动组合书记部向全国工会发出《关于开展劳动立法运动的通告》，要求各地工会讨论《劳动法案大纲》，并向工人广泛宣传，征求工人的意见。唐山铁路、煤矿、纱厂、水泥厂等工会首先响应，组织起唐山劳动立法大同盟。武汉、上海等地也纷纷响应，并举行游行、集会，通电全国，要求将《劳动法大纲》纳入宪法。

(资料来源：http://www.cnlsslaw.com.)

中国劳动立法出现于20世纪初期。1922年8月，中国劳动组合书记部利用北洋军阀首领吴佩孚宣称恢复国会制定宪法的机会，拟定了《劳动立法原则》，制定了《劳动法大纲》，发出了《关于开展劳动立法运动的通告》。《劳动法大纲》的中心是要求北洋军阀政府承认劳动者有集会、结社、罢工的自由权利，同时对制定工资福利、工作时间、休息时间和休假、劳动保护、女工和童工的特别保护、劳动补习教育、社会保险等法规提出了具体要求。随后唐山、郑州、长沙等地工人召开大会，要求北洋军阀政府将大纲写入宪法，但未能成功。1923年2月7日京汉铁路工人大罢工，为争取组织工会的自由，提出了"为自由而战，为人权而战"的口号，结果遭到军阀吴佩孚的残酷镇压。为平息广大工人群众的怒火，北洋军阀政府于1923年3月由农工商部公布了《暂行工厂通则》。该通则共有28条，内容包括最低受雇年龄，工作时间与休息时间，童工、女工工作的限制，工资福利，补习教育等方面。该通则虽然未得到真正实施，只是一纸空文，但它毕竟是中国政府颁布的第一部调整劳动关系的法律，在我国劳动立法史上掀开了第一页，标志着中国劳动法的产生。

 阅读材料

最近职工运动决议案

大革命失败后，中共中央于1927年8月7日在汉口召开了著名的"八七会议"，会议通过了《最近职工运动决议案》，宣布"本党应当领导群众力争真正工会之公开，实行工人结社、集会、言论、罢工的自由之政治斗争，再则，工人阶级目前最急切的要求，便是经济问题"。经济斗争的主要目标是：①8小时工作制，手工业及店员至多不得超过10小时，童工、女工至多不得超过8小时，并不做夜工；②失业的救济，应由国家及资产阶级担负（须由失业工人组织为有力量的团体）；③妇女产前、产后应有8个星期（56天）的休息，照发工资；④同样工作，须有同样工资；⑤劳动保险及工厂工人住宅之卫生设备；⑥增加工资，并按照物质高涨照加工资；⑦工资须发现金，不得以信用低落的钞票或国库券等代替。

中共中央《最近职工运动决议案》的上述基本内容，为不久后成立的各地苏维埃政府发布的政纲接受。1927年12月11日，《广州苏维埃宣言》宣告："应当立即给工人八小时工作制"，"没收一切大资本家的公馆、洋楼做工人的寄宿舍"，"苏维埃政府应该维持失业工人的生活，其需要若干，先由各工会制定预算，呈报苏维埃核发"。1929年9月，湘鄂赣边革命委员会在其发布的《革命政纲》中宣布："实行保障工人罢工、结社、集会、言论、出版之绝对自由"，"实行八小时工作制，增加工资、失业救济及社会的劳动保险"，"实行男女同工同酬，保护童工、女工，废除包工制，严禁压迫学徒店员"。江西省苏维埃政府公布的《临时政纲》特别强调，要制定"真正能保障工人阶级利益的劳动法及劳动保险法"，"实行八小时工作制，星期例假休息，照给工资"，并且十分重视对童工和女工的保护，规定"童工、女工不准做夜工及剧烈有害卫生及健康的工作，禁止雇十四岁以下的儿童做工，女工产前、产后须有八星期休息期间"。中共中央的劳动政策和各地工农民主政权颁布的革命政纲，为劳动法规的制定确立了基本原则。

（资料来源：http://www.cnlssaw.com.）

2. 国民政府时期的劳动立法

1927年，南京国民政府成立之后，在采用暴力镇压工人运动的同时，也制定了一些劳动法规，主要包括以下几种。

（1）《工厂法》。1929年12月，南京国民政府公布了《工厂法》，并且在1932年2月公布了《修正工厂法》和《工厂检查法》。《修正工厂法》共分12章77条，包括总则、童工、女工、工作时间、工资、工作契约之终止、工作津贴与抚恤、工厂会议、学徒以及罚则等内容。该法是在各地工人罢工运动的压力下制定的，表面上看对工人比较有利。例如，在工作时间方面，该法规定成年工人每日实际工作时间以8小时为原则，如因地方情形或工作性质有必要延长工作时间者，得定10小时。因天灾事变之关系，取得工会同意后，每日总工作时间不得超过12小时，每周不得超过46小时。《工厂检查法》规定了中

央劳工行政机关可以派工厂检察员进入到工厂，检查有关工厂法及其他劳动法规的执行情况等。其实际上只是一纸空文，根本不能实现。

(2)《工会法》。1928年，国民政府颁布了《工会组织暂行条例》。1929年10月公布了《工会法》，共53条，自同年11月1日起施行。该法规定："凡同一产业或同一职业之男女工人，以增进知识技能，发达生产，维持改善劳动条件及生活为目的，集合16岁以上从事业务之产业工人人数在100人以上或职业工人人数在50人以上时，得适用本法组织工会。"该法一定程度上承认了劳动者组织工会的权利，但是严格控制工会的各种权利。例如，该法第四条规定："工会之主管监督机关，为其所在省市县政府。"第五条规定，组织工会须向主管官署请求审批。第二十七条对工会活动规定了种种限制。第三十七条授权主管官署有权解散工会。第四十七条规定了对工会职员或成员的罚则。第五十条规定了对工会理事的罚则。1941年，国民政府颁布了《非常时期工会管制暂行办法》。1943年又修正颁布了《工会法》，1947年再次修订了《工会法》，加强对工会的统治。

(3)《团体协约法》。1930年10月，国民政府公布了《团体协约法》。该法共31条，从1932年11月1日起开始施行。该法规定团体协约必须由雇主或有法人资格的雇主团体与有法人资格的工人团体之间订立。双方订立的团体协约应当呈请主管官署批准。

(4)《劳动争议处理法》。国民政府于1928年6月9日公布了《劳动争议处理法》，在1930年与1932年经过两次修正后重新公布。该法共3章97条，包括总则、劳动争议处理机关、劳动争议处理程序等。该法适用于雇主与工人团体或工人15人以上，公约雇佣条件之维持或变更发生的争议。该法规定，劳资争议处理机关为调解委员会和仲裁委员会并规定其构成和职能。调解委员会的成员由主管行政官署派代表1~3人，争议当事人双方各派2人组成；仲裁委员会由主管行政官署派代表1人，省党部或该地市县党部派代表1人，地方法院派代表1人组成。其中特别规定供公共使用之自来水、电灯或煤气事业，供给公共使用之邮务、电报、铁道、电车、航运及公共汽车事业发生劳动争议，经调解而无结果者应交付仲裁委员会仲裁。其他劳动争议调解无效者，经争议当事人之声请，应交付仲裁委员会仲裁，行政官署因争议情势重大，虽无当事人声请，也要将该项争议交付仲裁。该法还规定，凡是经调解无效的争议案件，必须交付仲裁，仲裁后，争议当事人必须服从。

南京国民政府还曾计划制定劳动法典。1927年7月在南京成立了劳动法起草委员会，同年9月成立劳工局，由马超俊任主席。不久马超俊调任广东省农工厅，起草工作被迫中止。1928年2月，马超俊在农工厅内部重新设立劳动法起草委员会，继续劳动法的起草工作。经过11个月的工作，完成了《劳动契约法》《劳动协约法》《劳动组织法》《劳动保护法》《劳动诉讼法》《劳动救济法》《劳动保险法》7部法律草案。只是由于连年战乱，这些劳动立法并没有得到真正的贯彻实施。

3. 革命根据地和解放区的劳动立法

1931年，中国共产党在革命根据地制定了一些劳动法规，其宗旨是"为了发展生产，保护劳动者利益，改善人民生活"。这些劳动立法成为调整劳动关系和发动群众的重要武器。为了保障工会的权利，江西革命根据地制定了《赤色工会组织法》。该法共47条，主要规定了工会的性质和任务，以及工会与苏维埃的关系和工会会员的义务。

 阅读材料

红色区域的早期劳动立法——《上杭县劳动法》

目前见到的颁行最早的劳动法规是1929年10月闽西上杭县第一次工农兵代表大会通过的《上杭县劳动法》(原称《劳动问题案》),这个劳动法总共只设9个条文,内容和形式均很简略,但它不失为红色区域劳动立法的重要文献。从形式上来说,它没有一般法律的条款结构,甚至毫不讲求起码的立法技术,仅以议案的方式概括地表达立法的主题思想,这倒如实地反映了革命初起时期军旅偬倥的实际情况;就内容而论,它包含若干"左"的规定,如"破坏工人组织或禁止罢工者杀""店东不得无故辞退工人,否则将全年薪金发外另,另以路途远酌发川资"等,这显然是暴动时期革命群众过激情绪的反映,但从整体说来,它的基本内容无疑是正确的,具有积极的意义。例如,规定"工人应增加工资,在工会通过,得县政府批准执行","老板不得打骂工人","失业之工人由政府设法济救"。"工人有集会、结社、言论、出版、罢工的绝对自由权","学徒期限最多两年,学徒期间应有相当工资,学徒不为老板师傅私人做事","女工与男工工作平等者,工资亦一律平等","工人、学徒、牧童有病时,由东家发给医药费"。《上杭县劳动法》的意义不仅在于它开创了红色区域劳动立法之先河,而且在于它是符合革命根据地实际情况的劳动法规,因而也是既能保护工人权益又有助于发展生产的比较切实可行的劳动法规。

(资料来源:http://www.cnlsslaw.com.)

中央苏区先后公布了《劳动保护法》《暂行劳动法》《中华苏维埃共和国劳动法》《关于实施劳动法的决议》等。其中最重要的是1931年11月中华苏维埃第一次全国代表大会通过的《中华苏维埃共和国劳动法》。该法共11章75条,主要内容有集体合同、劳动合同、工作时间、休息时间、工资、女工、青工、童工、劳动保护、社会保险、工会等。当时虽然战争频繁,但党和人民政府对劳动法的制定实施仍然重视。毛泽东同志曾指出:"只有坚决地实行劳动法,才能改善工人群众的生活,使工人群众积极地、迅速地参加经济建设事业,而加强他们对于农民的领导作用。"①

抗日战争时期,各边区政府曾经先后颁布了一些劳动法规,如《战时劳动保护法规》《战时工会法》《雇工法》《晋冀鲁豫边区劳工保护暂行条例》等。

解放战争时期,1948年第六次全国劳动大会在哈尔滨召开,通过了《关于中国职工运动当前任务的决议》。在决议中提出了有关劳动立法的建议:实行企业民主管理;实行8~10小时工作制;工资应保障职工最低生活水平,职工最低工资连本人在内要维护两个人的生活;对女工、青工、童工、学徒实行特殊保护;改善工厂健康设备和安全设备;实行劳动保障,由工厂和工会负责对伤害、疾病、老残等医疗津贴抚恤;实行失业救济;组织劳动竞赛与提倡劳动英雄运动;建立劳动争议处理的协商调解、仲裁及法院审判制度;实行劳动契约制度与集体契约制度;明确工会的任务是在发展生产、繁荣经济、公私兼顾、劳资两利的总方针下,团结全体职工积极劳动、遵守纪律、保护职工的日常利益。

另外,1948年上半年,东北行政委员会批准了哈尔滨市政府草拟的《战时劳动法》,

---

① 毛泽东.毛泽东选集(第1卷)[M].北京:人民出版社,1991:125.

规定了工会的权利与义务；工会有权参加管理；严格取缔体罚及包工制；工人须遵守劳动纪律；工作时间规定为10小时，有害健康及具有危险性的企业为8~9小时；孕妇、乳母及14岁以下的童工禁止加班，生育假期定为45天等。1948年12月，东北行政委员会颁布了《东北公营企业战时暂行劳动保险条例》；次年2月，又颁布了《旅大地区工会与企业工厂签订集体合同基本要点》。

回顾起来，可以看到革命根据地和解放区的革命政权都制定了劳动法规。尽管当时劳动立法经验少，劳动法不完备，有许多不足，但总的来看，其有利于调整劳动关系，有利于调动劳动者反帝、反封建、反官僚资本主义的革命积极性，并为新中国成立后的劳动立法积累了经验。

2.3.2 新中国成立后的劳动立法

1949年10月1日新中国成立以后，国民政府的劳动立法全部被废止，劳动立法进入了一个新时期，这一时期颁布了一系列重要的劳动法律和法规。1950年5月，原劳动部公布了《工厂卫生暂行条例（草案）》，通知全国试行。1950年6月，中央人民政府公布了《工会法》，这是新中国成立初期最重要的劳动立法。该法规定了工会的性质、权利、任务和工会与人民政府的关系，以及工会与国营、私营企业的关系。1950年11月，原劳动部公布了《关于劳动争议解决程序的规定》，对合理解决劳动纠纷提出了适当的办法。1951年2月，政务院公布了《中华人民共和国劳动保险条例》，确立了我国的劳动保险制度的基本框架。1956年，原劳动部成立了《劳动法》起草小组。

1954年9月产生了新中国的第一部宪法。这部宪法对我国劳动关系的调整、公民的基本权利和义务都做了明确规定。例如，《宪法》第十六条规定了我国劳动的性质和国家对待劳动的鼓励与支持的态度；第九十一条规定了公民的劳动权与国家给予职工工资待遇与改善劳动条件的原则；第九十二条规定了公民的休息权；第九十三条规定了公民的物质帮助权；第一百条还规定了公民有遵守劳动纪律的义务。这些条文都是我国劳动立法的基本原则。

为了实现宪法的要求，1954年7月，政务院公布了《国有企业内部劳动规则纲要》，这一法律文件对于规范劳动纪律具有重要的意义。1957年，国务院又公布了《关于各单位从农村中招用临时工的暂行规定》。在工资方面，1956年6月，国务院公布了《关于工资改革的决定》《建筑安装工程安全技术规程》《工人职员伤亡事故规程》。1958年，国务院公布了《关于工人、职工退休处理的暂行规定》《关于企业、事业单位和国家机关中普通工和勤杂工的工资待遇的暂行规定》《关于国营、公私合营、合作社营、个体经营的企业和事业单位的学徒的学习期限和生活补贴的暂行规定》《关于工人、职员回家探亲的假期和工资待遇的暂行规定》4项重要规定；同年还公布了《关于工人职员退休处理的暂行规定（草案）》。

1966—1976年，我国劳动立法受到严重破坏，几乎处于停滞状态。

1978年开始的经济体制改革推动了中国劳动力市场化的进程，同时也迫切需要各类劳动立法对市场条件下的劳动关系加以调整。邓小平同志在1978年12月召开的中央工作会议的闭幕会上指出，应该集中力量制定包括劳动法、工厂法在内的一系列法律，以保障人民民主。根据邓小平的讲话精神，当时的劳动部出面邀请各方面的专家组成了《劳动法》

起草、研究小组。经过大量的工作以后,1983年7月,最终形成了《劳动法(草案)》并报送到国务院。但是由于劳动制度改革刚刚起步,很多方向性问题难以把握,最终这份草案没能够提交全国人大常委会审议,因此起草工作也就中断了。

1979年颁布的《中华人民共和国中外合资经营企业法》第六条第四款规定:"合营企业职工的雇用、解雇,依法由合营各方的协议、合同规定。"虽然该规定只是一个任意性的规范,而且只适用于中外合资经营企业,但是却是在劳动立法工作中断了多年以后,最早出现的一个劳动法律规范。它标志着劳动关系重新回到了法律调整的范畴之中,是我国劳动法治工作经历20多年的停滞以后再次复苏的象征。

1981年7月,中共中央、国务院转发了《国营工业企业职工代表大会暂行条例》,在国有企业内部恢复了职工代表大会这一民主管理制度。1986年9月,中共中央、国务院对该暂行条例进行了修改,重新发布了《全民所有制工业企业职工代表大会条例》,将党委领导下的职工代表大会制度改变为职工代表大会接受企业党组织的思想政治领导。

1982年2月,国务院发布了《矿山安全条例》《矿山安全监督条例》和《锅炉压力容器安全监察暂行条例》,加强了对安全生产方面的立法。后来国务院于1987年12月发布了《中华人民共和国尘肺病防治条例》,完善了防止尘肺病这一严重职业病的具体制度。1992年11月,七届全国人大常委会第二十八次会议通过了《矿山安全法》,把上述法规提升到法律的层次,从而加强了矿山安全方面的法律保障。

1982年2月,原劳动人事部(现已并入人力资源和社会保障部)发布了《关于积极试行劳动合同制的通知》,促进了我国劳动合同制的发展。1982年4月,颁布了《工人技术考核暂行条例(试行)》,推动了工人技术考核工作。1986年7月,国务院发布了《国有企业实行劳动合同制暂行规定》《国有企业招用工人暂行规定》《国有企业辞退违纪职工暂行规定》和《国有企业职工待业保险暂行规定》4项暂行规定。这些暂行规定虽然仅仅适用于国有企业,但是这些暂行规定对于我国劳动关系的影响十分深刻。

1987年7月,国务院发布了《国有企业劳动争议处理暂行规定》,恢复了自1956年以来中断了30多年的劳动争议处理制度。1993年7月,国务院又颁布了《中华人民共和国企业劳动争议处理条例》,进一步完善了我国的劳动争议调解程序、仲裁程序与诉讼程序。

1988年7月,国务院发布了《女职工劳动保护规定》,规定了对女职工在月经期、怀孕期、产期、哺乳期的特别保护措施。1990年1月,原劳动部颁布了《劳动部关于女职工禁忌劳动范围的规定》,进一步细化了对女职工的劳动保护措施。

1990年,国务院为了加强《劳动法》的起草工作,成立了由原劳动部、原国务院法制局、中华全国总工会、原国家计划委员会、原国家安全生产委员会、原国家经济体制改革委员会、原人事部(现已并入人力资源和社会保障部)、原卫生部、原机电部、原能源部等部门代表组成的起草领导小组,并且形成了一个《劳动法(草案)》,于1991年1月报送国务院。但是由于当时对经济体制改革的方向还不明确,该草案被国务院搁置了。

1992年4月,七届全国人大第五次会议通过了新的《工会法》。该法明确规定了工会的性质、任务、组织原则、权利与义务、基层工会组织、工会的经费与财产等内容。该法规定工会具有维护、建设、参与和教育4种职能,工会实行民主集中制的组织原则。该法取代了1952年的《工会法》,对外商投资企业中工会的地位、工会的国际交流等新问题都做了规定。

1992年10月，中共十四大报告指出："我国经济体制改革的目标是建立社会主义市场经济体制，以利于进一步解放和发展生产力。"而且明确指出劳务市场是应当重点培育的市场体系的组成部分。在这种有利形势下，《劳动法》的立法进度就大大加快了。经过对原来起草的《劳动法（草案）》进行多次修改、补充后，1994年1月，草案经国务院第十四次常务会议审议通过，并报全国人大常委会审议。1994年7月，八届全国人大常委会第八次会议审议通过了《劳动法》，自1995年1月1日起开始施行。《劳动法》共13章107条，内容包括总则、促进就业、劳动合同、集体协商与集体合同、工资、工时、安全保护、社会保险和福利、监督检查、劳动争议处理以及违反《劳动法》的法律责任和附则。

此后，我国劳动立法进入成熟期，相应的立法主要是进一步落实《劳动法》规定的各项制度，推动《劳动法》的贯彻实施。为了配合《劳动法》的实施，原劳动部颁布了17个配套规章，包括《企业最低工资规定》《工资支付暂行规定》《集体合同规定》《违反和解除劳动合同的经济补偿办法》等，从而使《劳动法》的一些原则性规定能够具有可操作性。2001年4月，最高人民法院发布了《关于审理劳动争议案件适用法律若干问题的解释》，进一步明确了劳动争议诉讼中的案件受理、当事人的确定、举证责任等重大程序问题，完善了我国的劳动争议诉讼制度。2001年10月，九届全国人大常委会决定对《工会法》进行修订，这次修订涉及新建企业工会的组建、企业职工和工会干部合法权益的保护、工会经费的收缴以及对侵犯工会合法权益行为的法律责任等方面的问题。为了配合这次《工会法》的修订，2003年6月，最高人民法院发布了《关于在民事审判工作中适用〈中华人民共和国工会法〉若干问题的解释》，进一步完善了对工会的司法保护，也使得新《工会法》规定的工会权利能够通过诉讼程序得以实现。各地也根据《劳动法》的精神和本地的实际情况，制定了大量的地方法规或规章。

随着市场经济体制的深入发展，我国社会的劳动关系日益呈现出市场化、多元化以及复杂化的特点。近年来，劳资矛盾和冲突有所加剧，劳资双方力量失衡，强资本、弱劳工的格局逐渐显现。劳动关系中的不和谐因素突出表现在劳动就业、劳动报酬、劳动保护和社会保险权益等方面。面对这些问题，劳动合同制度在此过程中渐显滞后，无法应对各种新的挑战。因此，出台一部以保护劳动者合法权益，建立稳定、和谐的劳动关系为目标的《劳动合同法》显得迫在眉睫。

正是在这样的背景下，由原劳动和社会保障部（现已并入人力资源和社会保障部）起草了《劳动合同法（草案送审稿）》，于2005年1月报请国务院审议。国务院法制办会同原劳动和社会保障部、中华全国总工会经过广泛征求意见，形成了《中华人民共和国劳动合同法（草案）》。2005年10月28日，国务院第110次常务会议讨论通过后报送全国人大常委会。2005年12月24日，十届全国人大常委会第十九次会议对《劳动合同法（草案）》进行了第一次审议。2006年12月24日，全国人大常委会对《劳动合同法（草案）》进行了第二次审议。此次又对原"草案"做了大幅度修改，在以构建和谐稳定的劳动关系，更好地保护劳动者的合法权益的基础上，对非全日制用工和派遣用工一节进行了规范。为解决劳动合同短期化的现象，在鼓励订立无固定期限劳动合同的前提下也明确向有利于用人单位方面做了修改。在经济性裁员、拖欠社会保险费、服务期、企业规章制度、集体合同等方面，《劳动合同法（草案）》也进行了相应的调整和修改。2007年4月24日，十届全国人大常委会第二十七次会议第三次审议《劳动合同法（草案）》，对于劳动关系的建立和劳动合同的订立、培训职工的服务期协议、经济性裁员、经济补偿和过渡条款等问题又做了修订。2007年6月24—29日,十届全国人大常委会第二十八次会议对《劳动合同法(草案)》进行了第四次审议,并正式通过。

2007年6月29日,《劳动合同法》(自2008年1月1日起施行)正式颁布。该法在《劳动法》原则性规定的基础上,对劳动合同的适用范围,合同的订立、履行和变更、解除和终止,建立平等协商的集体合同制度,对实施劳动合同制度的监督检查以及法律责任等方面都做出了大幅调整,为妥善、调整劳动关系提供了详细的、可供操作的规范。我国劳动力供大于求的矛盾长期存在,就业结构性矛盾突出,就业压力巨大。扩大就业机会,提高就业质量和水平,是当前的一项重要任务。为了解决就业工作中面临的突出矛盾和问题,形成促进就业的长效机制,保障劳动者的合法权益。2012年12月28日由十一届全国人大常委会第三十次会议通过的《〈劳动合同法〉修正案》是规范劳务派遣的重要法律,贯彻实施将有利于严格规范劳务派遣制度,对维护广大被派遣劳动者的合法权益,构建和谐劳动关系,促进企业健康发展,保持社会稳定具有重要意义。

我国于2007年8月30日通过了《就业促进法》,自2008年1月1日起施行。《就业促进法》的颁布,有利于推动我国的就业工作法治化、制度化,进一步丰富和完善了我国劳动法律体系。

就业促进法的十大亮点

经过长期的起草与修订,历经全国人大常委会三次审议,《就业促进法》于2007年8月30日获得通过。这是我国劳动立法继《劳动合同法》颁布之后的又一件大事。就业促进问题在我国《劳动法》中是有规定的,在《劳动法》中"促进就业"一章内规定了6条相关规定,只是这些规定太原则了,特别缺乏具体规范和可操作性,这使我国的就业促进工作存在着法律上的缺失,难以适应客观现实的需要。《就业促进法》的颁布使劳动就业工作在法律规范上出现了一系列新的亮点与突破,最重要的有以下一些规定:①要求政府密切关注劳动就业工作;②要求政府对劳动就业予以财政支持;③为劳动者提供平等就业机会和公平就业条件,反对就业歧视;④为农业富余劳动力有序地向城市异地转移就业创造了条件;⑤加强对劳动就业的管理与服务,政府应建立就业服务机构;⑥加强对就业中介机构的管理,坚决纠正职业中介机构的违法行为;⑦设立失业预警制度,保障社会的安定团结;⑧依法发展职业教育,鼓励开展职业培训,增强劳动者就业能力和创业能力;⑨建立与健全就业援助制度,加强基层就业援助服务工作;⑩加强监督检查,严格追究违反《就业促进法》的法律责任。

新修订《劳动合同法》(修正案)的亮点解读

2012年12月28日,第十一届全国人大常委会第三十次会议通过了对《劳动合同法》的修改决定,修正后的《劳动合同法》于2013年7月1日起施行。此次修正的《劳动合同法》对于"劳务派遣资质""同工同酬权利""劳务派遣企业行政许可""劳务派遣的三性原则""劳务派遣违法处罚力度"等问题都有明确规定,从法律上进一步规范了劳务派遣用工行为。

1. 提高了劳务派遣单位的准入门槛

劳务派遣单位注册资本不得少于人民币200万元;配备与开展业务相适应的固定的经营场所和设施;

符合法律、行政法规规定的劳务派遣管理制度；符合法律、行政法规规定的其他条件。经营劳务派遣业务应当向劳动行政部门依法申请行政许可，经过许可的，依法办理相应的公司登记；未经许可，任何单位和个人不得经营劳务派遣业务。

这一规定大幅度提高了劳务派遣单位的注册准入门槛，提高了劳务派遣单位的责任承担能力，在规范劳务派遣市场的同时优化了劳动者的就业环境。

2. 强化了被派遣劳动者享有"同工同酬"的权利

新《劳动合同法》最重要的变化是明确并强化了"临时工"享有与用工单位的劳动者同工同酬的权利。用工单位应当按照同工同酬原则，对被派遣劳动者与本单位同类岗位的劳动者实行相同的劳动报酬分配办法。用工单位无同类岗位劳动者的，参照用工单位所在地相同或者相近岗位劳动者的劳动报酬确定。

3. 界定了限制劳务派遣的用工岗位范围

劳动合同用工是我国的企业基本用工形式。劳务派遣用工是补充形式，只能在临时性、辅助性或者替代性的工作岗位上实施，由此劳务派遣用工将受到岗位和人数的限制。保障劳务派遣工的权益，必须明确劳务派遣工的界限，规范用人单位的用工行为。新《劳动合同法》明确指出，临时性工作岗位是指存续时间不超过6个月的岗位；辅助性工作岗位是指为主营业务岗位提供服务的非主营业务岗位；替代性是指用工单位的职工因脱产学习、休假等原因在该岗位上无法工作的一定期间，可以由其他劳动者替代工作的岗位。用工单位应当严格控制劳务派遣用工数量，不得超过其用工总量的一定比例，具体比例由国务院劳动行政部门规定。

4. 加大了对违法劳务派遣行为的处罚力度

劳务派遣单位、用工单位违反《劳动合同法》有关劳务派遣规定的，擅自经营劳务派遣业务的，由劳动行政部门责令限期改正；逾期不改正的，以每人5 000元以上10 000元以下的标准处以罚款，对劳务派遣单位，吊销其劳务派遣业务经营许可证。用工单位给被派遣劳动者造成损害的，劳务派遣单位与用工单位承担连带赔偿责任。这就从源头上加大了企业的违法成本，强调了用工单位的义务，扼制了劳务派遣在企业人力资源上被滥用的现象，从而更好地保障劳动者合法权益。

5. 衔接了新修订《劳动合同法》实施后的过渡工作

在2012年12月28日《关于修改〈中华人民共和国劳动合同法〉的决定》公布前已依法订立的劳动合同和劳务派遣协议，继续履行至期限届满，但是劳动合同和劳务派遣协议的内容不符合该决定关于按照同工同酬原则实行相同的劳动报酬分配办法的规定的，应当依照规定进行调整。该决定施行前经营劳务派遣业务的单位，应当在施行之日起一年内依法取得行政许可并办理公司变更登记，方可经营新的劳务派遣业务。具体办法由国务院劳动行政部门会同国务院有关部门规定。

新修正的《劳动合同法》的施行旨在建立科学的劳动关系，形成劳动关系双方互利共赢的良好局面，实现企业长期可持续发展，构建更加科学和谐的劳动关系。

（资料来源：http：//www.pers.gov.cn/show.asp？id=1803.）

2.4　国际劳工立法

国际劳工立法，是指由国际劳工组织召开的国际劳工大会所通过的国际劳工公约和建议书。这些国际劳工公约和建议书为各国劳动立法提供了立法标准，对各国的劳动法产生了积极影响。

2.4.1　国际劳动立法的产生与发展

国际劳动立法是工人运动的产物。18世纪产业革命开始后，欧洲各国的工人劳动条件非常恶劣，生产事故和职业病盛行，这就造成了工人的反抗运动。面对工人阶级缩短工时、限制使用童工、保护女工和改善劳动环境的呼声，一些资产阶级改良主义者出于人道主义的目的，同时也为了防止工人运动可能对社会稳定造成的冲击，提出通过适当的立法限制雇主的权利，维护工人的权益。但是，一些自由主义经济学家认为，制定劳动立法，违反了"契约自由"的原则，妨碍了企业之间的自由竞争，而且，以改善劳动条件和保护工人利益为目标的劳动立法，势必直接或间接地提高生产成本，削弱本国工业在国际市场上的竞争力。一些国家的政府也认为，由于现代通信手段和交通工具的改善，一个国家不可能单独缩减工时，一个产业也不可能独自提高工资，否则就会在国际竞争中受到损害。从这种观点出发，一些欧洲国家的政府和社会主义者开始试图促进制定统一的国际劳动标准。所以，国际劳动立法的产生，既有人道主义的原因，也有公平竞争方面的考虑。

国际劳动立法的倡导者之中，最著名的是英国的空想社会主义者罗伯特·欧文（Robert Owen，1771—1853）和法国的社会活动家丹尼尔·李格兰（Daniel Legrand，1783—1859）。罗伯特·欧文在1818年10月上书给当时召开的"神圣同盟"会议，向参加会议的各国首脑宣传国际劳动立法的意义，并建议成立一个专门委员会研究该问题。丹尼尔·李格兰在19世纪40年代，也先后几次向法国、英国、普鲁士、瑞士等国政府上书，要求召集国际会议讨论劳动立法问题。1855年，他还向各国政治家提出一个国际劳动立法的方案，其中包括实行每日12小时工作制，星期日休息，禁止18岁以下的未成年工和女工夜间工作，不准雇用12岁以下的童工，实行义务教育，限制不符合卫生和安全标准的工作等内容。1866年国际工人联合会第一次大会，通过由马克思起草的宣言，主张用国际公约来改善工人的地位和生活。

随着无产阶级力量的壮大和国际劳动立法思想家的影响，一些国家的政府也开始试图进行这方面的某些尝试。1880年，瑞士政府发出通知，邀请各工业国开会讨论签订国际劳动公约的问题。由于大多数国家不愿意参加，最终会议没有举行。1889年，瑞士政府再次向欧洲各国政府发出邀请，准备于次年5月在瑞士伯尔尼召开国际劳动立法会议，这次邀请得到了各国政府的积极回应。但是，在会议召开前3个月，根据德国的要求，会议改在同年的3月15日于柏林举行。在柏林会议中，代表们对童工、女工以及矿业劳动等问题进行了讨论。会议对禁止星期日劳动、童工的最低年龄、矿场劳动规则、女工和未成年工人劳动规则，以及对实施会议决议应采取的措施，都提出了具体建议，但是最后没有签署任何有约束力的文件。虽然这次柏林会议的实质性成果有限，但这是第一次由各国政府正式派代表讨论劳动事务的国际会议，为国际劳动立法的最终实现开辟了道路。

1900年7月，各国代表在巴黎举行会议，决定成立国际劳动立法协会。该协会的主要任务包括：①作为联系的纽带，把各国有志于保护劳工事业的人士联合起来；②收集与出版各国的劳动法；③研究各国的劳动条件和实施劳动法的实际状况；④研究各项劳动法的协调问题和各国劳动统计的协调问题；⑤为举行有关劳动立法的国际会议安排。到第一次世界大战（以下简称"一战"）爆发时，已经有22个国家的政府派代表参加该协会的国际委员会。1905年，该协会起草的《关于禁止工厂女工夜间工作的公约》和《关于禁止（在火柴制造中）使用白磷的公约》得到了14个国家的批准。

在1906年的伯尔尼会议之后，国际劳动立法协会继续积极推进国际劳动立法活动。但是，1914年"一战"爆发了，国际劳动立法活动因此被打断，国际劳动立法协会也被迫解散了。1919年参战国在巴黎签订了《凡尔赛和平条约》，从此劳动立法揭开了新的篇章。这一条约的第十三篇即"国际劳动宪章"，为国际劳动立法的开展奠定了基础。在这些文件的指引下，成立了国际劳工组织。国际劳工组织从成立以来，制定了大批的国际劳工公约和建议书以供各会员国批准和采纳。

2.4.2 国际劳工组织

1. 国际劳工组织的产生与发展

1900年国际劳工立法协会在巴黎正式成立。1919年"巴黎和会"通过《国际劳工组织章程》和一个包括9项原则的宣言，被称为"国际劳动宪章"。1919年，国际劳工组织正式宣告成立。国际劳工组织为国际劳动立法做出了重要贡献。自1919年国际劳工组织成立以来，其发展经历了3个阶段。①1919—1939年。它作为国际联盟的一个带有自治性附设机构而存在并工作；②1940—1945年。因"二战"爆发，国际联盟解体，它便作为独立的国际组织开展工作；③1946年至今。"二战"结束后，联合国成立，它又作为联合国的专门机构之一而继续进行活动，负责劳工事务，是联合国机构中历史最悠久、地位十分重要的一个专门机构。国际劳工组织是联合国中唯一具有三方(政府、雇主和工人)代表性结构的机构，其总部设在瑞士日内瓦。中国是国际劳工组织的创始会员国，也是理事会政府组常任理事国。

2. 国际劳工组织的宗旨

"只有以社会正义为基础，才能建立世界持久和平"，是1972年在修订《国际劳工组织章程》时，对国际劳工组织宗旨所做的阐释，后来在《费城宣言》中，对这一宗旨又做了进一步说明："全人类不分种族、信仰或性别都有权在自由和尊严、经济保障和机会均等的条件下谋求其物质福利和精神的发展。"由此可见，国际劳工组织的基本宗旨是：通过各缔约国努力改善劳动条件和提高生活水平；调节劳动力供应，防止失业；规定足够维持生活的工资；防护工伤和职业病；保护儿童、青年和妇女；规定养老金和残疾抚恤金；保护工人在外国受雇时的利益；承认同工同酬原则；承认结社自由原则；组织职业教育和技术教育等方面，促进最终实现社会正义的基础上建立世界的持久和平。

3. 国际劳工组织的机构

国际劳工组织的机构主要由国际劳工大会、国际劳工组织理事会和国际劳工局组成，另外还设有一些专门委员会和研究培训机构。

(1) 国际劳工大会，又称国际劳工议会，是国际劳工组织的最高权力机关。其任务之一是进行国际劳动立法，即讨论通过国际劳工公约和建议书。由每个成员国委派的代表团组成。各代表团由4名代表组成，其中政府代表2名，工人代表和雇主代表各1名，各代表均享有独立的平等发言权和表决权，每一代表可有顾问陪同。大会下设5个常设性委员会，即总务委员会、财政委员会、公约与建议书实施委员会、提案委员会、资格审查委员会。大会至少每年举行一次。其主要工作是，听取国际劳工局局长的报告；通过关于劳工事务的国际公约和建议书，并审查这些公约和建议书在各国的执行情况；批准理事会提交的预算；批准接纳新会员国；选举理事会成员等。大会还任命各委员会审议提交的各项议题,各委员会要向大会提出报告,供大会讨论通过。

(2) 国际劳工组织理事会。它是国际劳工组织的执行机关,由56名理事组成,其中政府理事28人,工人和雇主理事各14人。在政府理事中,10名常任理事由理事会确定的"主要工业国"(美国、英国、法国、俄罗斯、日本、德国、中国、巴西、印度、意大利)委派,其余18名理事从参加大会的政府代表中选举产生。工人理事和雇主理事也从参加大会的工人代表和雇主代表中选举产生。理事会每届任期3年,每年召开3次会议。理事会选举主席1人,副主席2人,每年改选一次。理事会下设若干工作委员会,协助理事会工作。我国是国际劳工组织的常任理事国。

(3) 国际劳工局。它是国际劳工组织的常设办事机关,同时也是国际劳工大会及其理事会的秘书处,对理事会负责。它设有局长总管其事,并派国际公务员和技术援助专家在世界各国工作。其总办事处设在瑞士的日内瓦,亚洲及太平洋地区办事处设在泰国的曼谷,拉丁美洲和加勒比地区办事处设在秘鲁的利马,非洲办事处设在埃塞俄比亚的亚的斯亚贝巴,阿拉伯国家办事处设在黎巴嫩的贝鲁特,欧洲办事处设在瑞士日内瓦。

除上述机构外,国际劳工组织还设立一些技术性委员会协助国际劳工局工作,其中最主要的有联合海事委员会、农村发展咨询委员会、公务人员联合委员会以及各种产业委员会。

2.4.3 国际劳动立法的内容与特点

1. 国际劳动立法的内容

国际劳工组织从1919年第一届大会到2004年7月为止,共通过国际劳动公约184个,建议书194个,其内容和各国劳动法一样,最早多半是关于改善劳动条件、保护工人健康方面的规定。例如,从1919—2004年历届大会所通过的公约和建议书中,首先绝大部分是关于限制工作时间,禁止妇女、未成年人做夜工,规定最低受雇年龄,规定星期日休息,设立工厂监察制度,防止工业灾害,禁止使用有毒原料等事项。随后增加了关于社会保障、赔偿工人损失方面的内容,如规定工人伤亡和职业病赔偿、疾病保险、失业保险以及工人赔偿的最低标准和争议裁判等事项。然后增加了关于劳动报酬、解决失业问题方面的内容。例如,设立职业介绍所、规定最低工资等事项。战争时期扩大到有关社会政策、保障工人基本权利方面。几乎劳动问题的所有方面都有了相应的公约和建议书。

国际劳工公约和建议书采取的是单行法的形式,每一个公约或建议书只涉及某一项劳动问题或问题的某一方面,所以从名称上大致可以看出其基本内容。国际劳工公约和建议书按内容可分为10类。

(1) 就业和失业。《就业政策公约》和同名建议书(1964年)、《废除强迫劳动公约》(1957年)、《就业和职业方面的歧视公约》和同名建议书(1958年)、《失业公约》和同名建议书(1919年)等。

(2) 工作时间和休息时间。《工业工作时间每日限为8小时及每周限为48小时公约》(1919年)、《每周工作时间减至40小时公约》(1935年)、《工业中实行每周休息公约》(1921年)、《工资照付年休假公约》(1936年)、《工资照付年休假(修正)公约》(1970年)等。

(3) 工资。《确定最低工资办法的制定公约》(1928年)、《在雇主无偿付能力情况下保护工人人权公约》和同名建议书(1992年)等。

(4) 职业安全和卫生。《职业安全、卫生和工作环境公约》和同名建议书(1981年)、《化学制品在工作中的安全使用公约》和同名建议书(1990年)、《港口装卸的劳动安全和卫生公约》和同名建议书(1979年)等。

(5) 女工保护。《生育保护公约》和同名建议书(1952年)、《夜间工作公约》和同名建议书(1990年)、《男女工人同工同酬公约》和同名建议书(1951年)等。

(6) 童工和未成年工保护。《准许就业最低年龄公约》和同名建议书(1973年)、《受雇工业的未成年人夜间工作公约》(1919年)、《童工体格检查公约》(1959年)等。

(7) 社会保障。《工伤事故津贴公约》(1964年)、《关于残疾、老年和遗嘱保险一般原则的建议书》(1933年)、《促进就业和失业保障公约》和同名建议书(1988年)、《社会保障最低标准公约》(1952年)、《本国人与非本国人在社会保障方面平等待遇公约》(1962年)等。

(8) 结社权利。《组织与集体谈判权利的原则的实施公约》(1949年)、《工人代表公约》和同名建议书(1971年)等。

(9) 劳动关系的仲裁与协调。《促进集体谈判公约》和同名建议书(1981年)、《自愿调解和仲裁建议书》(1951年)等。

(10) 劳工检查和劳工行政。《工商业劳工检查公约》和同名建议书(1947年)、《农业劳工检查公约》和同名建议书(1969年)、《三方协商以促使实施国际劳工标准公约》和同名建议书(1976年)等。

除了以上10类一般的国际劳工公约和建议书外,还有许多适用于如移民工人、土著工人、码头工人、老年工人等特殊类别工人的公约和建议书。而关于海员的为数最多,为50多个,在国际劳动立法体系中已形成一个相对独立的部分。

2. 国际劳动立法的特点

(1) 立法的三方性,即立法机构和立法会议的组成上要有政府、工人和雇主三方代表参加。在对公约和建议书的表决中,一个国家的三方代表可根据自己的意见独立投票,不要求一致。国际劳动立法的三方性充分体现了国际劳动立法的宗旨,即促进政府、劳方和资方三方合作,共同改善劳动状况,维护社会正义。

(2) 适用的国内性,即国际劳工公约和建议书的内容主要适用于各会员国内劳动关系,其目的在于改善各国劳工劳动生活状况,提高劳动标准。

(3) 自愿性,即劳工公约是否批准完全由会员国自愿决定。如有特殊的情况,还可以向国际劳工组织有关部门申请部分保留条款。建议书只供会员国参考,不需批准,因此,国际劳动立法的批准不存在强制性。

(4) 间接性,即国家劳动立法内容对国内劳动关系的调整没有直接作用,必须通过国内劳动立法去实施。

(5) 立法内容的弹性,即国际劳动立法在确定其内容时并非采用绝对划一的办法,而是考虑到会员国在政治、经济等方面的差异,存在一些变通做法,如《最低就业年龄公约》《社会保障最低标准公约》等都存在伸缩性规定。

2.4.4 国际劳动立法的评价

1. 国际劳动法的积极性

国际劳工组织制定的国际劳工公约和建议书在国际社会享有很高的权威,是各会员国劳动立法的重要依据。各国在批准国际劳工公约后一般会制定相应的法律或条例,以便落实公约的内容。它对各国劳工立法的制定、完善有重要的促进作用。由于公约和建议书具有良好的指导和示范作用,各国政府、雇主对劳动法更加重视,同时劳动者的自我保护意识也在逐步提高。各国通过完善立法、严格执法,进一步改善了工人阶级的劳动条件和生活待遇,并且加强了对工人经济权利、民主权利的保护,更好地维护了社会公正。

此外,随着国际交往的发展,劳动力的国际流动越来越频繁。国际劳工法要求各国平等对待不同国籍的员工以及统一各国对劳动者的保护政策,对保障外籍员工的正当权益以及平衡劳动力输入国、输出国之间的利益产生了积极的作用。

2. 国际劳动法的局限性

国际劳动法也有其本身无法克服的局限性。

首先,国际劳工法是由各会员国政府、雇主和工人代表参加的国际劳工大会制定的,但从三方代表的比例(政府:雇主:工人代表=2:1:1)和资本主义国家占主导地位的特点上看,国际劳工法的通过很大程度上取决于资产阶级政府和雇主代表的同意和支持,工人代表实际上起不了决定作用。因此,要在国际劳工法中充分体现工人阶级的意志,维护工人阶级的权益是很难做到的,国际劳工法的性质仍属于资本主义劳动立法的范畴。

其次,国际劳工组织制定的"国际劳工标准"是最低劳动标准,各会员国的劳动法不能低于该标准。由于各国经济发展程度和人民生活水平相差悬殊,有些标准对发达国家来说太低,但对广大发展中国家来说又太高,这使国际劳工组织处于两难境地。

最后,公约的实施缺少有效的监督和制约。虽然国际劳工组织在章程中对公约的实施和处理程序都做了规定,但事实上很难严格执行,也很少有国家真正依章程办理。

正是上述问题的存在使国际劳工组织的宗旨和原则无法得以充分实现。

2.4.5 我国与国际劳动立法的关系

1919年,中国政府作为战胜国参加了"巴黎和会",签署了最后的巴黎和约,从而成为国际劳工组织的创始成员国。此后,中国一直派代表参加每年的国际劳工大会。1930年,国际劳工局在上海还设立了分局(1952年撤销)。自1944年起,中国成为国际劳工组织的常任理事国之一。

1949年中华人民共和国成立后,台湾当局继续占据着国际劳工组织中的中国席位。1971年联合国大会通过决议,恢复新中国在联合国的合法席位,并通过我国政府参加国际劳工大会和其他会议的决议。从1983年起,我国正式恢复参加国际劳工大会的权利,正式派代表参加第六十九届国际劳工大会,以后每年派代表参加。1985年,国际劳工组织在北京设立国际劳工局北京分局,负责与中国政府、雇主和工人组织以及学术研究团体进行联系,广泛开展国际劳工标准、技术合作、研究咨询和出版工作。在2002年的第九十届国际劳工大会上,中华全国总工会副主席徐锡澄当选国际劳工组织理事会工人组副理事,中国工会重返国际劳工组织理事会，标志着中国与国际劳工组织的关系已经完全恢复。

新中国成立前，旧中国政府曾批准14个公约，但由于未及时制定相应的法律，或者制定了法律却未正式施行，这些公约对于改善当时工人的劳动状况和生活条件并未产生任何实际效果；新中国成立后，台湾当局盗用中国政府名义非法批准了23个公约。1983年6月我国恢复了在国际劳工组织的活动以后，对前14个公约，于1984年5月决定予以承认，同时宣布后23个公约的批准为非法和无效的。

我国予以承认的14个公约是《确定准许儿童在海上工作的最低年龄公约》（1920年第7号）、《农业工人的集会结社权公约》（1921年第11号）、《工业企业中实行每周休息公约》（1921年第14号）、《确定准许使用未成年人为扒炭工或司炉工的最低年龄公约》（1921年第15号）、《在海上工作的儿童及未成年人的强制体格检查公约》（1921年第16号）、《本国工人与外国工人关于事故赔偿的同等待遇公约》（1925年第19号）、《海员协议条款公约》（1926年第22号）、《海员遣返公约》（1926年第23号）；《制订最低工资确定办法公约》（1928年第26号）、《航运的重大包裹标明重量公约》（1929年第27号）、《船舶装卸工人伤害防护公约》（《防止码头工人事故公约》）（1932年第32号）、《各种矿场井下劳动不得使用妇女公约》（1935年第45号）、《确定准许使用儿童于工业工作的最低年龄公约》（1937年第59号）、《对国际劳工组织全体大会最初28届会议通过的各公约予以局部的修正以使各该公约所赋予国际联盟秘书长的若干登记职责今后的执行事宜有所规定并因国际联盟的解散及国际劳工组织章程的修正而将各该公约一并酌加修正的公约》（《最后条款修正公约》）（1946年第80号）。

之后，我国政府又批准了10个国际劳工公约：《男女工人同工同酬公约》（1951年第100号）、《消除就业和职业歧视公约》（1958年第111号）、《就业政策公约》（1964年第122号）、《最低就业年龄公约》（1973年第138号）、《三方协商促进贯彻国际劳工标准公约》（1976年第144号）、《劳动行政管理公约》（1978年第150号）、《残疾人职业康复与就业公约》（1983年第159号）、《建筑业安全卫生公约》（1988年第167号）、《关于作业场所安全使用化学品公约》（1990年第170号）、《禁止和立即行动消除最恶劣形式的童工劳动公约》（1999年第182号）。

至此，我国已经承认和批准了24个国际劳工公约。

中国"入世"与国际劳工标准

在"入世"的今天，中国已经同国际劳工标准（即国际劳工组织通过的184项公约和192项建议书）紧密地联系在一起，而且越来越关注国际劳工标准，并加快批准国际劳工公约的步伐。由此看来，我们对国际劳工标准的了解和认识的意义已经超过了以往的任何时候，而且不能回避。这个问题又非常复杂，既有经济的原因，又有政治的原因；既有国际的原因，又有国内的原因。例如，在1999年欧盟（European Union，EU）不承认中国彩电的成本，认为中国彩电的价格之所以低，是因为中国用低于成本的价格在向欧盟倾销彩电，所以最终对中国彩电征收以44.6%的反倾销税，尚不包括14%的基本关税在里面。中国彩电失去欧盟市场达3年之久，在2002年9月经中国政府同欧盟协商后，中国有7家彩电又重新进入了欧盟市场。在这个案例中，中国彩电的价格为什么低，很显然是因为中国的人工成本低廉，这是事实，但欧盟不承认中国在对外贸易中的这个相对优势。再如，某些西方国家借口中国或其他国家某些企业出口的纺织品是劳改犯生产的，即这些产品是"劳改犯产品"（或称"监狱产品"），将这些产品全部退货，而且号召抵制"劳改犯产品"。

"相对优势"的例子和"劳改犯产品"的例子说明了什么问题呢？"劳改犯产品"涉及国际劳工组织通过的两个废除强迫劳动的公约，这两个公约的中心内容是废除一切形式的强迫劳动，而劳改犯产品是强迫劳动的一种形式。虽然目前来讲国际社会还没有完全将国际劳工公约中的核心劳工标准同国际贸易联系起来，但强迫劳动问题是唯一的一项在世贸组织协议中本来就已经有相关规定的标准，它允许各国可以采取措施禁止劳改犯产品进口。所以，任何产品一旦被西方国家认定是劳改犯产品，势必会遭到抵制。

（资料来源：http://www.cnlsslaw.com.）

本 章 小 结

通过学习本章，学生要了解劳动法产生的社会经济基础、资本主义国家劳动法的沿革、社会主义国家劳动法的沿革、国际劳工立法的发展。理解 19 世纪初劳动法产生的历史背景及其原因、当代各国劳动法的发展趋势、劳动法发展的历史轨迹和劳动法产生的历史意义、劳工法规和工厂立法的特点。掌握现阶段中国的劳动立法的特点、国际劳动立法有关内容。领会我国劳动立法的发展历程，《劳动法》颁布的重要意义、我国劳动法的发展趋势，为更好地学习和理解我国的劳动法律制度打下良好基础。

复 习 思 考 题

一、名词解释

1. 劳工法规　　2. 工厂立法　　3.《学徒健康与道德法》　　4. 国际劳工组织
5. 三方性原则　　6. 国际劳工标准

二、单项选择题

1. 关于劳动法的起源，以下判断正确的选项是（　　）。
　　A. 劳动法起源于中世纪末期，此时，资本主义生产关系已开始萌芽
　　B. 劳动法起源于原始积累中期，此时，资本主义生产关系已普遍存在
　　C. 劳动法起源于自由竞争资本主义早期，人权革命是其产生的基础
　　D. 劳动法起源于垄断资本主义早期，国家干预是其产生的基础
2. 资本主义原始积累时期加速雇佣劳动关系形成和发展的"血腥立法"被称为（　　）。
　　A. 劳工法规　　　　B. 工厂立法　　　　C. 劳动基准法　　　　D. 劳资关系法
3. 历史上出现得最早的劳动法规，是 1802 年英国议会颁布的（　　）。
　　A.《暂行工厂规则》　　　　　　　　　　B.《学徒健康与道德法》

C. 《劳资关系法》　　　　　　　　　　D. 《劳工仲裁条例》

4. 1802 年英国议会通过的《学徒健康与道德法》是(　　)。
   A. 工厂立法的开端　　　　　　　　B. 经济立法的开端
   C. 社会立法的开端　　　　　　　　D. 企业立法的开端

5. 最早实行工厂立法,调和劳资矛盾的国家是(　　)。
   A. 法国　　　　　B. 英国　　　　　C. 德国　　　　　D. 美国

6. 历史上最早的社会保险立法出现在(　　)。
   A. 英国　　　　　B. 美国　　　　　C. 德国　　　　　D. 法国

7. 1918 年 2 月,苏维埃政权颁布的第一部社会主义国家的劳动法是(　　)。
   A. 《劳动法典》　　　　　　　　　　B. 《苏俄劳动法典》
   C. 《劳动立法纲要》　　　　　　　　D. 《劳动法案》

8. 以下属于国际劳工组织保障劳动者基本人权的核心公约是(　　)。
   A. 《1919 年(妇女)夜间工作公约》
   B. 《1947 年劳动监察公约》
   C. 《1948 年结社自由与保护组织权利公约》
   D. 《1962 年社会政策公约》

9. 中国成为国际劳工组织的创始国的时间是(　　)。
   A. 1900 年　　　　B. 1906 年　　　　C. 1919 年　　　　D. 1944 年

10. 国际劳工组织在组织上不同于其他国际组织的突出特点是(　　)。
    A. 单方原则　　　B. 双方原则　　　C. 三方原则　　　D. 多方原则

11. 国际劳工组织的性质是(　　)。
    A. 民间性国际组织　　　　　　　　B. 地区性国际组织
    C. 普遍的官方国际劳动立法组织　　D. 普遍的官方国际劳动司法组织

三、多项选择题

1. 以下关于劳动法起源的表述正确的是(　　)。
   A. 英国 1802 年颁布的《学徒健康与道德法》
   B. "劳工法规"是 19 世纪初期,近代劳动立法的主要形式
   C. 劳动法的起源是人权实现的成果之一
   D. "工厂立法"是 19 世纪初期,近代劳动立法的主要形式

2. 在 1922 年我国劳动立法运动中产生的文件包括(　　)等。
   A. 《劳动立法纲要》　　　　　　　　B. 《暂行工厂通则》
   C. 《工会条例》　　　　　　　　　　D. 《劳动法案大纲》

3. 国际劳工组织的特点是三方性原则,参与国际劳工大会需有(　　)三方代表参加。
   A. 政府　　　　　B. 议会　　　　　C. 雇主　　　　　D. 劳工

4. 国际劳动立法主要来源于(　　)。
   A. 国际劳工组织章程　　　　　　　　B. 国际劳工公约和建议书
   C. 联合国的有关文件　　　　　　　　D. 区域性有关文件

5. 以下关于经济全球化对国际劳动立法的影响，下列说法正确的有(　　)。
   A. 随着全球经济一体化，国际劳动标准在世界劳动运动中将发挥重要影响
   B. 将国际劳工标准与世界贸易挂钩，符合世界各国的利益，因此将受到广泛的支持
   C. 国际劳工组织的 8 个公约作为核心公约已经被纳入国际货币基金组织和世界贸易组织的有关协议中
   D. 我国的劳动法制建设应该积极关注国际劳工标准发展，并注意结合我国经济发展的现实状况

6. 国际劳工组织关于集体谈判的公约有(　　)。
   A. 1948 年《结社自由和保护组织公约》
   B. 1949 年《组织权利与集体谈判公约》
   C. 1971 年《对企业工人代表提供保护和便利公约》
   D. 1981 年《促进集体谈判公约》

7. 下列关于国际劳工组织的叙述，正确的说法有(　　)。
   A. 国际劳工组织正式成立于 1919 年 6 月
   B. 国际劳工组织的主要任务在于处理涉及工人、雇主的权利和义务
   C. 1919—1939 年国际劳工组织只是国际联盟的附属机构
   D. "二战"后至今国际劳工组织成为联合国的专门机构

8. 1918 年《苏俄劳动法典》对(　　)做了详尽的规定。
   A. 劳动合同与内部劳动规则　　B. 工资与工作时间
   C. 工会与集体合同　　　　　　D. 劳动保险与劳动争议处理

9. 20 世纪后半期，资本主义劳动立法在(　　)方面的发展尤为突出。
   A. 就业保障　　　　　　　　　B. 社会保障
   C. 反对歧视　　　　　　　　　D. 劳动争议处理

10. 19 世纪初期，劳动法产生的原因有(　　)。
    A. 无产阶级的长期斗争　　　　B. 发展生产力的客观要求
    C. 维持资本主义自由竞争条件的需要　　D. 劳动关系的产生

11. 对国际劳动立法，下列看法正确的有(　　)。
    A. 国际劳动立法有利于劳动力的国际流动
    B. 国际劳动立法对改善各国工人的劳动状况产生了一定影响
    C. 国际劳动立法很难适应各种不同类型国家的具体条件
    D. 国际劳动立法就其性质而言，属于资本主义劳动立法范畴

四、简答题

1. "工厂立法"与"劳工立法"有哪些区别？
2. 简述国际劳动立法产生的主要原因。
3. 简述国际劳工组织的性质和特点。
4. 简述国际劳工组织与中国的关系。
5. 简述劳动法产生的原因。

6. 简述国际劳工组织的宗旨与职能。
7. 简述国际劳工组织国际劳动立法的形式。

五、论述题

1. 我国应如何处理国际劳工标准与国内劳动立法之间的关系？
2. 当代资本主义国家劳动法呈现出哪些特点？

课后阅读

日本劳动法介绍

日本的劳动立法无论是在立法层面还是对劳动者权益保护层面都是比较完善和全面的。作为一个后发的资本主义强国，日本的劳动立法发展主要从"二战"后开始，然而在这段不算长的时间里，日本已经建立了一套有其自身特点的完善的劳动法体系。

1. 日本劳动法的历史沿革

日本的劳动法主要是从"二战"以后发展起来的。"二战"以前，日本劳动立法相对缓慢，除了在1911年颁布了第一部劳动法律——日本《工厂法》，以及1926年颁布了《劳动争议调停法》以外，并无其他重要立法，这很大程度上是由于当时的政治经济形势以及劳工力量的相对薄弱。同时受到当时环境的影响，日本的工会在活动权利上受到很大的打压和限制，劳动者的权利受到不合理的对待。

"二战"后，由于美国占领军当局推行非军事化、民主化政策，加上工人队伍的壮大和工人运动的蓬勃发展，同时受国际劳工组织和国际公约的影响，日本开始力求把劳资关系制度建立在现代民主与法制的基础上。1945年首先制定了《工会法》，加强了工会的谈判地位和集体行动权，并规定设立三方性的劳动委员会，协调劳资矛盾。1946年日本颁布了《劳资关系调整法》，规定了集体劳资纠纷的解决途径。次年又颁布了《劳动标准法》和《职业安定法》等法律。其中，《工会法》《劳动关系调整法》及《劳动标准法》统称为"劳动三法"，是日本劳动法的重要内容。随后，1949年日本又制定了《职工安定法》《失业保险法》和《劳动者伤害补偿保险法》等，这些法律的制定，对保障劳动者权利提供了法律依据。不仅如此，为改善工人生活，日本于1959年制定了《最低工资法》，于1966年制定了《雇佣对策法》；为改善工人的安全卫生状况，日本于1972年制定了《劳动安全卫生法》；为保障失业工人的生活安定和促进就业，日本于1974年制定了《雇佣保险法》，于1976年制定了《关于工资支付的保障法》；同时，为了促进妇女就业和保障，男女平等待遇，日本又于1986年制定了《男女同工同酬法》《男女雇佣均等法》等法律。

以上这些法律在日本都经过了多次修改和补充，至20世纪70年代，日本已形成了比较完整的劳动法律体系。其内容大致可分为：①劳资关系法，用于调整工会与雇主之间的集体劳资关系事宜，包括《工会法》《劳资关系调整法》《国有企业劳资关系法》等；②劳动标准法，用于规范个人劳动关系中劳动条件的最低标准，包括《劳动标准法》《工资支付保障法》《最低工资法》等；③职业保障法，用于保障劳动者的各种合法权利，包括《劳动安全卫生法》《女工保护法》等；④人力资源开发法，这类的法律主要有《人力资源开发促进法》;⑤社会保险与福利法,包括《雇佣保险法》《工伤赔偿保险法》《职工财产积累法》等。可见,日本的劳动法在经过改革和发展以后,已经形成了一套相对完善的法律体系。相对于我国的劳动立法现状而言,日本劳动立法的体系要庞大的多,完整的多。

2. 日本劳动法的主要特点

日本劳动法与中国劳动法相比较有很大的区别和不同,其中也不乏有很多特色亮点,值得我们了解和借鉴。

1) 日本的劳动立法体系相对完善,同时修改及时

日本的劳动立法体系相当完善,其中有统称为"劳动三法"的《工会法》《劳动关系调整法》及《劳动标准法》。这3部法律的相继诞生,奠定了日本劳动立法的基础,建立了自主的工会。除此之外,无论是在促进就业方面,还是在保障工人权益方面,都有较多的立法,就从保障工人权益上看,日本制定的法律就有1959年《最低工资法》、1966年《雇佣对策法》、1970年《国内劳动法》、1971年《勤劳者财产形成促进法》、1972年《劳动安全卫生法》、1974年《雇佣保险法》、1976年《关于工资支付的保障法》、1963年《老人福利法》、1982年《老人保险法》、1972年《勤劳妇女福利法》、1970年《勤劳青少年福利法》、1986年《男女同工同酬法》等。

此外,日本还以劳动省令形式发布有关劳动法的实行规则即实施细则,如《职业安全法实施细则》《雇佣保险法实施细则》等。日本劳动法是比较完善和配套的,同时它还注重根据实际需要及时立法,特别是能依客观实际情况的变化而经常、不断地修改法律,所以在日本几乎每年都会有修改劳动法的情况。

2) 日本劳动法在表现形式上没有统一的劳动法典

日本的劳动立法是以一系列单项法律为框架的,没有统一的劳动法典,劳动法体系的形成是由众多单项法律建立的。这很大程度上是受到了美国的影响,如美国1935年制定的《国家劳资关系法》和1938年制定的《公平劳动标准法》,为日本后来制定的《劳资关系调整法》和《劳动标准法》起了示范作用。

3) 日本工会的自主地位和集体合同

日本在1945年颁布了《工会法》,从而建立了新的工会制度。工会制度在日本劳动法领域占有很重要的地位,它的建立是以劳动者为主体,为维护和改善劳动条件,提高经济地位而成立的自主团体或联合团体。在日本,劳动者建立工会的目的,决不仅仅是为了追求个人利益,而是为了谋求维持与改善劳动条件,提高其经济地位。

在日本,工会的主要职责是通过签订劳动协约(即集体合同)维护劳动者的权益,在集体合同的缔结过程中,工会需要经过集体的谈判和合同的签订,而集体谈判权和团体行动权是受到日本宪法以及劳动法保护的。日本《工会法》明确规定禁止雇主的不当劳动行为,即雇主没有权利拒绝和被雇佣劳动者代表团工会进行谈判。同时,经集体谈判达成的一致协议称为劳动协约(即集体合同),在法律上具有自治法律准则的效力。《工会法》明确规定,劳动合同中违反劳动协约、劳动条件及其他待遇所规定的标准部分,视为无效;无效部分,适用劳动协约规定的标准。同时,劳动协约也不能违反宪法和劳动法律的规定。

4) 日本的集体谈判权的建立与保障

日本劳动法非常注重集体劳动关系的规范与应用,并与个人劳动关系相并重,往往在劳动体系中占有核心的地位。在日本,有工会组织的地方一般是由工会和使用者通过集体

谈判来决定劳动条件的，并且经谈判所达成的协议，其效力也往往大于劳动合同。不过，尽管集体谈判极为重要，但很多国家并未把集体谈判作为一种独立的权利来加以保障。因为当集体谈判权过于强大和强制的话，也同时意味着个人力量受到约束和侵害，当集体谈判的条件愈是成熟时，对该权利则愈呈现出无须予以保障的倾向。但在日本，集体谈判权是被作为一项独立的权利而存在的，并且宪法将其作为一项基本的人权加以保障。例如，日本《宪法》第28条规定了保障劳动者的集体谈判权，《工会法》第7条第2款据此规定了无正当理由不得拒绝集体谈判的行为，第1条第2款规定了对集体谈判免除刑事责任，第6条还规定了工会代表者及工会所委托者的集体谈判权限等。

3. 日本劳动法的内容

1) 日本劳动合同期限

在日本，劳动合同的期限规定同我国的劳动合同期限制度一样，可以划分为定期劳动合同与不定期劳动合同，其中，定期劳动合同包括以完成一定任务为期限的劳动合同。但有差别的是，日本劳动法明确规定，定期合同的合同期限不得超过1年。也就是说，用人单位要招用某劳动者，并与之签订定期劳动合同的，最长期限为1年，当然以完成一定任务为期限的除外。这与我国存在很大程度上的不同，我国是比较流行签订固定劳动合同，短则数月，长则数年，期限基本上不受限制。可见，在日本签订劳动合同更提倡不定期的劳动合同。

2) 日本劳动合同的形式

在日本，无论是定期劳动合同还是不定期劳动合同，签订劳动合同在法律上并无特别的形式要求，也就是说即使是口头的，在法律上仍然受到法律的保护。可见，日本劳动法对劳动合同的形式要求比较宽泛，没有过多的要求，与我国存在本质上的差异。

3) 劳动合同的解除

劳动合同的解除在法律上分为两种不同的情形，有定期劳动合同的解除以及不定期劳动合同的解除。

定期劳动合同到期即自动解除，如果存有"不可避免的原因"，定期合同期满以前也可以提前解除。解除定期合同当然包括期满时解除，雇主需要履行提前30天通知的义务，这是劳动法对用人单位做出的特殊规定。

不定期劳动合同解除为对方当事人预告后解除，如果存有"正当理由"的情形，也可不经预告即予以解除。同时，日本劳动法并没有对不定期劳动合同的解除须出于某种特地理由作出规定，也即日本劳动合同解除无须满足法定的理由，它只要求提前通知即可。当然，这并不是说雇主可以随意对员工加以解雇。在司法实践中已明确，解雇必须出于某种"正当理由"，否则也会宣布解雇无效，同时要求继续履行合同。实际中对于无理解雇的处理，通常是恢复工作，除非雇员同意用赔偿代替。

可见，日本劳动法对解除劳动合同的规定并不像中国内地一样，要求用人单位解除劳动合同需要满足法律规定的特定理由，否则属于违法解除；在日本，用人单位只需要一定的合法理由即可解除合同。但值得注意的是，日本司法实践中对什么是构成解雇的正当理由往往有严格的要求。一般来讲，只因某雇员工作效率低、懒散或情节轻微的错误，是不允许解雇的。有个雇员上班时看网球赛并且夜班时睡觉，被解雇后告到法院，结果被宣布解雇无效。还有个雇员因酒后开车被判处缓刑6个月，法院也认为对其解雇是无效的。有个医院的工作人员在一次公司郊游活动时对某护士施下流动作，遭到解雇后，法院也认定是雇主滥用解雇权。在很多时候，雇主对上街游行而遭逮捕的雇员解雇，也被法院宣布无效。有个维修工人甚至把公司的一些车轮卖了，也不允许解雇。当然，上述判例只是简单的描述，具体情况得依不同案情而定。

除此之外，劳动合同的解除还可以双方协商一致解除。在日本劳动法中，双方协商一致解除劳动合同的不叫"解雇"，故不受劳动法中对解雇的限制规定，但司法实践中，为了保护劳动者的权利，法院也有可能适当应用有关解雇的规则。同样，由雇员主动提出解除劳动合同的，在日本劳动合同法中未做规定，一般由民法调整。

4）日本劳动法的"解雇权滥用法理"规定

日本关于"解雇"的理论经历了3个主要阶段，从开始的"解雇自由说"到"正当理由说"，以及到如今的"权利滥用说"，其中，"解雇权滥用法理"在2005年1月1日被正式写入日本的劳动法。

关于"解雇权滥用法理"的内容，最初是在日本的案例中得到确认的，具体内容为"解雇在从客观来说缺乏合理的理由，且不被社会共同理念认为达到相当程度的情况下，是权利的滥用，并且是无效的"，后来该精神得到各级法院的遵照执行。直到近年来，随着就业形态的多样化，为了进一步明确解雇的规定，对定期劳动合同的签订、解除和终止起到根本性的指导作用，促使劳资双方明确对雇佣关系的规划和预测，减少劳动纠纷，考虑到判例法理的法律效力较弱，所以，日本劳动政策审议会提出，将"解雇权滥用法理"予以法条化确认的意见，并最终予以肯定。

5）集体协议的签订

在日本，集体谈判被确认为工人享有的一项宪法权利，其中最重要的内容之一便是谈判签订集体协议。集体协议的内容可包括劳动条件等在内一切相关事宜，可以说是非常广泛，几乎所有受制于雇主的事宜都可以摆到谈判桌上。而且在效力上，雇主有义务接受所有那些会影响到劳动条件的管理事宜的谈判要求，可见集体协议在日本劳动法领域中有着举足轻重的地位。

至于在集体协议的形式上，应当采用书面形式，经双方当事人署名后即发生法律效力。协议有效期最长不超过3年；超过3年的视为3年期协议。协议中没有规定有效期的，当事人可以提前90天通知对方解除。一般而言，集体协议只适用于参加签约工会的会员，而实践中，雇主一般按集体协议对所有雇员提供同样的劳动条件。法律上规定，如果企业里岗位相似的雇员有3/4以上适用某个集体协议，那么在相似岗位上的其他雇员也应适用该协议。此外，集体协议的当事人还可以订立"自动续延条款"，也就是规定协议到期后应继续有效，直至双方达成新的协议。

6）不公正劳动行为的概念

不公正劳动行为的概念在日本劳动法领域中是一个重要的部分。根据日本《工会法》的规定，雇主采取下列行为均属不公正：因雇员是工会会员，或因雇员加入工会或按工会决定采取正当行动而解雇雇员；以雇员不加入工会或退出工会为雇用条件；无正当理由拒绝同所雇用的雇员代表举行集体谈判；对工人成立工会或开展工会活动进行控制和干涉；以工人提出控告、申诉或者出庭作证为由而解雇工人或采取其他不利于工人的措施。可见，不公正劳动行为的确定，是对于维护工人的结社权、集体谈判权和工会活动权的进一步保障和确认。

第2章 劳动法的历史沿革

另外，在法律时效上，以不公正劳动行为为由向劳动委员会提起申诉的时效为 1 年，以不公正劳动行为结束之日起算，超过 1 年的则不予以受理。在裁审的结果送达至资方和申诉人之日后生效。资方在接到地方劳动委员会的命令后，如不服，可在 15 天内向中央劳动委员会提出申诉，请求复议。但不因申请而停止生效，只有在复议后决定取消或变更时才能失效。

7）调整劳动关系的组织机构

在日本，调整劳动关系的组织机构包括政府的劳动行政部门、工会组织、雇主组织以及劳动委员会。其中，劳动行政部门不直接参与企业内部的劳动关系调整，也不直接参与劳动争议的处理，其主要目的在于维护双方劳动关系的稳定，统筹劳动关系的整体发展；而工会组织主要发挥基础性的调节工作，享受较大的自由权；雇主组织不直接介入企业内部劳动关系调整，主要是通过制定政策，提供咨询，指导雇主进行团体交涉，维护和发展良好的劳动关系；当然，在这 4 个组织中，劳动委员会是一个重要的机构，它由劳方、资方和公益方三方委员共同组成，劳方委员由工会组织推荐，资方委员由雇主组织推荐，公益方委员往往是由学院的经济、法律专业的教授，有过法官经历的人士以及律师担任。

8）劳动争议的处理程序

不同于我国劳动争议处理的单一渠道，日本的劳动争议根据其争议的不同种类分别适用于不同处理程序。其大致可分为 3 种，一是雇员个人与雇主发生的争议，常常涉及的是有关法定权利的争议，这种争议的处理主要由法院受理。二是当发生集体权利争议时（集体劳动关系与个人劳动关系在日本是并重的，同样受到法律的重视，这与我国有所不同），由劳动委员会和法院处理。三是当发生集体利益争议时，如因工资、工时发生争议的，由劳动委员会依调解、调停或仲裁程序处理，这主要受日本《劳资关系调整法》的规范，一般法院不参与的，可见，劳动委员会在劳资纠纷中处于重要的地位。

上述的三种不同处理程序在顺序上并不具有前后衔接的硬性规定，至于究竟选择适用何者主要取决于当事人的自主申请。实际上，当事人大多倾向于选择调解这种非正式的处理方式，较少采用调停程序，仲裁程序则是更少。而在我国劳动争议中仲裁是先决程序，只有经过仲裁的调解，才成启动诉讼程序。

另外需要提出的是，在日本还存有一个特别的"紧急调整"程序，这是我国没有的制度规定。当劳动争议与公益内容相联系时，如果采取争议的行为会使该事业陷于停顿，国民经济将遭到严重困难或者国民生活会受到严重危害时，可由内阁总理大臣决定采取的程序。当然这种特殊程序的设置主要在于处理大面积、大范围的劳动争议，一般而言很少启动，但应对突发事件还是有一定的帮助意义的。

9）日本劳动法的监督检查机制

监督检查机制可谓是日本劳动法的一大特点，日本政府为了保障劳动法和有关劳动法律的执行，专门设立了负责监督检查的政府机关，而且都是根据劳动立法的要求而设立的专门的配套机关，如对劳动标准法执行情况的监督检查，是由省劳动标准局、地方劳动标准局和劳动标准监察署负责；对职业安定法执行情况的监督检查，由省职业安定局和地方职业安定主务课及其所属的公共职业安定所负责。由此可见，日本的劳动监督检查是比较有针对性的制度。实践中，由于企业很多，劳动监督官员很少，很难进行全面监督检查，同时，日本大企业执行劳动法的情况比较好，而中小企业执行劳动法情况比较差，因此，监督检查主要以中小企业为对象,同时采用劳动者和行业主检举的办法。总的来说,日本监督检查制度的设立是杜绝违法用工的有效途径之一。

10) 日本劳动法的基准体系

日本劳动基准体系的建立是日本劳动法的重要组成部分之一,其在劳动法领域的重要作用主要在于确立了一系列劳动者劳动过程中享有的基本权利以及用人单位在用工过程中需要严格遵守的一系列基本义务等,在很大程度上起到了对劳动者合法权益的保障。

在日本,劳动法的基准有着非常重要的地位,只要提及劳动法肯定要先看劳动基准体系的规定,正是由于这种突出的位置,使得劳动基准的规定在实践中真正起到了保障劳动者合法权益的作用。而中国内地的劳动基准门类不全,有些标准高于中国内地的社会发展现实,普遍实施会有一定困难,即使是已定的劳动基准,有的又不利于操作。相反,日本劳动法基准的设立还配有相应的监察机构,对违反规定的用人单位予以严格考查,从而防患于未然,更好地保护劳动者的合法权益。不仅如此,日本劳动基准法还明确规定,用人单位要承担一定的普法义务。因为,劳动基准法的贯彻执行只靠行政机关的监督是不够的,还需要作为劳动基准法执行主体的用人单位的配合,即用法律规定其要承担普法义务。通过这个规定,不但能使用人单位努力掌握劳动基准法,也可以通过用人单位的普法工作使劳动者对劳动基准法有更多的了解,提高劳动者运用劳动基准法的能力,让其主动地用劳动基准法保护自己的合法权利,达到对用人单位进行监督的目的。

(资料来源:王桦宇,金佳. 日本劳动法概况及在华日资企业 HR 注意事项》[EB/OL]. http://blog.sina.com.cn/s/blog_ 4b93bd250100pdyu.html[2010 - 01 - 01].)

第3章 促进就业法律制度

学习目标

知识目标	技能目标
1. 了解政府促进就业的职责 2. 理解并能够运用促进就业基本原则 3. 了解促进就业政策和立法	1. 促进就业的概念 2. 政府在促进就业过程中的职责 3. 促进就业的基本方针和原则 4. 促进就业政策和立法
1. 理解就业与失业的概念 2. 理解并能够运用各项就业权内容解决实际问题	1. 就业的概念和特征 2. 失业的概念 3. 就业权的概念和特征 4. 就业权的主要内容
1. 能够区分劳动力市场与人力资源市场的概念 2. 了解人力资源市场管理各项制度	1. 劳动力市场和人力资源市场的概念 2. 人力资源市场管理体制 3. 人力资源市场准入管理 4. 人力资源市场中介管理
1. 了解就业服务体系的内容 2. 理解就业登记、职业指导和职业介绍制度 3. 理解并运用就业援助制度解决实际问题	1. 就业服务的概念 2. 就业服务体系 3. 就业登记 4. 职业指导和职业介绍 5. 就业援助
1. 了解职业教育体系及其实施情况 2. 理解各职业培训类别的含义 3. 理解劳动预备制度和职业资格证书制度的主要内容	1. 职业教育和培训的概念 2. 职业教育和培训的实施 3. 职业培训的分类 4. 劳动预备制度和职业资格证书制度

乙肝病毒携带者可以平等就业

在某高校 BBS 的求职版上,一条图文并茂的帖子引人注目:"寻一名与照片相像者,有要事相求,事成酬谢 1 000 元。"该帖子的发布人是即将毕业的研究生小李,刚找到一份工作,单位要求进行全面的入职体检,这让他的神经紧绷起来,因为他是乙肝病毒携带者。知道过不了血液检测关,情急之下,他只好找一个和自己外表相像的人当"替身"。据了解,小李很优秀,每次求职,面试都能顺利通过,可到了体检这一关就没戏了。"难道一个人与乙肝沾上了边,就与美好的事业绝缘了吗?"小李陷入深深的苦恼之中。

(资料来源:http://www.molss.gov.cn/gb/zt/2007-09/29/content_ 198861.htm.)

就业是民生之本。做好促进就业工作,关系人民群众的切身利益,关系改革发展稳定的大局,关系社会主义和谐社会的建设,不仅是重大的经济问题,也是重大的社会问题和政治问题。我国是世界上人口和劳动力最多的国家,促进就业是一项长期的战略任务。2007 年 8 月 30 日,十届全国人大常委会第二十九次会议通过了《就业促进法》。该法对促进就业的政策支持和各项基本法律制度,如公平就业、就业服务与管理、职业教育和培训、就业援助、监督检查、法律责任等做了比较全面和详细的规定。本章着重介绍促进就业的各项政策措施和基本法律制度,重点阐述了促进就业的基本原则、就业与就业权、人力资源市场、就业服务与管理、职业教育和培训等法律规定的内容。我国劳动力资源丰富,劳动力供大于求的格局将长期存在,就业形势相当严峻,因此,有关就业问题必须严格遵守《就业促进法》和《劳动法》等有关劳动就业的各项规定。通过学习本章,读者可全面掌握促进就业的基本理论知识和相关法律规定。

3.1 促进就业概述

劳动就业是建立劳动关系的前提,是劳动者的一项基本权利。除《劳动法》第二章对就业问题专门作出规定外,国家还制定了一部专门的促进就业方面的法律,即《就业促进法》。

3.1.1 促进就业的概念与政府职责

所谓促进就业,是指国家为实现充分就业的目标,运用经济、法律、行政等手段,扩大就业机会,创造就业条件,提供就业服务的各种措施的总称。具体而言,促进就业内容包括制定劳动就业方针,确定劳动就业原则,开辟就业途径,拟订劳动就业计划,设置专项就业资金,提供就业管理和服务、职业教育和职业培训,创造公平的就业环境,建立健全就业援助制度等。也就是说,促进就业是政府的重要职责。根据现行法律的规定,政府在促进就业中的职责具体包括 8 个方面[①]。

---

① 原劳动和社会保障部《关于印发〈中华人民共和国就业促进法〉宣传提纲的通知》(劳社部发〔2007〕35 号)。

（1）建立就业工作目标责任制度。县级以上人民政府把扩大就业作为经济和社会发展的重要目标，纳入国民经济和社会发展规划，并制订促进就业的中长期规划和年度工作计划。各级人民政府和有关部门应当建立促进就业的目标责任制。县级以上人民政府按照促进就业目标责任制的要求，对所属有关部门和下一级人民政府进行考核和监督。

（2）制定实施有利于就业的经济和社会政策。县级以上人民政府通过发展经济和调整产业结构，实行有利于促进就业的产业政策、财政政策、税收政策等项经济和社会政策，多渠道扩大就业、增加就业岗位。

（3）推进公平就业。各级人民政府依法保证劳动者享有平等就业和自主择业的权利，创造公平的就业环境，消除就业歧视。

（4）加强就业服务和管理。县级以上人民政府应当培育和完善统一开放、竞争有序的人力资源市场，促进劳动力供给与需求的有效匹配；建立健全公共就业服务体系，为劳动者就业提供服务；制定政策并采取措施，建立健全就业援助制度，对困难人员给予扶持和帮助。

（5）大力开展职业培训。国家依法发展职业教育，鼓励开展职业培训，并通过制订实施职业能力开发计划，鼓励和支持培训机构和用人单位开展就业前培训、在职培训、再就业培训、职业技能培训和创业培训，以及建立健全劳动预备制度和实行职业资格证书制度等措施，促进劳动者提高职业技能，增强就业能力和创业能力。

（6）建立健全失业保险制度。国家建立健全失业保险制度，依法确保失业人员的基本生活，并促进其实现就业；县级以上人民政府建立失业预警制度，对可能出现的较大规模的失业，实施预防、调节和控制。

（7）开展就业和失业调查统计工作。国家建立劳动力调查统计制度和就业登记、失业登记制度，开展劳动力资源和就业、失业状况调查统计，并公布调查统计结果，以加强就业的基础管理工作。

（8）发挥社会各方面促进就业的作用。各级人民政府和有关部门应当对在促进就业工作中做出显著成绩的单位和个人，给予表彰和奖励，发挥工会、共青团、妇联、残联、用人单位以及其他社会组织在促进就业工作中的作用。

3.1.2 促进就业的基本方针与原则

1. 促进就业的基本方针

工作方针是做好一切工作的指挥棒。为了做好就业促进工作，首先要明确就业促进工作的基本方针。在发展社会主义市场经济条件下，必须充分发挥市场在劳动力资源配置中的基础性作用，政府的职能要从计划经济体制下的包揽就业转为加快培育市场就业机制、创造良好的就业环境。换句话说，在社会主义市场经济条件下，做好促进就业工作，实现社会就业比较充分的目标，必须调动各方面的积极性，充分发挥其在促进就业中的重要作用。《就业促进法》确立了"劳动者自主择业、市场调节就业、政府促进就业"的就业方针。"劳动者自主择业"是指充分调动劳动者就业的主动性和能动性，促进他们发挥就业潜能和提高职业技能，依靠自身努力，自谋职业和自主创业，尽快实现就业。"市场调节就业"是指充分发挥人力资源市场在促进就业中的基础性作用。通过市场职业供求信息，引导劳动者合理流动和就业；通过用人单位自主用人和劳动者自主择业，实现供求双方相互选择；通过市场工资价位信息，调节劳动力的供求。"政府促进就业"是指充分发挥政府在促进就业中的重要职责，通过发展经济和调整产业结构，实施积极就业政策，扩大就业机会；通过规范人力资源市场，维护公平就业；通过完善公共就业服务和加强职业教育和培训，创造就业条件；通过提供就业援助，帮助困难群体就业等。

另外，实践证明，坚持"劳动者自主就业、市场调节就业、政府促进就业"的方针，有利于把市场机制的调节作用与政府部门的促进就业作用很好地结合起来，是立足于我国国情、解决就业问题的正确选择。

2. 促进就业的基本原则

《就业促进法》是构建社会主义和谐社会的一部重要法律。借鉴世界各国就业立法情况，结合我国国情，根据国家促进就业的基本方针，就业促进立法坚持了以下原则。

1）扩大就业的原则

扩大就业的原则，即把扩大就业作为经济社会发展和调整经济结构的重要目标，实现经济发展和扩大就业的良性互动。

促进就业不仅是劳动过程实现的内在要求，也是国家保障公民生存权的重要举措。因此，国家应当采取一切措施，发展经济，创造和扩大就业机会，以促进和保障公民就业权的实现。对政府来说，不仅国家要把扩大就业放在经济社会发展的突出位置，实施积极的就业政策，坚持劳动者自主择业、市场调节就业、政府促进就业的方针，多渠道扩大就业，而且县级以上人民政府也要把扩大就业作为经济和社会发展的重要目标，纳入国民经济和社会发展规划，并制订促进就业的中长期规划和年度工作计划。另外，工会、共青团、妇女联合会、残疾人联合会以及其他社会组织，也要协助人民政府开展促进就业工作，依法维护劳动者的劳动权利。

2）市场就业的原则

市场就业的原则，即深化劳动就业制度改革，完善市场导向的就业机制，保证劳动者择业自主权和用人单位用人自主权。

自主择业是指公民根据自己的意愿、才能，结合社会的需要自主地选择职业。在劳动力市场上，劳动者和用人单位的法律地位是平等的。一方面，公民作为自身劳动力的所有者，有权根据自身的实力，通过平等竞争获得自己理想的职业和工作岗位，取得理想的经济利益。因此，劳动者应树立正确的择业观念，提高就业能力和创业能力，积极自主创业、自谋职业。另一方面，用人单位也享有自主用人的权利，即用人单位有权根据本单位的实际需要自主选择劳动者。在劳动力市场上，通过双向选择，可以最大限度地发挥雇佣双方的积极性和能动性，推动社会主义市场经济的不断发展。

3）平等就业的原则

平等就业的原则，即禁止就业歧视，为劳动者提供公平的就业机会。

平等就业是指我国公民不论其民族、种族、性别、宗教信仰，均享有平等的获得就业机会的权利。具体包括两个方面的内容：一是就业资格的平等。《劳动法》第十二条和《就业促进法》第三条均规定，劳动者就业，不因民族、种族、性别、宗教信仰等不同而受歧视。二是就业能力衡量尺度的平等。在劳动力资源严重地供大于求、就业机会相对不足的就业环境中,平等就业还意味着公民在就业过程中均享有平等竞争的权利,即社会对公民的劳动行为能力要以同一尺度和标准衡量;通过公平竞争择优吸收劳动力就业。在《就业促进法》"公平就业"一章中,针对妇女、少数民族、残疾人、传染病病原携带者,以及农村劳动者这些人群的公平就业问题做了有针对性的规定:"国家保障妇女享有与男子平等的劳动权利";"用人单位招用人员,除国家规定的不适合妇女的工种或者岗位外,不得以性别为由拒绝录用妇女或者提高对妇女的录用标准";"用人单位招用人员,不得歧视残疾人";"农村劳动者进城就业享有与城镇劳动者平等的劳动权利,不得对农村劳动者进城就业设置歧视性限制。"

4)统筹就业的原则

统筹就业的原则,即统筹做好城镇新增劳动力就业、农村富余劳动力转移就业、下岗失业人员再就业工作,逐步形成城乡统一的劳动力市场。

《就业促进法》规定,国家实行城乡统筹的就业政策,建立健全城乡劳动者平等就业的制度,引导农业富余劳动力有序转移就业。国家支持区域经济发展,鼓励区域协作,统筹协调不同地区就业的均衡增长。国家支持民族地区发展经济,扩大就业。县级以上地方人民政府推进小城镇建设和加快县域经济发展,引导农业富余劳动力就地就近转移就业;在制定小城镇规划时,将本地区农业富余劳动力转移就业作为重要内容。县级以上地方人民政府引导农业富余劳动力有序向城市异地转移就业;劳动力输出地和输入地人民政府应当互相配合,改善农村劳动者进城就业的环境和条件。

3.1.3 就业促进政策与立法

1. 促进就业的政策体系

促进就业是国家的基本职责。我国《宪法》第四十二条规定:"国家通过各种途径,创造劳动就业条件。"《劳动法》第五条规定:"国家采取各种措施,促进劳动就业。"我国已于1997年批准了国际劳工组织的《就业政策公约》,因此,我国有义务执行公约的规定。近年来,国家先后出台了一系列积极的促进就业政策,在实践中发挥了重要作用。例如,2002年,中共中央、国务院下发《关于进一步做好下岗失业人员再就业工作的通知》,初步形成了具有中国特色的积极就业政策框架。2005年,国务院下发《关于进一步加强就业再就业工作的通知》,充实和完善了积极就业政策。国家的就业政策是制定法律的依据,是指导国家就业工作的行为准则。为此,《就业促进法》在"政策支持"一章中将这些实践证明为是正确的、有效的并且需要长期执行的国家促进就业政策,在法律中肯定了下来,建立了促进就业的政策支持体系。具体包括以下几个方面。

(1)产业政策:县级以上人民政府应当把扩大就业作为重要职责,统筹协调产业政策与就业政策;国家鼓励各类企业在法律、法规规定的范围内,通过兴办产业或者拓展经营,增加就业岗位;国家鼓励发展劳动密集型产业、服务业,扶持中小企业,多渠道、多方式增加就业岗位;国家鼓励、支持、引导非公有制经济发展,扩大就业,增加就业岗位。

(2)经贸政策:国家发展国内外贸易和国际经济合作,拓宽就业渠道。

(3) 投资政策：县级以上人民政府在安排政府投资和确定重大建设项目时，应当发挥投资和建设项目带动就业的作用，增加就业岗位。

(4) 财政政策：国家实行有利于促进就业的财政政策，加大资金投入，改善就业环境，扩大就业；县级以上人民政府应当根据就业状况和就业工作目标，在财政预算中安排就业专项资金用于促进就业工作；就业专项资金用于职业介绍、职业培训、公益性岗位、职业技能鉴定、特定就业政策和社会保险等的补贴、小额贷款担保基金和微利项目的小额担保贷款贴息，以及扶持公共就业服务等。

(5) 税收政策：国家鼓励企业增加就业岗位，鼓励劳动者自主创业、自谋职业，扶持失业人员就业，对吸纳符合国家规定条件的失业人员达到规定要求的企业，失业人员创办的中小企业，安置残疾人员达到规定比例或者集中使用残疾人的企业，从事个体经营的符合国家规定条件的失业人员，从事个体经营的残疾人和国务院规定给予税收优惠的其他企业、人员依法给予税收优惠。

(6) 金融政策：国家实行有利于促进就业的金融政策，增加中小企业的融资渠道；鼓励金融机构改进金融服务，加大对中小企业的信贷支持，并对自主创业人员在一定期限内给予小额信贷等扶持。

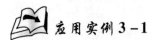

应用实例 3-1

招用失业人员企业可享政策优惠

钱经理是一家物业公司的经理。这天，他所在的街道社保所的工作人员找到了他，希望他能考虑招用本地区的几个失业人员。工作人员向钱经理解释说，招用本地失业人员不仅可以省去租宿舍的费用，还能享受国家的优惠政策。钱经理同意了社保所工作人员的提议，招用了几名失业人员。社保所推荐来的几名失业人员很珍惜这个工作机会，逐渐都成了各自部门的骨干。不仅享受了优惠政策，又有了几名能干的员工，这让钱经理乐得合不拢嘴。

《就业促进法》第十七条规定，国家鼓励企业增加就业岗位，扶持失业人员和残疾人就业，对下列企业、人员依法给予税收优惠：①吸纳符合国家规定条件的失业人员达到规定要求的企业；②失业人员创办的中小企业；③安置残疾人员达到规定比例或者集中使用残疾人的企业；④从事个体经营的符合国家规定条件的失业人员；⑤从事个体经营的残疾人；⑥国务院规定给予税收优惠的其他企业、人员。《就业促进法》根据目前在促进就业方面实施的税收优惠政策内容，以享受政策的对象，即符合条件的企业和劳动者作为税收优惠的落脚点，做了法律规定，不仅使目前通过政策规定得以享受税收优惠的内容通过法律形式固定下来，赋予了法律保障，而且在适用范围和适用对象方面都有所扩展。钱经理正是通过社保所工作人员的政策宣传，明白了国家的这项优惠政策，使得自己的企业不仅获得了人才，还降低了运营成本。

(资料来源：http://www.zhonghr.com/.)

2. 促进就业立法概况

在《就业促进法》正式出台之前，我国有关促进就业的法律法规主要体现在以下法律渊源之中。

(1) 涉及就业的基本法，主要包括企业法、《中华人民共和国职业教育法》(以下简称《职业教育法》和《劳动法》。其中最重要的是《劳动法》，设立了促进就业专章，规定了促进就业的原则和要求。根据《宪法》第四十二条的规定，我国《劳动法》第十条更明确地规定："国家通过促进经济和社会发展，创造就业条件，扩大就业机会。国家鼓励企业、事业组织、社会团体在法律、行政法规规定的范围内兴办产业或者拓展经营，增加就业。国家支持劳动者自愿组织起来就业和从事个体经营实现就业。"由此可见，在国家、企业和个人在促进就业领域的关系中，我国强调三方的密切合作，通过三方的共同努力来实现充分就业的宏伟目标。

（2）国务院暂行条例。20世纪80年代以来，我国以国务院令的法律形式颁布了大量的条例，涉及促进就业的有《国有企业实行劳动合同制暂行规定》《国有企业招用工人暂行规定》《国有企业辞退违纪职工暂行规定》和《国有企业临时工管理规定》《国有企业招用农民合同制工人的规定》《国有企业富余职工安置规定》《国有企业兼并破产和职工再就业有关问题的补充通知》和《失业保险条例》等。

（3）部门规章。20世纪90年代以来，原劳动部颁布了一系列促进就业的规章，如《劳动力市场管理规定》（已废止）、《职业指导办法》（已废止）、《企业经济性裁减人员规定》《农村劳动力跨省流动就业管理暂行规定》（已废止）、《职业介绍规定》（已废止）、《劳动保障监察条例》《外国人在中国就业管理规定》等。

（4）政府政策性文件。20世纪90年代以来，中共中央和国务院颁布了一系列促进就业的政策，如《国务院关于做好就业工作的通知》《中共中央国务院关于做好国有企业下岗职工基本生活保障和再就业工作的通知》等。

鉴于我国就业现状和基本国情，为了促进就业，促进经济发展与扩大就业相协调，促进社会和谐稳定，十届全国人大常委会第二十九次会议于2007年8月30日通过了《就业促进法》，该法自2008年1月1日起施行。《就业促进法》共有9章69条，其对促进就业的方针政策、公平就业、就业服务和管理、职业教育和培训、就业援助、监督检查、法律责任等做出了规定。同时，《就业促进法》对《劳动法》《劳动合同法》《中华人民共和国妇女权益保障法》（以下简称《妇女权益保障法》）、《中华人民共和国残疾人保障法》（以下简称《残疾人保障法》）、《职业教育法》等法律在促进就业方面已经有明确规定的内容，也做了一些衔接性的规定。另外，2007年11月5日，原劳动和社会保障部颁布了《就业服务与就业管理规定》（劳动和社会保障部令第28号）。《就业服务与就业管理规定》共9章77条，对《就业促进法》中就业服务与管理、就业援助的相关制度做了进一步细化和完善，对促进就业、培育完善人力资源市场具有重要意义。2015年4月24日，十二届全国人大常委会第十四次会议对《就业促进法》进行了修改。

3.《就业促进法》颁布实施的意义①

（1）《就业促进法》是促进社会主义和谐社会建设的一部重要法律。就业，不仅是每一位劳动者生存的经济基础和基本保障，也是其融入社会、共享社会经济发展成果的基本条件，因此，就业是民生之本；促进就业，关系到亿万劳动者及其家庭的切身利益，是社会和谐发展、长治久安的重要基础，因此，促进就业是安国之策。就业问题历来是各国经

---

① 原劳动和社会保障部《关于印发〈中华人民共和国就业促进法〉宣传提纲的通知》（劳社部发〔2007〕35号）。

济和社会发展的核心问题之一。我国劳动力资源丰富,劳动力供大于求的格局将长期存在;就业的结构性矛盾越来越突出;新成长劳动力就业、农业富余劳动力转移就业和经济结构调整中失业人员再就业的矛盾交织,使得就业问题具有长期性、艰巨性和复杂性。促进就业是我国长期的战略任务,中共十六届六中全会把实现社会就业比较充分作为构建和谐社会的重要目标之一。通过法制化的手段确立国家推动经济发展同扩大就业相协调,把扩大就业放在经济社会发展的突出位置,实现社会和谐稳定,是我国做好促进就业工作、构建和谐社会的必然选择和重要内容。

(2)《就业促进法》为我国实施积极的就业政策提供了法律保障。中共中央、国务院高度重视就业问题,针对我国的具体情况,借鉴世界各国成功经验,制定和实施了积极的就业政策,通过小额担保贷款、财政贴息、减免税费等措施,积极扶持劳动者自主创业、自谋职业;通过定额税收减免、优惠贷款等措施,鼓励企业吸纳下岗失业人员就业;通过开发公益性岗位和社会保险补贴等措施,建立健全就业援助制度,帮助困难人员实现就业。2003年以来,国家通过实施积极的就业政策,在经济发展中实现了新增就业的不断扩大,并基本解决了体制转轨过程中出现的下岗失业人员的再就业问题,有力保持了就业局势稳定,有效维护了改革发展稳定大局,为促进经济持续较快增长和社会和谐稳定发挥了重要作用。《就业促进法》将经过实践检验的、积极的就业政策措施上升为法律规范,使促进就业的工作机制和工作体系制度化,使促进就业的各项政策措施和资金投入法制化,有利于建立促进就业的长效机制,保障我国积极的就业政策长期实施和有效运行。

(3)《就业促进法》进一步完善了我国劳动保障法律体系。立法是世界各国促进就业最普遍、最重要的手段。在我国,《宪法》和《劳动法》都对促进就业做了原则规定,对促进就业发挥了积极作用。解决我国长期、艰巨而复杂的就业问题,不仅需要有综合大法的原则性要求,更需要专门的、有具体规定的就业促进立法。特别是随着我国城镇化、工业化、市场化和国际化进程的加快,就业工作、劳动关系工作、社会保障工作都出现了许多新情况和新问题,亟须形成健全的劳动保障法律体系,使整个劳动保障工作尽快走上法制化轨道。《就业促进法》是我国就业领域第一部基本法律。它的颁布施行,标志着我国在建设以《宪法》为依据、以《劳动法》为基础、以《就业促进法》和《劳动合同法》以及《社会保险法》为主干、以相关法律法规为配套的劳动保障法律体系方面,又迈出了至关重要的一步。

阅读材料

《就业促进法》出台后,部分省市就开始了学习、宣传、贯彻《就业促进法》的工作,积极为《就业促进法》的实施做准备工作,以确保其顺利实施。有些省市还率先出台并实施了有关促进就业的地方条例和实施办法。例如,2009年3月,江西省第十一届人大常委会通过并公布《江西省就业促进条例》;2009年3月26日河南省第十一届人大常委会通过《河南省就业促进条例》;2009年11月,山东省第十一届人大常委会修订《山东省就业促进条例》;2009年11月,陕西省第十一届人大常委会通过并公布《陕西省就业促进条例》;2009年11月,河北省第十一届人大常委会通过《河北省实施〈中华人民共和国就业促进法〉办法》;2010年1月,西藏自治区第九届人大常委会通过并公布《西藏自治区实施〈中华人民共和国就业促进法〉办法》;2010年4月,安徽省第十一届人大常委会通过了实施《中华人民共和国就业促进法》办法；2010年5月，湖北省十一届人大常委会通过《湖北省就业促进条例》等。

除此之外，在《就业促进法》实施以后，中央和地方又出台了大量政策措施进一步保障该法的有力实施。

在中央政策措施方面，2008年2月，国务院下发了《国务院关于做好促进就业工作的通知》（国发〔2008〕5号）；2008年3月，国务院办公厅发布《加快发展服务业若干政策措施的实施意见》（国办发〔2008〕11号）；2008年6月，财政部发布《关于积极发挥财政贴息资金支持作用切实做好促进就业工作的通知》（财金〔2008〕77号）；2008年7月，财政部、国家发展和改革委员会发布《关于对从事个体经营的有关人员实行收费优惠政策的通知》（财综〔2008〕47号）；2008年12月，人力资源和社会保障部、财政部、国家税务总局联合下发《关于采取积极措施减轻企业负担稳定就业局势有关问题的通知》（人社部发〔2008〕117号）；2009年1月，国务院办公厅发布《关于加强普通高等学校毕业生就业工作的通知》（国办发〔2009〕3号）；2009年2月，国务院又发布《关于做好当前经济形势下就业工作的通知》（国发〔2009〕4号）；2009年7月，财政部、人力资源和社会保障部、中国人民银行、中华全国妇女联合会联合下发《关于完善小额担保贷款财政贴息政策推动妇女创业就业工作的通知》（财金〔2009〕72号）；2009年9月，国务院下发《关于进一步促进中小企业发展的若干意见》（国发〔2009〕36号）；2009年12月，人力资源和社会保障部、财政部、国家税务总局发布《关于进一步做好减轻企业负担稳定就业局势有关工作的通知》（人社部发〔2009〕175号）；2010年1月，人力资源社会保障部、教育部、卫生部发布《关于进一步规范入学和就业体检项目维护乙肝表面抗原携带者入学和就业权利的通知》（人社部发〔2010〕12号）等。

为了贯彻落实法律法规和中央的政策措施，各地方也积极响应，发布实施了一系列符合地方实际情况的政策措施。例如，2009年3月，北京市人民政府发布《关于实施稳定就业扩大就业六项措施的通知》（京政发〔2009〕6号）；2009年7月，广东省人民政府《关于做好当前经济形势下就业工作的通知》（粤府〔2009〕61号）；为贯彻落实《国务院办公厅转发人力资源社会保障部等部门关于促进以创业带动就业工作指导意见的通知》（国办发〔2008〕111号），云南省人民政府发布《关于鼓励创业促进就业的若干意见》（云政发〔2009〕1号），新疆维吾尔自治区发布《关于推动创业促就业工作实施意见的通知》（新政办发〔2009〕25号），四川省人民政府办公厅发布《关于促进以创业带动就业工作的实施意见》（川办发〔2009〕33号）等。

以上有关地方立法和相关政策措施丰富了我国促进就业方面的立法，对推行《就业促进法》所确立的促进就业的政策体系的内容具有重大的促进作用和有力的保障作用。

3.2 就业与就业权

3.2.1 就业

1. 就业的概念

就业问题是经济社会发展的一个核心问题，也是劳动法学研究的一项重要内容。因此，可以从不同的角度对劳动就业进行理解。从经济学角度看，劳动就业是劳动力要素与其他生产要素相结合生产社会物质财富并进行社会分配的过程，是生产力发展的基本保证；从社会学角度来看，劳动就业是劳动者个人的谋生手段，对全社会而言则是劳动力和生产资料两大资源得到合理利用的过程，其关系亿万劳动者及其家庭的切身利益，因而也是社会和谐发展的重要基础；从法律角度来看，劳动就业就是指具有劳动能力的公民在法定年龄内，根据就业愿望从事有一定劳动报酬或经营收入的社会劳动的状况。劳动就业与促进就业有区别，劳动就业的主体是劳动者和用人单位，促进就业的主体是国家和地方政府。具体来说，劳动就业具有以下特征。

（1）就业的公民必须符合法定年龄，并具有劳动能力。这是公民取得劳动权利能力和劳动行为能力的最基本条件，是具备就业资格的必备要件。在我国境内，具有我国国籍的公民法定劳动年龄一般是指年满16周岁，包括能够参加劳动的残疾人；外国的公民应年满18周岁。

（2）公民在主观上必须有就业的愿望。即使具备就业资格的公民，如果无就业愿望，国家也无须保障其就业。一般认为，公民办理失业或求职登记，就是有就业愿望的表示。因此，临时参加社会劳动的不能算是就业，如在校学生参加勤工俭学。

（3）劳动就业必须使参加社会劳动的公民获得一定劳动报酬或经营收入。这是就业劳动与社会义务劳动的显著区别。从实现就业的角度来说，国际劳工组织统计会议规定，从事规定时间有酬（或收入）工作的和在规定时间内正规从事1/3以上时间工作的，才可视为已经就业。在我国，应当以公民在一定期限内参加社会劳动所取得的劳动报酬和劳动收入足以构成其生活主要来源，作为实现就业的一种标志。如公民在一定期限内虽从事零星劳动，但其劳动所得不能成为其生活主要来源的，就不认为已实现就业。

2. 失业的概念

失业是一个与就业相对称的概念，它是指达到法定劳动年龄并且有劳动能力和就业愿望的公民未能实现就业的状态。一般来讲，失业者仅限于依据有关法律、法规和政策应当予以就业保障的公民。不满法定就业年龄、没有劳动能力、没有就业愿望的人员，以及在军队服役的军人、在校学习的学生和其他依法不予以保障其就业的人员，均不存在失业问题。另外，由于我国一直存在着城乡二元就业机制，政策法规中的失业概念仅指城镇失业，而将乡村中的未就业者称为农村剩余劳动力。

国际劳工组织对失业的定义是，在调查期内达到一定年龄并满足以下条件者：①没有工作，即未被雇佣同时也未自谋职业者；②目前可以工作，即可被雇佣或自谋职业者；③正在寻找工作，即在最近特定时期已经采取明确步骤寻找工作或自谋职业者。1988年《促进就业和失业保护公约》把失业分为全失业和半失业。全失业是指凡能够工作、可以工作并确实在寻找工作的劳动者不能得到适当职业而没有收入的状态；半失业是指因暂时停工引起临时解雇而使收入中止，尤其是由于经济、技术结构和类似性质的原因中止收入而没有中断就业关系的状态。

失业问题在世界各国都不同程度地存在。我国又将失业称为待业。自1993年起，我国将公布的"城镇待业人员"和"城镇待业率"改为"城镇登记失业人数"和"城镇登记失业率"，开始使用国际通用的失业和失业率的名称。我国自1995年起，在国际劳工组织专家的指导下，国家统计局与原劳动部长时间反复研究，确定了失业的统计定义。该定义规定：16周岁以上，有劳动能力，调查周内未从事有收入的劳动（具体是指劳动时间不到一小时）当前有就业的可能（具体是指如有工作，两周内可以上班）并正以某种方式寻找工作的人员。就业和失业是相对的概念，世界各国始终在探讨如何实行积极的就业保障政策，以提高就业率，降低失业率。目前，我国在就业保障政策和立法方面都获得了极大的进步。例如，针对失业，我国《就业促进法》首次提出建立预警机制，即县级以上人民政府建立失业预警制度,对可能出现的较大规模的失业,实施预防、调节和控制。也就是说,因职工人数较多的大型企业的破产、公司的注销或者单位裁员达到一定人数的,都应当纳入失业预警机制的范围之内。另外,国家还要建立健全失业保险制度,依法确保失业人员的基本生活,并促进其实现就业。

3.2.2 就业权

1. 就业权的概念

就业是基本的人权,是民生之本。就业权,又称劳动就业权或工作权,是指有就业资格的公民所享有的从事有报酬或收入的职业性劳动的权利,也就是将其劳动力与生产资料相结合实现职业劳动的权利。就业权也可以理解为,公民就业要求和就业权益的统一[①]。

要明确就业权的内涵,必须与《宪法》所确立的劳动权的概念相区别。就业权与劳动权是两个既相联系又相区别的概念。我国《宪法》第四十二条规定:"中华人民共和国公民有劳动的权利和义务。"其中的劳动权是指我国公民所享有的使自己的劳动力与社会生产资料相结合实现劳动过程的权利。虽然两者在实现劳动过程方面是相同的,但两者在概念的外延和内涵方面均不相同。就业权是相对于失业而言的,在其内涵中,除了有劳动权的内容外,还包含着获取劳动报酬的权利,实现的是职业劳动;而劳动权仅指实现劳动力与生产资料两大生产要素的结合,它可以是职业劳动,也可以是非职业劳动,如义务劳动等。因此,劳动权的外延比就业权广,确切地说,就业权是劳动权的一种表现形式。

2. 就业权的特征

(1) 权利实现要求的特殊性。就业权的主体是具有劳动权利能力和劳动行为能力的公民,其相对义务主体是国家和社会。劳动过程的实现受客观规律的制约,因此,就业权的实现有着与其他权利实现不同的特殊要求,即公民就业权的实现,不完全是由人的主观意志决定的,它在很大程度上依赖于社会客观条件的存在。所以,国家作为就业权的相对义务主体,不仅负有不妨碍权利主体行使权利的不作为义务,而且还要以积极的作为促进和保障该权利的实现。对处于非就业状态下的公民,国家要采取一切措施,发展经济,创造和扩大就业机会,采取职业介绍、职业训练、职业辅导等措施促进公民就业;对已处于就业状态的公民,国家要通过法律,对用人单位解除劳动合同做出必要的限制,以保障公民就业权的实现。

(2) 内容的特殊性。就业权是公民使自己的劳动力与社会生产资料相结合和取得相应报酬两个权利的结合。如果公民参加的是没有报酬的劳动,则实现的就不是就业权,如义务劳动;如果公民的收入不是基于劳动而取得的,那也不能成为就业,如公民因投资而获得的红利。因此,参加社会劳动和取得相应报酬是就业权两项非常重要的内容。

(3) 权利救济手段的特殊性。国家作为就业权的相对义务主体,负有促进和保障公民劳动就业的义务,但这并不意味着公民劳动就业完全由国家包揽。因此,当受诸多因素的制约,有就业愿望的公民不能就业时,公民不能因此以诉讼或仲裁的方式向国家主张权利,只能通过申请领取失业保险金或社会救济金获得保障。

---

① 杨燕绥,等. 劳动法新论[M]. 北京:中国劳动社会保障出版社,2004:46.

3. 就业权的内容

保障就业权的实现是《就业促进法》的目的。根据我国《宪法》《劳动法》和《就业促进法》的相关规定，就业权的内容应当包括以下内容。

（1）平等就业权。用人单位招用人员和职业中介机构从事职业中介活动，应当提供平等就业机会与公平就业条件，不得歧视妇女、少数民族、残疾人、农民工、传染病病原携带者等劳动者，即劳动者享有平等就业的权利。实行公平就业，反对就业歧视，保障劳动者的平等就业权利，是就业促进工作的一项重要原则。目前劳动者受到就业歧视的情况比较普遍，如性别歧视、学历歧视、户口歧视、外貌歧视、对残疾人的歧视和对乙肝病毒携带者的歧视等，这些歧视问题的存在，损害了劳动者的工作机会和就业权利，使他们在已经处于社会弱势的情况下陷入更大的困境。为了促进公平就业，保护劳动者的平等就业权，《就业促进法》在《劳动法》等法律的基础上，对就业歧视的问题做出了更加明确的规定，并专门规定了"公平就业"一章，明确规定各级人民政府应当创造公平就业的环境，消除就业歧视。对于用人单位和职业中介机构违反有关规定，实施就业歧视的，还明确规定了受害劳动者的权利救济渠道。另外，《就业服务与就业管理规定》进一步细化了公平就业的规定。如要求用人单位的招工简章、招聘广告以及职业中介机构发布的就业信息都不得包含歧视性内容。用人单位在招用人员时，除国家法律、行政法规和国务院卫生行政部门规定禁止乙肝病原携带者从事的工作外，不得强行将乙肝病毒血清学指标作为体检标准，对此还设置了相应的处罚条款。

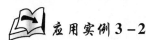

应用实例 3-2

"小女生"不输"大企业"：要敢于向性别歧视说不

2014年7月8日，河南籍应届女大学毕业生小郭通过杭州市西湖区人民法院起诉新东方烹饪学校。在应聘该企业的文案这一职位时，她多次被以"限招男性"为由拒绝，对于这种性别歧视行为，她选择了向法院提起诉讼。在多番波折辗转之后，法院终于在2014年8月13日受理，并于2014年9月10日进行了公开审理。

判决中，法院认定，根据被告即新东方烹饪学校发布的招聘要求，女性完全可以胜任该岗位工作，其所辩称的需招录男性的理由与法律不符，其行为侵犯了原告平等就业的权利，对原告实施了就业歧视，给原告造成了一定的精神损害，判决被告赔偿原告精神损害抚慰金2 000元，但以法律依据不足为由驳回了原告要求被告书面赔礼道歉的诉讼请求。

"无论是胜诉的结果，还是成为全国劳动违法典型案例之首，我觉得都是一种鼓舞和示范。"小郭说，遗憾的是，新东方烹饪学校自开庭起就没有露面，也未与其有过接触。"相比于抚慰金，他们的道歉对我来说更重要。出了事情就躲在后面，看不出任何诚意。"

据悉，目前小郭已在另一家企业找到了策划类的文职工作，身边的不少同事也知道她曾经状告知名企业并获得胜诉，对她的勇敢和执着表示钦佩。"维权的过程中，我得到了很多同学、老师、社工和法律界人士的支持。案子赢了，不是我一个人的胜利。"小郭坦言，大学里很多女生都非常努力，积极参与各种社会活动，但是找工作时，一些用人单位却完全不考虑她们的能力，而是以性别为由拒绝应聘。加上维权成本高，所以大多数人选择了忍气吞声。小郭表示，忍气吞声换不来公平对待，就业是大学生踏足社会的第一步，从招聘、投简历到面试，就业歧视会造成一些负面影响。"有些人会自我否定，丧失信心；有些人可能就慢慢变得愤世嫉俗，认为社会环境不公。"

所以，无论从劳动保障的层面，还是法治建设的层面，对女性的就业歧视现象都应该受到更多的关注。"可能会有企业或法官认为我们无理取闹。其实正是因为当前就业歧视现象较为常见，以至于很多时候大家会认为这是正常现象。"小郭说，她更多地是想传递一个理念，"不要漠视身边的不公，维权一定要坚持。"

（资料来源：http://news.163.com/15/0204/05/AHJ8IHNA00014AED.htm.）

（2）自由择业权，即根据自己的意愿自主选择职业的权利，包括对是否从事职业劳动、从事何种职业劳动、何时何地从事职业劳动，以及进入哪个用人单位从事职业劳动等方面的选择权，这就要求禁止各种形式的强迫劳动，取消劳动力自由流动的各种体制性、政策性障碍。《就业促进法》第三条明确规定："劳动者依法享有平等就业和自主择业的权利。"

（3）就业竞争权，即竞相争夺就业机会的权利，也就是进入劳动力市场，提出就业请求，参与就业竞争的权利。这就要求用人单位必须面向社会公开招工招聘。一方面，《就业促进法》规定劳动者享有自主择业的权利；另一方面，用人单位也享有自主用人的权利。

（4）公共就业保障权，即接受为获得就业机会所必要的就业服务、职业培训和失业保险等公共保障的权利。这就要求国家和社会建立完备的就业服务体系，为劳动力供求双方提供高效率的公共服务。《就业促进法》首先在"政策支持"一章明确了设立"就业专项资金"，用于职业介绍、职业培训、公益性岗位、职业技能鉴定、特定就业政策和社会保险等的补贴、小额贷款担保基金和微利项目的小额担保贷款贴息，以及扶持公共就业服务等。第十六条又明确要求"国家建立健全失业保险制度"。另外，《就业促进法》还设专章"就业服务和管理"和"职业教育和培训"对就业服务和职业培训等公共保障制度做出了专门规定。

阅读材料

解决好乙肝病毒携带者入学、就业受限制问题，是坚持以人为本、促进社会和谐稳定的客观要求，有利于维护劳动者合法权益、推动社会公平就业[①]。为此，2010年2月10日，人力资源和社会保障部、教育部、卫生部联合发布了《关于进一步规范入学和就业体检项目维护乙肝表面抗原携带者入学和就业权利的通知》（人社部发〔2010〕12号）。该通知相较于2007年原劳动保障部、卫生部联合下发的《关于维护乙肝表面抗原携带者就业权利的意见》，在内容上有很大的完善和强化，重点是进一步规范入学和就业体检项目，明确用人单位、教育机构、医疗卫生机构的责任，强化政府监管职能，加强执法检查，提高政策的可行性和可操作性。具体来说，其特点表现在权益维护范围更广，强调维护入学和就业两方面的权利；禁查项目更加全面，明确要求在入学、就业体检中不得进行任何涉及乙肝病毒感染标志物的检查，包括乙肝五项和HBV-DNA检测等；特殊职业更加明确，对确需检查的职业不仅强调特殊，而且规定严格申请审核程序并将核准的乙肝表面抗原携带者不得从事的职业由卫生部向社会公布；监督检查力度更大，对机构及其工作人员都进行严格的监督检查、对违法规定的依法查处，并要求各相关部门设立并公布投诉、举报电话，受理社会上的投诉和举报，充分发挥社会监督职能。由此可见，如果该通知的内容能落到实处，必将给乙肝病毒携带者在入学和就业方面带来福音。

---

① 《人力资源和社会保障部关于切实做好维护乙肝表面抗原携带者入学和就业权利工作有关问题的通知》（人社厅发〔2010〕22号）。

应用实例3-3

北京朝阳法院受理两起乙肝就业歧视案首次适用《就业促进法》

1. 两起乙肝歧视案

著名高校毕业的高军(化名)没有想到,大老远从上海跳槽到北京,却因为自己是乙肝病毒携带者而被新单位拒之门外。

"今年1月1日起开始施行的《就业促进法》明确规定:用人单位不得以是传染病病毒携带者为由拒绝录用。我已经委托律师起诉。"高军告诉记者。1月31日,高军委托北京义派律师事务所徐建国律师,一纸诉状将北京某通信技术有限公司告上了法庭,朝阳区法院正式受理了此案。

2005年7月—2007年5月,高军就职于上海一家软件公司。那段时间,公司没有歧视其为乙肝病毒携带者。2007年4月中旬,高军接到北京某通信技术有限公司部门经理的电话,邀请他到北京发展。随后,高军办理了辞职手续来到北京。没想到,等待自己的竟然是公司的拒绝录用。高军回忆说,公司人事部的一个员工告诉他,说没有体检表不能签订劳动合同。"5月30日,我去'北京佳境健康体检中心'体检,体检了'乙肝五项'和'胸透'两项。6月1日,体检结果是乙肝五项有HbsAg、HBeAb、HBcAb三项阳性,胸透正常。"高军告诉记者,"6月4日,我带齐了离职证明、薪资证明和体检表,去此通信技术有限公司正式报到。接待小姐面露难色,说这种情况要请示经理。"就这样,1个多月过去了。到了7月20日,高军再次给此通信技术有限公司人事经理吴先生打电话。高军说,2007年6月30日国家有关部门发布了《关于保护乙肝表面抗原携带者就业权利的意见》,这回应该可以接收他了吧?但吴先生依然以总部有规定为由拒绝了他。为此,高军特地咨询了肝炎防治专家,专家告诉他,乙肝病毒携带不影响工作,正常的工作接触也不影响同事身体健康。原本因为乙肝携带而自怨自艾的高军突然意识到"单位拒绝录用乙肝携带者的行为就是一种歧视"!通过查询相关法律并咨询了律师,他决定拿起法律武器捍卫自己的权利。据了解,法院于4月3日开庭审理此案。

张立红(化名)是朝阳区法院受理的另一个乙肝歧视案件的当事人,他是在公司进行体检后发现是乙肝病毒携带者,随后被公司解除了劳动合同。"担心终于变成了现实。"张立红对记者说。2002年10月25日,张立红进入某公司从事送货工作。2004年6月,某公司将其转入北京另一公司名下,由该公司与他签订劳动合同。2007年8月,公司要求体检,张立红就开始紧张,担心自己的乙肝小三阳被查出以后会因此丢了工作。但本着相信公司是国内著名企业,不会做出违反法律法规的事,他还是去体检了。没想到体检结果出来以后,一直担心的事情还是发生了,公司要求解除与他的劳动关系。张立红拿出原劳动部和卫生部联合发布《关于保护乙肝表面抗原携带者就业权利的意见》以期待说服公司,结果无济于事。公司人事部门甚至还声称说:"像你们这些乙肝携带者,根本就应该好好在家待着,别出来惹是生非了。"那一刻,小张的心情郁闷到了极点。难道因为携带乙肝,自己的劳动权利就能被剥夺吗?张立红委托北京扶工律师事务所丁宏学律师起诉公司以及北京另一公司,请求法院判定这两家公司实行就业歧视,要求被告公开赔礼道歉,并赔偿精神损害赔偿金5万元。

3月4日,北京市朝阳区人民法院正式受理了此案。

2. 新型案件关乎1.2亿乙肝携带者的就业权

高军的代理律师徐建国在接受记者采访时说,不能简单地把这起案件看作个案,它具有公益性质。在国家法律有明确规定的情况下,用人单位不能再以乙肝携带者为由剥夺劳动者的就业权。这类案件关系到1.2亿乙肝携带者的就业权,也关系到我国《就业促进法》的落实和遵守的问题。

丁宏学律师也表达了相同的看法。由于是首次适用《就业促进法》,两位律师在立案的时候都遇到了一些新问题。他们认为,这类案件不是普通的劳动争议案件,他涉及当事人的平等就业权,希望按就业歧视立案。但法院要求他们先到劳动部门申请仲裁。结果劳动部门不予受理,回到法院后,都已顺利立案。

朝阳区法院有关法官告诉记者，2008年最高人民法院公布了民事案件案由规定，对于这类新型的就业权的案件还没有规定，经过研究，法院仍然以一般的劳动争议案件立案。

小张和小高的依法反歧视维权行动，得到了乙肝公益网站"肝胆相照论坛"的大力支持和协助。"肝胆相照论坛"被称为"乙肝携带者的精神家园"。2003年以来，该网站一直在推动民间反乙肝歧视运动。

据"肝胆相照论坛"版主陆军介绍，在我国，乙肝病毒携带者接近一亿，由于社会对乙肝的普遍误解和歧视，很多乙肝携带者在求职时被拒录，或者因体检查出乙肝阳性而被单位辞退。根据中华医学会的调查，受歧视的比例在我国乙肝携带者中高达52%。然而，由于以往没有有力的法律保护，绝大多数乙肝携带者在受到歧视之后都选择了忍气吞声。

据陆军介绍，2008年之前，反乙肝歧视的诉讼案是很少的，2003—2007年，有记录可查的诉讼案平均每年只有四五起。"这一状况在《就业促进法》出台前后发生了巨大的变化"，陆军说，"从2007年8月《就业促进法》被审议通过，到现在，仅仅我们'肝胆相照论坛'协助的反乙肝歧视诉讼案就接近20起，越来越多的乙肝携带者采取了依法反歧视维权的做法。"根据陆军的分析，其中一个重要的原因就是《就业促进法》规定了对乙肝携带者就业权的保护，使得众多的乙肝携带者感觉到了改变现状的希望。《就业促进法》明确规定，"用人单位招用人员，不得以是传染病病原携带者为由拒绝录用"。而且，与《就业促进法》配套实施的《劳动就业服务与就业管理规定》也明确规定用人单位不得强行进行乙肝体检。

（资料来源：http://www.legaldaily.com.cn/ajzj/content/2008-03/24/content_821018.htm.）

3.3 人力资源市场

3.3.1 劳动力市场和人力资源市场的概念

1. 劳动力市场

劳动力市场是指劳动力流动和交换的场所，同时也是运用价值规律和市场供求规律、市场竞争规律对劳动力资源进行调节和配置的一种机制，是市场体系的一个重要组成部分。在整个国民经济运行过程中，产品市场和劳动力市场是连接企业和社会成员的两个环节，二者缺一不可。但劳动力市场与产品市场存在着很大差别，其基本特征表现在以下几个方面。

（1）劳动力市场的调节机制为劳动力价格机制，即劳动力市场是以劳动力价格为杠杆，通过供求状况来实现总量平衡。

（2）劳动力市场交易对象具有特殊性。作为劳动力市场交易对象的劳动力是为人所具有的并在生产使用价值时运用的体力和脑力的总和。它天然以劳动者的人身为载体，劳动力的使用过程就是劳动力的消耗过程。由于劳动力具有形成的长期性、存储的短期性、再生产的不可间断性以及支出的可重复性和不可回收性等特征，决定了劳动力供求关系不仅有经济关系，还直接产生人身关系。

（3）劳动力市场的合约关系具有相对稳定性。在产品市场上，买卖双方每天都可能调整或更换交易对象。但在劳动力市场上，由于频繁地调整人员和更换工作都要付出一定的成本，因而劳动力供求双方的合约通常期限较长，劳动关系相对稳定。

（4）劳动者和工作的非匀质性。劳动者作为一个整体具有很多共性，但作为个体又彼此不同。由于劳动力供求双方都存在着多样性与复杂性，在交易过程正式进行前，双方都要花费一定精力和财力收集有关信息，交易成本比较昂贵，且提高交易获得的效用和满意程度也不如产品市场。

2. 人力资源市场

现在劳动力市场有两种，一种是劳动力市场，另一种是人才市场。但在《就业促进法》草案稿征求意见中，大部分意见认为应将"人才和劳动力市场"的表述统一修改为"人力资源市场"。最后，全国人大法律委在协调各方面意见后将"人力资源市场"的表述运用到颁布的《就业促进法》中。人力资源市场是对现有的劳动力市场、人才市场、毕业生就业市场等市场的总概括。人力资源市场将专业技能人才、失业职工、大中专毕业生、进城务工人员等全部纳入就业服务范围。

3.3.2 人力资源市场管理体制

我国一直实行由劳动和人事两个部门分别对劳动力市场与人才市场进行管理的体制，即由劳动行政部门实施对劳动力市场的管理，由人事部门实施对人才市场的管理。现在，《就业促进法》将两个市场予以合并，统一为人力资源市场。在管理体制上，根据原《劳动力市场管理规定》，县级以上地方劳动保障行政部门主管本行政区域内的劳动力市场管理工作。县级以上地方劳动保障部门还可以委托其所属的就业服务机构，具体办理本行政区域内的劳动力市场管理有关事务。之后，《就业服务与就业管理规定》第3条予以明确规定："县级以上劳动保障行政部门依法开展本行政区域内的就业服务和就业管理工作。"也就是说，根据现行立法的规定，人力资源市场统一由劳动保障行政部门管理。

另外，《就业促进法》还明确规定了县级以上人民政府在发展人力资源市场方面的职责：①要求培育和完善统一开放、竞争有序的人力资源市场，为劳动者就业提供服务；②要求加强人力资源市场信息网络及相关设施建设，建立健全人力资源市场信息服务体系，完善市场信息发布制度，为劳动者就业提供服务；③要求对职业中介机构提供公益性就业服务的，按照规定给予补贴；④要求加强对职业中介机构的管理，鼓励其按照诚实信用、公平、公开的原则提高服务质量，发挥其在促进就业中的作用。

为了加强对人力资源市场的监管，即加强职业中介机构管理、加强对市场运行的监测、规范监管人力资源服务企业经营行为，人力资源和社会保障部表示要抓紧制定《人力资源市场管理条例》①，该条例的出台将使人力资源管理方面存在的问题得到很好的解决。

3.3.3 人力资源市场准入管理

1. 劳动者进入人力资源市场的法律规定

《就业服务与就业管理规定》第六条规定："劳动者年满16周岁，有劳动能力且有就业愿望的，可凭本人身份证件，通过公共就业服务机构、职业中介机构介绍或直接联系用

---

① 人力资源和社会保障部. 制定《人力资源市场管理条例》加强市场监测[EB/OL]. http：//www.chinajob.gov.cn/EmploymentServices/content/2009-01/20/content_484125.htm[2010-10-17].

人单位等渠道求职。"为了提高劳动者的职业素质和技能水平，缓解城镇就业压力的难题，该规定同时规定："国家鼓励劳动者在就业前接受必要的职业教育或职业培训，鼓励城镇初高中毕业生在就业前参加劳动预备制培训。"

2. 用人单位进入人力资源市场的法律规定

1）用人单位招用人员的一般规定

用人单位招用人员，应当向劳动者提供平等的就业机会和公平的就业条件。用人单位招用人员时，应当依法如实告知劳动者有关工作内容、工作条件、工作地点、职业危害、安全生产状况、劳动报酬以及劳动者要求了解的其他情况。用人单位应当根据劳动者的要求，及时向其反馈是否录用的情况。用人单位应当对劳动者的个人资料予以保密。公开劳动者的个人资料信息和使用劳动者的技术、智力成果，须经劳动者本人书面同意。

用人单位可以通过下列途径自主招用人员：①委托公共就业服务机构或职业中介机构；②参加职业招聘洽谈会；③委托报纸、广播、电视、互联网站等大众传播媒介发布招聘信息；④利用本企业场所、企业网站等自有途径发布招聘信息；⑤其他合法途径。其中，用人单位委托公共就业服务机构或职业中介机构招用人员，或者参加招聘洽谈会时，应当提供招用人员简章，并出示营业执照（副本）或者有关部门批准其设立的文件、经办人的身份证件和受用人单位委托的证明。招用人员简章应当包括用人单位基本情况、招用人数、工作内容、招录条件、劳动报酬、福利待遇、社会保险等内容，以及法律、法规规定的其他内容。

用人单位招用人员时不得有下列行为：①提供虚假招聘信息，发布虚假招聘广告；②扣押被录用人员的居民身份证和其他证件；③以担保或者其他名义向劳动者收取财物；④招用未满16周岁的未成年人以及国家法律、行政法规规定不得招用的其他人员；⑤招用无合法身份证件的人员；⑥以招用人员为名牟取不正当利益或进行其他违法活动。另外，用人单位不得以诋毁其他用人单位信誉、商业贿赂等不正当手段招聘人员。

2）招用特殊就业群体的规定

特殊就业群体是指因特殊原因而在就业竞争过程中处于不利地位的人员的总称，具体包括妇女、少数民族人员、残疾人、传染病病原携带者、农村劳动者等。我国《劳动法》《妇女权益保护法》《残疾人保障法》《就业促进法》《女职工特殊劳动保护规定》等法律、法规都对这些特殊就业群体的劳动就业保护做了明确的规定。具体包括：①用人单位招用人员，除国家规定的不适合妇女的工种或者岗位外，不得以性别为由拒绝录用妇女或者提高对妇女的录用标准。而且，用人单位录用女职工，不得在劳动合同中规定限制女职工结婚、生育的内容；②用人单位招用人员，应当依法对少数民族劳动者给予适当照顾；③用人单位招用人员，不得歧视残疾人；④用人单位招用人员，不得以是传染病病原携带者为由拒绝录用。但是，经医学鉴定传染病病原携带者在治愈前或者排除传染嫌疑前，不得从事法律、行政法规和国务院卫生行政部门规定禁止从事的易使传染病扩散的工作。用人单位招用人员，除国家法律、行政法规和国务院卫生行政部门规定禁止乙肝病原携带者从事的工作外，不得强行将乙肝病毒血清学指标作为体检标准；⑤农村劳动者进城就业享有与城镇劳动者平等的劳动权利，不得对农村劳动者进城就业设置歧视性限制。用人单位发布的招用人员简章或招聘广告，不得包含歧视性内容。

3）招用外籍人员的特殊规定

为了加强外国人在中国就业的管理，规范与此相关的就业和聘用行为，依法保护在中国就业的外国人及聘用外国人的单位的合法权益，原劳动部、公安部、外交部、原对外贸易经济合作部于1996年1月联合制定了《外国人在中国就业管理规定》，对用人单位招收外国劳动者的条件和程序做了有别于招收本国劳动者的规定。

用人单位聘用外国人须为该外国人申请就业许可，经获准并取得外国人就业许可证书后方可聘用。用人单位聘用外国人从事的岗位应是有特殊需要，国内暂缺适当人选，且不违反国家有关规定的岗位。用人单位不得聘用外国人从事营业性文艺演出，但经文化部批准持《临时营业演出许可证》进行营业性文艺演出的外国人除外。用人单位招收的外国人必须具备下列条件：①年满18周岁，身体健康；②具有从事其工作所必需的专业技能和相应的工作经历；③无犯罪记录；④有确定的聘用单位；⑤持有有效护照或能代替护照的其他国际旅行证件（以下简称代替护照的证件）。

用人单位聘用外国人，须填写聘用外国人就业申请表，向其与劳动行政主管部门同级的行业主管部门提出申请，并提供下列有效文件：①拟聘用的外国人履历证明；②聘用意向书；③拟聘用外国人原因的报告；④拟聘用的外国人从事该项工作资格证明；⑤拟聘用的外国人健康状况证明；⑥法律、法规规定的其他文件。经行业主管部门批准后，用人单位应持申请表到本单位所在地区的省、自治区、直辖市劳动行政部门或其授权的地市级劳动行政部门办理核准手续。省、自治区、直辖市劳动行政部门或授权的地市级劳动行政部门应指定专门机构具体负责签发许可证书工作。发证机关应根据行业主管部门的意见和劳动力市场的需求状况核准，并在核准后向用人单位签发许可证书。中央级用人单位，无行业主管部门的用人单位聘用外国人，可直接到劳动行政部门发证机关提出申请和办理就业许可手续。外商投资企业聘雇外国人，无须行业主管部门审批，可凭合同、章程、批准证书、营业执照和相关的文件直接到劳动行政部门发证机关申领许可证书。获准聘用外国人的用人单位，须由被授权单位向拟聘用的外国人发出通知签证函及许可证书，不得直接向拟聘用的外国人发出许可证书。

3.3.4 人力资源市场中介管理

从经济学意义上而言，在自发的劳动力市场上，劳动者和用人单位通过竞争相互选择具有很大的盲目性。这就必然要求出现一种中介组织，来沟通劳动力供需双方，并提供市场信息，从而节约交易成本和时间，引导劳动者按社会的需求提高自己的文化水平和培养自己的职业技能，以期尽快实现就业和再就业。但是，中介机构大量出现在为人们带来方便快捷服务的同时，人员素质不高、收费混乱、中介合同文本不规范、故意欺诈服务对象的问题也随之而来。因此，人力资源市场上中介机构的准入和行为需要法律予以规范。《就业促进法》明确规定："县级以上人民政府和有关部门加强对职业中介机构的管理，鼓励其提高服务质量，发挥其在促进就业中的作用。"另外，《就业服务与就业管理规定》第六章专门对职业中介机构的含义、准入条件和程序以及行为规范作出了明确的规定。

1. 职业中介实行行政许可制度

2015年4月新修订的《就业促进法》第四十条第二、三款明确规定："设立职业中介机构应当在工商行政管理部门办理登记后，向劳动行政部门申请行政许可。未经依法许可和登记的机构，不得从事职业中介活动。"设立职业中介机构或其他机构开展职业中介活动，须经劳动保障行政部门批准，并获得职业中介许可证。不过，根据人力资源和社会保障部印发的《关于进一步加强人力资源市场监管有关工作的通知》（人社部发〔2010〕10号），对原劳动保障行政部门、人事行政部门发放的职业中介许可证、人才中介服务许可证，由人力资源和社会保障部进行统一换发，新的许可证名称为"人力资源服务许可证"。经许可的职业中介机构，应当向工商行政部门办理登记。未经依法许可和登记的机构，不得从事职业中介活动。劳动保障行政部门对经批准设立的职业中介机构实行年度审验。职业中介机构变更名称、住所、法定代表人等或者终止的，应当按照设立许可程序办理变更或者注销登记手续。设立分支机构的，应当在征得原审批机关的书面同意后，由拟设立分支机构所在地县级以上劳动保障行政部门审批。

2. 职业中介机构从事职业中介活动，应当遵循合法、诚实信用、公平、公开的原则

用人单位通过职业中介机构招用人员，应当如实向职业中介机构提供岗位需求信息。禁止任何组织或者个人利用职业中介活动侵害劳动者的合法权益。职业中介机构应当在服务场所明示营业执照、职业中介许可证、服务项目、收费标准、监督机关名称和监督电话等，并接受劳动保障行政部门及其他有关部门的监督检查。职业中介机构应当建立服务台账，记录服务对象、服务过程、服务结果和收费情况等，并接受劳动保障行政部门的监督检查。职业中介机构提供职业中介服务不成功的，应当退还向劳动者收取的中介服务费。职业中介机构不得有下列行为：①提供虚假就业信息；②发布的就业信息中包含歧视性内容；③伪造、涂改、转让职业中介许可证；④为无合法证照的用人单位提供职业中介服务；⑤介绍未满16周岁的未成年人就业；⑥为无合法身份证件的劳动者提供职业中介服务；⑦介绍劳动者从事法律、法规禁止从事的职业；⑧扣押劳动者的居民身份证和其他证件，或者向劳动者收取押金；⑨以暴力、胁迫、欺诈等方式进行职业中介活动；⑩超出核准的业务范围经营；⑪其他违反法律、法规规定的行为。县级以上劳动保障行政部门应当依法对经审批设立的职业中介机构开展职业中介活动进行监督指导，定期组织对其服务信用和服务质量进行评估，并将评估结果向社会公布。县级以上劳动保障行政部门应当指导职业中介机构开展工作人员培训，提高服务质量。县级以上劳动保障行政部门对在诚信服务、优质服务和公益性服务等方面表现突出的职业中介机构和个人，报经同级人民政府批准后，可以给予表彰和奖励。

另外，如果违反《就业促进法》的规定，职业中介机构扣押劳动者的居民身份证和其他证件，由劳动保障行政部门责令限期退还劳动者，并依照有关法律规定给予处罚，或者职业中介机构向劳动者收取押金的，由劳动保障行政部门责令限期退还劳动者，并以每人500元以上2 000元以下的标准处以罚款。在有关职业中介机构的罚则方面，《就业服务与就业管理规定》做了更为细致和具体的规定。例如，职业中介机构未建立服务台账，或虽建立服务台账但未记录服务对象、服务过程、服务结果和收费情况的，由劳动保障行政部门责令改正，并可处以1 000元以下的罚款；在职业中介服务不成功后未向劳动者退还所收取的中介服务费的，由劳动保障行政部门责令改正，并可处以100元以下的罚款等。

应用实例 3-4

黑中介害你没商量，求职要长个心眼

Iris 是在某家日报的招聘版块看到广告的，说是那家公司急需大量临时演员，无须报名费等费用，一经录用，工资为一天 50～400 元，具体视角色而定。看到广告条件很吸引人，学习表演专业的她第二天就去应聘了。当她到了面试地点后，发现那里还很热闹，便觉得这家公司很可靠。而进入面试后，主管更是一副很忙的样子，不断打电话讨论电影、电视剧演员的部署。那个主管随便打量了 Iris 一番，便称可以提供许多面试机会，并暗示过两天就有公司要拍数码产品的广告相片，如果 Iris 的相片被采纳的话，就有 500 元的收入，但前提是需要自费拍摄一组照片。Iris 一时冲动交钱后，只得到几张相片和一张光碟。后来 Iris 查阅了那份日报的招聘版面，发现很多类似的广告，都是薪水超高，而要求却不高，甚至还看到那家 Iris 去面试的公司继续在刊登招聘广告。Iris 向相关的部门反映了情况。但是由于 Iris 确实在交费后享受了拍照服务，所以根本无法证明该公司存在欺诈行为，相关部门也无法受理。想想也是，中介公司只负责介绍工作，至于有没有适合的工作，就是求职者自己的事情，他们没有这个义务为此负责。所以，求职的时候一定得长个心眼啊！

几招辨认"黑中介"：

伎俩一：坑骗钱财。以职业介绍为主要服务的"黑中介"在为求职者提供持续半年的职业介绍服务前，往往要求职者先交纳报名费、服务费等，但一旦没找到工作，对方从来不退费。

解读：这些收费标准不完全是依据物价部门颁布的收费标准进行设定，有一定的欺骗性。除此之外，收取服装费、体检费、培训费等名目繁多的费用也往往是"黑中介"骗财的惯用手段。

伎俩二：高薪诱惑。"黑中介"公布的虚假招聘信息从表面上看，招聘企业的名称、招聘岗位、工作要求都写得清清楚楚，而且还承诺月薪能有多少，并没有虚假的成分，但求职者要获得这条信息，就得先向中介交纳一定的服务费。

解读：提醒求职者在得到一些"工作轻松、工资又高"的招聘信息时，不要轻易被迷惑而应冷静地分析和对待。

伎俩三：企业和职介串通。有些求职者交纳费用后，会领到由职业介绍所出具的介绍信，到公司应聘。公司人员看完介绍信后，就宣布其第二天就可上岗。职介中心 1 个小时就为求职者赢得一次就业的机会，哪知求职者上班 3 天即被公司辞退。

解读：一些非法职介与某些用人单位暗中联系，以企业名义招收大量员工，经过简单面试后求职者轻易就被录用了。可求职者在一段很短时间内，会马上被企业以各种名义辞退。提醒求职者要与用工单位签订劳动合同保护自己的权益。

伎俩四：调虎离山逃避责任。在路边等处经常可见一些"黑中介"打出的广告，受聘者在交了介绍费后被通知去某公司上班，但就是找不着上班的地方。回头再去找黑中介，发现中介已是人去楼空。

解读：在中介机构找工作时，要应注意职业介绍机构是否有职业介绍许可证、营业执照、税务登记证、收费标准 4 个证件；登记收费要求对方出具正规发票。

(资料来源：http://cd.qq.com/a/20090531/002673.htm.)

3.4 就业服务与管理

3.4.1 就业服务的内涵

就业服务是指就业服务主体为劳动者实现就业和用人单位招用劳动者提供的社会服

务。在劳动力市场的运行机制和国家劳动政策的实施体系中，它是重要的组成部分。公共就业服务就是指由各级劳动保障部门提供的公益性就业服务，包括就业登记、职业指导、职业介绍、就业援助以及其他公共就业服务。

劳动就业服务的对象是劳动力供求双方。按照市场经济的要求，凡是有劳动力供给愿望的各种劳动者和有劳动力需求欲望的各种用人单位都在服务对象的范围之内。就劳动力供给主体来说，既包括城镇劳动者，又包括农村剩余劳动力；既包括失业人员，又包括要求流动的在业人员；既包括在劳动年龄内的劳动者，又包括超过劳动年龄后仍有求职愿望的劳动者；既包括本地区、本部门的劳动者，又包括要求在本地区、本部门就业的外地区、外部门的劳动者；既包括境内劳动者，又包括允许在境内就业的境外劳动者。就劳动力需求方来说，应不受用人单位的所有制形式和所属地区或部门的限制，并且应当既包括境内用人单位，还包括对境内劳动力有需求的境外雇主。总的来说，在市场经济条件下，通过人力资源市场调节社会劳动力供求关系，客观上必然要求建立健全就业服务体系。

3.4.2 就业服务体系

我国的劳动就业服务管理，实行一整套对就业服务统一领导和分级分部门以及专门机构管理的体制。总体上由政府对公共就业服务和职业中介服务进行指导和监督，建立并完善覆盖城乡的就业服务体系。同时，政府要加强人力资源市场信息网络及相关设施建设，建立健全人力资源市场信息服务体系，完善市场信息发布制度。具体而言，我国就业服务机构包括以下几种。

1. 国家就业服务管理机构

人力资源和社会保障部是全国就业服务的主管部门，负责拟定促进城乡就业的基本政策和措施；规划劳动力市场的发展，组织建立、健全就业服务体系；拟定企业下岗职工的分流安置、基本生活保障和再就业的规划、政策，组织实施再就业工程；制定职业介绍机构的管理规划；制定农村富余劳动力开发就业、农村劳动力跨地区有序流动的政策和措施，并组织实施；按分工制定中国公民出境就业和境外公民入境就业的管理政策；制定有关经办机构向外国企业驻华代表机构选派中方雇员业务的管理办法；制定外国在华机构从事劳动力招聘中介、咨询和培训业务的资格管理办法。人力资源和社会保障部内设就业促进司，具体管理全国就业服务工作。

2. 地方就业服务机构

地方就业服务机构是地方各级劳动行政部门设置的并在其直接领导下实现就业服务任务的工作机构，省、自治区、直辖市一般称为职业介绍服务中心、就业服务局或劳动服务公司，副省级省会城市有的又称就业管理局或就业管理处，计划单列市则称为劳动局职介中心或信息中心。各省、自治区、直辖市的就业服务机构负责拟定本地区就业服务的政策和就业规划，并组织实施。各地、市、县、区就业服务机构负责求职登记、职业指导、就业训练、职业介绍、失业保险、指导劳动就业服务企业等项具体工作。街、镇、乡设立的就业服务机构，作为基层就业服务组织，直接管理失业人员，并提供相应的服务。

3. 公共就业服务机构

公共就业服务机构根据政府确定的就业工作目标任务，制订就业服务计划，推动落实就业扶持政策，组织实施就业服务项目，为劳动者和用人单位提供就业服务，开展人力资源市场调查分析，并受劳动保障行政部门委托，经办促进就业的相关事务。县级以上公共就业服务机构建立综合性服务场所，集中为劳动者和用人单位提供一站式就业服务，并承担劳动保障行政部门安排的其他工作。街道、乡镇、社区公共就业服务机构建立基层服务窗口，开展以就业援助为重点的公共就业服务，实施劳动力资源调查统计，并承担上级劳动保障行政部门安排的其他就业服务工作。具体来说，公共就业服务机构应当免费为劳动者提供下列服务：①就业政策法规咨询；②职业供求信息、市场工资指导价位信息和职业培训信息发布；③职业指导和职业介绍；④对就业困难人员实施就业援助；⑤办理就业登记、失业登记等事务；⑥其他公共就业服务。根据用人单位需求，公共就业服务机构还应当积极拓展服务功能提供以下服务：①招聘用人指导服务；②代理招聘服务；③跨地区人员招聘服务；④企业人力资源管理咨询等专业性服务；⑤劳动保障事务代理服务；⑥为满足用人单位需求开发的其他就业服务项目。公共就业服务机构从事劳动保障事务代理业务，须经县级以上劳动保障行政部门批准。而且，公共就业服务机构应当不断提高服务的质量和效率，不得从事经营性活动。公共就业服务经费纳入同级财政预算。地方各级人民政府和有关部门、公共就业服务机构举办的招聘会，不得向劳动者收取费用。

4. 经营性人力资源服务机构

经营性人力资源服务机构是相对于公共服务机构而言的，包括职业中介机构、人才中介服务机构等。在稳步推进人才市场、劳动力市场逐步整合和统一规范的人力资源市场建设的进程中，加强经营性人力资源服务机构的监督和管理，对引导经营性人力资源服务机构健康发展，培育统一规范、竞争有序的市场化服务体系具有非常重要的意义。

1）职业中介机构

职业中介机构由县级以上劳动保障行政部门进行管理。职业中介机构是指由法人、其他组织和公民个人举办，为用人单位招用人员和劳动者求职提供中介服务以及其他相关服务的经营性组织。政府部门不得举办或者与他人联合举办经营性的职业中介机构。设立职业中介机构应当具备下列条件：①有明确的章程和管理制度；②有开展业务必备的固定场所、办公设施和一定数额的开办资金；③有一定数量具备相应职业资格的专职工作人员；④法律、法规规定的其他条件。

经依法设立的职业中介机构可以从事下列业务：①为劳动者介绍用人单位；②为用人单位和居民家庭推荐劳动者；③开展职业指导、人力资源管理咨询服务；④收集和发布职业供求信息；⑤根据国家有关规定从事互联网职业信息服务；⑥组织职业招聘洽谈会；⑦经劳动保障行政部门核准的其他服务项目。职业中介机构为特定对象提供公益性就业服务的，可以按照规定给予补贴。可以给予补贴的公益性就业服务的范围、对象、服务效果和补贴办法，由省级劳动保障行政部门会同有关部门制定。

2）人才中介服务机构

人才中介服务机构是指为用人单位和人才提供中介服务及其他相关服务的专营或兼营的组织。人才中介服务机构的设置应当符合经济和社会发展的需要，根据人才市场发展的要求，统筹规划，合理布局。设立人才中介服务机构应具备下列条件：①有与开展人才中介业务相适应的场所、设施，注册资本（金）不得少于10万元；②有5名以上大专以上学历、取得人才中介服务资格证书的专职工作人员;③有健全可行的工作章程和制度;④有独立承担民事责任的能力;⑤具备相关法律、法规规定的其他条件。设立人才中介服务机构应当依据管理权限由县级以上政府人事行政部门审批。未经政府人事行政部门批准,不得设立人才中介服务机构。人才中介服务机构可以从事下列业务:①人才供求信息的收集、整理、储存、发布和咨询服务;②人才信息网络服务;③人才推荐;④人才招聘;⑤人才培训;⑥人才测评;⑦法规、规章规定的其他有关业务。审批机关可以根据人才中介服务机构所在地区或行业的经济、社会发展需要以及人才中介服务机构自身的设备条件、人员和管理情况等,批准其开展一项或多项业务。

随着机构改革的逐步深入,统一、规范的人力资源市场建设不断推进,为了进一步加强对人力资源服务机构,特别是职业中介机构、人才中介服务机构等经营性人力资源服务机构的监管,人力资源和社会保障部制定下发了《关于进一步加强人力资源市场监管有关工作的通知》(人社部发〔2010〕10号)。该通知明确提出要对人力资源市场实施统一管理,构建完整的人力资源市场体系,以推动人力资源市场建设和长远发展。其具体内容包括明确监管职责,统一换发许可证,新设立服务机构的审批,人力资源市场监督检查的加强,指导和鼓励经营性人力资源服务机构积极参与社会公益服务,推动经营性人力资源服务机构诚信服务,并展经营性人力资源服务机构调查摸底工作,人力资源市场信息发布等。该通知还号召各级人力资源和社会保障部门根据"民生为本、人才优先"的工作要求,在推动人才强国战略和扩大就业发展战略的实施过程中,采取切实有效的措施,不断推进统一规范的人力资源市场建设。

3.4.3 就业登记

就业登记是国家准确掌握劳动力供求状况的有效措施,也是实现劳动力社会化管理和保证实施就业服务各项工作的前提和基础。因此,就业登记是就业服务的一项非常重要的内容。就业登记是指就业登记部门依法对求职的劳动者和需求劳动力的用人单位进行登记管理的法律行为,包括失业登记、求职登记和用人单位的需求登记[①]。根据我国现行立法的规定,国家建立劳动力调查统计制度和就业登记、失业登记制度,开展劳动力资源和就业、失业状况调查统计,并公布调查统计结果。公共就业服务机构负责就业登记与失业登记工作,建立专门台账,及时、准确地记录劳动者就业与失业变动情况,并做好相应的统计工作。就业登记和失业登记在各省、自治区、直辖市范围内实行统一的就业失业登记证(以下简称"登记证"),向劳动者免费发放,并注明可享受的相应扶持政策。

劳动者被用人单位招用的,由用人单位为劳动者办理就业登记。用人单位招用劳动者和与劳动者终止或者解除劳动关系,应当到当地公共就业服务机构备案,为劳动者办理就业登记手续。用人单位招用人员后,应当于录用之日起30日内办理登记手续;用人单位与职工终止或者解除劳动关系后,应当于15日内办理登记手续。劳动者从事个体经营或灵活就业的,由本人在街道、乡镇公共就业服务机构办理就业登记。就业登记的内容主要包括劳动者个人信息、就业类型、就业时间、就业单位以及订立、终止或者解除劳动合同

---

① 参见原劳动部1995年9月12日颁布的《就业登记规定》。

情况等。就业登记的具体内容和所需材料由省级劳动保障行政部门规定。

另外,在法定劳动年龄内,有劳动能力,有就业要求,处于无业状态的城镇常住人员,可以到公共就业服务机构进行失业登记。其中,没有就业经历的城镇户籍人员,在户籍所在地登记;农村进城务工人员和其他非本地户籍人员在常住地稳定就业满6个月的,失业后可以在常住地登记。登记失业人员凭登记证享受公共就业服务和就业扶持政策;其中符合条件的,按规定申领失业保险金。登记失业人员应当定期向公共就业服务机构报告就业失业状况,积极求职,参加公共就业服务机构安排的就业培训。失业登记的范围包括下列失业人员:①年满16周岁,从各类学校毕业、肄业的;②从企业、机关、事业单位等各类用人单位失业的;③个体工商户业主或私营企业业主停业、破产停止经营的;④承包土地被征用,符合当地规定条件的;⑤军人退出现役且未纳入国家统一安置的;⑥刑满释放、假释、监外执行或解除劳动教养的;⑦各地确定的其他失业人员。如果登记失业人员出现下列情形之一,则由公共就业服务机构注销其失业登记:①被用人单位录用的;②从事个体经营或创办企业,并领取工商营业执照的;③已从事有稳定收入的劳动,并且月收入不低于当地最低工资标准的;④已享受基本养老保险待遇的;⑤完全丧失劳动能力的;⑥入学、服兵役、移居境外的;⑦被判刑收监执行或被劳动教养的;⑧终止就业要求或拒绝接受公共就业服务的;⑨连续6个月未与公共就业服务机构联系的;⑩已进行就业登记的其他人员或各地规定的其他情形。

3.4.4 职业指导和职业介绍

职业指导,是指就业服务机构遵循公平、自愿的原则,向劳动者和用人单位提供指导、咨询和服务,促其实现双向选择。职业指导可采取个人面谈、集体座谈、报告会、授课、通讯联系等多种形式。公共就业服务机构应当加强职业指导工作,配备专(兼)职职业指导工作人员,向劳动者和用人单位提供职业指导服务。职业指导工作人员经过专业资格培训并考核合格,获得相应的国家职业资格证书方可上岗。公共就业服务机构还应当为职业指导工作提供相应的设施和条件,推动职业指导工作的开展,加强对职业指导工作的宣传。具体来说,职业指导工作包括以下内容:①向劳动者和用人单位提供国家有关劳动保障的法律法规和政策、人力资源市场状况咨询;②帮助劳动者了解职业状况,掌握求职方法,确定择业方向,增强择业能力;③向劳动者提出培训建议,为其提供职业培训相关信息;④开展对劳动者个人职业素质和特点的测试,并对其职业能力进行评价;⑤对妇女、残疾人、少数民族人员及退出现役的军人等就业群体提供专门的职业指导服务;⑥对大中专学校、职业院校、技工学校学生的职业指导工作提供咨询和服务;⑦对准备从事个体劳动或开办私营企业的劳动者提供创业咨询服务;⑧为用人单位提供选择招聘方法、确定用人条件和标准等方面的招聘用人指导;⑨为职业培训机构确立培训方向和专业设置等提供咨询参考。

职业介绍是为劳动者求职和用人单位招聘用人提供的中介服务。开办职业介绍机构或开展职业介绍活动,由劳动部门颁发《职业介绍许可证》并实行归口管理。有关职业介绍机构的法律规定参见本节"职业中介机构"的相关内容。

3.4.5 就业援助

1. 就业援助的概念

就业援助服务是《就业促进法》新提出的制度。根据《就业促进法》的规定，各级人民政府应当建立健全就业援助制度。就业援助就是指国家采取税费减免、贷款贴息、社会保险补贴、岗位补贴等办法，通过公益性岗位安置等途径，对就业困难人员和零就业家庭实行优先扶持和重点帮助。其中，作为就业援助的对象，就业困难人员是指因身体状况、技能水平、家庭因素、失去土地等原因难以实现就业，以及连续失业一定时间仍未能实现就业的人员。就业困难人员的具体范围，由省、自治区、直辖市人民政府根据本行政区域的实际情况规定。零就业家庭是指法定劳动年龄内的家庭人员均处于失业状况的城市居民家庭。就业困难人员和零就业家庭可以向所在地街道、社区公共就业服务机构申请就业援助。经街道、社区公共就业服务机构确认属实的，纳入就业援助范围。街道、社区公共就业服务机构应当对辖区内就业援助对象进行登记，建立专门台账，实行就业援助对象动态管理和援助责任制度，提供及时、有效的就业援助。

2. 就业困难人员的就业援助

对就业困难人员实施就业援助是政府促进就业的重要职责，公共就业服务机构建立就业困难人员帮扶制度，通过落实各项就业扶持政策、提供就业岗位信息、组织技能培训等有针对性的就业服务和公益性岗位援助，对就业困难人员实施优先扶持和重点帮助。因此，就业援助的具体措施包括以下内容。

（1）地方各级人民政府加强基层就业援助服务工作，对就业困难人员实施重点帮助，提供有针对性的就业服务和公益性岗位援助。政府投资开发的公益性岗位，应当优先安排符合岗位要求的就业困难人员。被安排在公益性岗位工作的，按照国家规定给予岗位补贴。

（2）地方各级人民政府鼓励和支持社会各方面为就业困难人员提供技能培训、岗位信息等服务。

（3）各级人民政府采取特别扶助措施，促进残疾人就业。用人单位应当按照国家规定安排残疾人就业，具体办法由国务院规定。另外，专门保障和促进残疾人就业的专项法规，即《残疾人就业条例》，强化了各级人民政府以及残联组织在促进残疾人就业中的职责，明确了用人单位在吸纳残疾人就业方面的责任，进一步完善了残疾人就业的各项保障措施。

（4）国家鼓励资源开采型城市和独立工矿区发展与市场需求相适应的产业，引导劳动者转移就业。对因资源枯竭或者经济结构调整等原因造成就业困难人员集中的地区，上级人民政府应当给予必要的扶持和帮助。

3. 零就业家庭的就业援助

公共就业服务机构为零就业家庭建立即时岗位援助制度，通过拓宽公益性岗位范围，开发各类就业岗位等措施，及时向零就业家庭中的失业人员提供适当的就业岗位，确保零就业家庭至少有一人实现就业。法定劳动年龄内的家庭人员均处于失业状况的城市居民家庭，可以向住所地街道、社区公共就业服务机构申请就业援助。街道、社区公共就业服务机构经确认属实的,应当为该家庭中至少一人提供适当的就业岗位。被认定的零就业家庭中有一人稳定就业或无正当理由不接受就业援助服务的,在一定期限后不再作为零就业家庭对待。

针对零就业家庭特点,对其实施就业援助应多渠道开发就业岗位。例如,通过开发公益性就业岗位和实行相关补贴,安置年龄偏大、家庭困难的零就业家庭成员就业;实行相应政策扶持,鼓励各类用人单位吸纳零就业家庭成员实现稳定就业;开发适用性强的创业项目,指导零就业家庭成员自主创业;扶持兴办劳动密集型小企业,推广适于家庭手工加工的项目,引导零就业家庭成员灵活就业;组织劳务输出项目,组织零就业家庭成员转移就业。通过以上措施,建立零就业家庭就业援助长效机制,做到零就业家庭"产生一户,援助一户,消除一户,稳定一户"。

3.5 职业教育与培训

3.5.1 职业教育与培训概述

1. 职业教育与培训的概念

职业教育与培训是指根据现代社会职业的需求以及劳动者从业意愿和条件,按照一定的标准,对劳动者所进行的、旨在培养和提高其专业技术知识和实际操作技能的教育和训练活动。在我国国民教育体系中,职业教育和普通教育均是非常重要的组成部分,两者相比,职业教育具有以下特点。

(1) 在教育的目的上,职业教育是以提高劳动者在某一领域的专业技术和实际操作技能为目的,具有很强的针对性;而普通教育是以提高受教育者的基础文化水平为目标的,具有基础性和普及性。

(2) 在教育的对象上,职业教育的对象是社会劳动者,包括失业劳动者、企业的下岗人员、在职职工和其他求职者;而普通教育的对象主要是处于学龄期的青少年。

(3) 在教育的内容上,职业教育是以有关的运用知识和实际操作技能为主,在教育内容上具有选择性和单一性;而普通教育在内容上具有基础性和系统性。

(4) 在教育的方法和手段上,职业教育通常是一种非规范性的学习,可以是学徒培训、短期的职校培训等;而普通教育一般都是全日制的常规教育。

2. 职业教育体系

根据不同地区的经济发展水平和教育普及程度,我国实施以初中后为重点的不同阶段的教育分流,建立、健全职业学校教育与职业培训并举,并与其他教育相互沟通、协调发展的职业教育体系。职业学校教育分为初等、中等、高等职业学校教育。初等、中等职业学校教育分别由初等、中等职业学校实施;高等职业学校教育根据需要和条件由高等职业学校实施,或者由普通高等学校实施。其他学校按照教育行政部门的统筹规划,可以实施同层次的职业学校教育。职业培训包括就业前培训、在职培训、再就业培训和创业培训。依据职业技能标准,培训的层次又分为初级、中级、高级职业培训。职业培训分别由各类职业院校、职业技能培训机构和企业实施。

3.5.2 职业教育和培训的实施

《就业促进法》明确了国家、企业、劳动者和各类职业培训机构在职业教育和培训中的职责及作用,通过职业技能培训提高劳动者的素质,以适应人力资源市场的需求,从而促进其实现就业和稳定就业。

1. 实施职业教育和培训的总方针

根据我国现行有关立法,实施职业教育和培训的总方针,是国家依法发展职业教育,鼓励开展职业培训,促进劳动者提高职业技能,增强就业能力和创业能力。

2. 政府加强职业教育和培训的职责

各级人民政府在加强职业教育和培训方面的职责包括6个方面:①县级以上人民政府应当根据经济社会发展和市场需求,制订并实施职业能力开发计划;②县级以上人民政府应当加强统筹协调,鼓励和支持各类职业院校、职业技能培训机构和用人单位依法开展就业前培训、在职培训、再就业培训和创业培训,鼓励劳动者参加各种形式的培训;③县级以上地方人民政府和有关部门应当根据市场需求和产业发展方向,鼓励、指导企业加强职业教育和培训;④国家采取措施建立健全劳动预备制度,县级以上地方人民政府应当对有就业要求的初高中毕业生实行一定期限的职业教育和培训,使其取得相应的职业资格或者掌握一定的职业技能;⑤地方各级人民政府应当鼓励和支持开展就业培训,帮助失业人员提高职业技能,增强其就业能力和创业能力。失业人员参加就业培训的,按照有关规定享受政府培训补贴;⑥地方各级人民政府应当采取有效措施,组织和引导进城就业的农村劳动者参加技能培训,鼓励各类培训机构为进城就业的农村劳动者提供技能培训,增强其就业能力和创业能力。

应用实例 3-5

就业培训补贴让失业人员求职不再难

老吴原是某机床厂的职工,由于效益不景气,企业宣布破产,老吴因此失业在家。这天,老吴来到离家不远的社保所,想看看有没有什么合适的岗位。正巧辖区内要入驻一家物业公司,正准备在老吴所在的街道招用一批失业人员。但是,公司要求要有物业管理的从业资格证。社保所工作人员告诉老吴,为此,街道特意组织了一个培训班,上完课通过考核就能够发证。老吴一听很高兴,但又有些犹犹豫豫,思索再三,老吴告诉工作人员,家里孩子上学着急用钱,自己拿不出培训费用。工作人员一听,马上告诉老吴,失业人员参加就业培训,国家是给培训补贴的。按照老吴所在地区的政策,他此次参加培训班的费用可以全部由政府买单。参加培训后的老吴顺利地拿到了从业资格证,重新走上了就业岗位。

(资料来源:http://www.zhonghr.com/.)

3. 企业进行职业教育和培训的职责

在加强职业教育和培训方面,企业应当按照国家有关规定提取职工教育经费,对劳动者进行职业技能培训和继续教育培训。企业违反有关规定,未提取或未足额提取职工教育经费,或者挪用职工教育经费的,由劳动行政部门责令改正,并依法给予处罚。

4. 职业教育和培训机构的职责

职业教育和培训机构在加强职业教育和培训方面的职责主要是，职业院校、职业技能培训机构应当与企业密切联系，实行产教结合，为经济建设服务，培养实用人才和熟练劳动者。

3.5.3 职业培训的分类

1. 就业前培训

就业前培训是指对新成长起来的青年劳动者在进入职业生涯之前所进行的初始培训，目的在于帮助青年劳动者掌握必需的基本劳动技能，为将来进入劳动力市场准备条件。目前，我国的就业前培训主要包括劳动预备制培训、大学生就业前培训和特种岗位的上岗前培训 3 种形式。

2. 在职培训

在职培训是针对在岗职工进行的专业技能的培训。在职培训的目的是进一步提高职工的专业知识水平和相关技能。《劳动法》第六十八条第一款规定："用人单位应当建立职业培训制度，按照国家规定提取和使用职业培训经费，根据本单位实际，有计划地对劳动者进行职业培训。"这里所说的培训就是指在职培训。另外，根据《劳动法》、《职业教育法》等有关规定，原劳动部和原国家经贸委于 1996 年 10 月制定了《企业职工培训规定》，对企业职工培训的组织、企业和职工的责任以及培训保障等做出了详细规定。根据该规定，企业应按照工作需要对职工进行思想政治、职业道德、管理知识、技术业务、操作技能等方面的教育和训练活动。社会团体、群众组织、公共培训机构可根据企业需要自愿承担职工培训任务。

3. 再就业培训

再就业培训又称转业培训，在我国目前主要是针对下岗或者失业人员所做的知识和技能的培训。在我国，再就业培训要以提高下岗或者失业人员再就业能力、促进其实现就业为目标，发动社会各类教育培训机构积极开展多层次、多形式的职业技能培训，结合市场需求和岗位开发，进一步强化订单培训和定向培训，切实落实职业培训和技能鉴定经费补贴政策，完善经费补贴与培训质量和促进就业效果挂钩的机制和办法，形成以培训促进就业，实现提高素质与开发岗位的并举。

4. 创业培训

创业培训是提高劳动者创业能力的重要手段，是推进创业促就业工作的重要内容。具体来说，创业培训就是要面向下岗失业人员、青年学生、农村剩余劳动力以及其他群体，普遍开展创业意识教育，激发创业热情。对有创业愿望并具备一定创业条件的人员实施创业能力培训，使其掌握创业知识和技巧，增强抵御市场风险的能力。推广"创办和改善你的企业（SIYB）"等行之有效的培训模式，加快创业培训教师培养，提高培训质量。要加强创业服务体系建设，将创业培训与落实就业再就业优惠政策紧密结合，密切与有关部门和社会团体的合作，为创业者提供培训、政策、资金、技术、信息等"一条龙"服务，营造有利于劳动者创业的良好环境。近年来，原劳动和社会保障部与国际劳工组织联合实施了"创办和改善你的企业"项目，并取得了显著成果，各地将创业培训与落实就业政策紧密结合，帮助和带动了一批创业者成功开办和经营企业，并产生了积极的就业倍增效应。

阅读材料

大学生创业引领计划（要点指南）

1. 指导思想

贯彻落实党中央、国务院促进以创业带动就业的战略部署，坚持政府促进、社会支持、市场导向、自主创业的基本原则，发挥政府部门、公共服务机构和高等学校的职能作用，调动社会各方面力量，采取一系列鼓励、引导和扶持措施，强化创业意识，提升创业能力，改善创业环境，健全创业服务，引导和带领一大批大学生通过创业实现就业。

2. 工作目标

2010—2012 年，3 年引领 45 万名大学生实现创业。其中，2010 年不少于 10 万人，2011 年不少于 15 万人，2012 年不少于 20 万人。有创业愿望并具备一定条件的大学生都得到创业培训，准备创业的大学生都得到创业指导服务。市场导向的大学生创业机制初步建立。

3. 主要任务

（1）开展大学生创业培训（实训）。按规定认定创业培训（实训）机构，选评一批创业培训师和讲师。探索建立模拟公司、信息化创业实训平台等，组织有创业愿望的大学生参加创业培训（实训）或演练。进行求职登记的毕业生按规定享受培训补贴。积极会同教育等有关部门，邀请创业成功人士为在校大学生传授创业经验，组织开展形式多样的大学生创业竞赛活动，积极开展在校大学生创业培训（实训）服务。

（2）对大学生创业给予政策扶持。大学生创业符合规定条件的，可享受注册资金优惠、小额担保贷款、税费减免等扶持政策。将大学生创业见习纳入就业见习总盘子实行统筹管理。鼓励支持大学毕业生开办网店，从事创业实践活动，提供创业辅导和便利条件。积极会同有关部门多渠道建立创业专项扶持资金。多渠道拓展大学生创业融资渠道。

（3）为大学生创业提供指导服务。建立大学生创业项目库，举办创业项目展示和推介引导活动；积极会同教育部门和高等院校，为在校大学生提供创业指导服务，将创业指导与创业教育、创业培训（实训）紧密结合，指导大学生制定创业计划书，为大学生制定创业路线图。建立完善大学生创业导师制度，组织一批有社会责任感的企业家和专业人士成立大学生创业导师团、专家志愿团等；建立创业大学生俱乐部、创业大学生联谊会等多种形式的大学生创业交流平台。发挥创业指导服务中心及公共就业服务机构的作用，提供形式多样的创业服务。

（4）为大学生创业提供孵化服务。积极会同有关部门，充分整合政府、企业、高校、社会团体等多方资源，发挥小企业创业基地、科技企业孵化器等现有园区和孵化基地的优势，建立一批大学生创业园，为创业大学生提供低成本的生产经营场所和企业孵化服务；将创业实训、创业孵化、创业指导相结合，细化、规范服务流程，建立不同阶段大学生创业的全方位、阶梯形的创业孵化服务体系；根据当地实际，会同有关部门完善创业场地、创业设施等硬件建设，制定大学生创业园区房租补贴、经营场地补贴政策。

4. 保障措施

（1）加强领导，明确分工。充分发挥就业工作联席会议作用，会同有关部门成立引领大学生创业工作指导小组，统一负责本计划的组织实施。正在开展创业型城市创建工作的地区，本计划的组织实施由创建工作领导小组统筹安排。加强各部门行动之间的协调配合，确保本计划顺利实施。

（2）制定方案，抓好落实。各省、自治区、直辖市要根据本计划制定实施方案，将目标任务和各项措施细化分解并落实。开展工作进展调度通报，开展年度工作总结和绩效考评，将考评结果纳入就业工作绩效考核范围。加强工作调研和业务指导,及时解决问题,确保将本计划的各项任务落到实处。

(3) 突出重点,强化推动。建立重点地区和行业(领域)工作推进机制。要指导创业型城市创建城市以及其他高校毕业生数量较多、创业环境较好的地区,将本地区大学生创业引领计划纳入促进创业带动就业和创建工作重要内容,重点推进。要根据当地实际确定一批重点行业(领域)(如信息技术、服装服饰、文化创意、物流、动漫、电子商务等),鼓励指导行业协会、社团组织根据本计划制订引领大学生在本行业(领域)创业的行动计划,报人力资源和社会保障部备案后在有条件的地方组织实施。

(4) 树立典型,宣传引导。开展评选表彰活动,树立一批创业大学生、创业导师、支持创业金融机构、大学生创业基地典型。总结工作经验,推动宣传交流,引导社会舆论,增进全社会对大学生创业的理解和支持,努力培育崇尚创业、褒奖成功、宽容失败的创业文化环境。

(资料来源: http://www.chinajob.gov.cn/EmploymentServices/content/2010-5/17-content_215199.htm.)

3.5.4 劳动预备制度

1. 劳动预备制度的概念

劳动预备制度是国家为提高青年劳动者素质,培养劳动后备军,促进青年劳动者就业而建立和推行的一项新型培训就业制度。根据国家有关规定,从1999年起,在全国城镇普遍推行劳动预备制度,组织新生劳动力和其他求职人员,在就业前接受1~3年的职业培训和职业教育,使其取得相应的职业资格或掌握一定的职业技能后,在国家政策的指导和帮助下,通过劳动力市场实现就业。《劳动法》第六十八条第二款规定:"从事技术工种的劳动者,上岗前必须经过培训。"《职业教育法》第八条第二款规定:"国家实行劳动者在就业前或者上岗前接受必要的职业教育的制度。"《就业促进法》第四十八条规定:"国家采取措施建立健全劳动预备制度,县级以上地方人民政府对有就业要求的初高中毕业生实行一定期限的职业教育和培训,使其取得相应的职业资格或者掌握一定的职业技能。"

2. 实行劳动预备制度的意义

中共十五大提出,要把加速科技进步放在经济社会发展的关键地位,使经济建设真正转到依靠科技进步和提高劳动者素质的轨道上来。近年来我国职业教育和培训事业取得了长足发展,但对新生劳动力就业前的职业培训和职业教育尚未形成完善的制度,未能继续升学的初、高中毕业生,一般未经过必要的职业培训和职业教育就进入劳动力市场直接就业。据测算,我国城乡每年新成长劳动力1 400多万人,未经培训直接进入劳动力市场的为400多万人,占新生劳动力总量的30%。这不仅影响劳动者整体素质,也影响企业的产品质量和劳动生产率。因此,必须采取切实措施,加快提高劳动者素质。

全面推行劳动预备制度,不仅关系到劳动者素质的提高和企业长远的发展,而且关系到我国21世纪综合国力的提高,是一项具有战略意义的任务,是培训就业制度的一场深刻变革。

(1) 全面推行劳动预备制度是实施素质教育,落实科教兴国战略的重要内容。实施素质教育,提高国民素质,既要进一步普及九年制义务教育,加快发展高中阶段教育和高等教育,也要大力发展各类职业教育;既要加快培养数以千万计的具有创新精神和创造能力的高素质专业人才,也要培养同现代化要求相适应的数以亿计的高素质劳动者。普遍推行劳动预备制度,全面实行就业准入控制,意味着在普及九年义务教育的基础上,在城镇普及就业前的培训和职业教育，是一项带有根本性的改革措施。

(2) 全面推行劳动预备制度是调节劳动力供求，减缓目前就业压力的重要措施。当前我国的就业形势比较严峻，全面推进劳动预备制度，对社会而言，可以起到调节劳动力供求关系，减缓目前的就业压力，平稳渡过新一轮就业高峰的作用；对劳动者来说，可以取得相应的职业资格或掌握必要的职业技能，增强其在劳动力市场上的就业竞争能力，减低失业的风险。同时，全面推进劳动预备制度，也有利于开发教育资源潜力，满足社会多样化的教育需求，拓宽人才成长的道路。在扩大教育消费、拉动内需、促进经济增长方面，也将发挥其应有的作用。

(3) 全面推进劳动预备制度，也是提高企业竞争能力的有效途径。企业的竞争，从根本上说，就是技术和人才的竞争。许多城市的试点经验表明，实行劳动预备制度，培养一支具有较高职业技能的劳动后备军，使企业能够直接从社会上招聘到符合企业需要的人才，不仅大大缩短了企业人才培养的周期，而且大大减轻了企业对新招职工进厂后培训的负担，有利于企业提高产品质量，降低成本，减少事故，增强企业竞争能力和发展后劲。

3. 劳动预备制度的实施

劳动预备制度通过全面开展职业培训和职业教育来实施。搞好对劳动预备制人员的职业培训和职业教育，要广泛动员社会各方面的力量，利用现有各类教育、培训资源。技工学校、就业训练中心和其他职业培训机构，应当积极主动承担劳动预备制人员培训任务，培养社会各方面需要的适用人才；充分利用并进一步发展中等职业学校和职业技术学院等职业学校教育，培养生产、管理、服务等第一线急需的专门人才；企业办的各类培训机构也要充分利用现有的培训设施，挖掘培训潜力，对尚未经过职业培训的职工进行岗位培训。

4. 劳动预备制人员的就业

参加劳动预备制人员，由就业服务机构纳入当地劳动力信息资源管理系统，根据国家就业方针和劳动力市场需求，组织双向选择，优先推荐就业，或指导其组织起来就业和自谋职业，并为他们提供各种就业服务。劳动预备制人员培训或学习期满，取得相应证书后，方可就业。从事一般职业(工种)的，必须取得相应的职业学校毕业证书或职业培训合格证书。从事国家和地方政府以及行业有特殊规定职业(工种)的，在取得职业学校毕业证书或职业培训合格证书的同时，还必须取得相应的职业资格证书。从事个体工商经营的，也应接受必要的职业培训，其中从事国家和地方政府规定实行就业准入控制职业(工种)的，必须在取得职业资格证书后方可办理开业手续。对未经过劳动预备制培训学习，或虽经劳动预备制培训学习，但未取得相应证书的人员，职业介绍机构不得介绍就业，用人单位不得招收录用。对违反规定招收、录用的单位，劳动保障监察机构要责令其改正，并要求未经培训学习的人员参加相应的劳动预备制培训学习，限期取得毕业证书、职业培训合格证书或职业资格证书。

3.5.5 职业资格证书制度

1. 职业资格证书制度的概念和意义

职业资格证书制度是劳动就业制度的一项重要内容，也是一种特殊形式的国家考试制度。它是指按照国家制定的职业技能标准或任职资格条件,通过政府认定的考核鉴定机构,对劳动者的技能水平或职业资格进行客观公正、科学规范的评价和鉴定,对合格者授予相应的国家职业资格证书。《劳动法》第六十九条规定:"国家确定职业分类,对规定的职业制定职业技能标准,实行职业资格证书制度,由经过政府批准的考核鉴定机构负责对劳动者实施职业技能考核鉴定。"《职业教育法》第八条明确指出:"实施职业教育应当根据实际需要,同国家制定的职业分类和职业等级标准相适应,实行学历证书、培训证书和职业资格证书制度。"这些法律确定了国家推行职业资格证书制度和开展职业技能鉴定的法律依据。《就业促进法》第五十一条规定:"国家对从事涉及公共安全、人身健康、生命财产安全等特殊工种的劳动者,实行职业资格证书制度,具体办法由国务院规定。"

目前我国已初步建立起初、中、高级技术等级考核和技师、高级技师考评制度,对劳动者实行职业技能鉴定,推行职业资格证书。在职业学校和职业培训机构毕(结)业生中实行职业技能鉴定,在各类企业的技术工种实行必须经培训考核合格后,凭证上岗的制度,在个体工商户、私营企业从业人员中推行持证上岗制度。开展职业技能鉴定,推行职业资格证书制度,是落实党中央、国务院提出的"科教兴国"战略方针的重要举措,也是我国人力资源开发的一项战略措施。这对于提高劳动者素质,加强技能人才培养,促进劳动力市场的建设以及深化国有企业改革,促进经济发展都具有重要意义。

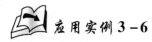
应用实例 3-6

特殊工种需持证上岗

小郑是一名来京务工人员,经老乡介绍,他来到一家批发市场给人看仓库。来了没两个月,该批发市场的电工辞职走了。这下可急坏了批发市场的经理,因为仓库有不少需要冷冻存放的货物,一旦电路出问题,损失就得由市场来承担。小郑心想,电工的工资可比看仓库高多了,自己在农村跟当电工的叔叔经常去帮人维修电路,干这个应该不成问题。于是他向经理毛遂自荐,经理一看眼下确实缺人,在简单地过问小郑电路基础知识后,就让他上岗了。

《就业促进法》第五十一条明确了涉及公共安全、人身健康、生命财产安全等特殊工种,需持职业资格证书上岗。对于此类工种,用人单位如招用人员,必须从取得相应职业资格证书的人员中录用。特殊工种的范围主要以公共场所安全秩序维护与检查、公众财产安全维护、食品药品质量检查和安全、公共健康和人身健康管理服务、环境保护及防灾减灾救助、装备制造和大型公共设施制造、高危行业关键岗位、交通安全管理与维护等领域的职业(工种)为重点,具体范围和实施办法将由国务院规定。因此,经理的做法违背了《就业促进法》的规定。

(资料来源:http://www.zhonghr.com/.)

2. 职业技能鉴定

职业技能鉴定是国家职业资格证书制度的重要组成部分。职业技能鉴定是一项基于职业技能水平的考核活动,属于标准参照型考试。它是由考试考核机构对劳动者从事某种职业所应掌握的技术理论知识和实际操作能力做出客观的测量和评价。

申请职业技能鉴定的人员,可向当地职业技能鉴定所(站)提出申请,填写职业技能鉴定申请表。参加不同级别鉴定的人员,其申报条件不尽相同,考生要根据鉴定公告的要求,确定申报的级别。职业技能鉴定所(站)是经劳动保障行政部门批准设立的实施职业技能鉴定的场所,它是职业技能鉴定的基层组织,承担规定范围内的职业技能鉴定活动。申报职业技能鉴定,首先要根据所申报职业的资格条件,确定自己申报鉴定的等级。如果需要培训,要到经政府有关部门批准的培训机构参加培训。申报职业资格鉴定时要准备好照片、身份证以及证明自己资历的材料,参加正规培训的须有培训机构证明,工作年限须有本人所在单位证明,经鉴定机构审查符合要求的,由鉴定所(站)颁发准考证。参加考试时必须携带准考证,否则不能参加考试。

国家实施职业技能鉴定的主要内容包括职业知识、操作技能和职业道德3个方面。这些内容是依据国家职业(技能)标准、职业技能鉴定规范(即考试大纲)和相应教材来确定的,并通过编制试卷来进行鉴定考核。

然而,随着我国经济结构调整和产业升级的加快,技能劳动者的总量、结构和素质与人才强国战略和建设创新型国家的要求有较大差距;职业技能标准的制定主体、程序等缺乏法律规范导致职业技能培训的投入不足,培训的针对性和实用性不强,促进就业的效果不够明显,用人单位在技能人才培养和使用方面的主体作用有待发挥,社会考试发证活动有待规范,职业技能鉴定质量有待提高。针对这些问题,国务院法制办于2009年8月6日公布了《职业技能培训和鉴定条例(征求意见稿)》,向各界征求意见①,其出台必将对加强人力资源管理发挥积极重要的作用。

本 章 小 结

《就业促进法》的颁布,是我国劳动保障法制建设取得的重大成果,进一步丰富和完善了我国劳动保障法律体系,对于促进劳动者就业、构建社会主义和谐社会,具有重要而深远的意义。在社会主义市场经济条件下,做好促进就业工作,实现社会就业比较充分的目标,必须调动各方面的积极性,充分发挥其在促进就业中的重要作用,坚持"劳动者自主择业、市场调节就业、政府促进就业"的就业方针。就业问题关系到所有劳动者及其家庭的切身利益,促进就业和治理失业是政府的重要职责,更是各级政府执政为民的重要体现。为了建立促进就业的长效机制,《就业促进法》将经过实践检验行之有效的、积极的就业政策上升为法律规范,并按照促进就业的工作要求,规定了政策支持的10项法律内容。为了维护劳动者的平等就业权,反对就业歧视,公平就业是《就业促进法》的重要规定。另外,政府应当加强就业服务和管理工作,逐步完善覆盖城乡的就业服务体系。对就业困难人员实施优先扶持和重点帮助的就业援助,建立健全就业援助制度。大力发展职业教育和开展职业培训,全面推行劳动预备制度和职业资格证书制度,不断丰富劳动就业制度的内容。

---

① http://www.labour-daily.cn/Web/NewsDetail.aspx?IssuanceID=157064.

复习思考题

一、名词解释

1. 就业和失业 2. 就业权 3. 职业教育与培训 4. 就业援助

二、简答题

1. 如何理解我国促进就业的方针和基本原则？
2. 简述就业权的基本特征和内容。
3. 我国人力资源市场管理的基本制度有哪些？
4. 如何理解我国促进就业服务体系？

三、案例分析题

老刘一家四口生活举步维艰，老刘夫妻双双下岗，只得在街头给路人擦皮鞋。儿子原本有份好工作，但前不久因工负伤，失去了一条胳膊，离开单位后多次去找工作，但都因残疾而被拒绝。女儿虽然已经大学毕业了，可是由于严峻的就业形势，至今没有找到合适的工作。老刘也曾多次到有关部门请求帮助，但大都无功而返。

问题：根据我国《就业促进法》的规定，老刘能得到哪些帮助？

课后阅读

反就业歧视的欧洲经验

"二战"后，谋求经济发展而成立的欧洲经济共同体（以下简称"欧共体"）（即后来的欧盟），为建立统一的劳动力市场，在1957年欧共体条约中首次规定了"男女同工同酬"并禁止"国别歧视"。其后的半个世纪里，伴随欧洲经济与政治的巨大发展，欧洲的反就业歧视也不断拓展、深入。

概括说来，欧洲在反就业歧视方面有以下经验值得特别关注。

（1）欧盟的积极引导与严格监督。长期以来，欧洲各国的反歧视事业一直是在欧盟的积极引导下进行的，欧盟与各成员国之间的联系十分密切，欧盟组织制定的一系列法律、指令，包括其内含的各种先进理念，为欧洲各国国内反歧视立法确立了基本的"行动准则"，部分欧盟法律条款甚至对各成员国具有"直接效力"，各国法院可以在审理有关案件时直接适用。根据欧共体条约建立起来的欧盟委员会，负有监督成员国实施欧盟法律的义务。如果成员国不履行国际义务，将欧盟法律及时转化为国内法并严格贯彻执行，那么欧盟委员会有权向欧洲法院提起诉讼，对成员国进行严厉的法律制裁。欧洲法院作为专门的司法机关，在贯彻执行欧盟法律方面更是不遗余力。

（2）注重制度构建，建立一整套完备的法律制度。在欧盟的引导和严格监督下，欧盟各成员国在反就业歧视领域加强立法，各国都建立起层次分明、覆盖就业以及社会生活各个领域的比较完备的反歧视法律体系，使反歧视工作有法可依。各国的反歧视法律体系，一般以本国宪法的平等条款以及欧盟法律为基本依据,以平等待遇法为主干,另以各种具体法律或法律中的相关条款为补充。

(3) 专门的执行机构与有效的救济机制。根据欧盟的要求,欧洲各国都设立了平等待遇委员会作为解决就业歧视的专门机构。平等待遇委员会是一个独立、权威、专业化、准司法性质的机构,其职能主要是受理就业歧视投诉,此外还负责解释和监督平等待遇法的执行、实施社会宣传以及为政府提供建议和咨询。

(4) 政府的积极倡导与率先垂范。在欧洲反就业歧视的进程中,政府大多扮演了十分积极的角色,在立法、制定政策以及执行方面,都率先垂范,为消除歧视现象向全社会做出表率。例如,在人员的平等录用方面,政府公务员法的规定要远比私营企业严格,绝对不允许出现诸如对性别、身高、长相、年龄、残疾等各种与工作职位要求无关的限制条件。这恰与我国的情况形成鲜明的对比。此外,政府十分重视提高社会大众的意识,因此在倡导人权、宣传反歧视方面也做出各种努力,政府不仅在中央与地方建立反歧视的各种专门机构,甚至各种社会团体建立初期,也能从政府部门得到经费资助。

(5) 社团的广泛影响。在欧洲多数国家,作为社会基层的民众并非一盘散沙,而是通过各种名目繁多的社会团体,即非政府组织来表达自己的心声、参与社会生活。在反就业歧视领域,也同样活跃着这样一批团体,它们不仅利用媒体、互联网等手段向社会和大众积极宣传反歧视,而且主动搜集资料为政府、平等待遇委员会、甚至欧盟提供信息和各种建议。正是由于这些为数众多的基层民间社团的积极努力,大量的、轻微的歧视问题被及时、有效地解决,避免了矛盾进一步恶化,节省了当事人的时间和精力,同时也减轻了平等待遇委员会和法院的压力。

(6) 提高民众素质与意识,消除歧视滋生的土壤。经过长期持续不懈的斗争,在欧洲法律制度层面和现实实践层面,直接的歧视现象已不多见,而间接的、各种隐含的歧视仍然存在。政府以及各种反歧视机构一致认为,歧视不仅发生在法律制度上、现实生活中,更深藏在人们的传统思想与意识里,因此,提高民众的素质、强化人权、平等意识,是反歧视更深层次的问题,各国政府以及反歧视机构、新闻媒体、专家学者等为此进行了积极的倡导和宣传。如今的欧洲,在对待多元文化、不同民族传统以及其他平等待遇问题上,公民大多持宽容态度,心态更加开放。

(资料来源: http://www.npc.gov.cn/npc/xinwen/rdlt/fzjs/2007-07/11/content_368774.htm.)

第4章 劳动合同法

学习目标

知识目标	技能目标
1. 了解劳动合同法律制度概况	1. 了解劳动合同法律体系的构成
2. 了解劳动合同法律制度的基本内容	2. 了解劳动合同法律制度的具体内容
3. 了解集体合同法律制度	3. 了解劳动合同的适用范围
4. 了解劳动合同的订立制度	4. 熟悉劳动合同的订立程序
5. 了解劳动合同的履行制度	5. 熟悉劳动合同的相关条款
6. 了解劳动合同的解除和终止制度	6. 熟悉劳动合同解除的方案
7. 了解劳动合同的特别规定制度	7. 熟悉劳动合同的几类特别规定
8. 了解劳动合同的法律责任制度	8. 熟悉违反劳动合同的相应责任

飞行员辞职结果：赔 400 多万元

阿强和阿明(均为化名)分别于 1997 年 3 月、1998 年 2 月和海南某航空公司签订劳动合同书,合同上约定为无固定期限合同。工作以来,每人所得到的工资等收入总共有 100 万元左右。2006 年 5 月,他俩提出辞职,但公司没有准许,他们便向海南省劳动仲裁委员会提请仲裁,航空公司也提交申诉书,向两人分别索赔 616 万余元和 640 万余元。海南省劳动仲裁委员会做出裁决,两名飞行员向航空公司各赔偿 200 多万元。

(资料来源:http://www.hi.chinanews.com.cn/hnnew/2006-12-15/65058.html.)

2007 年 6 月 29 日,十届全国人大常委会第二十八次会议通过了《劳动合同法》。该法扩大了劳动合同的适用范围,明确了立法宗旨,在劳动者保护、法律责任以及新型用工方面都做了更加完善的规定。本章将具体在劳动合同的适用范围、订立、履行、变更、解除、终止以及特别规定、法律责任等方面做介绍。通过学习本章,读者可全面掌握劳动合同法律制度的基本理论知识和相关的法律规定。

4.1 劳动合同及立法概述

4.1.1 劳动合同的概念与特征

劳动合同是指劳动者与用人单位之间确立劳动关系,明确双方权利和义务的书面协议。其具有以下特征:①劳动合同当事人的一方是劳动者,另一方是用人单位;②劳动合同内容是明确双方当事人在实现劳动过程中的权利义务和违反合同的责任;③劳动合同标的是劳动行为;④劳动合同是诺成性的、有偿的双务合同;⑤劳动合同是双方当事人达成的书面协议。

4.1.2 劳动合同的适用范围

《劳动合同法》第二条规定:"中华人民共和国境内的企业、个体经济组织、民办非企业单位等组织(以下称用人单位)与劳动者建立劳动关系,订立、履行、变更、解除或者终止劳动合同,适用本法。国家机关、事业单位、社会团体和与其建立劳动关系的劳动者,订立、履行、变更、解除或者终止劳动合同,依照本法执行。"具体而言,劳动合同的适用范围如下。

1. 企业、个体经济组织、民办非企业单位等组织

企业是以营利为目的经济性组织,包括法人企业和非法人企业,是用人单位的主要组成部分,是《劳动合同法》的主要调整对象。个体经济组织是指雇工 7 个人以下的个体工商户。民办非企业单位是指企业事业单位、社会团体和其他社会力量以及公民个人利用非国有资产举办的,从事非营利性社会服务活动的组织,如民办学校、民办医院、民办图书

馆、民办博物馆、民办科技馆等，目前我国民办非企业单位超过30万家。

《劳动合同法》第二条第一款采取列举加概括的方式明确了用人单位的范围，就是说除上述列举的3类用人单位外，还规定"等组织"。需要注意的是，这里的"等"，属于"等外"，也就是说除列举的企业、个体经济组织、民办非企业单位3类组织外，其他组织与劳动者建立劳动关系，也适用本法。这3类组织以外的组织，如会计师事务所、律师事务所等，它们的组织形式比较复杂，有的采取合伙制，有的采取合作制，它们不属于本条列举的任何一种组织形式，但它们招用助手、工勤人员等，也要签订劳动合同，因此适用《劳动合同法》。

国家机关包括国家权力机关、国家行政机关、司法机关、国家军事机关等，其录用公务员和聘任制公务员，适用《中华人民共和国公务员法》（以下简称《公务员法》），不适用《劳动合同法》，国家机关招用工勤人员，需要签订劳动合同，则适用《劳动合同法》。

事业单位适用《劳动合同法》可以分为3种情况：①具有管理公共事务职能的组织，如中国证券监督管理委员会、中国保险监督管理委员会、中国银行业监督管理委员会等，其录用工作人员是参照《公务员法》进行管理的，不适用《劳动合同法》；②实行企业化管理的事业单位，这类事业单位与职工签订的是劳动合同，适用《劳动合同法》的规定；③事业单位如医院、学校、科研机构等，有的劳动者与单位签订的是劳动合同，签订劳动合同的，就要按照《劳动合同法》第二条的规定执行；有的劳动者与单位签订的是聘用合同，签订聘用合同的，就要按照《劳动合同法》第九十六条的规定，即法律、行政法规和国务院另有规定的，就按照法律、行政法规和国务院的规定执行；法律、行政法规和国务院没有特别规定的，要按照《劳动合同法》执行。

按照《社会团体登记管理条例》的规定，社会团体是指中国公民自愿组成，为实现会员共同意愿，按照其章程开展活动的非营利性社会组织。社会团体的情况也比较复杂，有的社会团体，如党派团体，除工勤人员外，其工作人员是公务员，按照《公务员法》管理；有的社会团体，如工会、共青团、妇联、工商联等人民团体和群众团体，文学艺术联合会、足球协会等文化艺术体育团体，法学会、医学会等学术研究团体，各种行业协会等社会经济团体，虽然《公务员法》没有明确规定参照，但实践中对列入国家编制序列的社会团体，除工勤人员外，其工作人员是比照《公务员法》进行管理的。除此以外的多数社会团体，如果作为用人单位与劳动者订立的是劳动合同，就按照《劳动合同法》进行调整。

2. 非全日制用工和劳务派遣工

在征求意见的过程中，有人建议将一些灵活用工纳入《劳动合同法》的调整范围，如非全日制用工、退休人员重新就业、非法用工、劳务派遣用工等。因此，除规范正常的劳动合同用工外，《劳动合同法》还对非全日制、劳务派遣用工做了规定，尽可能地扩大《劳动合同法》的调整范围。考虑到《劳动合同法》是规范用人单位与劳动者之间订立劳动合同的法律规范，对一些不规范的用工，《劳动合同法》不便调整，所以对家庭雇工、兼职人员、返聘的离退休人员等未做规定[①]。

---

① http：//blog.edu-edu.com.cn/？190285/action_viewspace_itemid_4465.

4.1.3 《劳动合同法》的立法进程

我国现行的劳动合同制度,是 1994 年 7 月八届全国人大常委会第八次会议通过的《劳动法》确立的,于 1995 年 1 月 1 日正式实行。十余年来的实践证明,《劳动法》确立的劳动合同制度,对于破除传统计划经济体制下行政分配式的劳动用工制度,建立与社会主义市场经济体制相适应的用人单位与劳动者双向选择的劳动用工制度,实现劳动力资源的市场配置,促进劳动关系的和谐稳定,发挥了十分重要的作用。

劳动合同是规范劳动关系最基本的法律形式,在法律上完善劳动合同制度,是夯实劳动关系之基的必然要求。基于此,早在《劳动法》施行后的 1996 年,《劳动合同法》就被列入国务院立法日程。但到了 1998 年,《劳动合同法》的起草工作却被暂时搁置。据了解,其原因主要是当时中央提出到 20 世纪末建立起社会主义市场经济体制,但诸如就业、社会保险等配套法律尚未启动立法,单独制定《劳动合同法》存在衔接问题,其所产生的实际效应估计未必理想。因此,直到 2004 年年底,《劳动合同法》的起草工作才重新启动。

在认真总结我国现行劳动合同制度实施经验并借鉴一些发达市场经济国家劳动合同制度的基础上,原劳动和社会保障部起草了《中华人民共和国劳动合同法(草案送审稿)》,于 2005 年 1 月报请国务院审议。在此基础上,国务院法制办会同原劳动和社会保障部、中华全国总工会经过广泛征求意见,反复研究修改,形成了《中华人民共和国劳动合同法(草案)》,并于 2005 年 12 月 24 日,首次提请十届全国人大常委会第十九次会议审议。

劳动合同立法在新中国立法史上绝对可以书上一笔的,是其创造了法律草案公开征集意见的纪录:2006 年 3 月 20 日,全国人大常委会办公厅举行新闻发布会,公布了一审草案,向全社会广泛征求意见,为期一个月。短短一个月的时间里,通过各种渠道共收到 191 849 件立法意见,其中劳动者的意见占 65% 左右。对此,舆论普遍称之为"推进立法民主化的又一个标志性事件"。如果从另一个视角审视,则可以解读为体现了劳动合同立法的重要性,因为它直接关系到劳动者的合法权益,关系到劳动关系的和谐稳定乃至经济、社会的协调可持续发展。

2006 年 12 月,十届全国人大常委会第二十五次会议第二次审议《劳动合同法草案》;2007 年 4 月,十届全国人大常委会第二十七次会议第三次审议《劳动合同法草案》。2007 年 6 月 29 日,十届全国人大常委会第二十八次会议以 145 票赞成、0 票反对、1 人未按表决器的高票通过了《劳动合同法》。

《劳动合同法》历经 4 次审议,是一个民主的基础上达成一致的结果:制定期间曾向社会全文公布草案广泛征求意见,还曾经召开过 3 次新闻发布会,接受了中外媒体的采访。并且,这部法律又是一个科学的法律,表决结果说明对于《劳动合同法》的制定,以及《劳动合同法》的立法原则和整个内容的架构,在立法机关达成了高度的共识,常委会委员们对法律中的具体的制度设计的科学性是赞成的。这是在建构和谐社会这样一个宏大的历史任务之下所做的一个努力,这个努力应该说在构建和谐劳动关系方面走出了第一步[①]。

---

① 参见全国人大常委会委员、全国人大常委会法制工作委员会副主任信春鹰在《劳动合同法》新闻发布会上的发言。

2012年12月，十一届全国人大常委会第三十次会议对《劳动合同法》进行了修改，本次修改主要是针对劳务派遣制度做出更细致的规定，该修正案已于2013年7月1日生效。

4.1.4 《劳动合同法》的立法宗旨

《劳动合同法》第一条是关于立法宗旨的规定。该条规定的立法宗旨有3层含义。

1. 完善劳动合同制度，明确劳动合同双方当事人的权利和义务

劳动合同是市场经济体制下用人单位与劳动者进行双向选择，确定劳动关系，明确双方权利和义务的协议，是保护劳动者合法权益的基本依据。改革开放以后，随着计划经济向市场经济的转变，我国开始对计划经济下的固定工制度进行改革。1986年国务院发布了《国有企业实行劳动合同制暂行规定》，决定在国有企业中新招收的职工中实行劳动合同制，开始打破劳动用工制度上的"铁饭碗"。1994年通过的《劳动法》将劳动合同制度作为法定的用工制度，规定适用不同所有制的用人单位，劳动者也从新招用的职工扩大到所有的劳动者，不分固定工和临时工，不分管理人员和普通工人。《劳动法》对劳动合同做了专章规定，是我国现行劳动合同制度的主要法律依据。《劳动法》的制定，标志着我国劳动合同制度的正式建立。《劳动法》实施10多年来的实践证明，该法确立的劳动合同制度，对于破除传统计划经济体制下行政分配用工的劳动用工制度，建立与社会主义市场经济体制相适应的用人单位与劳动者双向选择的劳动用工制度，实现劳动力资源的市场配置，促进劳动力的合理流动，发挥了十分重要的作用。但是，随着我国市场经济的建立和发展，劳动用工情况多样化，劳动关系发生了巨大的变化，出现了一些新型的劳动关系，如非全日制用工、劳务派遣工、家庭用工、个人用工等。同时，在实行劳动合同制的过程中出现一些问题，如用人单位不签订劳动合同、劳动合同短期化、滥用试用期、用人单位随意解除劳动合同、将正常的劳动用工变为劳务派遣等，侵害了劳动者的合法权益，破坏了劳动关系的和谐稳定，也给整个社会的稳定带来隐患。因此，有必要根据现实存在的问题对劳动合同制度做进一步的完善。制定《劳动合同法》，就是要规范劳动合同的订立、履行、变更、解除或者终止行为，明确劳动合同中双方当事人的权利和义务，促进稳定的劳动关系的建立，预防和减少劳动争议的发生。

2. 保护劳动者的合法权益

《劳动合同法》的立法宗旨是保护劳动者的合法权益，还是保护劳动者和用人单位的合法权益，也就是说是"单保护"还是"双保护"是劳动合同立法中争论的一个"焦点"的问题。在公开征求意见和审议中，一种观点认为《劳动合同法》应当"双保护"，既要保护劳动者的合法权益，也要保护用人单位的合法权益。因为劳动合同也是一种合同，是在平等自愿、协商一致的基础上达成的，理应平等保护合同双方当事人的权利。只提保护劳动者的合法权益，偏袒了劳动者，加大了用人单位的责任，束缚了用人单位的用人自主权，加重了用人单位的经济负担，损害了用人单位的利益，将会使劳动关系失去平衡，最后也必然损害劳动者的利益。有的人甚至还认为，如果《劳动合同法》过分保护劳动者，不顾及用人单位的利益，将会误导境内外投资者，中国的法律不保护投资者的合法利益，甚至伤害投资者的感情，不利于我国吸引外资的政策。但是多数意见认为应当旗帜鲜明地

保护劳动者的合法权益。因为我国目前的现实状况是劳动力相对过剩，资本处于强势，劳动力处于弱势，劳动者与用人单位力量对比严重不平衡，实践中侵害劳动者合法权益的现象比较普遍。《劳动合同法》作为一部规范劳动关系的法律，其立法价值在于追求劳资双方关系的平衡。实践中由于用人单位太强势，而劳动者过于弱势，如果对用人单位和劳动者进行同等保护，必然导致劳资双方关系不平衡，背离《劳动合同法》应有的价值取向。规定平等自愿订立劳动合同的原则并不能改变劳动关系实际上不平等的状况，要使劳动合同制度真正在保持我国劳动关系的和谐稳定方面发挥更积极的作用，就要向劳动者倾斜。

最后考虑到《劳动合同法》是一部社会法，劳动合同立法应着眼于解决现实劳动关系中用人单位不签订劳动合同、拖欠工资、劳动合同短期化等侵害劳动者利益的问题，所以从构建和谐稳定的劳动关系的目标出发，立法还是定位于向劳动者倾斜。同时，弱者保护也体现了《劳动合同法》与《合同法》平等保护原则的不同。

3. 构建和发展和谐稳定的劳动关系

《劳动合同法》是实现劳动力资源的市场配置，促进劳动关系和谐稳定的重要法律制度。构建和发展和谐稳定的劳动关系是《劳动合同法》的最终价值目标。法律是社会关系和社会利益的调整器，任何立法都是对权利义务的分配和社会利益的配置，立法必须在多元利益主体之间寻找结合点，努力寻求各种利益主体之间，特别是同一矛盾体中相对方之间的利益平衡。在劳动关系中，应当承认劳动者一方是弱势，但是，如果立法过分扩大劳动者的权益，加大企业责任，就会使企业用人自主权受到束缚，难以实行优胜劣汰的灵活管理，影响人力资源的优化配置，最终影响企业的市场竞争力。如果劳动者权益保护不到位，对企业责任要求过少，就会影响劳动力供给，不利于高素质的、健康的职工队伍的形成，最终企业利益也会受到损害。因此，劳动合同立法要在公民的劳动权和用人单位的企业责任之间找到适当的平衡点，确保劳动关系和谐。目前我国劳动用工中普遍实行劳动合同制度，将劳动合同制度化、法律化，明确劳动合同双方当事人的权利和义务，有利于建立稳定的劳动关系，减少劳动争议的发生，有利于保护劳动者和用人单位双方的合法权益。因此，《劳动合同法》从构建和谐社会的大局出发，确立了构建和发展和谐稳定的劳动关系的最终目标。①

4.1.5 《劳动合同法》与《劳动法》《合同法》的关系

《劳动合同法》是劳动法体系的一个重要组成部分。关于制定《劳动合同法》应是否以《劳动法》《合同法》为依据的问题，有两种截然相反的观点。其实质是《劳动合同法》的定位，即《劳动合同法》与《劳动法》《合同法》的关系问题。

一种观点认为，在劳动法体系中，《劳动法》作为基本法律，其位阶高于作为单项劳动法律的《劳动合同法》，故《劳动合同法》应当以《劳动法》为依据，只可补充《劳动法》，而不可突破《劳动法》的规定；另一种观点认为，《劳动法》和《劳动合同法》都是全国人大常委会制定的法律，处于同一位阶，依据新法优于旧法的原理，《劳动合同法》可以对《劳动法》做出突破性规定。

---

① 载于 http://www.51labour.com/zhuanti/2007ldht/html/R2-1.asp.

鉴于《劳动法》在制定的当时，因赖以为基础的是尚未完整展示和还不定型的经济体制和劳动制度，不可能对社会主义市场经济的劳动法律制度做出完备的规定，更不可能完全解决后来经济体制和劳动制度改革中不断出现的新问题；甚至有的规定基于制度惯性而来源于劳动制度改革进程的探索性或过渡性的政策法规，难免保留有旧体制和过渡性的痕迹。因此，《劳动合同法》对《劳动法》有必要在突破与不突破之间做出适当选择。于是，《劳动合同法》没有明确规定以《劳动法》为制定《劳动合同法》的依据，但在内容上，一方面依据《劳动法》的立法目的和基本精神进行制度设计；另一方面对于体制性和技术性内容则有选择地做出对《劳动法》有所突破的规定。

关于《劳动合同法》与《合同法》的关系，曾有《劳动合同法》应是否以《合同法》为依据的争论。其实，《劳动合同法》与《合同法》的关系归属于劳动法与民法的关系，是特别法与一般法的关系。基于特别法优于一般法的法理，《劳动合同法》无须以《合同法》为依据。基于一般法在一定条件下可补充特别法的法理，对于《劳动合同法》没有规定的事项，《合同法》的有关规定在不违反劳动法基本精神的前提下，可适用于劳动合同。例如，劳动合同具有附和性的特点，即通常由用人单位提出合同条款而由劳动者附和同意，用人单位制定的劳动规章制度作为劳动合同的附件对劳动者更是如此，这与《合同法》规定的格式条款具有同一属性。因此，当就劳动合同的格式条款在理解上发生争议时，有必要补充适用《合同法》的有关规定，即"对格式条款的理解发生争议的，应当按照通常理解予以解释。对格式条款有两种以上解释的，应当做出不利于提供格式条款一方的解释"（参见《合同法》第四十一条）。在司法解释中已有类似规定，即"用人单位制定的内部规章制度与集体合同或者劳动合同约定的内容不一致，劳动者请求优先适用合同约定的，人民法院应予支持"（参见最高人民法院《关于审理劳动争议案件适用法律若干问题的解释(二)》第十六条）①。

 阅读材料

立法构建和谐劳动关系，亟待制定两部配套法规

除已制定的《就业促进法》，根据现实中各劳动单行立法的紧迫性和可行性程度，专家们认为还有两部立法亟待完善。

一是《社会保险法》。社会保险是社会保障制度的核心，其对于保障劳动者的基本生存权、实现社会稳定起着重要的作用。建议国家尽快制定《社会保险法》，明确国家、用人单位和劳动者在社会保险方面的权利和义务，规范社会保险费的征缴、待遇给付、经办机构和社会保险基金的管理和运营，明确监督措施和法律责任。

二是《劳动争议处理法》。劳动争议处理机制是劳动者权利救济的最后途径，应当通过制定《劳动争议处理法》来重构公正、高效的劳动争议处理机制。

（资料来源：http://news.xinhuanet.com/legal/2006-03/29/content_4359340.htm.）

4.2 劳动合同的订立

劳动合同的订立，是劳动合同制度实施的基础。

---

① 王全兴. 劳动合同立法中若干重要问题讨论[J]. 中国劳动, 2007(7): 10-15.

4.2.1 劳动合同订立的原则

1. 合法原则

合法是劳动合同有效的前提条件。所谓合法，就是劳动合同的形式和内容必须符合法律、法规的规定。

首先，劳动合同的形式要合法，如除非全日制用工外，劳动合同需要以书面形式订立，这是《劳动合同法》对劳动合同形式的要求。如果是口头合同，当双方发生争议，法律不承认其效力，用人单位要承担不订书面合同的法律后果，如《劳动合同法》第八十二条第一款规定"用人单位自用工之日起超过一个月不满一年未与劳动者订立书面劳动合同的，应当向劳动者每月支付二倍的工资"。

其次，劳动合同的内容要合法。《劳动合同法》第十七条规定了劳动合同的 9 项内容。有些内容，相关的法律、法规都有规定，用人单位和劳动者必须在法律规定的限度内做出具体规定，如关于劳动合同的期限，什么情况下应当订立固定期限，什么情况下应当订立无固定期限，应当符合《劳动合同法》的规定；关于工作时间，不得违法国家关于工作时间的规定；关于劳动报酬，不得低于当地最低工资标准；还有劳动保护，不得低于国家规定的劳动保护标准等。如果劳动合同的内容违法，劳动合同不仅不受法律保护，当事人还要承担相应的法律责任。

2. 公平原则

公平原则是指劳动合同的内容应当公平、合理。就是在符合法律规定的前提下，劳动合同双方公正、合理地确立双方的权利和义务。有些合同内容，相关劳动法律、法规往往只规定了一个最低标准，在此基础上双方自愿达成协议，就是合法的，但有时合法的未必公平、合理。例如，同一个岗位，两个资历、能力都相当的人，工资收入判别很大，或者能力强的收入比能力差的还低，就是不公平。再如，用人单位提供少量的培训费用培训劳动者，却要求劳动者订立较长的服务期，而且在服务期内不提高劳动者的工资或者不按照正常工资调整机制提高工资。这些都不违反法律的强制性规定，但不合理、不公平。此外，还要注意的是用人单位不能滥用优势地位，迫使劳动者订立不公平的合同。

公平原则是社会公德的体现，将公平原则作为劳动合同订立的原则，可以防止劳动合同当事人，尤其是用人单位滥用优势地位，损害劳动者的权利，有利于平衡劳动合同双方当事人的利益，有利于建立和谐稳定的劳动关系。

3. 平等自愿原则

平等自愿原则包括两层含义，一是平等原则，二是自愿原则。所谓平等原则，就是劳动者和用人单位在订立劳动合同时法律地位是平等的，没有高低、从属之分，不存在命令和服从、管理和被管理关系。只有地位平等，双方才能自由表达真实的意思。当然在订立劳动合同后，劳动者成为用人单位的一员，受用人单位的管理，处于被管理者的地位，用人单位和劳动者的地位是不平等的。这里讲的平等，是法律上的平等，形式上的平等，在我国劳动力供大于求的形势下，多数劳动者和用人单位的地位实际上做不到平等，但用人单位不得利用优势地位，在订立劳动合同时附加不平等的条件。

自愿原则是指订立劳动合同完全是出于劳动者和用人单位双方的真实意志，是双方协商一致达成的，任何一方不得把自己的意志强加给另一方。自愿原则包括订不订立劳动合同由双方自愿，与谁订劳动合同由双方自愿，合同的内容双方自愿约定等。根据自愿原则，任何单位和个人不得强迫劳动者订立劳动合同。

4. 协商一致原则

协商一致就是用人单位和劳动者要对合同的内容达成一致意见。合同是双方意思表示一致的结果，劳动合同也是一种合同，也需要劳动者和用人单位双方协商一致，达成合意，一方不能凌驾于另一方之上，不得把自己的意志强加给对方，也不能强迫命令、胁迫对方订立劳动合同。在订立劳动合同时，用人单位和劳动者都要仔细研究合同的每项内容，进行充分的沟通和协商，解决分歧，达成一致意见。只有体现双方真实意志的劳动合同，双方才能忠实地按照合同约定履行。现实中劳动合同往往由用人单位提供格式合同文本，劳动者只需要签字就行了。格式合同文本对用人单位的权利规定得比较多、比较清楚，对劳动者的权利规定得少、规定得模糊。这样的劳动合同就很难说是协商一致的结果。因此，在使用格式合同时，劳动者要认真研究合同条文，对自己不利的要据理力争。

5. 诚实信用原则

诚实信用原则就是在订立劳动合同时要诚实、讲信用。例如，在订立劳动合同时，双方都不得有欺诈行为。根据《劳动合同法》第八条的规定，"用人单位招用劳动者时，应当如实告知劳动者工作内容、工作条件、工作地点、职业危害、安全生产状况、劳动报酬，以及劳动者要求了解的其他情况；用人单位有权了解劳动者与劳动合同直接相关的基本情况，劳动者应当如实说明"。双方都不得隐瞒真实情况。现实中，有的用人单位不告诉劳动者职业危害，或者提供的工作条件与约定的不一样等；也有劳动者提供假文凭的情况，这些行为都违反了诚实信用原则。此外，现实中还有的劳动者与用人单位订立了劳动合同，劳动者找到别的工作后，就悔约，不到用人单位工作，这也违反了诚实信用原则。诚实信用是《合同法》的一项基本原则，也是《劳动合同法》的一项基本原则，还是一项社会道德原则。

4.2.2 劳动合同订立的条件

1. 劳动合同的主体由特定的用人单位和劳动者双方构成

劳动合同当事人一方是企业、个体经济组织、民办非企业单位、国家机关、事业单位、社会团体等用人单位，另一方是劳动者本人。

2. 签订劳动合同的双方当事人必须具备合同的主体资格

劳动者一方必须具备劳动权利能力和劳动行为能力，劳动者必须年满16周岁。

3. 订立劳动合同的种类应当合法

劳动合同分为固定期限劳动合同、无固定期限劳动合同和以完成一定工作任务为期限的劳动合同。

固定期限劳动合同是指用人单位与劳动者约定合同终止时间的劳动合同。用人单位与劳动者协商一致，可以订立此类劳动合同。

第4章 劳动合同法

无固定期限劳动合同是指用人单位与劳动者约定无确定终止时间的劳动合同。

用人单位与劳动者协商一致，可以订立无固定期限劳动合同。有下列情形之一，劳动者提出或者同意续订、订立劳动合同的，除劳动者提出订立固定期限劳动合同外，应当订立无固定期限劳动合同：劳动者在该用人单位连续工作满10年的；用人单位初次实行劳动合同制度或者国有企业改制重新订立劳动合同时，劳动者在该用人单位连续工作满10年且距法定退休年龄不足10年的；连续订立二次固定期限劳动合同，且劳动者没有《劳动合同法》第三十九条和第四十条第(一)项、第(二)项规定的情形，续订劳动合同的。用人单位自用工之日起满一年不与劳动者订立书面劳动合同的，视为用人单位与劳动者已订立无固定期限劳动合同。

以完成一定工作任务为期限的劳动合同，是指用人单位与劳动者约定以某项工作的完成为合同期限的劳动合同。用人单位与劳动者协商一致，可以订立此类劳动合同。

 应用实例 4-1

奇怪的自愿离职

从2007年9月底开始，深圳某公司共计7 000多名工作满8年的老员工，相继向公司提交请辞自愿离职。

这次大规模的辞职是由该公司组织安排的，辞职员工随后即可以竞聘上岗，职位和待遇基本不变，唯一的变化就是再次签署的劳动合同和工龄。全部辞职老员工均可以获得公司支付的赔偿，据了解总计高达10亿元。

知情人士表示，该公司此举意在规避于2008年1月1日起实施的《劳动合同法》。《劳动合同法》规定，劳动者在满足"已在用人单位连续工作满十年的"或"连续订立二次固定期限劳动合同"等条件后，便可以与用人单位订立"无固定期限劳动合同"，成为永久员工。

(资料来源：http://news.xinhuanet.com/employment/2007-11/05/content_ 7012854.htm.)

4. 劳动合同应当采用书面形式

建立劳动关系，应当订立书面劳动合同。已建立劳动关系，未同时订立书面劳动合同的，应当自用工之日起一个月内订立书面劳动合同。

书面劳动合同应当具备以下条款：用人单位的名称、住所和法定代表人或者主要负责人；劳动者的姓名、住址和居民身份证或者其他有效身份证件号码；劳动合同期限；工作内容和工作地点；工作时间和休息休假；劳动报酬；社会保险；劳动保护、劳动条件和职业危害防护；法律、法规规定应当纳入劳动合同的其他事项。

劳动合同除上述必备条款外，用人单位与劳动者可以约定试用期、培训、保守秘密、补充保险和福利待遇等其他事项(详见4.2.5小节)。

4.2.3 劳动合同的效力

1. 劳动合同的生效

劳动合同的效力就是劳动合同对当事人的约束力。劳动合同依法订立即具有法律效力，用人单位与劳动者应当履行劳动合同规定的义务。非依法律规定或者征得对方同意，任何一方不得擅自变更或者解除劳动合同，否则就要承担法律责任。劳动合同的生效时间,当事人可以在劳动合同中约定;没有约定的,应当自双方签字或者盖章之日起生效。

劳动合同是劳动关系的表现形式,但劳动合同的生效并不等同于建立劳动关系。用人单位自用工之日起与劳动者建立劳动关系,因此,有的情况下劳动关系已建立,但并没有签订劳动合同;有的情况下劳动合同已生效,但并没有实际用工,劳动关系也尚未建立。

2. 劳动合同的无效

下列劳动合同无效或者部分无效:①以欺诈、胁迫的手段或者乘人之危,使对方在违背真实意思的情况下订立或者变更劳动合同的;②用人单位免除自己的法定责任、排除劳动者权利的;③违反法律、行政法规强制性规定的。

对劳动合同的无效或者部分无效有争议的,由劳动争议仲裁机构或者人民法院确认。劳动合同部分无效,不影响其他部分效力的,其他部分仍然有效。劳动合同被确认无效,劳动者已付出劳动的,用人单位应当向劳动者支付劳动报酬。劳动报酬的数额,参照本单位相同或者相近岗位劳动者的劳动报酬确定。

4.2.4 订立劳动合同双方当事人的法定权利和义务

用人单位招用劳动者时,应当如实告知劳动者工作内容、工作条件、工作地点、职业危害、安全生产状况、劳动报酬以及劳动者要求了解的其他情况;用人单位有权了解劳动者与劳动合同直接相关的基本情况,劳动者应当如实说明。

用人单位招用劳动者,不得扣押劳动者的居民身份证和其他证件,不得要求劳动者提供担保或者以其他名义向劳动者收取财物。

4.2.5 劳动合同约定条款的订立

劳动合同除上述规定的必备条款外,用人单位与劳动者可以约定试用期、培训、保守秘密、补充保险和福利待遇等其他事项。

1. 试用期条款

用人单位与劳动者可以协商一致约定试用期,但应当符合以下规定。

(1) 以完成一定工作任务为期限的劳动合同或者劳动合同期限不满3个月的,不得约定试用期。

(2) 劳动合同期限3个月以上不满1年的,试用期不得超过1个月;劳动合同期限1年以上不满3年的,试用期不得超过2个月;3年以上固定期限和无固定期限的劳动合同,试用期不得超过6个月。

(3) 同一用人单位与同一劳动者只能约定一次试用期。试用期包含在劳动合同期限内。劳动合同仅约定试用期的,试用期不成立,该期限为劳动合同期限。

(4) 劳动者在试用期的工资不得低于本单位相同岗位最低档工资或者劳动合同约定工资的80%,并不得低于用人单位所在地的最低工资标准。

(5) 在试用期中,除劳动者有《劳动合同法》第三十九条和第四十条第(一)项、第(二)项规定的情形外,用人单位不得解除劳动合同。用人单位在试用期解除劳动合同的,应当向劳动者说明理由。

2. 培训条款

用人单位为劳动者提供专项培训费用，对其进行专业技术培训的，可以与该劳动者订立协议，约定服务期。

劳动者违反服务期约定的，应当按照约定向用人单位支付违约金。违约金的数额不得超过用人单位提供的培训费用。用人单位要求劳动者支付的违约金不得超过服务期尚未履行部分所应分摊的培训费用。

用人单位与劳动者约定服务期的，不影响按照正常的工资调整机制提高劳动者在服务期期间的劳动报酬。

3. 保守秘密和竞业限制条款

用人单位与劳动者可以在劳动合同中约定保守用人单位的商业秘密和与知识产权相关的保密事项。

对负有保密义务的劳动者，用人单位可以在劳动合同或者保密协议中与劳动者约定竞业限制条款，并约定在解除或者终止劳动合同后，在竞业限制期限内按月给予劳动者经济补偿。劳动者违反竞业限制约定的，应当按照约定向用人单位支付违约金。根据2013年2月1日生效的《最高人民法院关于审理劳动争议案件适用法律若干问题的解释（四）》（以下简称《审理劳动争议案件司法解释四》）第六条，当事人在劳动合同或者保密协议中约定了竞业限制，但未约定解除或者终止劳动合同后给予劳动者经济补偿，劳动者履行了竞业限制义务，可以要求用人单位按照劳动者在劳动合同解除或者终止前12个月平均工资的30%按月支付经济补偿。若月平均工资的30%低于劳动合同履行地最低工资标准的，按照劳动合同履行地最低工资标准支付。另外，《审理劳动争议案件司法解释四》第八条规定：当事人在劳动合同或者保密协议中约定了竞业限制和经济补偿，劳动合同解除或者终止后，因用人单位的原因导致3个月未支付经济补偿，劳动者可以请求解除竞业限制约定。

竞业限制的人员限于用人单位的高级管理人员、高级技术人员和其他负有保密义务的人员。竞业限制的范围、地域、期限由用人单位与劳动者约定，竞业限制的约定不得违反法律、法规的规定。

在解除或者终止劳动合同后，上述规定的人员到与本单位生产或者经营同类产品、从事同类业务的有竞争关系的其他用人单位，或者自己开业生产或者经营同类产品、从事同类业务的竞业限制期限，不得超过两年。

值得注意的是，为保护劳动者利益，《劳动合同法》规定，除上述服务期、保密条款涉及的违约金外，用人单位不得与劳动者约定由劳动者承担违约金。

应用实例 4-2

微软 VS 李开复

2005年7月，微软向美国华盛顿州地方法院提起诉讼，指控Google和前微软全球副总裁李开复违反了竞业禁止协议（Non-Competition Promise）。此事是由李开复突然离职，并出任Google中国区总裁一事引起的。

据外电报道称，Google 于美国当地时间周二宣布，Google 将于今年第三季度在中国设立产品研发中心，李开复将担任 Google 中国区总裁，并全面负责其中国研发中心的运营。而在周二之前，李开复的职位还是微软公司自然交互式软件及服务部门副总裁。

微软认为，李开复离职的行为违反了当初被聘为微软高管时签署的竞业禁止协议。同时微软表示，Google 非常清楚李开复曾经同微软签署这样的协议，但仍然聘请他出任如此重要的职位。微软表示，从这一角度来看，也许正因为 Google 的从中搅动和怂恿，李开复才违反了自己与微软签订的竞业禁止协议。

后来双方达成不公开协议，称解决了此前未决的法律诉讼。微软首席辩护律师布莱德·史密斯说："我们可以回到市场上进行竞争。"

（资料来源：http://www.shewai.com/new-info.asp?prono=416.）

4.3 劳动合同的履行与变更

4.3.1 履行的原则

《劳动合同法》第二十九条确定了劳动合同的全面履行原则。

全面履行是指劳动者和用人单位应当按照劳动合同的约定全面履行合同项下的义务。依法订立的劳动合同具有约束力，劳动合同各条款之间紧密联系，构成不可分割的整体，劳动者和用人单位必须根据合同的全部条款履行各自的全部义务。全面履行原则应当包含以下几个方面的内容。

1. 遵守劳动合同的约定

全面履行原则首先强调用人单位和劳动者必须依据劳动合同的约定，全面履行各自的义务。劳动合同是劳动者和用人单位确立劳动关系、明确双方劳动权利和义务的协议，经双方协商一致订立后产生约束力，劳动者和用人单位按照劳动合同的约定，全面履行义务，是劳动合同具有约束力的具体体现。

2. 亲自履行

亲自履行是指劳动合同当事人双方都必须以自己的行为履行劳动合同约定的义务，不得由他人代理。有观点认为，亲自履行原则是劳动合同履行的原则。但有学者认为，亲自履行是全面履行原则的应有之义，不应独立成为劳动合同履行的原则。劳动关系产生于特定的主体之间，具有很强的人身信赖性和不可替代性，劳动者提供劳动与其人身紧密联系、不可分割，受个人素质、工作技能和工作态度等因素的影响，不同的劳动者提供的劳动质量有明显差别。用人单位选择与特定的劳动者建立劳动关系，是对劳动者综合素质全面考查后所做的判断，劳动合同是在双方彼此信赖的基础上订立的，因此全面履行必然要求当事人应当亲自履行合同规定的义务，而不得由他人代理。

3. 协作履行

按照全面履行原则，双方当事人不仅要严格按合同的约定履行义务，而且当事人在履行劳动合同的过程中应当互相给予对方必要的协作。劳动者提供劳动力，用人单位使用劳动力，劳动关系只有在双方互相协助的基础上才能在既定期限内顺利实现，劳动者和用人单位在劳动合同的履行过程中应相互配合，为对方履行义务提供条件与必要的协助。

4.3.2 不明确条款的履行规则

用人单位与劳动者应当按照劳动合同的约定，全面履行各自的义务。但在劳动合同约定不明确的情况下，需要首先确定劳动合同的内容，然后予以履行。《劳动合同法》第十八条规定："劳动合同对劳动报酬和劳动条件等标准约定不明确，引发争议的，用人单位与劳动者可以重新协商；协商不成的，适用集体合同规定；没有集体合同或者集体合同未规定劳动报酬的，实行同工同酬；没有集体合同或者集体合同未规定劳动条件等标准的，适用国家有关规定。"该条为劳动者和用人单位如何履行约定不明确的条款提供了指导方向。该条确定的规则主要有以下几方面。

（1）由双方当事人自行协商确定如何履行。劳动合同是劳动者和用人单位在平等自愿、协商一致的基础上签订的，在合同条款约定不明时，应尊重当事人的意思自治，由双方协商确定。

（2）双方不能协商确定的，如果用人单位内部劳动规则有规定，应按照内部劳动规则履行。用人单位内部劳动规则是指用人单位依法制定并在本单位实施的组织劳动和进行劳动管理的规则，是用人单位规章制度的组成部分。劳动者与用人单位建立劳动关系后，有义务遵守用人单位的规章制度，《劳动合同法》第四条第一款规定："用人单位应当依法建立和完善劳动规章制度，保障劳动者享有劳动权利、履行劳动义务。"《最高人民法院关于审理劳动争议案件适用法律若干问题的解释》第十九条规定："用人单位根据《劳动法》第四条之规定，通过民主程序制定的规章制度，不违反国家法律、行政法规及政策规定，并已向劳动者公示的，可以作为人民法院审理劳动争议案件的依据。"因此，用人单位内部劳动规则可以作为确定劳动者和用人单位履行义务的依据。

（3）用人单位内部劳动规则未规定或规定的条件低于集体合同的，按照集体合同的规定履行。集体合同由全体职工与用人单位通过平等协商确定，内容涉及劳动报酬、工作时间、休息休假、劳动安全卫生、保险福利等方面，对于维护劳动者的合法权益具有重要意义。依法订立的集体合同对用人单位和劳动者具有约束力。

（4）集体合同未规定或者没有集体合同时，不同的条款适用不同的规则。对于劳动报酬而言，集体合同未规定或者没有集体合同的，实行同工同酬。同工同酬是指用人单位对所有劳动者同等价值的劳动应付给同等的劳动报酬，在同一单位中，从事同种类工作且熟练程度相同的劳动者，不分性别、年龄、民族、种族，只要付出同等劳动，就应当领取同等报酬。这有利于保护全体劳动者的合法权益，防止发生歧视性行为。对于劳动报酬以外的劳动条件等标准而言，按照国家有关规定履行。劳动法具有社会法属性，不仅尊重双方当事人自由协商的权利，同时设定法定最低标准以保护劳动者的合法权益。

4.3.3 劳动合同履行过程中用人单位的法定义务

1. 支付劳动报酬的义务

劳动报酬是指在劳动关系中，劳动者因履行劳动义务而获得的，由用人单位以法定方式支付的各种形式的物质补偿。劳动者向用人单位提供劳动，最终目的是获得劳动报酬，这不仅是保证劳动者及其家庭成员的基本生活需要，也是劳动者得以及时恢复体力和精力，更有效地投入到劳动中的重要保障。与劳动者获得劳动报酬权相对应，用人单位必须履行支付义务，依照劳动合同的约定和国家规定，向劳动者及时、足额支付劳动报酬。

1) 劳动报酬的确定

劳动报酬是劳动合同的必备条款，劳动者和用人单位应当在劳动合同中约定。《劳动合同法》第三十条在文字表述上将"依照劳动合同的约定"放在"国家有关规定"之前，肯定了劳动合同是确定劳动报酬的首要依据。如果双方约定不明确时，根据《劳动合同法》的规定，遵循以下规则：①用人单位未在用工的同时订立书面劳动合同，与劳动者约定的劳动报酬不明确的，新招用的劳动者的劳动报酬应当按照集体合同规定的标准执行；没有集体合同或者集体合同未做规定的，实行同工同酬；②劳动合同对劳动报酬约定不明确，引发争议的，可以首先由用人单位与劳动者重新协商；协商不成的，适用集体合同规定；没有集体合同或者集体合同未规定劳动报酬的，实行同工同酬。

依据原劳动部《关于贯彻执行〈中华人民共和国劳动法〉若干问题的意见》（劳部发〔1995〕309号）第五十三条的规定，"劳动法中的工资，是指用人单位依据国家有关规定或劳动合同的约定，以货币形式直接支付给本单位劳动者的劳动报酬，一般包括计时工资、计件工资、奖金、津贴和补贴、延长工作时间的工资报酬以及特殊情况下支付的工资等"。

在劳动者获得的劳动收入中，不属于劳动报酬范围的主要有用人单位在工资总额以外实际支付给劳动者个人的社会保险福利费用，如丧葬抚恤救济费、生活困难补助费、计划生育补贴等；劳动保护方面的费用，如支付给劳动者的工作服、解毒剂、清凉饮料费用等；按规定未列入工资总额的各种劳动报酬及其他劳动收入等。

2) 用人单位向劳动者支付劳动报酬的法定义务

用人单位按照劳动合同约定和国家规定向劳动者支付劳动报酬，主要有两方面的义务：①及时支付义务。劳动报酬必须在用人单位与劳动者约定的日期支付，用人单位不得拖欠劳动者的劳动报酬。如遇节假日或休息日，则应提前在最近的工作日支付。工资至少每月支付一次，实行周、日、小时工资制的可按周、日、小时支付工资。非全日制劳动合同中，劳动者的劳动报酬结算周期最长不得超过15日。对完成一次性临时劳动或某项具体工作的劳动者，用人单位应按有关协议或合同规定在其完成劳动任务后即支付工资。劳动关系双方依法解除或终止劳动合同时，用人单位应在解除或终止劳动合同时一次付清劳动者工资；②足额支付义务。劳动者按照劳动合同的约定提供劳动，有权获得足额的劳动报酬，用人单位不得克扣。依据《对〈工资支付暂行规定〉有关问题的补充规定》（劳部发〔1995〕226号），"克扣"是指用人单位无正当理由扣减劳动者应得工资，但不包括以下情形：国家的法律、法规中明确规定；依法签订的劳动合同中有明确规定；用人单位依法制定并经职代会批准的厂规、厂纪中有明确规定；企业工资总额与经济效益相联系，经济效益下浮时，工资必须下浮的(但支付给劳动者工资不得低于当地的最低工资标准)；因劳动者请事假等相应减发工资等。《工资支付暂行规定》（劳部发〔1994〕489号）第十四条规定了用人单位可以代扣劳动者工资的几种情况，这些情况不属于克扣劳动报酬：用人单位代扣代缴的个人所得税；用人单位代扣代缴的应由劳动者个人负担的各项社会保险费用；法院判决、裁定中要求代扣的抚养费、赡养费；法律、法规规定可以从劳动者工资中扣除的其他费用。

3）用人单位拖欠或者未足额支付劳动报酬的，劳动者可以依法申请支付令

这是对劳动者在用人单位拖欠或者未足额支付劳动报酬的情况下提供的救济途径。支付令程序又称为督促程序，是指人民法院根据债权人提出的要求债务人给付一定金钱或者有价证券的申请，向债务人发出附有条件的支付令，以催促债务人限期履行义务，若债务人在法定期内不提出异议又不履行支付义务的，则该支付命令具有执行力的一种程序。这是民事诉讼法规定的非诉讼程序，专门用于解决债权债务关系明确、但债务人却因各种原因不偿还债务的案件，将这一制度用于劳动法领域，具有重要意义。现实中，用人单位拖欠或未足额支付劳动报酬的现象极为普遍，而劳动报酬往往是劳动者"安身立命之本"，劳动者要争取权利，拿回劳动报酬，需要首先进行劳动仲裁，再经过诉讼，有的用人单位拖欠劳动报酬，还故意利用诉讼程序拖延时间，严重损害劳动者的权益。尽管最高人民法院《关于审理劳动争议案件适用法律若干问题的解释(二)》第三条规定"劳动者以用人单位的工资欠条为证据直接向人民法院起诉，诉讼请求不涉及劳动关系其他争议的，视为拖欠劳动报酬争议，按照普通民事纠纷处理"，劳动者凭用人单位的工资欠条可以直接起诉，无须"仲裁前置"，但是司法解释的法律效力层级较低，而且该条的适用前提是劳动者有用人单位开出的工资欠条，实践中用人单位开出工资欠条的现象并不常见，因此也无法很好地保护劳动者。《劳动合同法》规定劳动者在用人单位拖欠或者未足额支付劳动报酬的情况下有权申请支付令，人民法院应当依法发出支付令，具有重要意义。支付令具有强制执行力，用人单位在收到支付令之日起15日内，既不提出书面异议也不支付所欠劳动报酬的，劳动者有权向受诉人民法院申请强制执行，这样有利于简捷、迅速地督促用人单位履行义务，实现劳动法保护劳动者的立法宗旨。

2. 不得强迫或者变相强迫劳动者加班

1）我国现行的工时制度

工作时间是指劳动者在法定时间限度内提供劳动的时间，是劳动者履行劳动义务和用人单位支付劳动报酬的时间。我国现行的工时制度主要有以下内容。

（1）定时工作日是指由法律规定的、劳动者在每个工作日内固定的工作时间，是工时制度的主要形式，其中最普遍实行的是标准工作日。我国目前实行劳动者每日工作8小时、每周工作40小时的工时制度。

（2）计件工作日是指劳动者以完成一定劳动定额为计酬标准的工时制度。《劳动法》第三十七条规定："对实行计件工作的劳动者，用人单位应当根据本法第三十六条规定的工时制度合理确定其劳动定额和计件报酬标准。"

（3）综合计算工作日，是针对因工作性质特殊，需连续作业或受季节及自然条件限制的企业的部分职工，采用的以周、月、季、年等为周期，综合计算工作时间的工时制度，但其平均日工作时间和平均周工作时间应与法定标准工时基本相同。

（4）不定时工作日是针对因生产特点、工作特殊需要或职责范围的关系，无法按标准工作时间衡量或需要机动作业的职工所采用的工时制度。

2）加班加点的含义与法律规定

延长工作时间，即加班加点，是指超过正常工作时间长度的工作时间。加班是指劳动者按照用人单位的要求，在休息日和法定节假日工作；加点是劳动者按照用人单位的要

求,在标准工作日以外继续工作。《劳动合同法》第三十一条所规定的"用人单位应当严格执行劳动定额标准,不得强迫或者变相强迫劳动者加班"应包括加班、加点两种情形。劳动者享有休息权,有权在法定工作时间以外免予履行劳动义务而自行支配时间,加班加点则意味着延长劳动者的正常工作时间,占用了休息时间,同法定最高工时标准相冲突,因此用人单位不得擅自延长劳动者的工作时间。《劳动法》第九十条规定:"用人单位违反本法规定,延长劳动者工作时间的,由劳动行政部门给予警告,责令改正,并可以处以罚款。"

(1) 适用加班加点的情形。在计时工作制中,劳动者完成劳动定额或规定的工作任务后,根据用人单位的要求在法定标准工作时间以外工作的;在计件工作制中,劳动者完成计件定额任务后,由用人单位安排延长工作时间的;在综合计算工时制中,综合计算周期内的总实际工作时间超过总法定标准工作时间的部分属于加班加点。实行不定时工作制的劳动者,由用人单位根据标准工时制度合理确定劳动者的劳动定额或其他考核标准,以便安排劳动者休息,不存在加班加点。

(2) 加班加点不受限制的特殊情形。《劳动法》第四十二条规定,有下列情形之一的,延长工作时间不受本法第四十一条的限制:发生自然灾害、事故或者因其他原因,威胁劳动者生命健康和财产安全,需要紧急处理的;生产设备、交通运输线路、公共设施发生故障,影响生产和公众利益,必须及时抢修的;法律、行政法规规定的其他情形。依据《〈国务院关于职工工作时间的规定〉的实施办法》(劳部发〔1995〕143号)的规定,其他情形主要有:必须利用法定节日或公休假日的停产期间进行设备检修、保养的;为完成国防紧急任务,或者完成上级在国家计划外安排的其他紧急生产任务,以及商业、供销企业在旺季完成收购、运输、加工农副产品紧急任务的。

(3) 一般情况下加班加点的条件和限制。《劳动法》第四十一条规定:"用人单位由于生产经营需要,经与工会和劳动者协商后可以延长工作时间,一般每日不得超过一小时;因特殊原因需要延长工作时间的,在保障劳动者身体健康的条件下延长工作时间每日不得超过三小时,但是每月不得超过三十六小时。"用人单位要求劳动者加班加点,受到以下限制:①应满足"生产经营需要"的条件,而不能以其他理由要求劳动者加班;②用人单位应当事先与工会和劳动者协商,加班加点要占用劳动者的休息时间,必须与劳动者协商,不能强迫劳动者加班加点;③延长工时的长度不得超过法定时数,原劳动部《关于贯彻执行〈中华人民共和国劳动法〉若干问题的意见》(劳部发〔1995〕309号)第六十七条规定:"经批准实行不定时工作制的职工,不受劳动法第四十一条规定的日延长工作时间标准和月延长工作时间标准的限制,但用人单位应采用弹性工作时间等适当的工作和休息方式,确保职工的休息休假权利和生产、工作任务的完成。"

3. 遵守劳动安全操作规程的义务

获得劳动安全卫生保护权是劳动者享有的一项基本劳动权利,也是保障劳动者生存权的基本要求。劳动过程中往往存在着不安全的因素,给劳动者的生命安全和身体健康带来极大的危害,为保护劳动者在劳动过程中生命安全和身体健康,国家制定了劳动安全操作规程制度,《安全生产法》《矿山安全法》《建筑安装工程安全技术规程》等规定提供了安全技术措施和相应的安全组织管理措施,劳动者和用人单位都必须严格遵守。《劳动法》

第五十六条第一款规定："劳动者在劳动过程中必须严格遵守安全操作规程。"第五十二条规定："用人单位必须建立、健全劳动安全卫生制度，严格执行国家劳动安全卫生规程和标准，对劳动者进行劳动安全卫生教育，防止劳动过程中的事故，减少职业危害。"

4.3.4 劳动合同履行过程中劳动者享有的法定权利

1. 拒绝权

劳动者与用人单位建立劳动关系后，用人单位有权根据生产需要进行统一指挥和安排，劳动者负有服从指挥和管理的义务。但劳动者在一定条件下，也可以拒绝服从用人单位的指挥，即享有拒绝权。劳动者行使拒绝权应符合一定的要求。

（1）劳动者遵守劳动安全操作规程和劳动纪律，这是劳动者行使拒绝权的前提。提供安全保护是用人单位的义务，但劳动者作为生产和工作的实施者，必须严格遵守安全操作规程和劳动纪律。如果劳动者不熟悉操作规程，不按操作规程办事，必然会使生产存在安全隐患，甚至危害自己、他人的生命安全和身体健康。

（2）用人单位违章指挥。依照国家、行业安全标准，制定并遵守劳动安全操作规程，是用人单位的法定义务。用人单位管理人员行使指挥管理权，必须首先熟悉、掌握安全规程，并照章指挥，如果违反劳动安全规程，违章指挥，不仅滥用支配管理权，也违反了用人单位的义务。

（3）用人单位强令冒险作业。在劳动过程中，劳动环境、劳动条件发生重大变化，出现重大危险，用人单位应停止作业，待危险排除或危险因素消除后，才能要求劳动者继续作业。用人单位在危险和危险因素还存在的情况下，不顾劳动者的生命安全和身体健康，强令冒险作业，违反了劳动安全规程，劳动者有权拒绝。

用人单位违章指挥、强令冒险作业，其共同点都是违反劳动安全规程，行为本身具有违法性。

2. 安全生产监督权

《劳动合同法》第三十二条第二款规定："劳动者对危害生命安全和身体健康的劳动条件，有权对用人单位提出批评、检举和控告。"法律赋予劳动者享有对危害生命安全和身体健康的劳动条件的监督权，不仅是对用人单位滥用管理指挥权提供补救途径，更重要的是保障劳动者的生命安全和身体健康权。用人单位提供的劳动条件危害劳动者的生命安全和身体健康，劳动者有权向用人单位提出批评，也可以向有关部门检举和控告。劳动者行使监督权应得到保护，《安全生产法》第五十一条第二款规定："生产经营单位不得因从业人员对本单位安全生产工作提出批评、检举、控告或者拒绝违章指挥、强令冒险作业而降低其工资、福利等待遇或者解除与其订立的劳动合同。"

4.3.5 劳动合同的变更

劳动合同的变更是指劳动合同生效后，在履行过程中，合同当事人双方依法对劳动合同的内容进行修改或补充的行为。依法成立的劳动合同具有约束力，双方必须履行劳动合同约定的义务，任何一方当事人不能擅自变更劳动合同的内容。但是，这不意味着劳动合同不可以变更，在符合法定或约定的情况下，合同当事人可以对合同的内容进行变更。

1. 劳动合同变更的原则

劳动合同的变更必须遵循协商一致的原则。《劳动合同法》第三十五条第一款规定："用人单位与劳动者协商一致，可以变更劳动合同约定的内容。变更劳动合同，应当采用书面形式。"《劳动合同法》属于社会法范畴，以倾斜保护劳动者作为它的立法宗旨，但劳动合同也具有私法属性的特征，强调劳动者与用人单位之间订约的平等性，因此，要对依法有效的劳动合同进行变更必须双方协商一致。

1）协商一致的含义

协商一致是指劳动合同的内容、条款，在法律、法规允许的范围内，由双方当事人共同讨论、协商取得完全一致的意思表示后确定。有观点认为，《劳动法》第十七条规定所采用的是"协商一致"，而非"协商同意"，这意味着在变更劳动合同时，"并不是要求企业在合同变更本身须获得劳动者的同意"，因此，"劳动者此时所享有的协商权，只是一种程序性权利"。然而，"协商一致"与"协商同意"都强调劳动者和用人单位只有在以协商方式形成一致意见的基础上才能变更劳动合同，如果不能形成一致意见，用人单位不能单方面变更合同。"协商一致"不仅仅是程序性权利，同时也是保障劳动者享有与用人单位进行平等对话的重要权利。

2）协商一致的表现形式

变更劳动合同，应当采用书面形式。《劳动合同法》第十六条第一款规定："劳动合同由用人单位与劳动者协商一致，并经用人单位与劳动者在劳动合同文本上签字或者盖章生效。"该条明确了书面劳动合同生效的形式要件。劳动合同的变更应当采用书面形式，也适用上述规定。

有观点认为，用人单位劳动规章制度应该成为劳动合同变更的依据，理由是用人单位劳动规章制度是法定的劳动合同附件，并且可以直接涉及劳动者切身利益的事项，与劳动合同、集体合同一样，对确定劳动关系双方当事人的权利和义务有重要影响。用人单位劳动规章制度不能当然成为劳动合同变更的依据。劳动合同是确立劳动者和用人单位劳动权利和义务的协议，一经生效，对劳动者和用人单位都要产生法律约束力，双方必须履行。用人单位制定、修改或决定直接涉及劳动者切身利益的规章制度或重大事项时，应当经职工代表大会或者全体职工讨论，提出方案和意见，与工会或职工代表平等协商确定，还应当公示或者告知劳动者。符合制定程序的用人单位劳动规章制度，可以约束劳动者，但是新的用人单位劳动规章与劳动合同规定的内容不同时，必须经过双方协商一致，才能变更原劳动合同的内容，对劳动者发生效力。用人单位劳动规章要成为劳动合同变更的依据，可采取由劳动者签字的方式或采取书面形式对劳动合同内容进行变更。

如果双方当事人没有采取书面的方式变更劳动合同，这种变更有效吗？如果一方当事人事后反悔，应该如何处理？根据2013年2月1日生效的《审理劳动争议案件司法解释四》第十一条规定："变更劳动合同未采用书面形式，但已经实际履行了口头变更的劳动合同超过一个月，且变更后的劳动合同内容不违反法律、行政法规、国家政策以及公序良俗，当事人以未采用书面形式为由主张劳动合同变更无效的，人民法院不予支持。"

2. 劳动合同变更的情形

劳动变更针对的是劳动合同内容的变更,而不是主体的变更。引起劳动合同变更的情形主要有客观方面的原因,《劳动合同法》第四十条规定,劳动合同订立时所依据的客观情况发生重大变化,致使原劳动合同无法履行,双方可以协商变更劳动合同。用人单位方面的原因,如《劳动合同法》第四十一条规定:企业转产、重大技术革新或者经营方式调整,可以变更劳动合同。

为保护劳动者权益,《劳动合同法》的规定,发生用人单位变更名称、法定代表人、主要负责人或者投资人等事项,用人单位发生合并或者分立等情况,并不就此引起劳动合同的变更,不影响劳动合同的履行。用人单位发生合并或者分立等情况的,原劳动合同继续有效,劳动合同由承继其权利和义务的用人单位继续履行。

3. 劳动合同变更后的法律效果

劳动合同变更后,劳动者和用人单位的权利和义务以变更后的劳动合同为准,从变更的合同确定之日起发生变更。那么,如何看待原劳动合同的效力?

依法变更后的劳动合同,双方当事人应按变更后的合同内容履行,未变更的部分仍然有效。劳动合同的变更是在原劳动合同的基础上对部分内容所做的修改,因此原劳动合同中已修改的内容不再有效,按变更后的合同内容履行;原劳动合同中未变更的部分仍然有效,双方应按此规定履行。

富士康的加班争议

2010年上半年,深圳富士康接连发生了十几起员工跳楼事件。据了解,富士康公司的普工工资收入由当地最低底薪900元加上每月不定的加班费组成,于是加班费就成了很多工人的寄托。每个月富士康工人都要和厂方签订一份协议,表明他们是自愿加班的。于是在富士康,国家法律规定每月上限36小时的加班就不再是一个问题。签署后,员工的工作情况基本为"13+1",即干两星期休息一天,在富士康,深夜加班到12点甚至凌晨2点的情况比比皆是。

富士康表示从2010年10月开始,85%富士康基层员工的底薪,将如期调升到2 000元人民币,员工加班时数也将逐渐控制在36小时以内。

(资料来源: http://www.360doc.com/content/10/0625/16/607082_35179732.shtml.)

4.4 劳动合同的解除与终止

4.4.1 劳动合同解除的概念与形式

劳动合同的解除是指劳动合同订立后,尚未全部履行以前,由于某种原因导致劳动合同一方或双方当事人提前中断劳动关系的法律行为。劳动合同解除的形式如下。

1. 双方合意解除

经劳动合同当事人协商一致,劳动合同可以解除。

2. 劳动者提前通知解除

劳动者提前 30 日以书面形式通知用人单位，可以解除劳动合同。劳动者在试用期内提前 3 日通知用人单位，可以解除劳动合同。

3. 劳动者随时通知解除

用人单位有下列情形之一的，劳动者可以随时解除劳动合同：①未按照劳动合同约定提供劳动保护或者劳动条件的；②未及时足额支付劳动报酬的；③未依法为劳动者缴纳社会保险费的；④用人单位的规章制度违反法律、法规的规定，损害劳动者权益的；⑤以欺诈、胁迫的手段或者乘人之危，使劳动者在违背真实意思的情况下订立或者变更劳动合同而致使劳动合同无效的；⑥法律、行政法规规定劳动者可以解除劳动合同的其他情形。

同时，用人单位以暴力、威胁或者非法限制人身自由的手段强迫劳动者劳动的，或者用人单位违章指挥、强令冒险作业危及劳动者人身安全的，劳动者可以立即解除劳动合同，不需事先告知用人单位。

4. 过失性辞退（用人单位随时通知解除）

劳动者有下列情形之一的，用人单位可以解除劳动合同：①在试用期间被证明不符合录用条件的；②严重违反用人单位的规章制度的；③严重失职，营私舞弊，给用人单位造成重大损害的；④劳动者同时与其他用人单位建立劳动关系，对完成本单位的工作任务造成严重影响，或者经用人单位提出，拒不改正的；⑤以欺诈、胁迫的手段或者乘人之危，使对方在违背真实意思的情况下订立或者变更劳动合同，而致劳动合同无效的；⑥被依法追究刑事责任的。

5. 无过失性辞退（用人单位提前通知解除）

有下列情形之一的，用人单位提前 30 日以书面形式通知劳动者本人或者额外支付劳动者一个月工资后，可以解除劳动合同：①劳动者患病或者非因工负伤，在规定的医疗期满后不能从事原工作，也不能从事由用人单位另行安排的工作的；②劳动者不能胜任工作，经过培训或者调整工作岗位，仍不能胜任工作的；③劳动合同订立时所依据的客观情况发生重大变化，致使劳动合同无法履行，经用人单位与劳动者协商，未能就变更劳动合同内容达成协议的。

6. 经济性裁员

有下列情形之一，需要裁减人员 20 人以上或者裁减不足 20 人，但占企业职工总数 10% 以上的，用人单位提前 30 日向工会或者全体职工说明情况，听取工会或者职工的意见后，经向劳动行政部门报告，可以裁减人员：①依照企业破产法规定进行重整的；②生产经营发生严重困难的；③企业转产、重大技术革新或者经营方式调整，经变更劳动合同后，仍需裁减人员的；④其他因劳动合同订立时所依据的客观经济情况发生重大变化，致使劳动合同无法履行的。

裁减人员时，应当优先留用下列人员：①与本单位订立较长期限的固定期限劳动合同的；②与本单位订立无固定期限劳动合同的；③家庭无其他就业人员，有需要扶养的老人或者未成年人的。

用人单位依照上述规定裁减人员，在6个月内重新招用人员的，应当通知被裁减的人员，并在同等条件下优先招用被裁减的人员。

4.4.2 用人单位不得解除劳动合同的情形

劳动者有下列情形之一的，用人单位不得依照用人单位提前通知或者额外支付解除、经济性裁员的规定解除劳动合同：①从事接触职业病危害作业的劳动者未进行离岗前职业健康检查，或者疑似职业病病人在诊断或者医学观察期间的；②在本单位患职业病或者因工负伤并被确认丧失或者部分丧失劳动能力的；③患病或者非因工负伤，在规定的医疗期内的；④女职工在孕期、产期、哺乳期的；⑤在本单位连续工作满15年，且距法定退休年龄不足5年的；⑥法律、行政法规规定的其他情形。

4.4.3 工会对用人单位单方解除劳动合同的监督

用人单位单方解除劳动合同，应当事先将理由通知工会。用人单位违反法律、行政法规规定或者劳动合同约定的，工会有权要求用人单位纠正。用人单位应当研究工会的意见，并将处理结果书面通知工会。

4.4.4 劳动合同的终止

劳动合同的终止是指终止劳动合同的法律效力。从狭义上讲，劳动合同的终止是指劳动合同的双方当事人按照合同所规定的权利和义务都已经完全履行，且任何一方当事人均未提出继续保持劳动关系的法律行为；广义的劳动合同终止包括劳动合同的解除。此处所讲的劳动合同是狭义的。

有下列情形之一的，劳动合同终止：①劳动合同期满的（劳动合同期满，有上述用人单位不得解除劳动合同情形的，劳动合同应当续延至相应的情形消失时终止，但丧失或者部分丧失劳动能力劳动者的劳动合同的终止，按照国家有关工伤保险的规定执行）；②劳动者开始依法享受基本养老保险待遇的；③劳动者死亡或者被人民法院宣告死亡或者宣告失踪的；④用人单位被依法宣告破产的；⑤用人单位被吊销营业执照、责令关闭、撤销或者用人单位决定提前解散的；⑥法律、行政法规规定的其他情形。

4.4.5 劳动合同解除和终止的经济补偿

1. 经济补偿的适用范围

在全日制用工形式、劳务派遣和以完成一定的工作任务为期限的合同中，若满足下列条件之一的，劳动者可以依法获得经济补偿。

（1）劳动者依法随时解除劳动合同情形的。
（2）双方协商一致解除劳动合同，但是由用人单位提出解除协议的。
（3）用人单位无过失性辞退的。
（4）用人单位依照企业破产法规定进行重整而经济性裁员的。
（5）除用人单位维持或者提高劳动合同约定条件续订劳动合同，劳动者不同意续订的情况外，劳动合同期满终止固定期限劳动合同的。《劳动合同法》规定，劳动合同期满时，用人单位同意续订劳动合同，且维持或者提高劳动合同约定条件，劳动者不同意续订的，劳动合同终止，用人单位不支付经济补偿；如果用人单位同意续订劳动合同，但降低劳动合同约定条件，劳动者不同意续订的，劳动合同终止，用人单位应当支付经济补偿；如果用人单位不同意续订，无论劳动者是否同意续订，劳动合同终止，用人单位应当支付经济补偿。在《劳动合同法》制定过程中，上述规定引起了较大的争议。为平衡劳动者与用人单位的权利义务，《劳动合同法》在保留劳动合同期满终止给经济补偿的规定外，也做了一定限制。

（6）因用人单位被依法宣告破产、被吊销营业执照、责令关闭、撤销、用人单位经营期限届满不再继续经营导致劳动合同不能继续履行或者用人单位决定提前解散导致劳动合同终止的。

（7）法律、行政法规规定的其他情形。

2. 经济补偿的计算

经济补偿按劳动者在本单位工作的年限，每满一年支付一个月工资的标准向劳动者支付。6个月以上不满一年的，按一年计算；不满6个月的，向劳动者支付半个月工资的经济补偿。

劳动者月工资高于用人单位所在直辖市、设区的市级人民政府公布的本地区上年度职工月平均工资3倍的，向其支付经济补偿的标准按职工月平均工资3倍的数额支付，向其支付经济补偿的年限最高不超过12年。

《劳动合同法》第四十七规定，月工资是指劳动者在劳动合同解除或者终止前12个月的平均工资。

4.4.6 违反解除或终止劳动合同的法律后果

用人单位违反《劳动合同法》规定解除或者终止劳动合同，劳动者要求继续履行劳动合同的，用人单位应当继续履行；劳动者不要求继续履行劳动合同或者劳动合同已经不能继续履行的，用人单位应当依照《劳动合同法》第八十七条的规定支付赔偿金。

4.4.7 合同附随义务

劳动合同依法解除或者终止，劳动关系结束后，劳动合同中约定的权利义务结束，但是原劳动合同双方当事人仍应履行有关法定义务：用人单位应当在解除或者终止劳动合同时出具解除或者终止劳动合同的证明，并在15日内为劳动者办理档案和社会保险关系转移手续；劳动者应当按照双方约定，办理工作交接；用人单位依照《劳动合同法》有关规定应当向劳动者支付经济补偿的，在办结工作交接时支付；用人单位对已经解除或者终止的劳动合同的文本，至少保存2年备查。

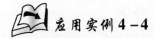
应用实例 4-4

1998年1月，甲公司聘请王某担任推销员。双方签订承包合同，约定：王某完成承包标准，每月基本工资1 000元，超额部分按40%提成。若完不成任务，可由公司扣减工资。该承包合同签订后，王某总是超额完成承包任务。但1998年8月,由于王某怀孕,身体健康状况欠佳,未能完成承包任务。为此,公司按合同约定扣发工资,只发生活费,每月280元,低于当地最低工资标准320元。其后,又有两个月均未能完成承包任务。因此,甲公司做出决定,解除与王某的劳动合同。王某不服,向当地劳动争议仲裁委员会提出申诉,要求补发所扣工资,并继续履行劳动合同。

4.5 劳动合同的特别规定

4.5.1 集体合同

集体合同制度是当今国际上普遍采用的调整劳动关系的一项重要法律制度。

1. 集体合同的特点与功能

集体合同是指工会或职工代表代表全体职工与用人单位或其团体(即集体协商双方当事人)之间根据法律、法规的规定,就劳动报酬、工作时间、休息休假、劳动安全卫生、保险福利等事项,在平等协商一致的基础上签订的书面协议。之所以要作为专节的特别规定,是因为集体合同与劳动合同相比存在着明显不同,它们主要有以下区别。①当事人不同。劳动合同当事人为单个劳动者和用人单位;集体合同当事人为劳动者团体和用人单位或其团体,故又称团体协约或团体合同;②目的不同。订立劳动合同的主要目的是确立劳动关系;订立集体合同的主要目的,是为确立劳动关系设定具体标准,即在其效力范围内规范劳动关系;③内容不同。劳动合同以单个劳动者的权利和义务为内容,一般包括劳动关系的各个方面;集体合同以集体劳动关系中全体劳动者的共同权利和义务为内容,可能涉及劳动关系的各个方面,也可能只涉及劳动关系的某个方面;④形式不同。劳动合同在有的国家为要式合同,在有的国家则要式合同与非要式合同并存;集体合同一般为要式合同;⑤效力不同。劳动合同对单个的用人单位和劳动者有法律效力;集体合同对签订合同的单个用人单位或用人单位所代表的全体用人单位,以及工会和工会所代表的全体劳动者,都有法律效力。并且,集体合同的效力一般高于劳动合同的效力。此外,它们在签订程序和适用范围等方面也有所不同。

集体合同盛行于现代各国,是因为在保护劳动者利益和协调劳动关系方面,集体合同具有劳动法规和劳动合同所无法取代的功能。

(1) 集体合同可以弥补劳动立法的不足。首先,劳动法规定的关于劳动者利益的标准属于最低标准,按此标准进行保护只是法律所要求的最低水平,而立法意图并不是希望对劳动者利益的保护仅仅停留在最低水平上,但想要通过劳动立法的方式规定更高的标准又恐怕难以施行。通过集体合同,可以对劳动者利益作出高于法定最低标准的约定,从而使劳动者利益保护的水平能够实际高于法定最低标准。其次,劳动法关于劳动者利益和劳动关系协调的规定可能比较原则,相对于复杂丰富的劳动关系而言难免有所疏漏。通过集体合同可以对这些共性问题作出约定,从而更具体地规范劳动关系,对劳动立法不完备起到补充作用。

(2) 集体合同可以弥补劳动合同的不足。第一,在签订劳动合同时,因单个劳动者是相对弱者,不足以与用人单位抗衡,难免违心地接受用人单位提出的不合理条款。而由工会代表全体劳动者签订集体合同,就可以与用人单位平等协商,避免劳动者被迫接受不合理条款。第二,劳动者之间因各自实力不同,在与用人单位签订劳动合同时的实际地位有差别，仅以劳动合同来确定劳动者的权利义务，就难免使有的劳动者遭受歧视，不能平等地享有权利和承担义务；通过集体合同可以确保在一定范围内，全体劳动者的权利和义务实现平等。第三，劳动关系的内容包括工时、定额、工资、保险、福利、安全卫生等方面，若都由劳动合同具体规定，每个劳动合同的篇幅必将冗长，这对于劳动合同的签订和鉴证来说，都是难以承受的负担，也不利于劳动关系的及时确立；集体合同对劳动关系的主要内容做出了具体规定后，劳动合同只需要就单个劳动者的特殊情况做出约定即可①。

2. 集体合同的内容

集体合同的具体内容，可能涉及劳动关系的各个方面，也可能只涉及劳动关系的某个方面。因此，企业职工一方与用人单位可以就劳动报酬、工作时间、休息休假、劳动安全卫生、保险福利等事项订立集体合同。但是集体合同中劳动条件和劳动报酬等标准不得低于当地人民政府规定的最低标准；用人单位与劳动者订立的劳动合同中劳动条件和劳动报酬等标准不得低于集体合同规定的标准。

3. 集体合同的订立

关于集体合同的订立，《劳动合同法》只做了几项原则性规定：①规定了平等协商原则；②规定了民主参与原则，集体合同草案应当提交职工代表大会或者全体职工讨论通过；③规定了订立集体合同的双方主体。订立一般集体合同的一方当事人必须是工会，另一方当事人必须是用人单位，尚未建立工会的用人单位，由上级工会指导劳动者推举的代表与用人单位订立。此外，企业职工一方与用人单位可以订立劳动安全卫生、女职工权益保护、工资调整机制等专项集体合同。在县级以下区域内，建筑业、采矿业、餐饮服务业等行业可以由工会与企业方面代表订立行业性集体合同，或者订立区域性集体合同。

4. 集体合同的生效及其法律效力

集体合同订立后，应当报送劳动行政部门；劳动行政部门自收到集体合同文本之日起15日内未提出异议的，集体合同即行生效。

依法订立的集体合同对用人单位和劳动者具有约束力。行业性、区域性集体合同对当地本行业、本区域的用人单位和劳动者具有约束力。

5. 集体合同争议的处理

用人单位违反集体合同，侵犯职工劳动权益的，工会可以依法要求用人单位承担责任；因履行集体合同发生争议，经协商解决不成的，工会可以依法申请仲裁、提起诉讼。

4.5.2 劳务派遣

劳务派遣在人力资源界一般被称为人力派遣或租赁。其通常是指劳动力派遣机构与派遣劳工签订派遣契约，在得到派遣劳工同意后，使其在被派企业指挥监督下提供劳动。劳务派遣的最大特点是劳动力雇用与劳动力使用相分离，派遣劳动者不与被派企业签订劳动

---

① 参见 http://www.LDHT.org.

合同，发生劳动关系，而是与派遣机构存在劳动关系，但却被派遣至要派企业劳动，形成"有关系没劳动，有劳动没关系"的特殊形态。

劳务派遣近年来在我国迅速发展，劳务派遣用工形式非常普遍，为了使符合社会化分工需要的劳务派遣能够得到健康发展，同时防止用工单位规避劳动保障法律法规，维护被派遣劳动者合法权益，《劳动合同法》对劳务派遣单位设立、劳动合同订立、被派遣劳动者的权利等做出了规范。2013年7月1日生效的《〈劳动合同法〉修正案》对劳务派遣制度做出了更细致的规定，如劳务派遣的适用范围、劳务派遣单位的设立条件等内容。

1. 规范劳务派遣单位的设立

只有依法设立的能够独立承担民事法律责任，且具备一定经济实力以承担对被派遣劳动者义务的公司法人才能专门从事劳务派遣经营。《劳动合同法》第五十七条规定，经营劳务派遣业务应当具备下列条件：注册资本不得少于人民币200万元；有与开展业务相适应的固定的经营场所和设施；有符合法律、行政法规规定的劳务派遣管理制度；法律、行政法规规定的其他条件。同时，经营劳务派遣业务，应当向劳动行政部门依法申请行政许可；经许可的，依法办理相应的公司登记。未经许可，任何单位和个人不得经营劳务派遣业务。根据《〈劳动合同法〉修正案》的规定，在2013年7月1日前经营劳务派遣业务的单位，应当在2013年7月1日起一年内依法取得行政许可并办理公司变更登记，方可经营新的劳务派遣业务。具体办法由国务院劳动行政部门会同国务院有关部门规定。

用人单位不得设立劳务派遣单位向本单位或者所属单位派遣劳动者。

2. 合同内容的特别规定

对劳务派遣单位与被派遣劳动者订立的劳动合同作出特别规定，维护被派遣劳动者的就业稳定权益，尤其是规定了劳务派遣单位应当与被派遣劳动者订立两年以上的固定期限劳动合同，按月支付劳动报酬；被派遣劳动者在无工作期间，劳务派遣单位应当按照所在地人民政府规定的最低工资标准，向其按月支付报酬。用工单位应当根据工作岗位的实际需要与劳务派遣单位确定派遣期限，不得将连续用工期限分割订立数个短期劳务派遣协议。

3. 被派遣劳动者的权利的特别规定

《〈劳动合同法〉修正案》特别强调了被派遣劳动者享有与用工单位的劳动者同工同酬的权利：用工单位应当按照同工同酬原则，对被派遣劳动者与本单位同类岗位的劳动者实行相同的劳动报酬分配办法。用工单位无同类岗位劳动者的，参照用工单位所在地相同或者相近岗位劳动者的劳动报酬确定。用工单位应当按照《劳动合同法》第六十二条的规定，向被派遣劳动者提供与工作岗位相关的福利待遇，不得歧视被派遣劳动者。连续用工的，实行正常的工资调整机制。劳务派遣单位不得克扣用工单位按照劳务派遣协议支付给被派遣劳动者的劳动报酬。劳务派遣单位和用工单位不得向被派遣劳动者收取费用。

《劳务派遣暂行规定》第十条规定，被派遣劳动者在用工单位因工作遭受事故伤害的，劳务派遣单位应当依法申请工伤认定，用工单位应当协助工伤认定的调查核实工作。劳务派遣单位承担工伤保险责任，但可以与用工单位约定补偿办法。被派遣劳动者在申请进行职业病诊断、鉴定时，用工单位应当负责处理职业病诊断、鉴定事宜，并如实提供职业病诊断，工作场所职业病危害因素监测结果等资料，劳务派遣单位应当提供被派遣劳动者职业病诊断、鉴定所需的其他材料。

劳务派遣单位跨地区派遣劳动者的，被派遣劳动者按照用工单位所在地的劳动标准执行；依法参加或者组织工会的权利。

用工单位不得将被派遣劳动者再派遣到其他用人单位。

4. 限定劳务派遣岗位的范围

《〈劳动合同法〉修正案》规定劳务派遣一般在临时性、辅助性或者替代性的工作岗位上实施。其中，临时性工作岗位是指存续时间不超过6个月的岗位；辅助性工作岗位是指为主营业务岗位提供服务的非主营业务岗位；替代性工作岗位是指用工单位的劳动者因脱产学习、休假等原因无法工作的一定期间内，可以由其他劳动者替代工作的岗位。

用工单位应当严格控制劳务派遣用工数量，不得超过其用工总量的一定比例，具体比例由国务院劳动行政部门规定。根据2014年3月1日开始施行的《劳务派遣暂行规定》，用人单位使用的被派遣劳动者数量不得超过其用工总量的10%，其中用工总量是指用工单位订立劳动合同人数与使用的被派遣劳动者人数之和。计算劳务派遣用工比例的用工单位是指依照《劳动合同法》和《劳动合同法实施条例》可以与劳动者订立劳动合同的用人单位。用工单位在《劳务派遣暂行规定》施行前使用被派遣劳动者数量超过其用工总量10%的，应当制定调整用工方案，于施行之日起2年内降至规定比例。但是，《关于修改〈中华人民共和国劳动合同法〉的决定》公布前已依法订立的劳动合同和劳务派遣协议期限届满日期在本规定施行之日起2年后，可以依法继续履行至期限届满。

4.5.3 非全日制用工

非全日制用工是指以小时计酬为主，劳动者在同一用人单位一般平均每日工作时间不超过4小时，每周工作时间累计不超过24小时的用工形式。非全日制劳动是灵活就业的一种重要形式，近年来，我国非全日制劳动用工形式呈现迅速发展的趋势，特别是在餐饮、超市、社区服务等领域，用人单位使用的非全日制用工形式越来越多。《劳动合同法》第一次以法律的形式对非全日制用工作出了规定。把非全日制用工纳入《劳动合同法》的调整范围，有利于完善我国的劳动合同制度，也使得灵活就业劳动者的劳动关系有了法律认可的凭证，有利于维护这部分劳动者的合法权益。

相对于普通劳动合同，非全日制用工劳动合同有以下不同：①非全日制用工双方当事人可以订立口头协议；②从事非全日制用工的劳动者可以与一个或者一个以上用人单位订立劳动合同，但是后订立的劳动合同不得影响先订立的劳动合同的履行；③非全日制用工双方当事人不得约定试用期；④非全日制用工双方当事人任何一方都可以随时通知对方终止用工，用人单位并不向劳动者支付经济补偿。

同时，法律也对非全日制用工做了以下保护性规定：①非全日制用工小时计酬标准不得低于用人单位所在地人民政府规定的最低小时工资标准；②非全日制用工劳动报酬结算支付周期最长不得超过15日。

 阅读材料

肯德基在内地签首个集体合同，职工工资年增5%

据中国之声《央广新闻》2010年6月18日报道，一度"难产"的沈阳肯德基员工集体合同签订问题将被解决，今天上午百盛餐饮沈阳有限公司工会将与公司行政方签订集体合同，这是肯德基在内地签订的首个集体合同。

肯德基是中国最大的快餐连锁企业，沈阳肯德基（包括必胜客在内）有66家门店，拥有员工2 350人，这个合同的签订是比较曲折的。从2009年12月23日开始，就已经按照沈阳市集体合同工作会议的要求进行了推进和初步协商，当时沈阳肯德基工会向企业行政方发出要约，要求平等协商签订集体合同。但是经过3个月的商谈，双方在量化工资核心条款上面没有达成一致。

2010年3月31日，沈阳市总工会向沈阳肯德基行政方面发出律师函，敦促其尽快量化工资核心条款，依法签订集体合同保障职工的合法利益。在此后多次协商没有结果的情况下，6月初沈阳市总工会的领导约见企业行政主要负责人，同时表达出工会在保证劳动力体面劳动、维护职工合法权益方面的诉求，在经过多次协商和要求之下最终达到了比较双赢的条件。

集体合同在企业和职工共同互利互惠的要求上，职工的利益得到了保证，企业的利益也在工会的协商之中达到了最大需求。这次签订的集体合同共有10章44条，涉及职工工作岗位、劳动报酬、工资增幅、带薪休假、社会保险以及劳动保护等必要条款，特别是对职工最关心的企业最低工资标准和职工工资增长幅度做出了具体的量化。

合同规定，从集体合同生效之日起，沈阳市66家肯德基的连锁餐厅，合同制职工的最低月工资标准，将由700元提高到900元，职工工资平均年增长幅度可以达到5%，其中一线职工的工资增幅还要高于5%。合同期限为一年半，也就是说在2011年年底前，工会还会与公司行政方启动新一轮的协商，继续续签集体合同，实现公司和职工的双赢。

（资料来源：http://www.china.com.cn/news/txt/2010-06/17-content_20080171.htm.）

4.6 用人单位的内部规章制度

用人单位的内部规章制度是用人单位制定的组织劳动过程和进行劳动管理的规则和制度的总和，又称内部劳动规则，是企业内部的"法律"。规章制度内容广泛，包括了用人单位经营管理的各个方面，包括劳动合同管理、工资管理、社会保险福利待遇、职工奖惩等。

4.6.1 内部规章制度的决定程序

内部规章制度的大多数内容与职工的权利密切相关，让广大职工参与规章制度的制定，可以有效地杜绝用人单位独断专行，防止用人单位利用规章制度侵犯劳动者的合法权益。《劳动合同法》第四条第二款规定："用人单位在制定、修改或者决定有关劳动报酬、工作时间、休息休假、劳动安全卫生、保险福利、职工培训、劳动纪律以及劳动定额管理等直接涉及劳动者切身利益的规章制度或者重大事项时，应当经职工代表大会或者全体职工讨论，提出方案和意见，与工会或者职工代表平等协商确定。"

4.6.2 内部规章制度的异议程序

用人单位的内部规章制度既要符合法律、法规的规定，也要合理，符合社会道德。实践中，有些用人单位的规章制度不违法，但不合理、不适当。例如，有的企业内部规章制度规定一顿饭只能几分钟吃完；一天只能上几次厕所，一次只能几分钟等。这些虽然不违反法律、法规的规定，但不合理，也应当有纠正机制。因此，《劳动合同法》规定在内部规章制度实施过程中，工会或者职工认为用人单位的内部规章制度不适当的，有权向用人单位提出，通过协商做出修改，使其完善。

4.6.3 内部规章制度的告知程序

内部规章制度是劳动合同的一部分，要让劳动者遵守执行，应当让劳动者知道。因此，《劳动合同法》第四条第四款规定："用人单位应将直接涉及劳动者切身利益的规章制度和重大事项决定公示，或者告知劳动者。"关于告知的方式有很多种，实践中，有的用人单位是在企业的告示栏张贴告示；有的用人单位是把规章制度作为劳动合同的附件发给劳动者；有的用人单位是向每个劳动者发放员工手册。无论哪种方式，只要让劳动者知道就可以。

4.6.4 职工名册制度

对于与本单位建立劳动关系的劳动者，用人单位应当建立职工名册，以备劳动行政部门查看，这是《劳动合同法》新增的规定。职工名册一般包括劳动者的姓名、性别、民族、出生年月、文化程度、政治面貌、职务、级别等内容。建立职工名册，对于用工管理、解决劳动争议、统计就业率和失业率等都有着很大帮助，同时也便于劳动行政部门行使劳动监察职责。

4.7 法律责任

《劳动合同法》对违反该法的法律责任做了专章规定，具体如下。

4.7.1 用人单位的法律责任

1. 规章制度违反法律、法规的法律责任

用人单位直接涉及劳动者切身利益的规章制度违反法律、法规规定的，由劳动行政部门责令改正，给予警告；给劳动者造成损害的，应当承担赔偿责任。

2. 未交付合同或合同必备条款缺失责任

用人单位提供的劳动合同文本未载明《劳动合同法》规定的劳动合同必备条款或者用人单位未将劳动合同文本交付劳动者的，由劳动行政部门责令改正；给劳动者造成损害的，应当承担赔偿责任。

3. 未订立合同的法律责任

用人单位自用工之日起超过一个月不满一年未与劳动者订立书面劳动合同的,应当向劳动者每月支付 2 倍的工资;用人单位自用工之日起满一年不与劳动者订立书面劳动合同的,视为用人单位与劳动者已订立无固定期限劳动合同。用人单位违反《劳动合同法》规定不与劳动者订立无固定期限劳动合同的,应当自订立无固定期限劳动合同之日起向劳动者每月支付 2 倍的工资。

4. 违法约定试用期法律责任

用人单位违反《劳动合同法》规定与劳动者约定试用期的,由劳动行政部门责令改正;违法约定的试用期已经履行的,由用人单位以劳动者试用期满月工资为标准,按已经履行的、超过法定试用期的期间向劳动者支付赔偿金。

5. 扣押身份证、收取财物法律责任

用人单位违反《劳动合同法》规定,扣押劳动者居民身份证等证件的,由劳动行政部门责令限期退还劳动者本人,并依照有关法律规定给予处罚。

用人单位违反《劳动合同法》规定,以担保或者其他名义向劳动者收取财物的,由劳动行政部门责令限期退还劳动者本人,并以每人 500 元以上 2 000 元以下的标准处以罚款;给劳动者造成损害的,应当承担赔偿责任。

劳动者依法解除或者终止劳动合同,用人单位扣押劳动者档案或者其他物品的,依照上述规定处罚。

6. 拖欠工资等违法行为法律责任

用人单位有下列情形之一的,由劳动行政部门责令限期支付劳动报酬、加班费或者经济补偿;劳动报酬低于当地最低工资标准的,应当支付其差额部分;逾期不支付的,责令用人单位按应付金额 50% 以上 100% 以下的标准向劳动者加付赔偿金:①未按照劳动合同的约定或者国家规定及时足额支付劳动者劳动报酬的;②低于当地最低工资标准支付劳动者工资的;③安排加班不支付加班费的;④解除或者终止劳动合同,未依照《劳动合同法》规定向劳动者支付经济补偿的。

拖欠工资劳动者可直接向法院申请支付令

因支付拖欠劳动报酬、工伤医疗费、经济补偿或者赔偿金事项达成调解协议,用人单位在协议约定期限内不履行的,劳动者可以不经仲裁程序,直接持调解协议书向人民法院申请支付令。这是最高人民法院 2009 年出台的《关于建立健全诉讼与非诉讼相衔接的矛盾纠纷解决机制的若干意见》规定的。

根据该意见的规定,经行政机关、人民调解组织、商事调解组织、行业调解组织或者其他具有调解职能的组织调解达成的具有民事合同性质的协议,经调解组织和调解员签字盖章后,当事人可以申请有管辖权的人民法院确认其效力。人民法院依法审查后,决定是否确认调解协议的效力。确认调解协议效力的决定送达双方当事人后发生法律效力,一方当事人拒绝履行的,另一方当事人可以依法申请人民法院强制执行。最高人民法院新闻发言人孙军工介绍,该意见的出台,旨在加强诉前调解与诉讼调解之间的有效衔接,完善多种纠纷解决方式之间的协调机制。

(资料来源: http://www.gov.cn/jrzg/2009-08/05-content_1383754.htm.)

7. 违法解雇的法律责任

用人单位违反《劳动合同法》的规定,解除或者终止劳动合同的,应当依照《劳动合同法》第四十七条规定的经济补偿标准的2倍向劳动者支付赔偿金。

8. 侵害劳动者人身权益的法律责任

用人单位有下列情形之一的,依法给予行政处罚;构成犯罪的,依法追究刑事责任;给劳动者造成损害的,应当承担赔偿责任:①以暴力、威胁或者非法限制人身自由的手段强迫劳动的;②违章指挥或者强令冒险作业危及劳动者人身安全的;③侮辱、体罚、殴打、非法搜查或者拘禁劳动者的;④劳动条件恶劣、环境污染严重,给劳动者身心健康造成严重损害的。

9. 不出解除、终止合同证明的法律责任

用人单位违反《劳动合同法》规定未向劳动者出具解除或者终止劳动合同的书面证明,由劳动行政部门责令改正;给劳动者造成损害的,应当承担赔偿责任。

4.7.2 劳动者的法律责任

劳动者违反《劳动合同法》规定解除劳动合同,或者违反劳动合同中约定的保密义务或者竞业限制,给用人单位造成损失的,应当承担赔偿责任。

4.7.3 劳务派遣单位的法律责任

劳务派遣单位违反《劳动合同法》规定的,由劳动行政部门和其他有关主管部门责令改正;情节严重的,以每人100元以上5 000元以下的标准处以罚款,并由工商行政管理部门吊销营业执照;给被派遣劳动者造成损害的,劳务派遣单位与用工单位承担连带赔偿责任。

4.7.4 非法用工单位的法律责任

《劳动合同法》关于无营业执照经营的单位被依法处理后法律责任承担问题做了专门规定:对不具备合法经营资格的用人单位的违法犯罪行为,依法追究法律责任;劳动者已经付出劳动的,该单位或者其出资人应当依照《劳动合同法》有关规定向劳动者支付劳动报酬、经济补偿、赔偿金;给劳动者造成损害的,应当承担赔偿责任。

4.7.5 个人承包的法律责任

个人承包经营违反《劳动合同法》规定招用劳动者,给劳动者造成损害的,发包的组织与个人承包经营者承担连带赔偿责任。

4.7.6 合同无效的过错责任和用人单位的连带责任

劳动合同依照《劳动合同法》被确认无效,给对方造成损害的,有过错的一方应当承担赔偿责任。

用人单位招用与其他用人单位尚未解除或者终止劳动合同的劳动者,给其他用人单位造成损失的,应当承担连带赔偿责任。

4.7.7 行政机关的法律责任

劳动行政部门和其他有关主管部门及其工作人员玩忽职守、不履行法定职责,或者违法行使职权,给劳动者或者用人单位造成损害的,应当承担赔偿责任;对直接负责的主管人员和其他直接责任人员,依法给予行政处分;构成犯罪的,依法追究刑事责任。

本 章 小 结

劳动合同法律制度具有实用性和技术性,是各方博弈的结果。本章选取劳动合同方面的重点制度和问题进行介绍,并尽量做到简明易懂。对于劳动合同,仍有很多可以进一步完善的地方。现实生活中充斥着有关劳动合同的丰富案例,只要理论联系实际,多观察、多思考,就更能拥有衡平的理性。

复习思考题

一、名词解释

1. 拒绝权   2. 过失性辞退   3. 劳务派遣   4. 非全日制用工

二、单项选择题

1. 下列属于《劳动合同法》立法宗旨的有(   )。
   A. 保护劳动者的合法权益　　　　　　B. 保护用人单位的合法权益
   C. 保护双方的合法权益　　　　　　　D. 保护社会公共利益
2. 劳动者在试用期的工资不得低于本单位相同岗位最低工资或劳动合同约定工资的(   )。
   A. 40%   B. 60%   C. 80%   D. 100%

三、多项选择题

1. 劳动合同分为(   )。
   A. 固定期限劳动合同
   B. 无固定期限劳动合同

C. 以完成一定工作任务为期限的劳动合同
D. 分包合同
2. 下列情形中劳动者可以解除劳动合同的有(　　)。
A. 劳动者提前30日以书面形式通知用人单位
B. 用人单位未及时足额支付劳动报酬的
C. 用人单位未依法为劳动者缴纳社会保险费的
D. 患职业病

四、简答题

1. 简述劳动合同的生效。
2. 简述用人单位不得解除的情形。

五、论述题

1. 《劳动合同法》如何体现了各种利益的博弈和平衡?
2. 如何更好地保护劳动者的合法权益,在立法上可以做何改进?

课 后 阅 读

要切实保障劳务派遣工同工同酬权利

同工同酬是劳动法确立的一项重要的工资分配制度。劳动法第四十六条明确规定:"工资分配应当遵循按劳分配原则,实行同工同酬"。对于技术和劳动熟练程度相同的劳动者在从事同种工作时,只要提供相同的劳动量,就应当获得相同的劳动报酬。劳动合同法同样秉承了同工同酬的立法精神:"被派遣劳动者享有与用工单位的劳动者同工同酬的权利。用工单位无同类岗位劳动者的,参照用工单位所在地相同或者相近岗位劳动者的劳动报酬确定。"如果所有企业都能善意地自觉守法,实现劳务派遣工同工同酬权利应当没有问题。但劳动合同法实施以来,劳动派遣工同岗不同薪、同工不同酬问题十分突出,劳动报酬权利得不到应有的保障。多数企业对劳务派遣工与本企业劳动合同制职工实行不同的工资福利标准和分配办法,有的劳务派遣工的劳动报酬、社会保险、福利待遇等与合同制职工相比差距较大。这既有悖于法律的规定,也严重损害了劳务派遣工的合法权益,成为影响劳动关系和谐的重大隐患。社会各界对此反映强烈,要求落实同工同酬规定,保障劳务派遣工劳动报酬权利的呼声很高。

为落实劳务派遣工同工同酬的权利,修改后的劳动合同法进一步作出规定:"用工单位应当按照同工同酬原则,对被派遣劳动者与本单位同类岗位的劳动者实行相同的劳动报酬分配办法";"劳务派遣单位与被派遣劳动者订立的劳动合同和与用工单位订立的劳务派遣协议,载明或者约定的向被派遣劳动者支付的劳动报酬应当符合前款规定。"修法决定还明确要求对继续履行的劳动合同和劳务派遣协议要按照同工同酬原则实行相同的劳动报酬分配办法的规定进行调整。这些保障劳务派遣工同工同酬权利的规定,对于严格规范劳务派遣用工、保障劳务派遣工合法权益、促进和谐劳动关系具有重要的意义。一段时间以来劳务派遣用工之所以被滥用,很重要的一方面原因就是劳务派遣工工资水平较低,并且没有合同制职工的福利待遇，用工单位用工成本因此大大降低。一定意义上说，落实好了劳动派遣同工同酬规定，就抓住了规范劳务派遣用工的"牛鼻子"。劳务派遣用工成本大幅增加，用工单位也就会更多地选择合同制用工。这样，以劳动合同制用工为主，劳务派遣用工为辅的用工制度就会得到坚持和巩固。稳定和谐的劳动关系也就有了坚实的基础。但我们也要清醒地看到，"徒法不足以自行"，把纸上的权利落实到实际中去，切实维护劳务派遣工同工同酬权利，还需要各方面共同努力，群策群力，推动法律的贯彻实施。

一是进一步细化同工同酬标准。有关部门应及时制定配套规定，明确劳务派遣工劳动报酬包括工资、奖金、加班费以及福利待遇等各类薪酬项目。要重点完善国有企业工资总额管理制度，把劳务派遣工工资纳入工资总额。

二是企业应自觉遵守法律规定和履行社会责任。用工单位应向劳务派遣工支付加班费、绩效奖金，提供与合同制职工相同的社会保险和福利待遇。建立劳务派遣工工资正常增长机制，确保其工资正常支付和生产生活条件有效改善，实现同工同酬。

三是切实加强劳动监察和劳动仲裁。劳动部门应建立常态化监督检查机制，协同工商、税务、财政和工会等部门开展联动监察工作，重点对企业支付劳动报酬情况进行监督，及时责令整改和处罚违反同工同酬规定行为。要加大劳动仲裁力度，畅通劳务派遣工权利诉求渠道，落实职工同工同酬权利。

四是充分发挥工会组织作用。各级工会组织应在大力组织劳务派遣工加入工会的基础上，积极开展工资集体协商，探索集体协商机制、职工代表大会制度覆盖劳务派遣工的运作模式，依托集体协商机制或者以用工单位与职工签订的集体合同，落实派遣工同岗同薪、同工同酬的平等待遇。

(http：//www.hinews.cn/news/system/2013/05/01/015652857.shtml 全总法律工作部劳动争议处理处处长黄龙)

第5章 工会法律制度

学习目标

知识目标	技能目标
1. 了解工会的法律地位 2. 了解工会的职责 3. 了解工会法的概念 4. 了解工会法与劳动法的关系 5. 了解职工参与权的法律特征 6. 了解职工参与权的社会条件 7. 了解集体谈判的概念与特征 8. 了解三方协商机制	1. 让工会人员及劳动者明确知晓工会的法律地位和职责 2. 恰当理解工会法 3. 掌握工会法与劳动法的关系，更好地解决劳资纠纷与矛盾 4. 合理、合法使用职工参与权，实现劳动者的合理诉求 5. 掌握集体谈判的技巧和方式 6. 运用三方协商机制，建立和谐劳动关系

企业终止工会主席的劳动合同是否合法

李某与 A 公司签订了 2 年期的劳动合同，工作 1 年后，李某当选为工会主席，任期 3 年。当 2 年的合同到期时，A 公司终止了与李某签订的劳动合同。李某提出了异议。

工会法是调整与劳动关系密切联系的关系的法律之一。工会的组织宗旨和任务就是代表和维护职工的合法权益，具有广泛的职责。集体劳动关系又称劳资关系，其核心制度包括集体谈判制度、集体合同制度、工会制度和产业行为制度等。工会作为工人的代表进行集体谈判的合法性被各国立法承认，劳动者是意志主体，工会是组织主体，是集体谈判的组织基础。在我国，确立集体协商对调整用人单位与劳动者之间的关系、维持和改善劳动者的劳动条件具有十分重要的意义。为调整劳动关系，以促进劳动关系和谐发展，有必要确立政府、工会和雇主（用人单位）的三方协商机制。在我国三方协商机制中，政府是国家利益的代表者和维护者，企业组织是各类企业利益的代表者，工会是职工群众的代表。通过三方协商机制，可以突出工会的地位，充分发挥工会的职责；缓解劳资矛盾，稳定劳动关系；促进社会的和谐。

5.1 工会的法律地位与职责

5.1.1 工会在调整劳动关系中的地位

1. 工会的性质及其在国家政治经济生活中的地位

工会的法律地位是指工会在社会政治、经济与文化生活中所占的位置的法律反映。它是由工人阶级的地位和工会的性质决定的，同时，也是和工会的组织宗旨和任务相一致的。我国的工人阶级在政治上是领导阶级，又是国家的主人。《宪法》规定："中华人民共和国的一切权力属于人民"，"人民依照法律规定，通过各种途径和形式，管理国家事务"。这在立法上确定了工会的法律地位。工会的组织宗旨和任务之一，就是代表和维护职工的合法权益。工会的性质是"职工自愿结合的工人阶级的群众性组织"。也就是说，工会是工人阶级的群众性组织和自愿结合、自愿参加的组织，这就决定了工会在国家政治、经济和生活中的地位和作用。

（1）《工会法》第十四条已明确地规定了工会具有社会团体法人资格，即"中华全国总工会、地方总工会、产业工会具有社会团体法人资格。基层工会组织具备民法通则规定的法人条件的，依法取得社会团体法人资格。"在市场经济条件下，承认工会依法取得社会团体法人资格，有利于工会在经济活动和经济交往中独立行使民事权利和承担民事义务，能够起诉、应诉。这充分体现了工会在国家政治、经济和社会生活中的地位。

（2）工会法律地位还体现在《工会法》的立法宗旨上。《工会法》第一条明确规定了其立法宗旨是"为保障工会在国家政治、经济和社会生活中的地位，确定工会的权利与义务，发挥工会在社会主义现代化建设事业中的作用"。这确定了工会的法律地位。

（3）工会在国家政治、经济和社会生活中的地位，也体现工会是党和政府联系广大职工群众的桥梁和纽带，是国家政权的主要社会支柱。所有这一切都充分说明，工会在国家的政治经济生活中占有重要的地位，负有重要的使命。

2. 工会在调整劳动关系中的地位

《劳动法》明确规定了工会在调整劳动关系中的地位。《劳动法》第七条第二款规定："工会代表和维护劳动者的合法权益，依法独立自主地开展活动。"在市场经济下，工会是劳动者利益的代表，是劳动者合法权益的维护者，这不仅是由工人阶级是领导阶级这一地位决定的，也是由工会是工人阶级的群众性组织这一性质决定的。维护职工合法权益是工会的基本职责，2001年修改后的《工会法》对此有了更肯定和清晰的规定，确定了工会的基本职责是维护职工的合法权益。修改后的《工会法》第二条第二款明确规定："中华全国总工会及其各级工会组织代表职工的利益，依法维护职工的合法权益。"第六条规定："维护职工合法权益是工会的基本职责。"这些规定确立工会代表和维护劳动者的合法权益这一地位，适应了建立市场经济体制的客观需要。

同时，工会在调整劳动关系中的地位与《劳动法》的立法宗旨是一致的。《劳动法》第一条明确规定："为了保护劳动者的合法权益，调整劳动关系，建立和维护适应社会主义市场经济的劳动制度，促进经济发展和社会进步，根据宪法，制定本法。"《劳动法》中规定的工会职权，也服从于制定《劳动法》的这一目的，工会的活动应为代表和维护劳动者的合法权益，依法独立自主地开展活动，为建立稳定和谐的劳动关系而服务。

5.1.2 工会的权利与职责

1. 工会参与企业民主管理和与用人单位平等协商

《劳动法》第八条规定："劳动者依照法律规定，通过职工大会、职工代表大会或者其他形式，参与民主管理或者就保护劳动者合法权益与用人单位进行平等协商。"《工会法》第六条第三款规定："工会依照法律规定通过职工代表大会或者其他形式，组织职工参与本单位的民主决策、民主管理和民主监督。"

企业民主管理制度是企业劳动者直接参加管理本企业事务的制度。目前，我国的生产力水平不高，人们的民主意识和法律意识还相当薄弱，职工参加企业民主管理的权利虽然受到一定的重视，但是从总的情况看，这项权利的实现还有待提高，企业民主管理制度仍存在各种需要解决的实际问题。改革开放的不断深入以及我国社会主义市场经济的建立和发展，对民主管理提出了更高的要求。因此，必须吸引职工更关心企业命运，积极参加企业管理。

《劳动法》第七条明确规定："劳动者有权依法参加和组织工会。工会代表和维护劳动者的合法权益，依法独立自主地开展活动。"而工会的基本任务之一是组织工会参与民主管理、平等协商。这表明工会组织是职工群众参加民主管理的组织者，能够代表和维护职工群众在企业中的民主权利。我国实行以生产资料社会主义公有制为主体、多种经济成分并存的所有制结构，企业的性质和结构决定了企业民主管理的程度、形式、方法各不相同。按企业所有制性质不同，目前我国的企业民主管理大体分3种形式。

（1）全民所有制企业职工的民主管理的基本形式是职工代表大会。根据《中华人民共和国全民所有制工业企业法》（以下简称《全民所有制工业企业法》）和《全民所有制工业企业职工代表大会条例》（以下简称《职代会条例》）的规定，企业实行民主管理。《全民所有制工业企业法》规定职工代表大会是行使民主管理的权力机构，按照《全民所有制工业企业法》第五十二条的规定，职工代表大会行使下列职权：①审议建议权，即听取和审议厂长关于企业的经营方针、长远规划、年度计划、基本建设方案、重大技术改造方案、职工培训计划、留用资金分配和使用方案、承包和租赁经营责任制方案的报告，提出意见和建议；②审查通过权，即审查同意或者否决企业的工资调整方案、奖金分配方案、劳动保护措施、奖惩办法以及其他重要的规章制度；③审议决定权，即审议决定职工福利基金使用方案、职工住宅分配方案和其他有关职工生活福利的重大事项；④评议监督权，即评议、监督企业各级行政领导干部，提出奖惩和任免的建议。

（2）集体所有制企业的民主管理由集体企业的职工（代表）大会行使。我国《宪法》第十七条规定："集体经济组织在遵守有关法律的前提下，有独立进行经济活动的自主权。集体经济组织实行民主管理，依照法律规定选举和罢免管理人员，决定经营管理的重大问题。"《中华人民共和国城镇集体所有制企业条例》第九条第一款规定："集体企业依照法律规定实行民主管理。职工（代表）大会是集体企业的权力机构，由其选举和罢免企业管理人员，决定经营管理的重大问题。"第二十八条还规定了集体企业的职工（代表）大会在国家法律、法规的规定范围内行使下列职权：①制定、修改集体企业章程；②按照国家规定选举、罢免、聘用、解聘厂长（经理）、副厂长（副经理）；③审议厂长（经理）提交的各项议案，决定企业经营管理的重大问题；④审议并决定企业职工工资形式、工资调整方案、奖金和分红方案、职工住宅分配方案和其他有关职工生活福利的重要事项；⑤审议并决定企业的职工奖惩办法和其他重要规章制度；⑥法律、法规和企业章程规定的其他职权。

（3）外商投资企业和私营企业中劳动者参与管理的形式主要是通过工会组织与经营者建立的协商会议制度进行的。在我国，工人阶级是国家的领导阶级，在外商投资企业和私营企业中工作的我国职工也是国家和社会的主人。但是，由于上述企业资产所有权部分或全部为外商或私营者所有，因此，这些企业的职工在参与企业管理方面与国有企业、集体企业不同。劳动者参与管理的主要形式是就保护劳动者合法权益与用人单位进行平等协商。对此，《中外合资经营企业法》《中外合作经营企业法》《外资企业法》及《私营企业暂行条例》都做了明确的规定。在外资企业和私营企业中，由于投资者对企业拥有所有权和经营权，而职工作为劳动者一般无权参与企业的决策性管理，但有权维护自己的劳动权利、经济权利，并通过工会组织与经营者建立定期或不定期的协商会议制度，对有关劳动制度、劳动标准的建立及争议问题进行协商，妥善解决。《中华人民共和国外资企业法实施细则》第六十六条第二款明确规定，"外资企业研究决定有关职工奖惩、工资制度、生活福利、劳动保护和保险问题时，工会代表有权列席会议。外资企业应当听取工会的意见，取得工会的合作"。

2. 工会在调整劳动关系中的职责

工会在调整劳动关系中拥有广泛的职权，《劳动法》对工会的职权做了以下具体规定。

1) 代表职工与企业签订集体合同

《劳动法》第三十三条明确规定："企业职工一方与企业可以就劳动报酬、工作时间、休息休假、劳动安全卫生、保险福利等事项，签订集体合同。集体合同草案应当提交职工代表大会或者全体职工讨论通过。集体合同由工会代表职工与企业签订；没有建立工会的企业，由职工推举的代表与企业签订。"随着改革开放的深入，出现了以公有制为主体、多种经济成分共同发展的格局，出现了复杂多样的劳动关系，因此，实行集体合同制成为客观上的需要。在这种形势下，由工会组织代表职工与企业组织签订集体协议，可以从整体上维护劳动者的合法权益，发挥工会在协调、稳定劳动关系中的作用。

集体合同是市场经济体制下调整劳动关系普遍采用的形式，世界各国都有成功的经验，尽管它在我国处于起步的阶段，但作为今后改革的方向，我国已将其规定在《劳动法》中，它将会日益发挥显著的作用。

2) 解除合同不适当，工会有权提出意见

《劳动法》第三十条明确规定："用人单位解除劳动合同，工会认为不适当的，有权提出意见。如果用人单位违反法律、法规或者劳动合同，工会有权要求重新处理；劳动者申请仲裁或者提起诉讼的，工会应当依法给予支持和帮助。"这一规定是工会行使职权和保护劳动者的合法权益的法律保障，工会依法替劳动者说话，切实保障劳动者合法权益不受侵犯。

对违反《劳动法》的有关解除劳动合同的行为，工会认为有问题的，有权提出意见，如果用人单位违反法律、法规或者劳动合同，工会有权要求重新处理；对劳动者申请仲裁或者提起诉讼的，工会应当依法给予支持和帮助，依法保护劳动者的合法权益不受侵犯。

为保障劳动者合法权益不受侵犯，《劳动法》规定用人单位违反该法第二十四条、第二十六条规定的条件，而错误解除劳动合同的，应依法给予经济补偿。该法第九十八条还规定："用人单位违反本法规定的条件解除劳动合同或者故意拖延不订立劳动合同的，由劳动行政部门责令改正；对劳动者造成损害的，应当承担赔偿责任。"这些规定对保障劳动者合法权益和工会依法行使职权都有重要意义，也是工会行使这一职权的法律根据。

3) 用人单位裁员，应听取工会意见

《劳动法》第二十七条第一款明确规定："用人单位濒临破产进行法定整顿期间或者生产经营状况发生严重困难，确需裁减人员的，应当提前三十日向工会或者全体职工说明情况，听取工会或者职工的意见，经向劳动行政部门报告后，可以裁减人员。"

应用实例 5-1

张某是某信用社主任，上级农业银行领导认为张某有贪污公款行为，做出开除张某公职的决定，未经职工代表大会或职工大会讨论决定，也未报劳动部门或人事部门备案。张某不服，提起诉讼。

在市场经济体制下，企业按照市场规律，根据生产经营的需要，有权自主用人。为了规范企业裁员行为，《劳动法》规定了裁员的范围和条件：企业在濒临破产进行法定整顿期间或者因生产经营不善发生严重困难，确需裁减人员时，可以裁减人员。这在法律上确认了企业的经营自主权、用人自主权，有利于企业提高竞争能力。但是，目前企业富余人员普遍较多，我国劳动力市场供大于求的状况在短期内不会改变，为了防止大量裁减职工带来社会不安定因素，《劳动法》同时又规定了用人单位裁减职工的限制条件，即用人单位裁减无过失职工时，应当遵守法定程序：必须征得本单位工会的同意或与本单位全体职工协商，并向劳动行政部门报告后，才可以裁减人员。

4) 用人单位延长劳动时间要与工会协商

《劳动法》规定，"国家实行劳动者每日工作时间不超过八小时"；"用人单位由于生产经营需要，经与工会和劳动者协商后可以延长工作时间，一般每日不得超过一小时；因特殊原因需要延长工作时间的，在保障劳动者身体健康的条件下延长工作时间每日不得超过三小时，但是每月不得超过三十六小时。"

为了保证有关工作时间立法的贯彻实施，《劳动法》特别规定用人单位由于生产经营需要延长工作时间，应征求工会意见和与劳动者协商。因为工会是职工利益的代表者，要求工会对工时立法行使监督权，说明国家对工会的重视，工会应保障职工的休息权不受侵犯。

3. 工会参与劳动争议的调解和仲裁

为了妥善处理劳动争议，保护劳动者的合法权益，调整劳动关系，维护正常的生产秩序，《劳动法》第八十条第一款规定："在用人单位内，可以设立劳动争议调解委员会。劳动争议调解委员会由职工代表、用人单位代表和工会代表组成。劳动争议调解委员会主任由工会代表担任。"第八十一条规定："劳动争议仲裁委员会由劳动行政部门代表、同级工会代表、用人单位方面的代表组成。劳动争议仲裁委员会主任由劳动行政部门代表担任。"这是国家在法律上确定的工会在处理劳动争议中的地位和职权，也为工会行使权利参与处理劳动争议提供了法律保障。

（1）工会代表参与组成劳动争议调解委员会，行使调解权。劳动争议调解委员会是在企业内依法成立的调解劳动争议的群众性组织。劳动争议调解委员会由职工代表、用人单位代表和工会代表组成。劳动争议仲裁委员会主任由工会代表担任。劳动争议调解委员会根据合法、公正、及时处理的原则处理争议，防止矛盾激化。

（2）工会参与组成劳动争议仲裁委员会，行使仲裁权。劳动仲裁委员会是依法成立的处理劳动争议的专门机构。它是一种行政执法机构，行使仲裁权。劳动争议仲裁委员会由劳动行政部门代表、同级工会代表、用人单位方面的代表组成。劳动争议仲裁委员会主任由劳动行政部门代表担任。劳动行政部门的劳动争议处理机构为仲裁委员会的办事机构，负责办理仲裁委员会的日常事务。

（3）工会参与依法、及时、正确处理劳动争议，有力地保护了双方当事人的合法权益，特别是对维护劳动者合法权益，建立良好和谐的劳动关系，促进生产发展和社会进步都有重要的意义。

（4）工会有权对用人单位遵守劳动法律法规的情况进行监督。工会是工人阶级的群众性组织。企业工会是职工代表大会的工作机构，代表广大劳动者的利益。工会为维护劳动者的合法权益，有权对用人单位执行劳动法的情况进行监督。对此，《劳动法》第八十八条第一款规定："各级工会依法维护劳动者的合法权益，对用人单位遵守劳动法律、法规的情况进行监督。"这一规定确保各级工会行使群众性的民主监督权。

5.2 工会法与劳动法的关系

5.2.1 工会法的概念

工会法是国家制定的确立工会在国家政治、经济、社会生活中的地位,规定工会的权利与义务,为工会的活动提供法律保障的法律,它体现了党和国家对工会的政策与方针,发挥工会在社会主义现代化建设中作用的法律工具。

工会法是调整与劳动关系密切联系的关系的法律之一。1950年6月29日,中央人民政府颁布了《工会法》,这是新中国成立初期我国颁布的重要法律之一。1992年4月3日第七届全国人民代表大会第五次会议通过了新的《工会法》,它取代了1950年颁布的《工会法》。2001年10月27日,九届全国人大常委会第二十四次会议表决通过了《关于修改〈中华人民共和国工会法〉的决定》,并宣布即日起实行。《工会法》是我国的一项重要的基本法,在我国的法律体系中占有重要的地位。首先,它是由全国人民代表大会审议通过的,具有极大的权威性。我国一切机关和部门制定的有关工会方面的法规、条例、决策等,包括国务院及各部委、直属机构,各省、自治区、直辖市人民代表大会和政府机关制定的有关工会问题的法规、条例、决定、办法等规范性文件,均不得与《工会法》的内容相抵触。其次,它所调整的社会关系及其承担的任务,也决定了它在法律体系中占有重要的地位。《工会法》第一条明确规定了立法宗旨和依据:"为保障工会在国家政治、经济和社会生活中的地位,确定工会的权利与义务,发挥工会在社会主义现代化建设事业中的作用,根据宪法,制定本法。"工会是我国重要的社会团体,是我国职工利益的代表者。《工会法》实质上是关于工人阶级群众组织的权利、义务法,它保障了工会在国家政治、经济和社会生活中的地位。

5.2.2 工会法与劳动法的关系概述

我国有的学者认为工会法是一个独立的法律部门,主要理由是,它所调整的对象包括工会的组织原则和工会的建立与撤销的程序、工会的权利和义务、工会的经费和财产等,这些都是有关社会团体的法律规范,而又与其他社会团体有所区别;而研究劳动法的学者则大都主张工会法属于劳动法的范畴,是劳动法的一个重要组成部分,理由如下。

(1) 以其调整的社会关系来讲,应属于劳动法的范畴。中外许多劳动法专家都认为劳动法的调整对象是劳动关系以及与劳动关系密切联系的一些关系,工会法所调整的对象正属于与劳动关系密切联系的一些关系,所以它应是劳动法的组成部分。

(2) 就工会法所规定的工会任务来看,工会旨在发挥工人阶级群众性组织的作用,它要为维护职工合法权益而斗争,它要坚决代表职工利益和巩固劳动关系,这使工会法与劳动法有密切的关系,因此它应是劳动法的组成部分。

(3) 按照法律部门进行划分,基本上是将一些有关联的、密切联系的法律、法规划归一个部门。工会法是国家的基本法,但并不是每一个基本法都构成一个法律部门。例如,企业法是重要的基本法,但它只是经济法的组成部分。所以,工会法虽然是基本法,但它却是重要的劳动法。

(4) 按照传统的做法，世界上许多国家都把工会法作为劳动法典的重要内容，此外，为了弥补劳动法典的不足，而又颁布专门的工会法，这种做法更有利于发挥工会的作用，使工会在协调劳动关系中起到劳动行政部门难以产生的作用。把工会法纳入劳动法典之中，意味着加强工会在协调劳动关系中的地位，绝不是削弱和降低工会法在法律体系中的地位。

5.3 职工参与权

5.3.1 职工参与权的法律特征与社会条件

1. 职工参与权：管理分享权

职工参与权是指劳动者参与企业和社会管理的权利。职工参与权是"二战"以后，在劳资关系领域中发展起来的一项劳动者的集体权利。与着眼于劳资双方的利益差别与劳资矛盾的"劳动三权"即团结权、谈判权和争议权相比较，职工参与权是一项更高层次的权利，更注重劳资双方的共同利益与劳资合作。

在企业层面的职工参与权，其实质是一种分享权，是劳动对于原属资本的领地的介入和分享。这种介入和分享的直接对象是企业的经营管理权，而对于劳动管理权的介入和分享，则是企业职工参与权的基础和重点。企业职工参与权，弥补了传统劳动三权的不足，使得劳权保障和劳资关系的协调直接进入企业管理系统的内部，并通过职工参与权的行使，更加保证了传统的劳动三权的实施和效果。

企业的职工参与权并不是一种直接的管理权，也不是替代管理权。作为分享权，企业职工参与权的行使是在与经营管理互相作用中实现的。就参与的程度而言，参与包括信息沟通、咨询建议、协商磋商、共同决策等。在一般的或大多数的情况下，企业劳动者的参与是一种不对等的参与，对等参与是参与的最高程度，即劳资平分秋色。超出这一程度，就已经不是参与，而是工人直接管理或工人自治了。

劳动者职工参与权是以企业民主参与为基础和主要内容的。企业职工参与权的性质主要是一种经济方面的权利，不同于具有典型的政治参与的性质的劳动者对社会和国家的民主参与，后者是影响或试图影响公益分配的行为。就形式而言，劳动者的政治参与主要通过工会组织的政治活动和政治参与来实现。这些活动，在资本主义代议制国家，主要表现为工会作为一种压力集团的作用；在社会主义国家的民主政治中，则主要表现为工会作为社会团体的参政议政活动。以产业关系或社会劳动关系为基本内容的国家和社会层面的民主参与，在市场经济条件下，一般采用政府、工会和雇主三方协商的机制来实现。

2. 市场经济国家员工参与权产生的社会条件

劳动者职工参与权在市场经济国家的出现，是资本主义社会经济、政治和劳资关系矛盾和发展的结果。①从经济关系来看，职工参与权是与现代企业制度的实施和企业管理的发展直接相关的；②从政治关系来看，资产阶级民主制度的发展，为劳动者的民主参与提供了政治条件；③从工人运动的发展来看，工人阶级的斗争目标，不仅是要改善自己的劳动条件和劳动待遇，而且还把参与现存制度的运作和管理作为一种奋斗的目标。

3. 职工参与权：从计划经济到市场经济的转变

1) 职工参与权的特征：由管理的权力到参与的权利

在我国，企业民主管理是为保证社会主义原则在企业中的贯彻，由劳动者依照法律规定，以主人翁的身份运用审议、监督、维护、协调和教育等职能参加和监督管理过程的一系列工作的总称。

从制度设计来看，中国劳动者的参与权有以下特征。

(1) 我国劳动者的这一权利是"民主管理"而不是"民主参与"。我国《宪法》《工会法》《劳动法》《企业法》都将这一权利规定为"民主管理"。与"民主参与"比较，"民主管理"强调的是管理权，是一种向劳动者直接管理的过渡。

(2) 民主管理对于我国的企业劳动者而言，不仅是"权利"，而且是"权力"。《全民所有制工业企业职工代表大会条例》规定："职工代表大会是企业实行民主管理的基本形式，是职工行使民主管理权力的机构。"职工行使的是"权力"，而不是"权利"。这表示职工已经具有管理人的身份。

2) 职工参与权的性质：由政治权利到经济权利

在计划经济体制下，企业民主参与是被纳入政治管理目标之中的，职工参与权被看成是职工群众作为国家和企业主人应享有的政治权利。所谓政治权利，一般认为是与国家事务相联系的权利。市场经济的建立，使企业回归为纯粹的经济组织，这决定了企业中与生产和经营有关的活动都是经济性行为。职工参与管理是从属于企业管理的，这也决定了民主参与管理的经济性质。企业职工参与权，虽然也具有政治意义，但就其本质而言是一种经济权利。

3) 职工参与权的主体：由主人翁到劳动者

企业职工参与权的主体是企业普通职工群众，但企业普通职工群众参与管理的身份，是作为企业的劳动者。在计划经济体制下，历来将职工当成企业的"主人翁"，如果仅是在政治的意义上，这是可以理解的，但在法律上则并不严格。因为作为"主人"，必须是企业的所有者，享有企业的所有权。在市场经济条件下，企业职工不论是在私有企业，还是在国有企业，或者是在混合经济企业，他们的基本身份是工资劳动者，他们也是以这一身份行使企业员工参与权的。

5.3.2 我国职工民主参与立法现状

市场经济国家劳动者参与权的立法，最早可以追溯到1891年德国修订的《工商业营业法》。但劳动者参与作为一种相对稳定的制度，则是在"二战"后。国际劳工组织在确定职工的员工参与权中发挥了积极的推动作用。

1. 计划经济下民主管理的立法确认

职工民主参与在我国被称为民主管理。《宪法》明确规定："国有企业依照法律规定，通过职工代表大会和其他形式，实行民主管理"；"集体经济组织依照法律规定实行民主管理，由它的全体劳动者选举和罢免管理人员，决定经营管理的重大问题"。1994年《劳动法》第八条规定："劳动者依照法律规定，通过职工大会、职工代表大会或者其他形式，参与民主管理或者就保护劳动者合法权益与用人单位进行平等协商。"《工会法》第三十五条规定："国有企业职工代表大会是企业实行民主管理的基本形式，是职工行使民主管理权力的机构，依照法律规定行使职权。"第三十六条规定："集体企业的工会委员会，应当支持和组织职工参加民主管理和民主监督维护职工选举和罢免管理人员、决定经营的重大问题的权力。"另外，在一些相关法律如《企业法》《公司法》中，对于职工的员工参与权也都有相应的规定。

2. 职工参与权：市场经济的挑战

随着城市经济体制改革的不断深化，以职工代表大会制度为基本形式的职工民主管理制度遇到了严峻的挑战。产权关系的变化，使得以往的以国营工业企业为实施目标的企业职工民主管理制度失去了最基本的经济依据。企业体制和经营管理机制的变化，使以往的职工民主管理权限已经与这一体制和机制产生矛盾；企业劳动关系性质和运行机制的变化，使得原有的民主管理体制无法运行。这些问题得不到解决，法律赋予职工的民主管理权利便更多地只具有形式上的意义。例如，国有企业职工代表大会的职权，在原来实行厂长负责制的国有企业，对于职工而言是有实际意义的。但在现代企业制度中，这些权利却与企业股东大会和董事会的权利发生了冲突。这种状况，要求我们必须重新思考市场经济条件下劳动者民主参与权的性质、内容和实现途径。

5.3.3　不同类型企业的职工参与权

1. 国有企业的职工参与权

国有企业劳动关系的特点决定了企业劳动者的地位与权利，也决定了这一类企业职工员工参与权在具体行使中的特点。

国有企业职工民主参与的权利，主要表现为企业职工民主管理的权利。国有企业职工民主参与的基本形式，仍然应该是职工代表大会制度。以职工代表大会为基本形式的民主参与的内容，主要包括两个方面：①工资、福利等劳动标准和劳动条件等有关职工权益的内容；②企业管理和企业发展的内容。一般来说，职工劳动权益是基础内容，企业管理方面的内容则是更高层次的内容。

平等协商也是职工参与的一种形式。平等协商具有各种形式，包括定期的和不定期的、专项的和多项的、书面的和口头的、需要有协商结果的或只需交换意见的。另外，班组管理、平等对话、评议干部、合理化建议活动等，也都是国有企业职工民主参与的形式。

在实行公司制的企业中，工人董事和工人监事制度，是职工行使员工参与权的重要形式。

2. 股份制企业职工参与权

职工参与治理结构，已经成为市场经济国家职工民主参与的一种较为普遍的形式。根据我国近几年来现代企业建立过程中的经验，职工介入治理结构主要有以下的方式和内容（即股份制企业的职工民主参与的主要途径）：一是职工参股并以职工参股的名义进入股东大会；二是职工代表进入董事会和监事会。

除介入治理结构外,集体谈判和集体合同制度是公司制企业职工民主参与的基本手段之一。由于这一类企业具有现代企业制度的特点,集体协商和集体谈判便具有了客观的需求与条件。集体合同制度也是民主参与的一种形式,其基本内容是劳资双方共同确定劳动标准和劳动条件。在我国的混合经济中,集体合同制度刚刚开始实施。

3. 私营经济职工参与权

这里说的私营经济,包括国内资本的私营企业和海外资本的外商独资企业(合资企业一般为混合经济)。我国的私营经济的劳动关系,既具有私有经济的一般特点,又具有我国特定条件下的私有经济的特点。这决定私营企业的员工参与权的性质是权利争取型。由于私营企业的劳动关系是一种雇主主导的雇佣型的劳动关系,决定了职工民主参与的性质是权利争取型的参与。这种权利争取型的参与主要表现是,劳动者在企业中通过民主参与来争取和扩大自己的权利。这种参与既不同于国有企业利益一体型的参与,也不同于混合经济企业利益协调型的参与,而是具有某种对抗性的意义。

应用实例 5-2

据《工人日报》报道,山西某县的县长助理竟对某厂工人说,企业全都要卖给个人,工人只是劳动者,不再是什么主人翁。难道我们的企业改革真的如其所言,是要使职工沦为出卖劳动力的劳动者吗?显然不是,这种说法与我党的改革宗旨背道而驰。这些问题的提出发人深省,它从反面提出了一个事关全局的问题,即如何确认并维护改制后的企业和公司职工的民主管理权利。

在国有企业进行公司化改组后,公司职工在企业中的地位如何?职工在公司中是否应享有权利?享有哪些权利?这些都是企业改革必须回答而无法回避的问题。

5.4 集体劳动关系及其法律调整

5.4.1 集体劳动关系

集体劳动关系,又称劳资关系,西方市场经济国家称之为产业关系。顾名思义,所谓集体劳动关系,社会关系主体必然为"集体"或"团体"。集体劳动关系的核心制度包括集体谈判制度、工会制度和产业行为制度等。以市场经济社会劳资关系协调的一般规则看,允许劳资双方以集体谈判的方式协调劳资关系,国家公力在必要时机介入予以协调,既可避免对劳资关系调整的放任自流,也可避免国家公力完全控制局面,整体上劳资关系不至于发生大乱,而局部性的一方因力量的不平衡仍难以使自身权益受损。中国自市场经济体制确立以来,尤其是1994年《劳动法》颁布来,以建立符合市场经济体制为目标,逐步建立适应市场经济体制的集体劳动关系调整机制。《劳动法》颁布之后,相关行政规章,如《集体合同规定》《工资集体协商试行办法》得以颁布,具有中国特色的集体协商制度在实务中开始了探索。

1. 集体谈判的概念及其特征

国际劳工组织关于集体谈判的表述是,集体谈判是一雇主、一些雇主就以下目的所进行的所有谈判:①确定劳动和就业条件;②解决雇主和工人间的关系;③解决雇主或其组织同一个或数个工人组织之间的关系。集体谈判又称集体协商或劳资交涉，是产业（雇佣）关系双方当事人就相关劳动条件进行交涉、就相关劳动条件而讨价还价的过程，为保证这种谈判制度合法化并有序进行，以保持劳资关系的协调，为此，各种相应的法律制度得以建构，如工会法律制度、产业行为制度、集体劳资争议处理制度得以建立。集体谈判，作为现代工业社会和经济结构的社会现象，在"二战"以后的20世纪60—80年代得到普及和发展。在多数西方市场经济国家，集体谈判是为大众接受的、确认劳动条件的机制，是稳定社会关系的手段。国际劳工组织通过一系列文件推动集体谈判，包括1948年《结社自由与保护组织公约》（第87号）、1949年《组织权利与集体谈判公约》（第98号）、1971年《对企业工人代表提供保护和便利公约》（第135号）、1981年《促进集体谈判公约》（第154号）等。这些文件规定了集体谈判的概念、原则、地位和实施方法。

集体谈判制度的基本特征表现在以下几个方面。

（1）集体谈判是集体劳动关系双方之间"自治性"的协调劳资关系的法律机制。这里所谓的法律机制，意味着集体谈判成为一种长效机制，不是权宜之计。在法律规定的框架内，双方当事人依法进行谈判，谈判的最终目的是达成集体协议，也就是就劳动条件，如就业条件、工资条件达成一致制度的建立使产业雇佣关系双方的力量基本达到平衡。

（2）集体谈判的当事人，也就是法律关系的主体是特定的。从市场经济发达国家的集体谈判制度的经验看，集体谈判双方主体地位是法定的，即一方是工会，另一方是雇主及其组织。由于集体谈判发生在不同的层面，所以作为雇主一方的谈判资格是由谈判的层级决定的，如为企业内部集体谈判，即为企业工会与雇主之间进行谈判，如行业工会与行业协会（本行业雇主组织）进行谈判则为行业谈判，地区性谈判则是地区性工会与地区性雇主组织进行的谈判。不少市场经济国家因宪法肯定工人自由结社的权利，因而一个企业之内可能存在若干个工会，因此只有依据工会法获得合法地位的工会才有谈判的资格。当然，集体谈判制度有赖于工会法律制度的完善。此外，雇主组织须依据团体协约法的规定而形成，依据团体协约法的规定而成立的雇主组织才有谈判的资格。因此，集体谈判的主体是特定的。

（3）集体谈判是梳理劳资关系的调节器。在英国、美国等国，通过集体谈判能够使工人的怨愤通过合法的方式传达至雇主一方，因此因怨愤而最终没有获得满意结果的工会一方提出的仲裁申请往往被称为"诉怨仲裁"。在市场经济条件下，劳资双方的诉求在大部分情况下并不一致。工人的要求无法得到满足的情况下，工会应当代表工人表达自己的"怨愤"。因而，集体谈判制度是梳理劳资关系的调节器。

2. 集体谈判制度的意义

劳动法产生200年时间里，逐渐成为与其他法律门类相区别的一类法律，劳动法的调整对象、调整方法逐渐有别于其他法律门类。而集体谈判制度成为劳动法的重要内容不过数十年，而为国际劳工组织推动该法律制度成为国际劳工公约的时间不过20多年，但是其制度的优越性体现在集体劳动关系的调整上具有以下意义。

（1）集体谈判制度的建立，是产业组织化以后，改变强资本弱劳动的重要措施。劳动法产生初期，针对工厂主超越工人生理极限，任意延长工作时间、滥用童工等现象，资产阶级政府出于道德危机和政治安全而以强行法约束工厂主，工人自发斗争没有相应理论做支撑，即便已有工会，但以完全的斗争哲学单纯为工人谋取利益，无所谓劳资合作，始终未能改善劳工的弱势地位。集体谈判制度形成后，通过法律制度所确立的集体谈判，工会代表劳工具有谈判权，不仅具有程序上的谈判请求权，而且具有实体上的谈判权，工会可以就就业条件、工资待遇、劳工保护等事项与雇主及其组织进行谈判，最终达成集体协议，从而依靠集体力量改变劳工的弱势地位。

（2）集体谈判制度有利于创建劳资合作的氛围，以最小代价避免巨大的社会危机。19世纪的工人运动及无产阶级革命曾经使部分国家的资产阶级政府倒台，为此"二战"后各资产阶级政府开始重视劳资关系的协调，集体谈判制度承载了相应的历史使命。集体谈判制度的建立可以最大限度地避免劳资之间的过度对抗。实践证明，建立集体谈判制度的国家，劳资对抗不升反降，工会不再以完全的对抗主义对抗资方，资方同样不再对工会实行完全的消极主义。因此集体谈判制度的建立，有利于创建劳资合作氛围，避免巨大的社会危机。

（3）集体谈判制度的建立，有利于产业民主制的形成。进入21世纪，产权社会化进程逐步加快，产业组织化水平进一步提高，尤其是跨国公司，其产权社会化的特征更为明显。产权社会化既表现为产权为产权组织外部主体控制的程度越来越高，同时产权组织内部权力结构及其制衡更加合理。其中，职工民主参与是重要的内容之一，当然职工民主参与与集体谈判制度有着质的区别。但是集体谈判制度所创造的产业关系协调机制、所制造的产业民主氛围，有利于产业民主制度的形成。以集体谈判中的合作与对抗的现实规避产业组织决策者的专制与暴戾，有利于促进产业民主制的形成。

（4）集体谈判制度的建立，有利于弥补劳动法立法漏洞和劳动合同本身的缺陷。劳动法所做的规定多为劳工标准，也就是基本的劳动条件。在具体的一个产业雇佣关系中，双方当事人通过劳动合同约定的内容可能要低于这些标准，而劳动合同的约定可能并不周延，或者签订劳动合同时，当事人尤其是处于弱势一方的劳动者对相关专业知识、劳动合同的内容并不熟悉。集体谈判制度是通过集体力量来保护劳动者权益，维持产业雇佣关系基本平衡的有力武器，集体谈判的结果多数情况下要签订集体协议，集体协议的内容可以弥补劳动立法规定和劳动合同约定的不足。工会法及团体协约制度集体谈判的主体是特定的，即包括工会、雇主或雇主组织，因此工会制度和团体协约制度成为集体谈判制度的前提。

5.4.2 集体劳动关系的核心制度

1. 工会制度

大陆学者认为，第一，工会是我国一个独立的工人阶级的群众组织，有一套独立的组织体系，在宪法和法律的范围内依据《中国工会章程》独立自主地开展活动。第二，工会具有法人资格。《工会法》第十四条规定："中华全国总工会、地方总工会、产业工会具有社会团体法人资格。基层工会组织具备民法通则规定的法人条件的，依法取得社会团体法人资格。"上述工会概念虽有一些差异，但有一点是共同的，即工会是工人的结社组织。

历史地看，集体谈判权与工会组织的发展密不可分。工会作为工人的代表进行集体谈判的合法性被政府立法和雇主组织承认，是工会组织显示力量的结果。集体谈判权是劳动基本权中核心的权利，劳动者的权益通过集体谈判实现，但集体谈判权是由劳动者通过工会来享有的。劳动者是意志主体，工会是组织主体，是集体谈判的组织基础。工会是在劳动者争取自己合法权益的过程中产生的，也只有在这一过程中它才有自己存在的价值。离开了工会的劳动者在雇主面前不过是一个个毫无力量的弱者而已。

但是，工会必须是自由的、独立的。现代各国宪法都确立了结社自由，该自由体现在劳动法领域，指工人和雇主均应没有任何区别地有权建立他们自己选择的组织，以及仅依有关组织的章程加入他们自己选择的组织，而无须事前得到批准。工人自由组成或加入工会的权利，即工人的团结权。国际劳工公约又称之为组织权。要想有效地推动集体谈判和集体合同工作，必须使工会在组织上具有独立性，能真正代表和维护工人利益。劳资谈判比较成功的德国，其法律对集体合同的主体资格有明确的条件规定，如"双方必须相互完全独立"，"工会必须保证会员能够左右工会的活动"，"工会必须独立于政府政党"。这其实是一个基本原则。国际劳工组织一向特别强调对工人自由结社权利的保护，把它作为核心劳工标准的基石，并把结社自由和有效的集体谈判权联系在一起。1919年《国际劳工组织章程》就提出促进结社自由的原则，作为改善工人劳动条件的目标。1948年国际劳工组织通过《结社自由和保障组织权公约》（第87号），主要规定工人和雇主都有权建立自己的组织。1949年国际劳工组织通过《组织权与集体谈判公约》（第98号）规定：不得把不参加工会或放弃工会会籍作为获得工作的条件，也不能把加入工会和经业主同意在业余时间或工作时间加入工会作为解雇的理由。1948年联合国大会通过的《世界人权宣言》中规定，人人有为维护其利益而组织和参加工会的权利。1966年联合国大会通过的《经济、社会和文化权利国际公约》中规定，各缔约国要承担以下保证：人人有权组织工会和参加他所选择的工会。

自由结社权在我国也是宪法赋予公民的一项基本权利。《宪法》第三十五条明确规定："中华人民共和国公民有言论、出版、集会、结社、游行、示威的自由。"自由结社权在劳动领域的具体落实主要是通过《工会法》实现的。依照我国《工会法》，我国工会是职工自愿结合的工人阶级的群众组织。在中国境内的企业、事业单位、机关中以工资收入为主要生活来源的体力劳动者和脑力劳动者，不分民族、种族、性别、职业、宗教信仰、教育程度，都有依法参加和组织工会的权利。……全国建立统一的中华全国总工会。由此可见，我国《工会法》进一步确认了劳动者有组织工会的权利。但是，在组织原则上，我国工会各级组织采取的是民主集中制的原则，上级工会组织领导下级工会组织，在全国建立统一的中华全国总工会。中华全国总工会是全国所有工会的中央领导机关，因此我国实行的是单一工会体制。不仅如此，《工会法》第十一条明确规定："基层工会、地方各级总工会、全国或者地方产业工会组织的建立，必须报上一级工会批准。"可见，在我国设立工会必须要经过事前审批，而不是完全的自由设立。故严格来讲，我国现行的工会体制并不符合1948年《自由结社和保障组织权利公约》（第87号）的规定。

因此，中国工会的独立性不够。工会组织本来是劳动者为了维护自身的合法权利而自愿组织起来的团体，根据《工会法》的规定，工会的首要任务是维护劳动者的合法权益。但现实的情况是，目前不但大量企业（主要是私营、中小型外商投资企业）根本没有成立工会组织，而且即使已经成立了工会组织的企业（主要是国有企业），该工会也几乎只是企业内部的一个福利发放机构，而失去了独立的自我人格，根本没有能力为劳动者维权。由于工会无论是对企业还是政府，都存在着很大的依赖性，使得"平等协商"失去了平等的意义，协商流于形式。我国社会主义市场经济体制确立时间不长，东方文化中一元主导的政治体制是制约工会制度向现代市场经济体制下的工会转变的巨大障碍，因此，工会制度如何适应市场经济体制的需求，工会如何成为维护劳动者权益的真正组织，工会组织如何能够成为与用人单位对等谈判的主体，仍需要在探索中改革，在改革中探索。

2. 产业行为制度

产业行为，又称产业争议行为或集体劳动争议行为。一般情况下，产业行为分为罢工和闭厂。在成熟市场经济国家里，劳资谈判之所以最终能让双方妥协、让步、达成协议，关键在于双方手中都有最后一张王牌：工会可罢工；老板则可歇业、闭厂。罢工权与闭厂权互相对对方具有杀伤力，既保证了争斗中的权利公平，又在相当程序上弥补了劳工的劣势，修正了不对等的劳动关系。因此，集体谈判和集体合同才获得了诸方面的积极效应，成为协调劳动关系、平衡劳资利益的有效机制。罢工制度的形成、发展的历史，几乎是一部工人运动史，就是罢工从自发走向自觉，由非法走向合法经历了曲折的历史进程。"二战"结束后，随着经济恢复和民主势力的增强，许多国家宪法对罢工制度做了相关规定。有关国家公约，如联合国《经济、社会、文化权利公约》第八条规定，工会有权罢工，但应按照各个国家的法律行使此项权利。

1）罢工

是在20世纪30年代，史尚宽先生在其著述中认为："罢工谓多数之被雇人，以劳动条件之维持改善或其他经济的利益之获得为目的，协同的为劳动之中止。"依此定义，罢工概念含有下列5层含义：①罢工为单纯之业务休止，非为劳动契约之终止；②罢工为依多数受雇人组织的所为之业务休止；③罢工为受雇人所为之业务休止；④罢工应以劳动条件之维持改善或其他经济的利益之获得为直接或间接之目的行之；⑤罢工为经济的斗争手段。上述关于罢工的表述直至今日仍具有现实意义。有社会关系便有社会关系的扭曲与矫正，任何社会关系的存在不可能永远和谐，劳资关系作为社会关系的一种自然也不可能一直冲突或永远和谐，即使在产业社会初期，劳资冲突剧烈时期，也有劳资合作的先例。因此，只要以雇佣为纽带的劳资关系存在，就难以消弭劳资冲突，就会有冲突程度缓和的讨价还价和冲突剧烈的罢工与闭厂……劳资冲突在劳资关系存在的时代不可避免。问题的关键是如何缓和冲突，如何以法律规制冲突。罢工是旨在维持、改善劳动条件并进而改善劳资关系的一种产业行为，也是一种劳资关系调整的制度。

罢工可根据不同的标准进行相应的分类，具体可分为以下4类。

（1）依罢工中工会的主动性为标准可分为攻击性罢工和防御性罢工。攻击性罢工是指工会根据工人对劳动条件的要求主动发起的罢工；防御性罢工是指罢工是因雇主裁员、闭厂或其他不当劳动行为而实施的罢工。

（2）按罢工的组织形式可为为工会罢工和非工会罢工。其中，工会罢工一般经过劳资争议调解无效、投票决议罢工、发布罢工令、中止工作和组织纠察；非工会罢工又称野猫罢工（Wild Cat Strike），此种罢工非工会策划，系由多数工人自动响应而成。

（3）依罢工目的可分为协约罢工、同情罢工、示威罢工。协约罢工是指为签订协约而进行的罢工，而同情罢工和示威罢工多为政治性罢工。

（4）依罢工之剧烈程度或影响范围分为总罢工、行业罢工及工厂罢工。总罢工意味着所有劳工都参与罢工，行业罢工是指在一行业之内举行的罢工，工厂罢工仅指在一个工厂或企业之内组织的罢工。

当今罢工制度已为各国法律规制，在允许罢工的国家，罢工都设置了相应的程序和条件。一般需要经过以下程序。

（1）须经工会会员大会以无记名投票，经全体会员过半数的同意，才可举行。

（2）须经调解或仲裁程序后才能举行罢工，罢工属于"最后手段"。

（3）须基于正当的目的。所谓"正当的目的"，系指以保障、改善劳工正当权益、改善劳动条件、提升劳工经济地位为目的。至于以政治、宗教或其他非经济的目的为主要目的的，则为非法罢工。

（4）罢工须以和平方式进行，不得以暴力手段进行罢工。

2）闭厂

闭厂制度是针对罢工制度而设置的另外一种产业行为制度，这一制度是以雇主或雇主团体的防御性手段为前提的。闭厂行为是在允许罢工的市场经济国家中普遍允许的一种产业行为，其基本原理在于凡属对抗不应是单方面的，雇员既可罢工，雇主则可闭厂。闭厂是指雇主或雇主团体针对工会罢工行为而进行的防御性行动，即企业以歇业方式或拒绝罢工工人在闭厂期间重返岗位的措施，拒绝罢工一方提出的相关劳动条件的产业行为。闭厂行为合法化一般包括以下前提条件。

（1）合法的目的和期限，即闭厂必须具备合法的目的，一般情况下须针对罢工等产业行为而起，闭厂必须在法定期间内进行。

（2）闭厂行为不得达到摧毁对手的程度。闭厂仅仅是一种产业行为，是雇主的防御性手段，不能凭借其经济优势地位，以摧毁对方，也就是组织工会为目的。

（3）闭厂须以和平方式进行，不得以暴力方式实行闭厂。

（4）闭厂行为结束后，集体谈判双方应尽快恢复生产和工作秩序。

3）我国现行立法对工人罢工的态度主张

我国的现行的《宪法》《劳动法》《工会法》等都明确没有将罢工作为职工和工会的权利。1982年《宪法》取消了关于"罢工自由"的规定，没有规定罢工是公民的基本权利，但也没有禁止公民罢工。只是根据一般的法理，对于公民而言，凡是法律所未禁止的就是公民的权利。全国人大常委会已经批准了《经济、社会及文化权利公约》，该公约规定："有权罢工，但应按照各个国家的法律行使此项权利。"在我国批准这一公约同时发表的声明中，并没有对这一内容做出特别的保留。这表明，保障劳动者的罢工权是我国政府的一项国际义务。因此从理论上讲，发生在我国的罢工不属违法，但是我国法律是不提倡罢工和不保护罢工的。《集体合同规定》第十二条明确要求，集体协商应遵守法律、法规的规定和平等、合作的原则。任何一方不得有过激行为。所谓"过激行为"当然也包括"罢工"。既然罢工不属于职工和工会的法定权利，那么，罢工的行为就不被法律所保护或保障，国家也不承担保障职工或工会罢工的义务。2001年修改的《工会法》第二十七条规定："企业、事业单位发生停工、怠工事件，工会应当代表职工同企业、事业单位或者有关方面协商，反映职工的意见和要求并提出解决意见。对于职工的合理要求，企业、事业单位应当予以解决。工会协助企业、事业单位做好工作,尽快恢复生产、工作秩序。"一般认为,这里所说的"停工、怠工事件",即指罢工。有学者指出,这一法条的直接的含义是,停工、怠工事件是受到《工会法》保护的,这表现在事件发生后,工会可以代表职工提出要求,企业和事业单位应当解决职工的合理要求,实际上认可了劳动者自发罢工的合法性。但笔者认为这仍然是一条对罢工权未置可否的"灰色"条款。

5.4.3 我国集体协商制度

集体协商是指用人单位工会代表或职工代表与相应的用人单位代表,就劳动标准和劳动条件进行商谈,并签订集体合同的行为。集体协商制度是具有中国特色的"集体谈判"制度。在我国,由于只有用人单位工会或职工代表与企业代表作为谈判代表主体的集体协商形式,而且集体协商只适用于企业和实行企业化管理的事业单位与其工会或职工代表为签订集体合同而举行的集体协商。2003年,原劳动和社会保障部制定了《集体合同规定》(劳动和社会保障部令第22号),于2004年5月1日起实施。《集体合同规定》第一条规定:"为规范集体协商及签订集体合同行为,依法维护劳动者和用人单位的合法权益。根据《中华人民共和国劳动法》和《中华人民共和国工会法》,制定本规定。"

集体协商的代表是指集体协商的直接参与者。在市场经济发达的国家,参与集体谈判的主体资格的确认非常严格,只有符合条件的工会才能获得集体谈判权。我国集体协商代表按照法定程序产生。根据《集体合同规定》的规定,职工一方的协商代表由本单位工会选派。未建立工会的,由职工民主推荐,并经本单位半数以上职工同意。用人单位一方的协商代表由用人单位法定代表人指派。双方的代表人数应当对等,每方至少3人,并各确定一名首席代表。职工一方的首席代表由本单位工会主席担任。工会主席可以书面委托其他协商代表代理首席代表。工会主席空缺的,首席代表由工会主要负责人担任。未建立工会的,职工一方的首席代表从协商代表中民主推举产生。用人单位一方的首席代表由单位法定代表人担任或由其书面委托的其他管理人员担任。

为了保护双方的协商代表,尤其是工会代表,我国《集体合同规定》第二十八条规定:"职工一方协商代表在其履行协商代表职责期间劳动合同期满的,劳动合同期限自动延长至完成履行协商代表职责之时,除出现下列情形之一的,用人单位不得与其解除劳动合同:(一)严重违反劳动纪律或用人单位依法制定的规章制度的;(二)严重失职、营私舞弊,对用人单位利益造成重大损害的;(三)被依法追究刑事责任的。职工一方协商代表履行协商代表职责期间,用人单位无正当理由不得调整其工作岗位。"《工资集体协商试行办法》第十四条明确规定:"由企业内部产生的协商代表参加工资集体协商的活动应视为提供正常劳动,享受的工资、奖金、津贴、补贴、保险福利待遇不变。其中,职工协商代表的合法权益受法律保护。企业不得对职工代表采取歧视性行为,不得违法解除或变更其劳动合同。"这些规定是为了防止部分用人单位在集体协商之后秋后算账而设置的相关规定,这些规定有助于阻却企业方滥用权力,解除与协商代表特别是职工方代表之间的劳动合同,免除集体协商代表的后顾之忧,使他们能够在集体协商过程中敢于发表意见和建议。

集体协商代表在集体协商过程中享有权利的同时,承担了相应的义务。《工资集体协商试行办法》从外部关系和内部关系两个方面全面规定了协商代表的外部义务和内部义务。其中外部义务是指集体协商代表一方在参加协商谈判过程中对另一方当事人应承担的义务。具体包括遵守双方确定的协商规则，使协商以有序、合理、和平的方式进行；保守企业商业秘密，要求工会方协商代表保守企业商业秘密，防止因谈判需要披露企业的商业秘密；不得采取过激、威胁、收买、欺骗等手段进行"协商"。内部义务是指集体协商代表对自己所代表的工会或企业所应当承担的义务或应当履行的职责。具体包括应当了解和掌握与集体协商有关的情况；应当广泛征求各方面的意见；应当接受本方人员对集体协商有关问题的质询。集体协商代表分别代表的是工会（即劳动者）和企业的利益，是为了实现和维护工会或企业的利益而参加协商、谈判，他们必须履行或忠实于自己的职责。

我国《劳动法》规定，集体协商的内容主要是集体劳动标准和劳动条件。《集体合同规定》第八条规定，集体协商双方可以就下列多项或某项内容进行协商，签订集体合同或专项集体合同：①劳动报酬；②工作时间；③休息休假；④劳动安全与卫生；⑤补充保险和福利；⑥女职工和未成年人特殊保护；⑦职业技能培训；⑧劳动合同管理；⑨奖惩；⑩裁员；⑪集体合同期限；⑫变更、解除集体合同的程序；⑬履行集体合同发生争议时的协商处理办法；⑭违反集体合同的责任；⑮双方认为应当协商的其他内容。《工资集体协商试行办法》第七条规定，工资集体协商一般包括以下内容：①工资协议的期限；②工资分配制度、工资标准和工资分配形式；③职工年度平均工资水平及其调整幅度；④奖金、津贴、补贴等分配办法；⑤工资支付办法；⑥变更、解除工资协议的程序；⑦工资协议的终止条件；⑧工资协议的违约责任；⑨双方认为应当协商约定的其他事项。

集体协商的程序主要包括3个阶段：协商准备阶段、正式协商阶段和签订集体合同阶段。协商准备阶段主要包括确定协商的时间和地点、拟定谈判要点、向协商代表提供有关情况和相关材料等准备事项。在正式协商阶段，协商双方代表要依照共同商定的规则和日程，进行实质性商谈。理论上讲，集体协商并不是全部能够达成协议，未能达成一致意见或出现事先未预料的问题时，经双方协商，可以暂时中止协商。中止期限及下次协商时间、地点、内容由双方共同商定。我国《劳动法》第八十四条第一款规定："因签订集体合同发生争议，当事人协商解决不成的，当地人民政府劳动行政部门可以组织有关各方协调处理。"据此规定，签订集体合同过程中发生的争议，双方当事人不能自行协商解决的，当事人一方或双方可向当地劳动行政部门的劳动争议协调处理机构书面提出协商处理的申请。经过集体协商双方代表的相互协商，最后达成一致意见，最后双方当事人须签订集体合同。集体合同必须以书面形式予以签订，集体合同一经签订，集体协商程序即告终止。

5.5 三方协商机制

5.5.1 三方协商机制的含义及推行的必要性

劳动关系三方协商机制，是通过政府、工会和雇主三方协商的机制来调整劳动关系，以促进劳动关系协调发展。建立健全产业三方协商机制是必要的，目前，多数产业已经具备了建立产业三方协商机制的条件，但这个机制尚处于起步阶段，正在发展和不断完善中，并必将成为劳动关系调整机制的重要组成部分。在确立和完善我国社会主义市场经济的过程中，建立产业三方协商机制非常必要。

1. 产业职工合法权益的维护需要建立新的途径

产业部委职能转变后,其主要职责是进行"产业的宏观管理",不再代表国家直接管理企业,也不再代表国家管理职工队伍。与此同时,各级产业工会与各级对口政府或行政主管部门的联席会议也随之有了变化,一方面,联席会议在源头参与产业宏观政策制定上继续发挥着重要作用;另一方面,在劳动保险、工资报酬等职工关心的具体利益问题上,对企业不再有约束力,联席会议有了局限性。在这样的现实背景下,产业职工合法权益的维护需要建立新的途径,而产业三方协商机制还可以承揽起此职责。因为在这样的机制下,各级产业行政的宏观产业政策、企业的微观管理政策、职工关心的具体利益都可以讨论,达成一致意见后做出决定,以产业行政主管部门文件形式下发,对各级政府行政、产业工会、产业协会及企业都有约束力,从而弥补了联席会议的不足。

2. 企业的产业属性决定了劳动关系矛盾的预防和协调必然带有产业特色

劳动关系矛盾的初始阶段一般发生在企业,产业是企业的集合体,企业发生的劳动关系矛盾首先带有产业特色。产业三方代表长期工作在同一产业系统内,有着促进产业发展的共同利益和天然联系。他们代表着三方各自不同的利益,难免发生矛盾,但产业这一纽带的存在,在协调矛盾时,与区域三方相比有着更多的共同语言。他们更熟悉职工情况和矛盾的起因,更能掌握产业政策的内容和走向,更方便借鉴和运用系统内类似矛盾的协调经验,更善于提出化解矛盾的各项措施。据有关部门抽样调查,群体性事件的主要起因中只涉及单一产业的达2/3,涉及多产业或综合性原因的占1/3。因此,产业三方机制可以充分发挥产业特色,更好地发现和处理矛盾,把2/3的群体性事件化解在产业内部。

3. 跨国跨地区企业和涉外企业的劳动关系更适宜由产业三方协商机制来协调

跨国跨地区企业集团有两个显著特点,一是驻地分散,母、子公司分散在不同国家、地区和国内不同省份;二是集中统一管理,整个集团使用自己特有的生产管理规范,这给企业集团劳动关系矛盾的协调带来一定难度。驻地分散,使区域性三方机制无法协调驻地在区域外部分的劳动关系矛盾;生产管理规范集中,区域三方机制又无法改变区域内企业不利于稳定的生产管理规范。而且,大量涉外("三资"、与国际接轨企业等)企业劳动关系矛盾发生的主要原因之一,是由中外方对企业管理方式、劳动标准、技术法规的理解和操作方式上的差异造成的,在工会不健全的情况下,往往使中方职工利益受到侵害。因此,这些以产业规范为基础的协商适宜在产业三方中进行,通过产业三方协商机制,从产业或专业的角度找到利益平衡点,以解决好中外方之间、中外方企业行政与职工之间的矛盾。

4. 产业三方协商机制是国家三方协商机制的重要组成部分

我国的三方机制是由国家、全国产业、区域、区域产业4个部分组成的。全国产业三方机制和省一级区域性三方机制分别接受国家三方机制的工作指导,省及省以下的各产业三方机制接受区域性三方机制及上一级产业三方机制的工作指导。4部分三方机制在党的统一领导下,在国家三方机制的工作指导下,形成了一个各自承担不同任务、相互配合、互为补充的三方协商网络;各级产业三方机制的指导思想、职责任务、活动方式都严格按照国家三方机制提出的基本原则运行;国家三方机制需要产业三方机制发挥作用。产业三方机制应定期向国家三方机制报告本产业劳动关系状况、矛盾的苗头和隐患、涉及劳动关系的产业政策和信息，共同参与本产业较大规模群体性事件的调查和处理。国家三方机制有了产业三方机制的配合，能随时了解、掌握产业三方情况和存在的问题，及时提出带有普遍意义协商议题并做出决定，使其工作更加深入。

5. 促进产业协会转变职能和加强企业自律

2003年，中国企业家联合会加入了国际雇主组织，承担起了企业（雇主）代表的职责。当前，各产业协会都在按照企联模式积极转变职能，成为产业三方协商机制的企业（雇主）代表。这一情况表明，产业三方协商的建立，客观上推动了产业协会的健全和发展。转变后的产业协会的主要职责是依法维护包括民企在内的企业利益，制约企业进行政策、法律自律，同时不断提高企业（雇主）依法经营和依靠职工办企业的意识。这样，产业三方协商达成的协议，就可以通过产业协会落实到企业中去。产业协会制约力和企业自律能力越强，协议就落实得越好。

5.5.2　我国三方协商机制的构建和运行规则

在我国，通过三方协商机制调整劳动关系，需要建立相应的组织机构。三方协商的组织机构可分为国家级和地方级。三方协商的组织机构分别由政府劳动行政部门的代表、全国总工会的代表、企业组织的代表三方联合组成。组织机构的负责人一般应由政府代表担任，组织机构成员的比例和具体人数由三方协商确定。地方三方协商机制的组织机构可仿效国家级组织机构设立。三方协商组织机构的职责是，组织三方代表共同讨论经济和社会政策，讨论劳动领域的重大问题。一方面为政府制定颁布重要的法律法规做准备；另一方面就劳动问题达成一些协议。在三方协商组织机构中，还可以成立一些专门的三方组织，如国家就业促进委员会、国家劳动关系委员会、国家工资委员会、国家社会保险委员会等。各专业委员会分别由三方代表组成，针对就业、劳动关系、工资、社会保险等专门问题进行协商讨论。

我国各级、各层的三方协商组织应当制定工作规划，确定工作目标，建立活动秩序。正常情况下，国家级三方协商机构应半年召开一次联席会议，地方级三方协商机构至少每季度召开一次联席会议或根据需要决定召开联席会议。三方协商机构召开联席会议的议题可由三方代表中任何一方单独提出，并将议题的详细内容用书面形式告知其余两方。各方代表接到会议议题后，应当认真研究，做好讨论发言的书面材料准备。三方协商机构中，任何一方代表遇有特别需要协商讨论的问题时，均可向三方机构提出讨论议题，三方协商机构应及时做出决定。对三方协商机构讨论的问题，应当做出决议或形成解决问题的方案。三方协商机构的全部活动，应当遵循依法、平等、民主和利益兼顾等原则。在协商讨论调整劳动关系时要以国家法律、法规为依据，三方代表以平等的身份民主协商，并做到利益兼顾，共同发展。

5.5.3　三方协商机制中的政府、工会和企业组织

1. 政府的定位

我国三方协商机制中，政府的身份定位如下。

（1）政府是国家利益的代表者和维护者。我国的社会主义市场经济体制，是以公有制为主体的市场经济。国有资产始终占主导地位，国家是国有资产的所有者，或者说是以国有资产为主的投资者。在劳资关系中，它最关心的是国家的利益。政府是国家权力的执行机关，政府必须通过对劳资关系的协调来维护国家利益，促进经济发展。在市场经济条件下，政府不再直接介入企业的经营管理，而是政企分开。政府的职责是对企业实施宏观管理，进行有效监督，防止国有资产流失，保证国有资产保值、增值。三方协商中，政府一方的代表应当紧紧围绕促进生产力发展，在维护国家利益和社会进步等方面平衡劳动者与企业的关系，指导双方合作，保持劳动关系的协调和稳定。

（2）政府是劳动关系的政策制定者和宏观调控者。在市场经济条件下，经济运行和劳动关系主要依靠市场规律来调节，但市场经济的盲目性往往会对经济发展形成一定的破坏性，进而导致劳动关系的不稳定。因此，必须由国家进行宏观调控。在三方协商机制中，政府通过组织工会和企业方的代表采取民主协商的方式，研究解决经济发展和劳动关系领域的重大问题，促进劳动关系双方共同合作，可以避免市场经济的弊端对劳动关系的伤害，这对于劳动关系的和谐稳定和社会经济的健康运行具有重要作用。

（3）政府是企业与职工两个群体利益矛盾的调节者。在市场经济条件下，国家、企业和劳动者是不同的利益主体，在经济活动中各自有着不同的利益追求，因而难免产生矛盾和冲突。在三方协商机制中，政府通过一定的措施，把劳动关系双方各自的利益追求统一到国家利益这个大目标上来，使劳动关系双方形成共识，消除分歧，使矛盾得到解决。

2. 工会的定位

工会是职工群众的代表。我国《工会法》《劳动法》《企业法》等法律对工会组织作为职工代表的身份和地位都给予了确认。在三方协商机制中，工会的身份和职能主要是维护职工群众的合法权益；协调劳动关系；代表职工进行集体谈判和签订集体合同；工会代表职工参与民主管理。在三方协商机制中，我国工会要以职工代表者的身份独立自主、有效地发挥作用，就必须从组织体制、运行机制、工作格局、活动方式等方面进行调整和改革，使工会组织真正实现群众化、民主化、法制化。

3. 企业及企业组织的定位

在我国，作为劳动关系一方的企业（资方）还没有真正意义上的雇主组织，现有的企业家协会的主要功能是交流企业管理经验，组织开展企业家的联谊活动，而不能体现劳动关系中与劳方相对应的企业家利益集团，不能作为企业一方的代表。因此，建立三方协商机制，应当建立一个具有广泛代表性的企业团体联合组织，这种能够代表企业利益的团体组织应当既符合现代国际通行规则，又具有中国特色，符合中国国情。其主要特征如下：①企业组织应具有广泛的代表性，它是各类企业利益的代表者；②企业组织应是独立的社会团体，具有独立的社团法人资格，依法独立开展活动；③企业组织应能代表企业利益，与政府和工会共同协商劳动关系领域的问题；④能为企业分析劳资关系发展趋势，帮助企业搜集劳资关系方面的信息，为企业提供劳资关系方面的咨询服务；⑤能代表企业在地方（行业）和国家级进行协商谈判，签订集体合同。

5.5.4 三方协商机制的作用

1. 确立工会地位，保护工人权益

19 世纪末，西方国家的三方协商机制出现后，此前劳资矛盾不可调和的局面发生了变化。政府承认工会组织，废除了歧视性法条，允许结社和罢工，从而确立了工会的地位。工人组织的不断壮大和社会地位的确立，使得劳动者在政府和雇主面前争得了一席之地，为争取工人的权益奠定了基础。在三方协商机制中，工会作为一方独立的主体，可以代表工人提出意见，原先占绝对优势的资方力量开始减弱，劳动者的影响明显增强。工会的地位和工人的利益是密切联系的，工会组织成为维护工人利益的强大力量。从此，工人的许多权益在工会组织的抗争下得到了有力保护。

2. 缓解劳资矛盾，稳定劳动关系

三方协商机制的形成，使劳资双方通过有组织的交涉和谈判来解决工资、就业条件等问题，对缓和劳资矛盾发挥了重要作用。"二战"后，三方协商处理劳资关系有了进一步发展，市场经济国家都设立了不同形式的三方机构。对于劳资关系领域，诸如劳动者工资、工时、福利、劳动条件等问题，都可以通过三方协商、集体谈判的方式来解决。在这种情况下，劳资间大规模的激烈对抗和冲突相对减少，取而代之的是日常的、规范化的、有组织的劳资协商、劳资谈判，从而在很大程度上改善和缓解了劳资矛盾。市场经济国家的三方协商机制不断完善，劳资关系的协商途径也趋向制度化、法律化，逐渐形成了比较规范的体系，从而使劳资关系保持了相对稳定。

3. 促进经济发展，推动社会文明进步

三方协商机制所协调的劳资关系是以作为生产力要素的劳动者为重要对象，通过作用于劳动者对整个生产力系统发生作用而促进经济发展的。三方协商机制对生产力发展的促进作用主要表现在以下几个方面。

（1）三方协商机制中确立的工会组织地位，使工会可以代表工人自由讨论、发表意见、行使职权，劳动者在劳动过程中的权益有了自己的组织保障，从而提高了全社会的生产力水平。

（2）三方协商机制对劳资关系的协调，保护了劳动力再生产的持续进行，促进了劳动力资源的开发，从而为社会生产力发展提供了最本质的条件。

（3）三方协商机制协调劳资关系，维护了劳动者的物质利益和政治权利，调动了劳动者的生产积极性，从而有效地发挥了劳动者在生产力系统中的能动作用。

（4）在三方协商机制中，劳方有权参与企业管理，并可参与国家立法，因而有权要求资方不断改善劳动条件，保护劳动者的安全健康，从而使劳动者在生产力系统的运行中能正常地发挥作用。

（5）在三方协商机制中，通过政府、劳动者和雇主的协商对话，相互合作，增进了团结，消除了对抗，为发展生产创造了良好的社会环境。

历史和现实都表明，无论哪一个历史时期，无论哪一个国家，劳动关系的和谐稳定是社会安定实现的最关键、最重要的因素。三方协商机制在资本主义国家得以产生和发展的重要原因，就是为了协调劳资关系、缓和阶级矛盾、防止社会动荡，以实现有利于资产阶级统治和社会安定的局面。在实践中,三方协商机制正是以它独有的协调劳资关系的功能来保障社会安定而被国际社会接受,并被纳入民主法制的范畴。

 应用实例5-3

上海某信息技术有限公司(以下称甲公司)系美国某公司在华投资成立的中外合资企业。该公司有员工近300人,2006年5月,该公司工会(以下称甲公司工会)依法成立。甲公司有美籍员工近30人。甲公司工会成立后,甲公司每月按时将工会经费划入甲公司工会的银行账户中,但是其计算工会经费的基数是以甲公司在职中方员工工资总额,没有包括30名左右的美籍员工的工资,且美籍员工的工资比中方员工的工资高出很多。甲公司工会曾多次与甲公司沟通协商,要求甲公司将美籍员工的工资纳入工会经费基数中,但是甲公司认为,工会经费只能按照中方员工计算,双方协商不成,2007年12月,甲公司工会将甲公司诉至法院,要求甲公司支付从2006年5月至今拖延的工会经费,并支付滞纳金。

本章小结

工会的组织宗旨和任务就是代表和维护职工的合法权益,具有广泛的职责。集体劳动关系,又称劳资关系,其核心制度包括集体谈判制度、集体合同制度、工会制度和产业行为制度等。在我国,确立集体协商对调整用人单位与劳动者之间的关系、维持和改善劳动者的劳动条件有十分重要的意义。在我国三方协商机制中,政府是国家利益的代表者和维护者,企业组织是各类企业利益的代表者,工会是职工群众的代表。通过三方协商机制,可以突出工会的地位,充分发挥工会的职责;缓解劳资矛盾,稳定劳动关系;促进社会的和谐。

复习思考题

一、名词解释

1. 工会   2. 职工参与权   3. 集体劳动关系

二、单项选择题

1. 新中国成立后先后制定了(　　)部工会法。
   A. 1   B. 2   C. 3   D. 4
2. 产业工会具有(　　)法人资格。
   A. 事业团体   B. 社会团体   C. 企业团体   D. 人民团体

三、多项选择题

依罢工中工会的主动性为标准,罢工可分为(　　)。
   A. 攻击性罢工   B. 协约罢工   C. 防御性罢工
   D. 同情罢工   E. 示威罢工

四、简答题

1. 简述工会法的性质、地位和职责。
2. 简述集体谈判的概念和特征。

五、论述题

如何实现三方协商机制？

课后阅读

北京《实施〈工会法〉办法》修订草案获通过

2015年11月27日，北京市十四届人大常委会第二十三次会议全票通过《北京市实施〈中华人民共和国工会法〉办法(修订草案)》(以下简称《实施办法》)，并将于2016年1月1日起正式实施。这意味着，北京工会在新形势下依法建会、依法管会、依法履职、依法维权有了新的基本遵循。

"北京市修改《工会法》实施办法工作从论证、调研和起草工作，到人大常委会表决通过，历时近3年，终于画上了一个圆满的句号。"北京市总工会有关人士说，市总工会自始至终参与了本次《实施办法》的修订工作。

据介绍，目前的《实施办法》是13年前北京市人大常委会依据全国人大常委会2001年新修订的《工会法》修订的。随着社会的发展，首都经济关系和劳动关系发生了巨大变化，原有《实施办法》的不少内容已经滞后于工会工作和职工队伍状况的实际。

此次新修订的《实施办法》共7章71条，与此前相比，在工会会员范围、工会组织、职工维权机制、企业民主管理制度、工会经费、法律责任等方面都做了修改。其中，重点加强了工会组织建设、健全了职工维权机制、强化了工会工作保障等内容：

亮点一：在工会组织建设方面，新修订的《实施办法》扩大了会员身份条件的界定范围，为包括农民工在内的特殊群体入会提供法律依据；在解决建会难的问题上，通过上级工会指导、维权制度倒逼、服务吸引职工等综合手段来促进会员建会和争取企业的支持。

亮点二：在健全职工维权机制方面，新修订的《实施办法》强化了企业在平等协商方面的建制义务，明确了区域性、行业性集体合同的效力范围；打破企业所有制形式的界限，规定企事业单位都应当建立以职代会为基本形式的民主管理制度；对厂务公开制度做了明确规范。

亮点三：在强化工会工作保障方面，新修订的《实施办法》规定，对未建会企业，只要职工有建会意愿，上级工会指导筹建的，企业要拨缴经费用于组建工会和服务职工；对违反工会法律法规而又拒不改正的企业，增加了由人力资源社会保障部门纳入劳动保障守法诚信档案，由工商行政管理部门纳入企业信用信息公示系统，加大企业违法成本。

北京市总工会有关负责人表示："此次修法基本达到了以工会工作中的问题为导向、工会源头参与立法的目的，解决非公企业职工建会难、基层工会工作缺乏活力等困扰工会工作的难点问题有了法律依据；以法规的形式肯定了北京工会过去工作中探索总结的改革实践成果，创新发展了工会维权工作机制。"

(资料来源：http://acftu.workercn.cn/36/201511/30/151130071903062.shtml.)

第 6 章　工作时间与休息时间法律制度

学习目标

知识目标	技能目标
1. 了解工作时间和休息时间立法概况 2. 了解工作时间与休息时间比例的客观性 3. 了解我国关于工作时间和休息时间的立法原则 4. 了解工作时间法律制度 5. 了解休息时间法律制度 6. 了解延长工作时间法律制度	1. 熟悉工作时间和休息时间立法发展历程 2. 熟悉制定工作时间与休息时间制度应遵循的原则 3. 探寻立法原则在具体法律制度中的运用 4. 熟悉工时制度并能进行辨别 5. 熟悉休息类型及相关休假制度 6. 熟悉我国对延长工作时间的限制和补偿规定

公司规定员工每月上厕所不得超 400 分钟

广东某五金制品厂曝出限定员工上厕所时间的丑闻。据员工反映，该公司规定员工每月上厕所不得超过 400 分钟，超时则将扣罚工资。在媒体的介入下，这条明显违背《劳动法》的规定暂时得以取消。

此厂是一家成立于 1974 年的港资企业，主要生产金属礼品及家庭用品，约有员工 300 名。某日，该公司门卫处贴出了一张特殊的处罚通知。通知称，谢××等 18 名员工因 7 月上洗手间超时受到不同程度的处罚，其中谢××的处罚最重，被记大过一次且罚款 100 元。

不少员工对此不满。据员工介绍，公司自 2010 年 3 月起，规定员工每月上厕所不得超过 400 分钟，否则将按每超时 1 分钟扣除 1 元钱的计算方式进行处罚。员工称，该规定出台后，公司在每层楼的男女厕所门前，都设置专门的厕所所长进行把守，员工们在上厕所前，得先打卡，由电脑系统记录上厕所的具体时间。如果有员工不打卡的话，厕所所长则会估算该名员工上厕所的大致时间，且将这名不遵守纪律的员工名字张贴在办公室，以示警告。

员工称，天凉的时候这条规定还好接受，可现在天气太热了，人不停地喝水，上厕所次数自然多了，一不小心就会超时。据员工介绍，不少员工因此长期憋尿，憋得膀胱疼痛，前几天还有员工因为上厕所的事情，差点跟人打架。

面对记者的求证，公司负责人起先矢口否认了上述规定。随后，记者出示在工厂门卫处拍摄到的处罚通知，该负责人才承认了上述事实，并称制定如厕令纯属无奈，"现在工厂的年轻人都爱玩手机，常常躲到厕所里，一玩就是一个钟头，除了限制上厕所时间外，我们实在想不出更好的办法"。

（资料来源：http://news.sina.com.cn/s/2010-08-13/060520888163.shtml。）

6.1 工作时间与休息时间法律制度概述

工作时间与休息时间是一个问题的两个方面。两者相互依存。没有工作时间，休息时间的称谓就没有意义。两者此消彼长。工作时间占得多一点，休息时间就会少一点。自劳动关系产生以来，人类就一直在探索工作时间和休息时间的合适比例，这其中不乏劳动者群体和资产阶级的激烈斗争。工作时间与休息时间究竟应怎样分配？这不是一个可以随意解决的问题。下面先来了解一下相关的国际立法，以期获得一些启示。

6.1.1 工作时间与休息时间的国际立法

由于工作时间和休息时间是此消彼长的关系，因而在介绍国际立法方面，我们更侧重于对工作时间的介绍，休息时间立法会通过工作时间立法映射出来。

1. 资本主义初期的强制性最低工作时限立法

资本主义原始积累阶段，农民被资本家逐出土地成为一无所有的无产者，他们被迫为资本家劳动，劳动关系大量出现。为了保障新兴资产阶级拥有充足的劳动力，资本主义国家以强大的国家机器为后盾，颁布了一系列强迫劳动的血腥法规。例如，英国亨利八世时期曾明文规定，对流浪者给予鞭打；如再度流浪，则予以逮捕；三度流浪就要当作重罪犯人或社会敌人而处死。这些法规被称为"劳工法规"，但并不是现代意义上保护劳动者的劳动法。"劳工法规"为了帮助资本家进行剥削，规定了非常苛刻的劳动制度。例如，最低工时制度就规定劳动者的工作时间只有最低时间的限制，没有最高时间的限制。劳动者常常一天要劳动14个小时，甚至18个小时，身体健康受到严重损害，伤亡事故不断发生，平均寿命大大缩短。

2. 资本主义发展时期的最高工作时限立法

19世纪初，资本主义进入自由竞争阶段。此时，资本主义生产方式已发展壮大，单靠经济关系的无声强制就足以保证资本家对工人的剥削和统治，无须借助国家强制手段。因而，大量"劳工法规"开始淡出，资产阶级国家逐渐将劳动关系看作"自由"的契约关系，不再以强制力保护资本主义生产模式。例如，1804年的《法国民法典》就将雇佣关系定义为"劳动力的租赁"。

1802年英国的《学徒健康与道德法》被看作现代意义上劳动法产生的标志。为了缓和社会矛盾，这部法律第一次出现了限制工作时间长度的规定，一改"劳工法规"的作风，在历史上具有重大意义。《学徒健康与道德法》规定：纺织工厂18周岁以下的学徒每天工作时间不得超过12小时，禁止学徒在晚9点至翌晨5时之间从事夜工；禁止纺织工厂使用9岁以下学徒。尽管限制工作最高时限等规定仅适用于童工，但这也开辟了最高工作时限制度的先河。1833年以后，英国又相继颁布了几部法律，将限制工作时间的适用范围扩大到女工。

随着经济的发展和工人运动的高涨，资本主义国家颁布了一系列的工厂立法，在一定程度上保障了劳动者的权益。例如，法国于1874年颁布了《劳动保护法》，俄国于1882年制定了《雇佣童工、童工劳动时间和工厂检察机构法》，德国于1891年颁布了《德意志帝国工业法》。这些立法几乎都有限制工作时间和改善劳动条件内容。例如，英国于1847年颁布的《十时间法》，规定纺织工业的女工和童工实行每日10小时的工作制，进一步缩短了劳动时间，并将缩短工作时间的适用范围扩大到50人以上的所有工业企业。

限制工作时间的立法，从最初适用于童工、女工到最终扩展至成年男工，适用范围已扩展至所有劳动者，但劳动者的劳动时间依然过长，一天的工作最高时限都在8小时以上。8小时工作制成为工人阶级长期争取的目标。1877年，美国铁路工人展开了争取8小时工作制的斗争。但直到1886年5月1日，美国10 000多个企业的40多万工人举行全国性大罢工，才迫使资本家承认了8小时工时制。8小时工作制的立法，最早出现在新西兰。1908年，新西兰提出了"8小时工作、8小时休息、8小时睡眠"的原则。在十月革命胜利后第4天，苏维埃俄国就颁布了由列宁签署的关于8小时工作日的法令。到"一战"以后，欧洲各国的劳工立法大多以8小时工作制为原则。1919年《国际劳动宪章》规定，工厂的工作时间以每日8小时或每周48小时为标准、每周至少有一次连续24小时休息，并尽量以星期日为公休日。同年举行的第一届国际劳工大会通过了《工业企业工时公约》。1921年的第三届国际劳工大会通过了《工业企业周休息公约》。这两个公约得到许多国家的批准。此后，8小时工作制才成为标准工时制度。

 阅读材料

"五一"国际劳动节的由来

国际劳动节又称"五一"国际劳动节、国际示威游行日(International Labor Day;May Day),是世界上大多数国家的劳动节,定在每年的5月1日。它是全世界劳动人民共同拥有的节日。

"五一"国际劳动节源于美国芝加哥城的工人大罢工。1886年5月1日,芝加哥的216 816名工人为争取实行8小时工作制而举行大罢工,经过艰苦的流血斗争,终于获得了胜利。为纪念这次伟大的工人运动,1889年7月,在恩格斯组织召开的第二国际成立大会上宣布将每年的5月1日定为国际劳动节。这一决定立即得到世界各国工人的积极响应。1890年5月1日,欧美各国的工人阶级率先走向街头,举行盛大的示威游行与集会,争取合法权益。从此,每逢这一天世界各国的劳动人民都要集会、游行,以示庆祝,并公众放假。

新中国成立以后,中央人民政府政务院(现在的国务院)于1949年12月将5月1日定为法定的劳动节,全国放假一天。每年的这一天,举国欢庆,人们换上节日的盛装,兴高采烈地聚集在公园、剧院、广场,参加各种庆祝集会或文体娱乐活动,并对有突出贡献的劳动者进行表彰。

(资料来源:http://zhidao.baidu.com/question/6811558.html.)

3. 现代资本主义阶段的工作时间发展新趋势

到20世纪30—40年代,有关工作时间的立法又有了新发展,工作时间出现不断缩短的趋势。有些西方国家开始实行每周5日、40小时工时制。1935年,第十九届国际劳工大会通过了将每周工作时间减至40小时的第47号公约。20世纪70年代以后,欧美国家已普遍实行40小时工作周,并且缩短工时的进程越来越快。例如,法国1981年将工作周缩短为39小时,1982年又缩短为35小时、5日工作周。近年来一些发达国家的周工时已减至35小时左右,最短的如北欧等国,只有30小时。工作时间的缩短,一方面是由于科技的进步导致生产力的提高,生产同样的产值所需的时间更短,使缩短工时成为可能;另一方面,劳动者收入的提高使闲暇对劳动者显得更为重要,劳动者宁愿享受更多的闲暇而不愿投入更多的劳动。在缩短工作时间的进程中,经济衰退也起了一定作用,因为通过减少工作时间,企业可以达到节省开支的目的。例如,1929—1933年的经济危机对促成40小时工作制就起了重要作用。

在工作时间不断缩短的同时,近年来,各国也出现了一些新的用工形式,使工作时间出现了灵活化、多样化的趋势。例如,弹性工作制、间隔工作制、紧缩工作时间制、变动时间制等一系列的新的用工制度丰富了传统的工作时间形式。弹性工作制就是企业规定一个核心工作时间,这个核心工作时间是固定且必须遵守的。在此前提下,员工可以自由选择上班或下班时间,但所有的时间加起来必须达到规定的工作时间。例如,某公司实行8小时工作制,其规定的核心工作时间是10:00—16:00,中间休息一小时。员工可以8:00上班,17:00下班,也可以9:00上班,18:00下班。这种方法充分考虑到了员工的具体情况,如员工住得远就可以来迟一点,工作时间灵活,有利于吸引优秀人才。间隔工作制由职工本人根据自身的情况,向企业提出间隔工作时间,企业裁定分组。对于职工个人来说,上班时间仍是固定的,但可以更自由地安排工作时间。实行紧缩工作时间制的职工可以将一个星期的工作压缩在3天或4天完成(即每天工作13小时或10小时的工作),剩余

时间由职工个人支配。职工上下班时间减少，既可节省交通费用，又可提高企业设备利用率，缓和人手不足的矛盾。比利时就广泛采用这种方式。该国规定职工实行按年度计算工作时间，每周可以工作3~7天，每天8~12小时，只要全年能完成规定工作，每天、每周的工作时间可以灵活安排。变动时间制比弹性时间制更灵活。实施这种制度，企业对职工的劳动只考虑其成果，不指定具体工作时间，只要在所要求的范围内，按质按量完成工作任务就照付工资，而且还按工作质量发放奖金。这些工时制度大大丰富了传统工时制度，是科技进步和工作方式改变的必然结果。

当代世界各国的经验表明，工作时间和休息时间的比例不是可以随意确定的，往往需遵循一定的原则，才能达到劳动者和用人单位的和谐共处，因而一国在制定本国的工作时间和休息时间标准时应遵循这些原则。

欧洲工作新趋势：延长工作日

法国允许雇主增加工作时间及薪酬、废除每周35小时工作制的决定，标志着数十年的趋势出现了逆转。在20世纪八九十年代，大部分欧洲国家削减了工作时间：德国将每周工作时间从40小时降为38小时，英国从40小时降为37小时，丹麦从39小时减少到37小时，法国从40小时减少到35小时。然而今天，当欧洲人在高失业率和停滞不前的生活水平中苦苦挣扎时，他们不得不工作得更长一点以适应全球化。

德国最新的工资协议导致更长的工作时间，法国的行动就在德国政策变化之后。两国的不同之处在于，德国的工作时间虽然增长了，但是补贴报酬却毫无增长迹象。

西门子首当其冲，将每周工作时间从35小时提高至40小时。巴伐利亚市政府将老年雇员的工作时间从38.5小时提高至40小时，年轻雇员的工作时间则增至42小时。戴姆勒-克莱斯勒将其研发中心的工作时间从35小时提高至40小时，此例一开，其他公司的谈判纷至沓来。

德国原本是出于对来自前社会主义国家的低工资竞争做出回应。2004年5月加入欧盟的东欧十国平均工资大约是德国工资水平的1/7，但这还算不上什么，中国工人的工资是德国同行的1/25。差距如此之大，以至于某些人认为参与竞争的努力无济于事，但是，由于德国生产效率要高得多，增加工作时间以有效削减人力成本的做法仍值得一试。这对欧洲其他国家而言树立了一个榜样。法国的下一步可能也是无薪延长工作时间。

（资料来源：http://finance.sina.com.cn/roll/20050516/141261028.shtml.）

6.1.2 国家制定工作时间与休息时间标准应遵循的原则

1. 确定工作时间与休息时间的长短需考虑一国的生产力发展水平

一国的生产力水平较低，生产同样价值的产品需花费较多的时间，工作时间的长度就会相应延长。生产力水平和生产效率提高，会导致生产同样价值产品所需时间缩短，工作时间相应就会缩短。因此，一国制定工作时间和休息时间标准往往会受制于一国的生产力发展水平。

2. 确定工作时间与休息时间的长短还应考虑劳动者生理和心理上能够承受的限度

现代各国劳动立法的主要目的就是保护劳动者，协调劳动者和用人单位关系。就制定工作时间和休息时间制度而言，就是要合理分配时间比例，保障劳动者的休息权，所以工作时间长度的确定必须以劳动者的生理承受限度为基础。我国确立了8小时标准工作日和40小时标准工作周制度。标准工作日是国家规定的劳动者一昼夜内最长的工作时间，它基于劳动者短期内生理上能够承受的工作时间长度而确定。标准工作周是基于劳动者相对较长的时期内所能承受的工作时间总量确定。确立工作时间标准除需考虑劳动者的生理承受限度外，还需考虑劳动者对工作时间的心理承受能力。随着缩短工时之风在世界范围内的流行，劳动者对闲暇的需求心理越来越强烈，对工作时间长度的承受力越来越低，因而国家在制定工作时间标准时也应考虑劳动者群体的这一需要。

3. 确定工作时间和休息时间的长短还需考虑一国的人口因素及国家的风俗习惯

一国人口较多，劳动力资源丰富，缩短劳动时间就意味着可以提供更多的就业岗位，国家就倾向于制定较短的工作时间标准。相反，较少的劳动力资源可能意味着更长的工作时间和较长的工时标准，因而人口因素也是国家制定工作时间标准时应考虑的内容。确定工作时间标准还应考虑到一国的风俗习惯，有些国家生活节奏比较缓慢，制定过长的工作时间标准往往难以实行。

6.1.3 协调好工作时间与休息时间的关系对于用人单位的意义

标准工作时间是国家制定的劳动者工作时间的最高时限。只要保障劳动者的休息时间，不超过工作最高时限，用人单位可以结合本单位情况，确定适合自己的用工制度，降低成本，实现效率最大化。因此，协调好工作时间与休息时间的关系对于用人单位也有重要的现实意义。

1. 增加或缩短工作时间，可以起到调节实际工资水平的作用

工作时间在多数情况下是衡量劳动者劳动量的重要参数，从而决定着劳动者薪酬的高低。在工资水平难以改变的情况下，改变工作时间的长短，可以起到改变劳动者实际工资水平的作用。所以工作时间不是个简单的时间概念，而是影响实际工资水平的重要参数。合理运用工作时间这一功能，无论是对国家进行工资调控，还是单位进行内部管理，都有重要意义。

2. 相机选择工时制度，实现单位有效管理

工作时间是劳动者完成工作任务，进行劳动的时间。如果劳动者不积极完成工作，随意开小差，消极怠工，把工作总是留给别人去做，就要考虑是不是单位的管理制度还存在问题。改变以时间为衡量劳动量依据的工时制，换之直接以工作量为衡量依据的计件工时，就会发现劳动者中滥竽充数的现象会少很多。

3. 柔和处理工作时间问题，实现企业人性管理

用人单位希望劳动者在工作时间里的劳动量多多益善，甚至不惜让劳动者加班；劳动者也将工作时间看做决定在单位去留的重要参数。用人单位超负荷、甚至违法的加班行为，不仅使劳动者离自己远去，而且会造成劳动者健康毁损、精神抑郁，甚至自杀的后果，企业不仅要为陨落的生命买单，还要承担法律的制裁和道义的谴责。因此，尊重劳动者，柔和处理工作时间问题，企业的管理将更加人性化。

6.1.4 我国关于工作时间与休息时间的立法

我国有关工作时间的立法要晚于西方发达国家。19世纪中叶,产业工人在我国出现,工人受压迫程度严重,工作时间一般一天12~14小时,有的甚至高达20个小时。国民党统治时期虽然规定有"成年工人每日实行工作时间以8小时为原则"的条文,但事实上从未真正得以实施。

中国共产党成立以后,非常重视对工人阶级权利的保护。1922年中国劳动组合书记部拟定的劳动立法原则和《劳动法案大纲》规定,劳动者每日昼间劳动时间不得超过8小时,夜工不得超过6小时,每星期应予以连续24小时之休息,并对女工和从事剧烈劳动的工人的工作时限和休息时间做出了专门规定。1931年颁布的《中华苏维埃共和国劳动法》对工作时间和休息休假做出了更为明确的规定,并且此后在各革命根据地和解放区也都颁布了一些相关的法规。

新中国成立前夕,中国人民政治协商会议第一届全体会议通过的《共同纲领》第三十二条规定:"公私企业目前一般应实行八小时至十小时的工作制,特殊情况得斟酌办理。"1960年12月21日,中共中央《关于在城市坚持8小时工作的通知》明确提出实行8小时工时制。同时,有关部委还通过行政规章做出了缩短工时的规定,如纺织行业的"四班三运转"、化工行业的6小时或7小时工作日,煤矿井下6小时工作日,以及建筑、冶炼、森林采伐、地质勘查、装卸搬运等行业实行不同程度的缩短工作日制度等。

随着经济的进一步发展和国家对劳动者保护水平的提高,1994年颁布的现行《劳动法》第三十六条规定:国家实行劳动者每日工作时间不超过八小时、平均每周工作时间不超过四十四小时的工时制度。1995年3月25日,国务院颁布的《关于职工工作时间的规定》又进一步将每周44小时工时制缩短为40小时。为了与这些规定相配套,原劳动部公布了《企业实行不定时工作制和综合计算工时工作制的审批办法》,并与《劳动法》同时实施。2007年6月29日颁布的《劳动合同法》对非全日制用工的规定,实际上确立了一种新的工时制度,是对工时制的一个新的发展。

6.1.5 我国工作时间与休息时间的立法原则

有关工作时间的立法思想是一个不断演变的过程。早期的工作时间立法,理论界流行"单一任务保护说"[1],即单一地强调保护劳工权益,着重于限制工时长度。现在关于工时立法的态度有所转变,强调"保护和管理双重任务说"[2],即工时立法除了负有保护劳工权益的任务外,还负有从管理的角度规范工时组织与安排,提高工时利用效率的任务。在保护与管理任务孰重孰轻的问题上,我们认为,赋予工时立法以管理任务,在现代经济中确有一定必要性,但保护任务作为工时立法的传统任务,应当是现代工时立法的主要任务,管理任务只宜置于次要地位。上述立法思想在工时立法问题具体体现为以下3个原则。

1. 保护劳动者身体健康和经济发展相结合的原则

劳动过程是劳动者消耗体力和脑力的过程,工作时间过长,必然会导致劳动者身心疲

---

[1] 吴超民,王全兴,张国文. 中国劳动法新论[M]. 北京:中国经济出版社,1994:218.
[2] 同上.

怠，这不仅会造成劳动生产率下降，而且会损伤劳动者的身体机能，甚至会发生伤亡事故。所以，要保障劳动力资源的可持续发展，就必须保障劳动者的休息权和生命健康权，因而工时立法必须体现对劳动者身体健康的保护。另外，国家经济的发展又依赖于用人单位生产经营的顺利进行，良好的经济发展状况又能为保障劳动者的身心健康创造更好的条件。因此，工时立法要坚持保护劳动者身体健康和经济发展相结合的原则，这也是"保护和管理双重任务说"的体现。

2. 劳动权平等和个体差异相结合的原则

法律面前人人平等，劳动者平等地享有劳动和休息休假的权利是我国宪法确定的一项基本要求，这要求社会给每个劳动者提供平等的劳动机会，也要充分保障劳动者平等地实现其休息休假的权利。同时，考虑到劳动的复杂性及多样性，在劳动过程中不同性质的工作岗位和担负不同具体工作任务的劳动者，在劳动量的多少、劳动强度的大小以及劳动力消耗等方面都有很大不同，因此，在坚持劳动者平等享有劳动和休息休假的权利的前提下，又要兼顾不同工种、不同劳动者（如从事繁重体力劳动、矿山井下作业的劳动者）的特殊需要，真正做到实质公平。

3. 立足本国国情、接轨国际的原则

我国作为国际社会的重要组成部分，在劳动立法中应当敏锐把握国际立法的发展趋势。但我国仍处于社会主义初级阶段，劳动生产率和经济发展水平还不高，物质基础比较薄弱，而工作时间的长短必然会受到我国经济发展水平的影响，因而在现阶段完全达到国际最先进的工时标准不太现实。所以，工时立法应从我国实际情况出发，在经济不断发展的基础上逐步与国际社会接轨。

为了实现以上基本原则，工作时间立法至少应该涵盖下面几项内容：①规定最高工时标准，即规定工时上限，并允许在集体合同和劳动合同中约定在此限度内缩短工时长度；②规定最低休息时间标准，即只规定休息时间的下限，允许在集体合同和劳动合同中约定在此基础上增加休息时间；③规定作息办法，为工作时间和休息时间的组织和安排提供规范；④规定延长工时制度，限制延长工时并设定延长工作时间的补偿标准；⑤规定侵犯劳动者休息权的法律责任。

6.2 工作时间法律制度

6.2.1 工作时间概述

工作时间是劳动者按照劳动合同约定或法律规定，用于完成用人单位工作任务的时间。工作时间的长短取决于劳动者和用人单位的事先约定，但由于世界许多国家对工作时间的最高时限都进行了强制性规定，所以用人单位与劳动者约定的工作时间长度应在法律规定的最高时限之下。

在工作时间内，劳动者付出体力和脑力，用人单位支付工资，因此在很长时间里，工作时间成为用人单位衡量劳动者付出劳动量的基本尺度，即便在今日，以工作时间衡量工作量多少依然是用人单位计算劳动者薪酬的重要依据。工作时间必须和劳动结合才有意义，而且这个劳动必须是用人单位所要求的劳动，只有这样的劳动才会被用人单位认可，劳动者才可以获得工资。当然这样的劳动可以是劳动者的本职工作，也可以是被用人单位临时安排的工作，可以在用人单位完成，也可以不在工作单位完成，像出差的职工，其工作地点虽不在工作单位，但其劳动也应当被认可。

另外，对工作时间应做更宽泛的理解。根据我国相关法律的规定，工作时间不限于实际工作时间，还应包括和本职工作有关的相关活动时间。这些时间包括以下几个方面：①生产或工作前从事必要的准备和工作结束时的整理时间；②因用人单位的原因造成的等待工作任务的时间；③参加与工作有直接联系并有法定义务性质的职业培训和教育的时间；④连续性有害于健康工作的间歇时间；⑤女职工哺乳的往返途中时间、孕期检查时间以及未成年人工作中适当的工作休息时间；⑥法律规定的其他属于计算作为工作时间的事项。

各国通常以工作日、工作周作为计量工作时间的标准。所谓工作日，就是一昼夜内工作时数的总和。所谓工作周，是指一周之内工作日的总和。我国就确立了8小时工作日、40小时工作周的标准工时制度。

6.2.2 工时制度

工时制度是一国对劳动者工作时间的长短做出的规定和安排。我国目前形成了以标准工时制度为基准，以其他工时制度为补充的工时制度。

1. 标准工时制

标准工时制是在我国适用非常广泛的一种工时制度。1994年7月5日通过的《劳动法》确立了我国实行"劳动者每日工作时间不超过八小时、平均每周工作时间不超过四十四小时"的工时制度。随后，1995年3月25日国务院发布的《关于修改〈国务院关于职工工作时间的规定〉的规定》又进一步修改了标准工时制，将标准工时缩短为"职工每日工作8小时、每周工作40小时"，即每个工作日8小时、每周5个工作日的工作时间制度。

标准工时制在我国工时制度中占有重要地位，一是它确定了在正常情况下，我国劳动者工作时间的最高限度；二是它成为其他一些工时制度参照的标准。

适用标准工时制需要注意几个问题：①它以正常情况作为其适用条件；②它普遍适用于一般职工；③适用标准工时制不需经过审批等程序。

2. 特殊的非标准工时制

除标准工时制外，还有一些工时制度是直接以时间或时间的变形作为衡量工作质量的标准，但在时间的长度或时间的计算方法上与标准工时有所不同，但又都以标准工时为依据。由于它们的适用条件特殊，暂且把它们称为特殊的非标准工时制。它主要包括缩短工时制、综合计算工时工作制、计件工时制。

（1）缩短工时制。缩短工时制是指劳动者的工作时间少于标准工作时间的工时制度。这种工时制度一般适用于工作环境特别恶劣的工种和一些特殊人群，标准工时对于他们依然过长而不宜适用。1994年2月颁布的《国务院关于职工工作时间的规定》第四条规定：

在特殊条件下从事劳动和有特殊情况，需要缩短工作时间的，按照国家有关规定执行。实行缩短工时制的企业一般应经当地主管部门审核，报当地劳动行政部门批准。我国目前主要有以下4种情况实行缩短工时制。

① 特定的岗位。从事矿山、井下、高空、高温、低温、有毒有害、特别繁重或过度紧张的劳动等职工，每日工作少于8小时，主要有这些部门：根据1979年10月《纺织工业部、国家劳动总局关于纺织企业实行"四班运转"的意见》，纺织部门实行"四班三运转"工时制度。根据1981年6月《化学工业部、国家劳动总局关于在有毒有害作业工人中改革工时制度的意见》，化工行业从事有毒有害作业工人实行"三工一休"制、6~7小时工作制和"定期轮流脱离接触"制度。煤矿井下实行四班6小时工作制。此外，建筑、冶炼、地质、勘探、森林采伐、装卸搬运等行业和部门均为从事繁重体力劳动，劳动强度高，应依本行业或部门的特点，实行各种形式的缩短工时制。

② 夜班。夜班工作时间实行缩短1小时。夜班工作时间一般指当晚10时至次日晨6时从事劳动或工作的时间。夜班工作改变了正常的生活规律，增加了神经系统的紧张状态，因而夜班工作时间比标准工时减少1小时。

③ 哺乳期女工。根据1998年国务院发布的《女职工劳动保护规定》，有不满1周岁婴儿的女职工可在每班劳动时间有两次哺乳（含人工喂养）时间，每次30分钟，多胞胎生育的，每多哺乳一个婴儿，每次哺乳时间增加30分钟。女职工每班劳动时间内的两次哺乳时间可以合并使用。哺乳时间和哺乳往返时间算作工作时间。

④ 未成年工和怀孕女工。《中华人民共和国未成年人保护法》规定，未成年工（年满16周岁未满18周岁的劳动者）实行低于8小时工作日。怀孕7个月以上的女职工，在正常工作时间内应安排一定的时间休息。

（2）综合计算工时工作制。综合计算工时工作制是指分别以周、月、季、年等为周期，综合计算工作时间，但其平均日工作时间和平均周工作时间应与法定标准工作时间基本相同的工时形式。这种工时制度主要适用于季节性、突击性较强的工作岗位。这种岗位的特点是，在一定时间内（忙季），劳动者需要连续工作，工作时间往往会超过标准工作时间，但在闲季，劳动者没有那么多工作可做，用人单位应当以实行缩短工作日或者补休的方式，抵补超过标准工作日长度的工时。固定时间长度的标准工时制不适应这种工作量不均衡的工作岗位，因而综合计算忙季和闲季的工作时间比较合适，但应以标准工时制为依据。综合计算工时制主要包括下列内容。

① 适用范围。《〈国务院关于职工工作时间的规定〉问题解答》详细解释了综合计算工时工作制的适用范围：交通、铁路、邮电、水运、航空、渔业等行业中因工作性质特殊，需连续作业的职工；地质及资源勘探、建筑、制盐、制糖、旅游等受季节和自然条件限制的行业的部分职工；亦工亦农或由于受能源、原材料供应等条件限制难以均衡生产的乡镇企业的职工等。对于那些在市场竞争中，由于外界因素的影响，生产任务不均衡的企业的部分职工，经劳动行政部门严格审批后，可以参照综合计算工时工作制的办法实施此工时。

② 法定的审批手续。中央直属企业实行综合计算工时工作制等其他工作和休息办法的，需经国务院行业主管部门审核，报国务院劳动行政部门批准。地方企业实行综合计算工时工作制等其他工作和休息办法的审批办法，由各省、自治区、直辖市人民政府劳动行

政部门制定，报国务院劳动行政部门备案。在审批综合计算工时工作制的过程中应要求企业做到两点：一是企业实行综合计算工时工作制以及在实行综合计算工时工作制中采取何种工作方式，一定要与工会和劳动者协商；二是对于第三极以上(含第三极)体力劳动强度的工作岗位，劳动者连续工作时间不得超过11小时，而且每周至少休息一天。

③ 休息及加班工资计算办法。对综合计算工时的职工应采取集中工作、集中休息、轮休调休、弹性工作时间等适当的工作和休息方式，确保职工休息休假权利。对于加班的情况，原劳动部《关于企业实行不定时工作制和综合计算工时工作制的审批办法》第五条的规定，综合计算工时工作制采用的是以周、月、季、年等为周期综合计算工作时间，但其平均日工作时间和平均周工作时间应与法定标准工作时间基本相同。也就是说，在综合计算周期内，某一具体日(或周)的实际工作时间可以超过8小时(或40小时)，但综合计算周期内的总实际工作时间不应超过总法定标准工作时间，超过部分应视为延长工作时间，并按《劳动法》第四十四第一款的规定支付工资报酬，即支付150%工资；其中法定休假日安排劳动者工作的，按《劳动法》第四十四条第三款的规定支付工资报酬，即支付300%的工资。而且，延长工作时间的小时数平均每月不得超过36小时。据此，对于综合计算工时制的职工延时工作不应出现被支付200%工资的情况。

(3) 计件工时制。《劳动法》第三十七条规定了计件工时制。从表面上看，计件工时制不以时间作为计算工作量的标准，而是以劳动者生产产品的实际件数作为衡量工作量的标准。但《劳动法》第三十七条却将计件工时制与标准工时制紧密联系起来。第三十七条这样规定："对实行计件工作的劳动者，用人单位应当根据本法第三十六条规定的工时制度合理确定其劳动定额和计件报酬标准。"也就是说，用人单位确定的劳动定额和计件报酬应保证劳动者在标准工时内能够完成。因此，计件工时制其实是时间的变形——计件作为衡量工作量的标准。

3. 不定时工时制

不定时工时制是对于职责范围不能受固定时数限制的劳动者实行的工作时间形式。换言之，不定时工时制不以时间作为衡量劳动者工作量的标准。此时，用人单位衡量劳动者工作量的标准更多的是工作业绩等形式。关于不定时工时制的内容主要来源于1994年原劳动部颁布的《关于企业实行不定时工作制和综合计算工时工作制的审批办法》，它包括以下几方面。

(1) 适用范围。适用不定时工时制的人员包括：企业中的高级管理人员、外勤人员、推销人员、部分值班人员和其他因工作无法按标准工作时间衡量的职工；企业中的长途运输人员、出租汽车司机和铁路、港口、仓库的部分装卸人员以及因工作性质特殊，需机动作业的职工；其他因生产特点、工作特殊需要或职责范围的关系，适合实行不定时工作制的职工。

(2) 法定的审批手续。不定时工时制和综合计算工时制一样，并不是企业可以随意实施的，要经过法定的审批手续，它和综合计算工时制的审批手续基本相同。

(3) 休息及工资计算办法。1997年《劳动部关于职工工作时间有关问题的复函》第八条规定："对于实行不定时工作制的劳动者，企业应当根据标准工时制度合理确定劳动者的劳动定额或其他考核标准，以便安排劳动者休息。其工资由企业按照本单位的工资制度和工资分配办法,根据劳动者的实际工作时间和完成劳动定额情况计发。对于符合带薪年休假条件的劳动者,企业可安排其享受带薪年休假。"《劳动部关于贯彻执行〈中华人民共和国劳动法〉若干问题的意见》第六十七条还规定:"经批准实行不定时工作制的职工,不受劳动法第四十一条规定的日延长工作时间标准和月延长工作时间标准的限制。"1994 年原劳动部颁布的《工资支付暂行规定》第十三条规定,实行不定时工时制度的劳动者,不执行加班加点工作时增加工资的制度,即对于不定时工时制没有加班加点及支付加班加点工资的说法。

为了更好地理解标准工时和一些特殊工时,表 6-1 为标准工时制与综合工时制、不定时工时制的比较。

表 6-1 标准工时制与综合计算工时制、不定时工时制的比较

项 目	标准工时制	综合计算工时制	不定时工时制
性质	工作时间定工作量	工作时间定工作量	不依靠时间确定工作量,直接确定工作量
适用范围	一般劳动者	特定的 3 类劳动者	特定的 3 类劳动者
审批手续	不需要审批	需要劳动部门审批	需要劳动部门审批
工作时间长度	每日 8 小时,每周 40 小时	其平均日和平均周工作时间应与标准工作时间基本相同	无具体时间限制
延长工作时间的限制	一般日加班不超过 1 小时,特殊情况日不超过 3 小时,月不超过 36 小时	对于第三极以上(含第三极)连续工作时间不得超过 11 小时,平均每月延长工作时间不得超过 36 小时	不受日延长工作时间标准和月延长工作时间的限制
加班工资	加点,支付至少 150% 工资;休息日加班,支付至少 200% 工资;节假日加班,支付至少 300% 工资	超时工作,支付 150% 工资;节假日加班,支付 300% 工资;无支付 200% 工资的规定	不执行加班加点增加工资的制度

4. 非全日制工时制

《劳动合同法》专门规定了非全日制用工,实际上是确立了一种新的工时制度——非全日制工时制。此种工时制度依然用时间作为控制付出劳动量的标准,但它与标准工时制不同的是,劳动者在用人单位工作时间的长度缩短为日标准工时的一半,劳动者可以更灵活地和用人单位建立劳动关系。例如,不用签订书面劳动合同,可以口头订立合同;不得约定试用期;合同双方可以随时通知对方终止用工;终止用工,用人单位不向劳动者支付经济补偿等。这种工时制度实际是对传统工时制度的大胆突破,是一种新的工时制度。

6.3 休息时间法律制度

6.3.1 休息时间的含义

休息时间是工作时间之外，劳动者可以自由支配，不用再进行用人单位指定劳动的时间。休息时间是持续的、能达到一定总量的时间，它的目的是保障劳动者在工作之后身体能够得到充分休息，恢复体力。保证劳动者的休息时间不仅对劳动者具有重要意义，对用人单位也同样具有意义。充分的休息时间可以使劳动者工作效力更高，可以使劳动者对用人单位有更强的归属感，可以保障用人单位有更持续的人力资源。

保障劳动者的休息权是我国《宪法》规定的公民的基本权利。我国《宪法》第四十三条规定："中华人民共和国劳动者有休息的权利。国家发展劳动者休息和休养的设施，规定职工的工作时间和休假制度。"《劳动法》对劳动者的休息时间做了更为具体的规定。例如，用人单位应当保证劳动者每周至少休息一日；用人单位应当在法定节假日期间安排劳动者休假；国家实行带薪年休假制度等。到目前为止，我国建立了从公休日、节假日到年休假，时间从短到长的一整套休息时间制度，保障劳动者享有全面的休息权利。

6.3.2 休息时间的种类

根据休息时间的长短和是否带薪，可以将休息时间分为日常休息和休假。日常休息时间一般较短，而且不带薪，其目的是使劳动者在工作之后获得必要的休息。休假一般时间较长，而且休息期间可以享受工资待遇。

1. 日常休息

1）工作日内的休息时间

工作日内的休息时间是指劳动者在工作日内用于恢复体力享有的用膳和工间休息时间。其长度由企业根据生产经营特点具体确定，一般每工作4小时休息1～2小时，最低不少于半小时。

2）工作日间的休息时间

工作日间的休息时间是指职工在一个工作日结束后至下一个工作日开始时的休息时间。法律确定劳动者每日工作不得超过8小时，其实即规定了劳动者工作日间的休息时间一般应不少于16小时。无特殊原因应保障职工连续享用，不得随意间断。实行轮换制的企业，其班次必须平均轮换，不得使职工连续工作两个甚至以上的工作日。

3）工作周间的休息时间

工作周间的休息时间又称公休假日，是劳动者在工作一周后所享有的连续休息的时间。在我国，劳动者每周至少休息一日。《国务院关于职工工作时间的规定》指明国家机关、事业单位实行统一的工作时间，星期六和星期日为周休息日。企业和不能实行上述规定的统一工作时间的事业单位，可以根据实际情况灵活安排周休息日。因公出差人员的公休假日，应在出差地点享用；因工作需要不能享用者，可以补休。

2. 休假

休假是劳动者享有的相对较为集中的休息时间,而且休假期间劳动者享有一定的工资待遇。我国《劳动法》及相关法规规定的休假主要包括法定休假日、年休假、探亲假、婚丧假、产假等。

1)法定休假日

一国为了纪念某些特殊的日子或尊重国家、民族的传统习俗会将某些日子作为一国民众固定的休息时间,便于大家开展纪念、庆祝活动。这些节日就是通常所说的法定节假日。法定节假日并非专为劳动者而设,但根据《劳动法》第四十条的规定,用人单位应在法定节假日依法安排劳动者休假,因而在劳动法中法定节假日又称法定休假日。简言之,法定节假日和法定休假日是内涵不同、外延相同的两个概念。并且根据《劳动法》第五十一条的规定,即"劳动者在法定休假日和婚丧假期间以及依法参加社会活动期间,用人单位应当依法支付工资"可知,法定休假日是劳动者不需劳动仍可领工资的假期。

《劳动法》规定的法定休假日有元旦、春节、国际劳动节、国庆节,以及法律、法规规定的其他休假节日。

《国务院关于修改〈全国年节及纪念日放假办法〉的决定》增加了清明节、端午节、中秋节3个传统节日作为法定节假日,并调整了放假的时间,一年的法定节假日也由原来的10天增加为11天,具体如下:①新年,放假1天(1月1日);②春节,放假3天(农历正月初一、初二、初三);③清明节,放假1天(农历清明当日);④劳动节,放假1天(5月1日);⑤端午节,放假1天(农历端午当日);⑥中秋节,放假1天(农历中秋当日);⑦国庆节,放假3天(10月1—3日)。

部分公民放假的节假日如下:①妇女节(限于妇女),3月8日放假半天;②青年节(限于14周岁以上的青年),5月4日放假半天;③儿童节(限于14周岁以下的少年儿童),6月1日放假一天;④中国人民解放军建军纪念日(限于现役军人),8月1日放假半天。上述假日适逢公休假日不补假。

少数民族习惯性节日,由各少数民族聚居地区的地方人民政府,按照各该民族习惯,规定放假半天。

其他节日,如二七纪念日、五卅纪念日、七七抗战纪念日、九三抗战胜利纪念日、九一八纪念日、教师节、护士节、记者节、植树节等其他节日、纪念日,均不放假。

2)年休假

早在1995年,我国《劳动法》第四十五条就规定:"国家实行带薪年休假制度。劳动者连续工作一年以上的,享受带薪年休假。具体办法由国务院规定。"但国务院一直没有制定相应条例,原劳动部规定企业可以按照1991年6月15日《中共中央、国务院关于职工休假问题的通知》,安排职工休假。直到2007年12月7日,国务院通过了《职工带薪年休假条例》,带薪年休假制度才真正在全国范围内得以实施。

年休假是劳动者每年可以带薪享受的连续假期,是公休假日、法定休假日之外的假期。享受年休假需要达到一定的条件。《职工带薪年休假条例》第二条规定:"机关、团体、企业、事业单位、民办非企业单位、有雇工的个体工商户等单位的职工连续工作1年以上的,享受带薪年休假(以下简称年休假)。单位应当保证职工享受年休假。"因此,享受带薪年休假,劳动者需在同一单位连续工作1年以上。同时,《职工带薪年休假条例》还规定了职工不享受当年年休假的5种情形:①职工依法享受寒暑假,其休假天数多于年休假天数的;②职工请事假累计20天以上且单位按照规定不扣工资的;③累计工作满1年不满10年的职工,请病假累计2个月以上的;④累计工作满10年不满20年的职工,请病假累计3个月以上的;⑤累计工作满20年以上的职工,请病假累计4个月以上的。

对于年休假的期限,《职工带薪年休假条例》规定:"职工累计工作已满1年不满10年的,年休假5天;已满10年不满20年的,年休假10天;已满20年的,年休假15天。"这些期限是最低期限,用人单位完全可以给予职工超过这些期限的年休假。

《职工带薪年休假条例》还对休假如何实施及不能休假的情况进行了安排。第五条规定:"单位根据生产、工作的具体情况,并考虑职工本人意愿,统筹安排职工年休假。年休假在1个年度内可以集中安排,也可以分段安排,一般不跨年度安排。单位因生产、工作特点确有必要跨年度安排职工年休假的,可跨1个年度安排。单位确因工作需要不能安排职工休年休假的,经职工本人同意,可以不安排职工休年休假。对职工应休未休的年休假天数,单位应当按照该职工日工资收入的300%支付年休假工资报酬。"

《职工带薪年休假条例》还规定了年休假期间职工享受的薪酬待遇:"职工在年休假期间享受与正常工作期间相同的工资收入。"因此,用人单位在职工休假期间只发职工基本工资是不正确的。

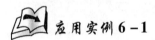

应用实例6-1

职工未享受带薪年休假的补偿

李某于2004年12月进入某公司工作,月工资为1 500元。2009年4月2日,因公司原因,单方与李某解除合同,李某离职前仍未休2008年度与2009年度带薪年休假。李某于是向公司提出要求,支付其未休假的经济补偿,公司以其未交接工作为由,拒绝其请求。李某于是向当地劳动争议仲裁委申诉,要求公司支付2008年、2009年年休假工资。

根据《职工带薪年休假条例》,所有与用人单位建立劳动关系的职工,连续工作满12个月以上,都能享受到带薪年休假。其中,累计工作满1年不满10年的,年休假5天;已满10年不满20年的,年休假10天;已满20年的,年休假15天。根据《企业职工带薪年休假实施办法》的有关规定,用人单位与职工解除或者终止劳动合同时,当年度未安排职工休满应休年休假的,应当按照职工当年已工作时间折算应休未休年休假天数并支付未休年休假工资报酬,但折算后不足1整天的部分不支付未休年休假工资报酬。

计算未休年休假工资报酬的日工资收入按照职工本人的月工资除以月计薪天数(21.75天)进行折算。那么,按照以上规定,李某2008年度应休年假为5天,2009年度应休天数为1.2天[(91/365)×5],由于0.2天不足1整天,不能享受年休假,因此李某应休年假共为6天。李某的月工资是1 500元,除以月计薪天数(21.75天)进行折算,日工资标准是69元。由此可计算出李某应得的年休假工资报酬是1 242元(69×6×3)。

(资料来源:http://www.xuezhizhi.com/fanwen/276681.html。)

3)探亲假

探亲假是指与父母或配偶分居两地的职工所享有的,在一定时期内与父母或配偶团聚的假期。

根据《国务院关于职工探亲待遇的规定》，凡工作满一年的职工，与配偶或父母不住在一起，又不能在公休假日团聚的，可以享受探望配偶或父母的探亲假待遇。工作不满一年，或可和父或母一方在公休假日团聚的，则不能享受探望父母的探亲假待遇。其中，"不能在公休假日团聚"是指不能利用公休假期在家居住一夜和休息半个白天；其中所称的"父母"是指自幼抚养职工长大、现在由职工供养的亲属，不包括岳父母、公婆。另外，根据此规定，探亲假的适用范围仅限于在国家机关、人民团体和全民所有制企业、事业单位的固定职工。

探亲假假期：①职工探望配偶每年给予一方探亲假一次，假期为30天；②未婚职工探望父母，原则上每年给假一次，假期为20天；如果因工作需要，本单位当年不能给予假期，或职工自愿两年探亲一次的，可以两年给假一次，假期为45天；③已婚职工探望父母的，每4年给假一次，假期为20天；④凡实行休假制度的职工（如学校的教职工），应在休假期间探亲；若休假较短，可由本单位适当安排，补足其探亲假的天数。上述假期之外，可根据实际需要给予路程假，假期中的公休假日和法定节日不再扣除和另行补假。

探亲假期间待遇：①工资待遇。职工在规定的探亲假期和路程假期内，按照本人的标准工资发给工资；②探亲路费的报销。职工探望配偶和未婚职工探望父母的往返路费，由所在单位负担。已婚职工探望父母的往返路费，在本人月标准工资30%以内的，由本人自理，超过部分由所在单位负担。

4）婚丧假

根据原国家劳动总局、财政部《关于国有企业职工请婚丧假和路程假问题的规定》（1980年2月20日发布），职工本人结婚时，企业应该根据具体情况，酌情给予1~3天的婚假。职工结婚时双方不在一地工作的，可以根据路程远近，另给予路程假。在批准的婚假和路程假期间，职工的工资照发。途中的车船费等，全部由职工自理。除上述规定外，有关婚假的规定主要来自于各个省份的地方性法规。这些地方性法规的适用范围不限于国有企业的职工，适用范围大大扩展。

根据《关于国有企业职工请婚丧假和路程假问题的规定》，"职工结婚或职工的直系亲属（父母、配偶和子女）死亡时，可以根据具体情况，由本单位行政领导批准，酌情给予1~3天的丧假"；"职工在外地的直系亲属死亡时需要职工本人去外地料理丧事的，可以根据路程远近，另给予路程假"；"在批准的丧假和路程假期间，职工的工资照发。途中的车船费等，全部由职工自理"。

5）产假

产假是我国法律规定的给予生育期女职工的带薪假期。《劳动法》第六十二条规定："女职工生育享受不少于九十天的产假。"2012年《女职工劳动保护特别规定》第七条的规定更为详细："女职工生育享受98天产假，其中产前可以休假15天；难产的，增加产假15天。多胞胎生育的，每多生育1个婴儿，增加产假15天。女职工怀孕未满四个月流产的，享受15天产假；怀孕满4个月流产的，享受42天产假。"另外，根据我国计划生育政策的调整，地方政府适当给予符合计划生育政策的女职工和男职工奖励假期，例如，《广东省人口与计划生育条例》第三十一条规定："符合法律、法规规定生育子女的夫妻，女方享受三十日的奖励假，男方享受十五日的陪产假。在规定假期内照发工资，不影响福利待遇和全勤评奖。"

女职工在产假期间，工资照发。《女职工劳动保护特别规定》第五条规定："用人单位不得因女职工怀孕、生育、哺乳降低其工资、予以辞退、与其解除劳动或者聘用合同。"

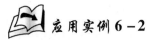

女职工可以享受的产假天数

在广州某公司上班的陈某于2016年3月7日剖腹产下双胞胎，根据国家和广东的规定，陈某共可以享受产假待遇多少天呢？

根据《女职工劳动保护特别规定》第七条的规定，陈某可以享受产假为98天，生育双胞胎产假增加15天。又根据《广东省人口与计划生育条例》第三十一条的规定，符合法律、法规规定生育子女的夫妻，女方享受三十日的奖励假。另据《广东省女职工劳动保护实施办法》第六条规定，"生育时遇有难产的(如剖腹产、Ⅲ度会阴破裂者)，可增加产假三十天。"因此，陈某可以享用的产假一共有173天(98＋30＋30＋15)。

6.4 延长工作时间法律制度

劳动者一般应在标准工作时间内进行劳动，但由于工作需要，也会出现劳动者超出标准工作时间进行劳动的情况，这就是延长工作时间劳动。若无限制地延长劳动时间势必会对劳动者的身体健康产生影响，因此我国的延长工作时间制度主要是延长工作时间的限制和补偿制度。

6.4.1 延长工作时间的含义

延长工作时间俗称为加班，是指劳动者超过标准工作时间继续劳动，工作时间向休息时间范围内延伸的情况。

根据延长工作时间带来的不同法律后果，通常将其分为3种类型：日常加班、休息日加班、节假日加班。日常加班在劳动法中被称为加点，是指劳动者在标准工作日以外延时工作，即提前上班或推迟下班。休息日加班是指劳动者在周公休日继续上班。节假日加班是指劳动者在11天法定节假日上班。日常加班和休息日、节假日加班的不同之处在于，日常加班是在一天工作时间达到标准工时后进行额外劳动。休息日、节假日加班是在本不需要上班的时间上班。所以，我国对休息日、节假日加班的补偿要比日常加班多，节假日加班获得的补偿最多。

中国古代官员的休息制度

在汉代，我国出现官员休息制度，休息那天每个官员都要沐浴更衣，所以称假日为"沐日"。汉代律令规定，朝中官员可每5天返家沐浴，所以叫"五日休"。到了唐代改为"旬休"，也就是10天可休息一天。

唐代除定期的休假日外，还有节假日。唐代时，中秋节放假3天；寒食清明放假4天。明代时，冬至放假3天，元宵10天。此外还定有"急假"，官吏用以处置紧急家事，一年可以60天为限。对官吏的假日，历代均有严格的规定。唐代规定三品以上假满之日，须到衙门报到，否则罚俸禄一月。有的人还因此被免职。

到了清朝初年，随着西方的传教士和天主教传入我国，"礼拜天"这一宗教用语开始在我国出现。辛亥革命后，我国开始实行7天一次的星期日休息制。

（资料来源：http：//baike.baidu.com/view/982723.htm.）

6.4.2 延长工作时间的限制制度

由于生产经营的需要，对延长工作时间不可能采取禁止态度，但同样，也不可能放任，那必将对劳动者的休息权利和身体健康造成损害，因此，我国对延长劳动者工作时间采取了限制态度。对延长工作时间的限制主要体现在以下几个方面。

1. 立法原则上严格限制

《劳动法》第四十三条规定："用人单位不得违反本法规定延长劳动者的工作时间。"《国务院关于职工工作时间的规定》第六条指出："任何单位和个人不得擅自延长职工工作时间。"《〈国务院关于职工工作时间的规定〉的实施办法》第七条规定："各单位在正常情况下不得安排职工加班加点。"这些法条表明了我国严格限制延长劳动者工作时间的立场和态度。

2. 适用条件严格限制

《劳动法》第四十一条规定："用人单位由于生产经营需要，经与工会和劳动者协商后可以延长工作时间……"这一条款明确规定了延长工作时间的适用条件有两点：一是只有生产经营需要才可以延长工作时间，正常情况下不得延长工作时间；二是延长工作时间需要经过一定程序，即经与工会和劳动者协商，用人单位不能强迫加班。《劳动部关于贯彻执行〈中华人民共和国劳动法〉若干问题的意见》第七十一条进一步规定："对企业违反法律、法规强迫劳动者延长工作时间的，劳动者有权拒绝。若由此发生劳动争议，可以提请劳动争议处理机构予以处理。"根据这一规定，延长工作时间必须以劳动者同意为条件，否则即构成对劳动者休息权的侵害。

3. 加班时间的长度严格限制

《劳动法》第四十一条规定："用人单位由于生产经营需要，经与工会和劳动者协商后可以延长工作时间，一般每日不得超过一小时；因特殊原因需要延长工作时间的，在保障劳动者身体健康的条件下延长工作时间每日不得超过三小时，但是每月不得超过三十六小时。"该条对劳动者延长工作时间的长度进行了严格的限制。加班时间一般每日不超过1小时，最长不超过3小时，还应以不影响劳动者身体健康为前提，并且还要符合月加班不超过36小时的标准，即平均每日加班最多不超过1.7个小时。

4. 延长工作时间对特殊劳动者禁止适用

延长工作时间并不是对所有劳动者都适用，一些特殊劳动者被排除在外。《劳动法》第六十一条规定："对怀孕七个月以上的女职工，不得安排其延长工作时间和夜班劳动。"第六十三条规定："不得安排女职工在哺乳未满一周岁的婴儿期间从事国家规定的第三级体力劳动强度的劳动和哺乳期禁忌从事的其他劳动,不得安排其延长工作时间和夜班劳动。"国务院颁布的《女职工劳动保护特别规定》也有类似规定:"对怀孕7个月以上的女职工,用人单位不得延长劳动时间或者安排夜班劳动,并应当在劳动时间内应安排一定的休息时间。"

6.4.3 延长工作时间的补偿制度

在法定限度内延长劳动者的工作时间为法律允许,但用人单位需对劳动者做出补偿,这就是延长工作时间的补偿制度。这一制度是限制制度的延伸,目的是增大用人单位延长工作时间的人力成本,从经济利益层面促使用人单位尽量减少加班。

《劳动法》第四十四条规定,有下列情形之一的,用人单位应当按照下列标准支付高于劳动者正常工作时间工资的工资报酬:①安排劳动者延长工作时间的,支付不低于工资的150%的工资报酬;②休息日安排劳动者工作又不能安排补休的,支付不低于工资的200%的工资报酬;③法定休假日安排劳动者工作的,支付不低于工资的300%的工资报酬。对于第一种情况休息日即加点,用人单位应支付劳动者小时工资的150%。第二种和第三种情况分别是和节假日加班。休息日加班,用人单位应支付劳动者小时工资或日工资的200%。节假日加班,用人单位应支付劳动者小时工资或日工资的300%。

这里有些问题需要注意:一是休息日加班应先以补休作为补偿,只有在不能补休时,才采取支付加班工资方式进行经济补偿。对法定休假日的加班直接采用支付加班工资的补偿形式,不得采用补休方式。这点见于《劳动部关于贯彻执行〈中华人民共和国劳动法〉若干问题的意见》第七十条。二是加班工资基数的计算方法。对实行标准工时制的用人单位,劳动者的日平均工资为本人月工资收入除以月计薪天数21.75天所得的工资额;小时工资为日工资额再除以8小时所得的工资额。

对实行其他工时制的劳动者,延长工作时间又有不同的补偿标准。

对于综合计算工时制的劳动者,在综合计算周期内,某一具体日(或周)的实际工作时间可以超过8小时(或40小时),但综合计算周期内的总实际工作时间不应超过总法定标准工作时间,超过部分应按150%的工资标准支付报酬;其中法定休假日安排劳动者工作的,按300%的标准支付工资。而且,延长工作时间的小时数平均每月不得超过36小时。此规定见《劳动部关于职工工作时间有关问题的复函》第五条。

对于实行计件工资的劳动者,在完成计件定额任务后,由用人单位安排延长工作时间的,分别按照不低于其本人法定工作时间计件单价的150%、200%、300%支付加班加点工资。此规定见《工资支付暂行规定》第十三条。

对实行不定时工时制劳动者,不执行支付加班工资的规定。此规定见《工资支付暂行规定》。

另外,劳动者只有在完成劳动定额或规定工作任务后参加用人单位安排的加班加点,才发给加班加点工资。企业由于生产任务不足或者未按计划完成生产任务,为了突击完成任务或者突击完成临时承揽的生产任务而加班加点的,不得发放加班加点工资。

6.4.4 允许延长工作时间的特殊情况

对于延长劳动者工作时间,我国法律采取限制的立法态度,但也有例外。1994年2月

8日原劳动部、原人事部发布的《〈国务院关于职工工作时间的规定〉的实施办法》规定了以下5种情况，用人单位可以要求劳动者加班：①在法定节日和公休假日内工作不能间断，必须连续生产、运输或营业的；②必须利用法定节日或公休假日的停产期间进行设备检修、保养的；③由于生产设备、交通运输线路、公共设施等临时发生故障，必须进行抢修的；④由于发生严重自然灾害或其他灾害，使人民的安全健康和国家资财遭到严重威胁，需进行抢救的；⑤为了完成国防紧急生产任务，或者完成上级在国家计划外安排的其他紧急生产任务，以及商业、供销企业在旺季完成收购、运输、加工农副产品紧急任务的。1995年实施的《劳动法》缩减了上述情况，并明确规定这些情况延时不受协商程序、延时长度条件的限制，具体如下：①发生自然灾害、事故或者因其他原因，威胁劳动者生命健康和财产安全，需要紧急处理的；②生产设备、交通运输线路、公共设施发生故障，影响生产和公众利益，必须及时抢修的；③法律、行政法规规定的其他情形。此些情形一般关乎国家和公共利益，因而延长工作时间不受限制。

6.4.5　延长工作时间的法律责任

违法延长劳动者工作时间侵害了劳动者的休息权利，因而用人单位应当承担法律责任。用人单位承担责任的情况有两种：一是违法延长劳动者工作时间；二是不支付加班费。《劳动法》都规定了相应的处罚措施。《劳动法》第九十条规定："用人单位违反本法规定，延长劳动者工作时间的，由劳动行政部门给予警告，责令改正，并可以处以罚款。"第九十一条规定，用人单位拒不支付劳动者延长工作时间工资报酬的，由劳动部门责令支付劳动者的工资报酬、经济补偿，并可以责令支付赔偿金。

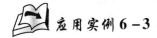

应用实例6-3

赴日研修生频发"过劳死"

近年来，随着日本国内劳动力的严重不足，脏活、累活无人肯干，使日本研修生制度逐渐沦为部分不法企业和个人从发展中国家招募和剥削廉价劳动力的重要渠道。

7月5日日本数据显示，2009年有27名外国研修生、技能实习生在日本死亡，仅次于2008年（当年为35人，创历史新高），其中有12人有过劳死的可能。从国别看，中国人最多，死亡21人。

日本是最早使用"过劳死"概念的国家，也建立了将"过劳死"认定为工伤的法律制度。但由于对日本法律不熟悉等原因，许多由于过度疲劳死亡的中国研修生并没有得到应有的赔偿。

31岁中国研修生蒋某是首位在日本被认定为过劳死的外国研修生，是其亲属在他的遗物中发现了违法的加班记录这一关键证据，才得以获得工伤赔偿。日本认定过劳死的标准是，在发病前一个月加班时间在100小时以上或发病前2~6个月每月平均加班时间在80小时以上。而蒋某的加班记录显示，他每月加班时间甚至超过180小时。

（资料来源：http://news.qq.com/a/20100718/000133.htm.）

本章小结

工作时间与休息时间是劳动合同的必备条款。对延长工作时间的限制和休假类型的丰富，体现了一国对劳动者的尊重与保护。而工时形式的多样化显现出传统的用工形式正在发生巨大改变，制定新的工时制度将逐渐成为各国需要探索的问题。

复习思考题

一、名词解释

1. 标准工时制　　2. 综合计算工时制　　3. 休假　　4. 不定时工时制

二、单项选择题

1. 用人单位延长工作时间需与工会和劳动者协商，一般每日不得超过(　　)小时。
   A. 1　　　　　　B. 2　　　　　　C. 3　　　　　　D. 1~2
2. 下列情况下，需先补休，补休不成才给加倍工资的是(　　)。
   A. 加点　　　　B. 周末加班　　　C. 元旦加班　　　D. 年休假

三、多项选择题

1. 下列可以适用不定时工时制的人员有(　　)。
   A. 销售人员　　　B. 出租车司机　　C. 火车列车员
   D. 办公室人员　　E. 小保姆
2. 下列休息时间带薪的是(　　)。
   A. 周末　　　　　B. 春节　　　　　C. 中秋节
   D. 冬至　　　　　E. 年休假

四、简答题

1. 我国目前的工时制度有哪些？
2. 我国带薪休假的条件是什么？

五、论述题

1. 企业在制定作息制度时应注意哪些问题？
2. 我国延长工作时间制度是怎样的？

课后阅读

经合组织调查了包括经合组织成员国在内的36个国家员工平均每年工作小时数，发

第6章 工作时间与休息时间法律制度

现希腊是这些国家中工作时长最长的国家之一——以每年平均工作 2 042 个小时(即每周工作 39.27 小时)高居排行榜第四。与之相对,一直自诩工作认真努力的德国人是这些国家中工作时间最短的国家:德国员工的年平均工作小时数只有 1 371(即每周工作 27.37 小时,也许德国人效率高吧)。

经合组织每年都会进行员工年平均工作小时数调查。据经合组织的网站介绍,计算在内的实际工作小时包括全职员工、兼职员工的正常工作时间、加班时间(无论是否有加班费)、本职工作外职业的工作时间。不计算在内的时间包括公共假日、年度带薪休假时间、病假、工伤假、产假、育婴假、培训时间、因技术或经济原因导致的怠工时间、罢工或劳务纠纷时间、糟糕天气引起的延误、补假等。

排行榜(详见表 6-2)显示,墨西哥是工作时间最长的国家,其员工年平均工作小时数为 2 228(即每周平均工作 42.85 小时)。美国则以 1 789 个小时(即每周平均工作 34.40 小时)排在第 16 位,高于英国、法国、德国、澳大利亚等发达国家,连素以加班文化闻名的日本都无法与之匹敌。

根据盖洛普的调查来看,美国员工的工作时间似乎更长:美国全职员工的每周平均工作时间是 47 小时。

排行榜末尾的几个国家(法国、丹麦、挪威、荷兰、德国)均为发达的西欧或北欧国家,这和它们的福利政策导向有关。

瑞典全国正在向 6 小时工作制过渡,即每周工作 30 小时。法国在 2014 年通过的一个劳工协议中规定,高科技公司及咨询公司需要保证员工在下班后能完全不受工作烦扰:这意味着受该协议保护的约 25 万员工将不会在晚上 6 点后接到电子邮件和电话。在阿姆斯特丹,有一家名叫 Heldergroen 的设计工作室甚至做得更绝:到了下班时间,工作人员就会把办公桌(包括电脑、文件和那杯你来不及喝完的咖啡)垒起来,逼着员工按时下班。

(资料来源:http://www.ipc.me/gong-zuo-shi-jian.html.)

表 6-2 各国员工每年平均工作小时数

排　　名	国　　家	工作小时数
1	墨西哥	2 228
2	哥斯达黎加	2 216
3	韩国	2 124
4	希腊	2 042
5	智利	1 990
6	俄罗斯	1 985
7	拉脱维亚	1 938
8	波兰	1 923
9	冰岛	1 864
10	立陶宛	1 834
11	爱沙尼亚	1 859

续表

排　　名	国　　家	工作小时数
12	匈牙利	1 858
13	葡萄牙	1 857
14	以色列	1 853
15	爱尔兰	1 821
16	美国	1 789
17	捷克	1 776
18	斯洛伐克	1 763
19	新西兰	1 762
20	意大利	1 734
21	日本	1 729
22	加拿大	1 704
23	西班牙	1 689
24	英国	1 677
25	澳大利亚	1 664
26	芬兰	1 645
27	卢森堡	1 643
28	奥地利	1 629
29	瑞典	1 609
30	瑞士	1 568
31	斯洛文尼亚	1 561
32	法国	1 473
33	丹麦	1 436
34	挪威	1 427
35	荷兰	1 425
36	德国	1 371

第7章 工资与职工福利法律制度

学习目标

知识目标	技能目标
1. 了解工资的构成	1. 能够判断工资的构成
2. 了解工资的形式	2. 能够判断工资的形式
3. 了解最低工资的概念和组成	3. 能够判断工资是否达到最低工资标准
4. 了解最低工资的适用范围	4. 能否判断劳动者是否享受最低工资的保护
5. 了解加班加点工资的支付	5. 能够计算加班加点工资
6. 了解其他特殊情况下工资的支付	6. 能够判断特殊情况下工资是否应当支付
7. 了解工资的法律保障	7. 能够判断工资的支付是否违反相关保障规定
8. 了解职工福利法律保障	8. 能够设计适合企业的职工福利计划

中国起草工资条例解决工资增长缓慢等问题

原劳动和社会保障部副部长孙宝树2007年12月26日向十届全国人大常委会第三十一次会议报告维护职工合法权益工作情况时表示，旨在解决一线职工工资偏低、工资增长缓慢、遭遇欠薪的社会问题，建立工资正常增长机制以及支付机制的《工资条例》正在起草中。我国将进一步抓好解决拖欠工资问题的长效制度建设，抓紧研究起草《工资条例》，届时，工资问题将纳入法制轨道。

（资料来源：http://news.qq.com/a/20071227/001654.htm.）

工资问题直接关系到劳动者与用人单位或雇主的物质利益，工资立法旨在保护劳动者的合法权益，维护社会发展的稳定，是劳动法的重要组成部分。本章就工资福利的有关法律问题进行了阐述，主要包括工资的概念、工资立法应当遵循的原则、工资构成和工资形式、最低工资制度、特殊情况下工资的支付、工资保障制度、职工福利的法律保障等内容。通过学习本章，读者可全面掌握工资法律制度的基本知识。

7.1 工资概述

7.1.1 工资的概念与职能

政治经济学中，一般认为工资是劳动的价格。工资可以分为货币工资和实际工资。货币工资指的是用货币表示的劳动报酬，而实际工资则是经过商品价格指数调整后的货币工资，即

$$实际工资 = 货币工资/物价指数$$

公式中的"物价指数"一般指劳动者消费品价格指数。由于现实生活中，物价总是具有上涨的趋势，因此，货币工资一般要高于实际工资水平。研究实际工资可以了解劳动者的真正收入水平。

劳动法上的工资又称薪酬或薪金，有广义和狭义之分。从广义上说，即职工的一切劳动报酬，是指在劳动关系中，企业、事业、机关、团体等用人单位按照劳动者劳动的数量和质量，以法定方式支付给劳动者的各种形式的物质补偿。这些补偿包括当期支付的工资和延期支付的职工福利等[1]。若从狭义上理解，仅指职工劳动报酬中的基本工资（或称"标准工资"）[2]。

---

[1] 美国著名薪酬管理家米尔科维奇认为，薪酬是雇员从雇佣关系中获得货币收入和福利待遇之和。参见[美]乔治·T.米尔科维奇，杰里·M.纽曼. 薪酬管理[M]. 6版. 董克用，等译. 北京：中国人民大学出版社，2002：5.

[2] 参见王全兴. 劳动法学[M]. 北京：高等教育出版社，2004：258。也有学者认为，狭义上的工资包括基本工资和各项津贴。参见张再平. 什么是劳动法意义上的"工资"[J]，中国劳动，1997(1)：48；周长征. 劳动法原理[M]. 北京：科学出版社，2004：158.

工资较之其他劳动报酬或劳务收入(如农民劳动报酬、个体劳动收入、劳务报酬等)，具有下述特征：①工资是职工基于劳动关系所获得的劳动报酬，也就是说，职工所从事的是非独立劳动，其所从事的是由用人单位或雇主指定、安排并接受统一管理的劳动，并为之而取得劳动报酬；②工资是用人单位对职工履行劳动义务的一种物质补偿，换言之，支付工资是用人单位必须履行的基本义务；③工资额的确定必须是以劳动法规、劳动政策、集体合同和劳动合同的规定为依据；④工资必须是以法定方式支付，即一般只能用法定货币支付，并且应当是持续的、定期的。

工资的基本职能包括：①分配职能，即工资是向职工分配个人消费品的社会形式，职工所得的工资额也就是社会分配给职工的个人消费品份额；②保障职能，即工资作为职工的生活主要来源，其首要作用是保障职工及其家庭的基本生活需要；③激励职能，即工资是对职工劳动的一种评价尺度或手段，对调动职工的劳动积极性具有激励作用；④杠杆职能，即工资是国家用来进行宏观经济调节的经济杠杆，对劳动力总体布局、劳动力市场、国民收入分配、产业结构变化等都有直接或间接的调节作用。

7.1.2 我国工资立法应遵循的原则

社会主义国家的工资立法主要应该遵循"各尽所能、按劳分配"的原则，即以劳动作为分配的尺度，按照劳动者提供的劳动数量和质量分配个人消费品。

然而，在我国现阶段，制定工资法规时，除了必须遵循按劳分配原则以外，还要根据社会主义初级阶段基本路线的精神和现实的经济状况。工资立法应考虑以下情况：①按照社会主义初级阶段存在多种所有制结构的客观要求，实行以按劳分配为主体，以其他分配形式为补充的分配制度，允许合法的非劳动收入存在；②按照社会主义市场经济的客观要求，由国家计划分配逐步转向以企业为主体进行分配，国家通过法律规范、行政措施和经济手段进行调节，在宏观指导下保证企业实现分配上的自主权，允许企业之间、各类人员之间，依靠自身的努力，合理拉开收入差距。

基于上述特点，《劳动法》第四十六条规定工资立法应遵循的基本原则，主要有以下3个方面①。

1. 按劳分配原则

《劳动法》第四十六条第一款规定："工资分配应当遵循按劳分配原则，实行同工同酬。"这是以劳动量作为个人消费品分配的主要标准和主要形式，但又可以有多种分配形式，而且两者要互相结合。

按劳分配要求以劳动为尺度，按照劳动者的劳动数量和质量分配个人消费品，多劳多得，少劳少得。同时，坚持同工同酬，反对平均主义。同工同酬是指在同一单位内部，对

---

① 关怀将其归结为3点：按劳分配原则、同工同酬原则、在经济发展的基础上逐步提高工资水平的原则。参见关怀，林嘉. 劳动法[M]. 北京：中国人民大学出版社，2006：212-213。李景森、贾俊玲将其归结为按劳分配原则、在经济发展的基础上逐步提高工资水平的原则、用人单位自主分配和劳动者个人物质利益原则。参见李景森，贾俊玲. 劳动法学[M]. 北京：北京大学出版社，2001：94-95。郭捷将其归结为两点：按劳分配原则和宏观调控原则。参见郭捷. 劳动法学[M]. 4版. 北京：中国政法大学出版社，2007：199-201。

于从事同种工作、付出相同劳动并取得同等劳绩的劳动者，应支付相同的报酬。同工同酬要求所有职工不分性别、年龄、种族等，一律按其等量劳动获得等量报酬。除了劳动量外，还要把劳动的"质"的差异区别开来，对脑力劳动和体力劳动、复杂劳动和简单劳动、熟练劳动和非熟练劳动、繁重劳动和简易劳动，要规定不同的工资水平。对生产成绩优秀的集体和个人，要给予物质上的奖励。另外，由于各种工种的吸引力不同，还必须提高工资，诱导人们进入那些吸引力较小的工种①。这是贯彻按劳分配原则的客观要求，也是保护少数民族和女职工、未成年职工特殊利益的重要内容。实行同工同酬，首先必须坚持就业平等、职业教育平等、职务晋升平等，不得有任何歧视；其次应该制定工资分配的客观标准，对各类工作进行岗位评价，按照各种工作的"相对价值"来确定对所有劳动者"一视同仁"的考核标准和工资标准。

2. 工资水平随经济发展逐步提高的原则

《劳动法》第四十六条第二款规定："工资水平在经济发展的基础上逐步提高。"它一方面要求劳动生产率提高的速度必须超过工资增长的速度；另一方面，要求工资增长速度必须与劳动生产率提高的速度相适应。在社会生产总过程中，生产起决定性的作用。它不仅决定着分配的性质和方式，更重要的是，没有产品的生产就没有产品的分配，也就不可能有交换和消费。所以，工资水平及增长幅度只有在一定经济水平的前提下进行计划和实施，才有保证。另外，国家为了不断提高人们的生活水平以及安排新生劳动力就业等，都要积累资金，扩大再生产；为了保证社会安定，国民经济稳步发展，就要保证商品可供量和货币流通量相适应。假使任意提高工资，必然减少积累，不利于扩大再生产；市场上货币量与商品量比率失调，能引起市场紧张、物价上涨，导致实际工资及生活水平下降。因此，工资水平应在经济发展的基础上逐步提高。只有这样，才能保证经济不断增长，劳动者的生活得到不断的改善和提高。

3. 工资总量宏观调控的原则

《劳动法》第四十六条第二款规定："国家对工资总量实行宏观调控。"现代市场经济运行的实践表明，在市场调节工资的基础上，由国家对工资总额进行适度的宏观调控，有利于保护劳动者的经济权益和维护、制约企业的工资分配自主权，有利于控制用工成本和消费基金的上升，保持经济总量平衡，以实现国民经济持续、稳定、协调发展。因此，在制定工资法规时，国家必须从全国人民利益出发，统筹兼顾，给予合理的妥善安排。要正确处理工农之间的关系，也要正确处理脑力与体力劳动者之间的关系，使他们相互之间的工资水平保持合理的比例，以利于调动各种劳动者的积极性。此外，还要照顾国家、企业、集体、个人的利益，新老工人、熟练工人与非熟练工人的工资关系；沿海与内地、边远地区与少数民族地区的生活待遇等。

---

① 在经济学上，由于各种工种的吸引力或非货币因素的不同而导致的工资补偿率的差别称为补偿性差异（Compensating Differentials）。季节性停工和有身体危险的工作，吸引力都较小。例如，玻璃清洁工的工资必须比看门人要高，因为需要冒险爬摩天大楼。参见［美］保罗·萨缪尔森，威廉·诺德豪斯.经济学［M］.16版.萧琛，等译.北京：华夏出版社，1999：189.

7.1.3 我国工资立法的概况

新中国成立以来，国家对工资立法一直是很重视的。从《共同纲领》到历部宪法，对工资立法的基本政策，都做了原则性规定。《共同纲领》规定："人民政府应按照各地各业情况，规定最低工资。"1954年《宪法》规定："国家通过国民经济有计划的发展，改善工资待遇。"1982年《宪法》更完整地规定："实行各尽所能、按劳分配原则"；"国家合理安排积累和消费，兼顾国家、集体和个人的利益，在发展生产的基础上，逐步改善人民的物质生活和文化生活"；"在发展生产的基础上，提高劳动报酬和福利待遇"；"实行男女同工同酬"等。这些宪法规定的基本原则，是我国工资立法的最高准则和指导思想。根据宪法规定的基本原则，《劳动法》在第四十六至第五十一条进一步规定了工资法律制度的基本内容和要求。

回顾我国工资立法的产生和发展历程，根据不同历史时期的政治、经济情况，基本上可分为以下4个阶段。

第一阶段(1949—1957年)，废除了半封建、半殖民地性质的工资制度，基本上建立起社会主义初始阶段的工资制度。该时期主要的工资法规有《工资条例(草案)》(1950年)、《关于国家机关工作人员全部实行工资制和改行货币工资制的命令》(1955年)、《关于工资改革的决定》(1956年)、《关于工资改革中若干具体问题的规定》(1956年)等。通过这些法规的执行，取消了工资分制和物价津贴制度，实行货币工资制，改进产业间、地区间、部门间以及各类人员之间的工资关系，统一并改进了企业职工的工资等级制度。从此工资管理体制趋于集中，形成中央高度集权，直接用工资法规形式统一规定各企业、事业、机关等单位的工资制度、工资形式、工资区类别，各类人员的工资待遇、工资基金以及繁杂的工资标准。

第二阶段(1958—1976年)，工资立法进展缓慢，而且未制定新的实质性的工资法规，只是对部分职工的工资进行了调整和对工资等级制度做了局部改革。例如，1958年降低普通工、勤杂工的工资待遇；1957—1960年3次降低了全国行政17级以上党员干部的工资标准；1963年纺织工人的岗位工资制改行岗位过渡工资制；商业营业员改行统一的十一级工资制；企业职员改行机关事业单位的职务等级工资制或简化原有企业职员的职务工资制，以及提高部分工人的低等级工资标准等。在"大跃进"和"文化大革命"期间，由于受"极左"错误的影响，没有建立正常的升级制度，并且还废止了有关实行计件工资、奖励工资制度等方面的规定。

第三阶段(1977—1984年)，粉碎"四人帮"以后，尤其是中共十一届三中全会以后，我国工资立法逐渐加强，工资工作进入了新的历史时期。这一时期的工资立法，一方面，恢复原有行之有效的各项工资制度；另一方面，适应经济体制改革和新形势的需要建立了一些新的工资制度，如《关于实行奖励和计件工资制度的通知》(1978年5月)、《关于调整工资区类别的几项具体规定》(1979年10月)、《关于国有企业职工请婚丧假和路程假问题通知》(1980年2月)、《关于正确实行奖励制度，坚决制止滥发奖金的几项规定》(1981年1月)、《关于严格制止企业滥发加班加点工资的通知》(1982年4月)、《关于国有企业发放奖金有关问题的通知》(1984年4月)、《关于企业合理使用奖励基金的若干意见》《关于进一步扩大国有企业自主权的暂行规定》(1984年5月)和《关于外商投资企业用人自主权和职工工资、保险福利费用的规定》(1986年11月)等。

第四阶段(1985年至今),在这时期不断制定新的工资法规,完善或废止旧的工资法规,以适应我国经济体制改革的纵向发展,逐步建立与社会主义市场经济相适应的工资法规体系,如《关于国有企业工资改革问题的通知》(1985年1月)、《工资基金暂行管理办法》(1985年9月)、《全民所有制企业工资总额管理暂行规定》(1993年6月)、《国有企业工资总额同经济效益挂钩规定》《企业最低工资规定》(1993年11月)、《关于实施最低工资保障制度的通知》(1994年10月)、《工资支付暂行规定》(1994年12月)、《工资集体协商试行办法》(2000年10月10日)、《最低工资规定》(2004年1月20日)等。

从上述有关工资的主要法律规范可知,我国的工资管理体制正在从计划经济体制下的中央集权管理转向适应市场经济运行规律的以经济、法律手段为主的管理体制,工资分配的主体已从国家转向企业,正在逐步形成适应社会主义市场经济的工资法规体系。

为了贯彻落实中共十四届三中全会精神,全面推进劳动体制改革,逐步建立符合社会主义市场经济要求的新型劳动体制,原劳动部于1993年12月21日制定了《关于建立社会主义市场经济体制时期劳动体制改革总体设想》,其中对企业工资制度改革的目标是,建立市场机制决定、企业自主分配、政府监督调控的新模式,也就是市场机制在工资决定中起基础性作用,通过劳动力供求双方的公平竞争,形成均衡工资标准;工资水平的增长依据劳动生产率的增长、劳动力供求变化和职工生活费用价格指数等因素,通过行业或企业的集体协商谈判确定;企业作为独立的法人,享受完整意义上的分配自主权;政府主要运用法律、经济手段(必要时采用行政手段),控制工资总水平,调节收入分配关系,维护社会公平。

7.1.4　我国工资立法的作用

经过一系列的工资立法改革,我国已经初步形成了与市场经济相适应的工资法规体系。这些规定对于加强工资管理,保证提高劳动者生活水平,调动劳动者的积极性,促进工资改革的发展和推动四化建设都有重要的意义和作用。

(1) 可以保证劳动者生活水平的稳定和不断提高。国家根据社会主义基本经济规律的要求,确定了生产发展和工资增长的比例关系,使劳动者生活水平的提高建立在可靠的物质基础上。

(2) 可以保证合理组织劳动和劳动力的合理流动。工资立法使企业间、部门间和地区间有区别地进行分配和再分配,可以保证国家有计划地安排劳动和促进劳动力的合理流动,鼓励劳动者到国家最需要的地方去工作。

(3) 可以鼓励劳动者学习文化、钻研技术,提高劳动者素质和业务技术能力,从而促进社会生产率的提高。同时,国家还从法律制度上保障劳动者工资的正确计算和发放,任何单位和个人都不得任意扣罚工资、奖金、津贴,保障了工资分配职能的实现。

7.2　工资构成与工资形式

7.2.1　工资构成

工资是与劳动力的质量结构、支出状况和使用效果的复杂性相对应的,因而具有结构性。也就是说,工资取决或受制于多种因素,因而工资是由若干个部分(或称工资单元)组成的，各个组成部分都有其质或量的规定性以及特定的存在形式、作用对象和专门职能，且各个组成部分之间具有内在的逻辑关系，互相联系、制约和补充，共同使工资的职能得以充分发挥。各国立法所规定的工资构成不尽相同。例如，在巴西，工资中不仅包括固定的报酬，而且还包括佣金、年度利润分配额、额外报酬、旅行日津贴、补贴和必要的食物补助，以及从第三方得到的小费；在比利时，工资不包括雇主作为假日津贴或劳动事故（职业病）后补充津贴而直接或间接支付的补偿，也不包括应看作各社会保障部门发给的补充津贴；在巴拿马，工资中不包括雇主给予的盈余分红①。根据我国的立法，工资一般由基本工资和辅助工资两部分构成。

1. 基本工资

1）基本工资制度的概念与特点

基本工资是指劳动者在法定工作时间内提供正常劳动所得的报酬，它构成劳动者所得工资额的基本组成部分。基本工资的好处是，为职工提供一个稳定的收入来源，以满足职工起码的生活需要。

基本工资具有下列特征。

（1）常规性，即基本工资所对应的是，劳动者在法定工作时间内和正常条件下所完成的衡量劳动或定额劳动。

（2）结构性，即基本工资一般可分为若干个职能各自不同的工资单元，并且各个工资单元的计量规则不尽相同。

（3）等级性，即基本工资的主要单元都存在一定的等级差别和相应的多级收入。

（4）固定性，即基本工资主要单元的等级和相应的标准在一定的时间内一般固定不变。

（5）主干性，即基本工资占全部工资的比重大。但是在现实生活中呈现出基本工资在全部工资额中所占比重逐步下降的趋势，这说明现有的工资分配制度不合理，应当纳入基本工资的报酬而未纳入。从西方薪酬支付的历史角度去看会发现，基本工资从来都是最重要的激励手段。有学者认为奖金是打补丁的，补丁多了便成为一个奖励的系统。从历史的角度来看，最系统的员工的薪酬支付手段主要是基本薪酬体系，而不是奖金体系②。应当用基本工资作为主要的激励手段，而不是用奖金作为主要的激励手段。

（6）基准性，即基本工资可以成为确定辅助工资单元数额的计算基准。由于国家、用人单位内部劳动规则和集体合同关于工资标准的规定，一般只限于基本工资，因此，通常将基本工资称为标准工资。

2）基本工资制度形式

现实中常见的基本工资制度主要包括以下几种。

（1）岗位工资制。岗位工资制是以岗位的价值作为支付工资的基础和依据，在岗位价值基础上构建的支付工资的方法和依据，即在确定职工的基本工资时，首先对岗位本身的价值做出客观的评价，然后再根据评价结果赋予承担这一岗位工作的人与该岗位价值相当的基本工资。岗位工资制的优点如下：①使职工获得与其承担的工作相应的工资，实现了

---

① 王全兴. 劳动法学[M]. 北京：高等教育出版社，2004：264.
② 廉颖婷. 工资构成没有福利是最大的弊端[N]. 法制日报，2007-07-15：07.

真正意义上的同岗同酬;②基本上只考虑岗位本身的因素,很少考虑人的因素,有利于按照职位系列进行工资管理,操作比较简单易行;③工作与工资的关系清晰,稳定性强,有利于成本控制。其不足之处如下:①由于工资和晋升直接挂钩,因此当职工晋升无望时,也就没有机会获得较大幅度的加薪,因此工作积极性会受挫,甚至出现消极怠工或离职的现象;②由于岗位的稳定性较强,因而职工工资也就相对稳定,不利于企业对于多变的外部环境做出迅速的反应,也不利于及时地激励职工。

（2）能力/技能工资制。能力/技能工资制是以职工所具备的能力/技能作为工资支付的根本基础,即以人的能力要素作为工资支付的直接对象。能力/技能认为职工获得报酬的差异主要来自人本身能力水平的差异,而非职位等级的高低、职位价值的高低。能力/技能工资制适用于企业中的技术工人、技师、科技研发人员、专业管理者等。能力/技能工资的优点如下:①职工注重能力的提升,往往会偏向于合作,而不是过度的竞争;②鼓励职工发展深度技能(在专业领域深入研究)和广度技能(跨职位发展),在职务级别没有获得提升的情况下,同样可以提高工资水平;③职工能力的不断提升,使企业能够适应环境的多变,企业的灵活性增强。其缺点也很多,具体如下:①界定和评价能力/技能不是一件容易做到的事情,管理成本高;②当职工达到企业要求的能力/技能时,造成企业的工资成本不易控制;③职工着眼于提高自身能力/技能,可能会忽视组织的整体需要和当前工作目标的完成;④高能力/技能的职工未必有高的产出,即技能工资的假设未必成立,这就要看职工是否投入工作;⑤对已达能力/技能顶端的人才如何进一步的激励比较困难。

（3）绩效工资制。绩效工资是以职工的工作业绩为基础支付的工资,支付的唯一根据或主要根据是工作成绩或劳动效率。其特点是将职工的绩效同制定的标准相比较,以确定其绩效工资的额度。绩效工资制适用于生产工人、管理人员、销售人员等。绩效工资制的优点如下:①职工的收入与工作目标的完成情况直接挂钩,激励效果明显;②职工的工作目标明确,通过层层目标分解,组织战略容易实现;③企业不用事先支付过高的人工成本,在整体绩效不好时能够节省人工成本。其不足也很明显:①绩效考核难度大;②绩效工资过于强调个人的绩效,不利于团队合作。

（4）市场工资制。市场工资制是根据市场价格确定企业工资水平,根据地区及行业人才市场的工资调查结果,来确定岗位的具体工资水平。至于采取高于、等于或是低于市场水平,要考虑企业的赢利状况及人力资源策略。一般适用于企业的核心人员。市场工资制的优点如下:①企业可以通过工资策略吸引和留住关键人才;②企业也可以通过调整那些替代性强的人才的工资水平,从而节省人工成本,提高企业竞争力;③参照市场定工资,长期容易让职工接受,降低职工在企业内部的矛盾。其不足也很明显:①市场导向的工资制度要求企业良好的发展能力和赢利水平,否则难以支付和市场接轨的工资水平;②职工要非常了解市场工资水平,才能认同市场工资体系,因此,这种工资模式对工资市场数据的客观性提出了很高的要求,同时,对职工的职业化素质也提出了要求;③完全按市场付酬,企业内部工资差距会很大,会影响组织内部的公平性。

（5）年功序列工资制。年功序列工资制是一种简单而传统的工资制度,它是按照职工为企业服务期的长短而支付或增加工资的一种管理制度,往往与终身雇佣制相关联。其基本特点是职工的企业工龄越长,工资越高。年功序列工资制的优点是培养职工的忠诚度,职工的安全感强;缺点是工资刚性太强,弹性太弱。中国国有企业过去的工资制度在很大程度上带有年功工资的色彩，虽然强调技能的作用，但在评定技能等级时，实际上也是论资排辈。

3）组合工资制

在实际中，更多的企业采用的是组合工资制。组合工资制又称结构工资制，是把影响和决定职工工资的各种主要因素分解开来，然后再根据各因素分别设置工资标准的一种工资形式。因为各企业的具体情况不同，组合工资制中的各工资项目和比例也不尽相同。组合工资制吸收了前面5种基本工资制度的长处，有较强的灵活性、适应性，有利于合理安排企业内部各类职工的工资关系，能够有效地调动各方面职工的工作积极性，充分发挥工资的激励功能。

当今世界处于信息时代，信息的传播非常迅速，人员的流动也愈加频繁，因此任何一种组合工资模式都必须考虑市场付酬因素；此外，在中国，"尊老爱幼、孝敬父母"是中华民族的传统美德，资历、人情在人们的心目中占有非常重要的位置，因此任何一种组合工资模式不考虑年功序列工资也是不现实的。除市场工资、年功序列工资之外，还剩下岗位工资、技能工资、绩效工资3种基本模式，这3种工资常见的组合模式是岗位技能工资制、技能绩效工资制和岗位绩效工资制。

（1）岗位技能工资制。岗位技能工资制是以加强工资宏观调控为前提，以劳动技能、劳动责任、劳动强度和劳动条件等基本劳动要素评价为基础，以岗位、技能工资为主要内容，按照职工实际劳动贡献来确定劳动报酬的企业基本工资制度。它是将岗位等级与技术等级分别作为确定岗位工资和技能工资的因素，实行岗位与技能分开管理的制度。

岗位技能工资制的优点是，体现了按岗位价值付酬和按能力付酬的思想，兼具岗位工资制和技能工资制的优点，即对岗不对人、岗变薪变，注重技能提升与团队合作等优点。其缺点如下：①不能直接反映劳动贡献的大小。岗位技能工资制是从劳动技能、工作责任、劳动强度、劳动环境4个方面作为组合尺度测评劳动者可能提供和必须提供的劳动，而不是测评其实际提供的劳动的数量和质量，这不仅增加了测评的难度，也会影响其准确程度，造成实际分配中的不公平，从而最终也就不能体现劳动者的实际劳动贡献差别；②重复计量技能付酬因素。因为在岗位评价时已经考虑了劳动技能要素，但由于实行岗位等级、技能等级分别确定、分开管理，造成对技能要素的重复计量，欠缺公平；③岗位技能工资制刚性太强，缺乏激励。岗位工资、技能工资一经评定就固定不变，对职工不能形成有效激励，导致干好干坏一个样。

（2）技能绩效工资制。技能绩效工资制是以职工实际掌握的技能为主，以技能测评、绩效考核为手段，以职工的劳动成果为依据支付劳动报酬，将技能工资与绩效工资作为职工工资的主要组成部分的一种工资制度。技能绩效工资制的优点是，体现了按能力付酬和按实际贡献付酬的思想，体现了按劳分配原则，具有一定的公平性、激励性和团队意识。其缺点也很多，具体如下：①技能绩效工资制对工资构成因素的选择不够全面，未能体现出岗位的价值。"按岗付酬"和"按人付酬"是工资设计的两条主线，两者缺少任何一个都将造成不公平；②技能绩效工资制抛弃了岗位因素，造成了岗位职责的不明确，岗位职责的不明确最终将影响到绩效工资单元的有效实施。

（3）岗位绩效工资制。岗位绩效工资制是以职工被聘上岗的工作岗位为主，根据岗位工作责任、工作技能、工作强度和工作条件、确定岗位职能等，以企业经济效益和劳动力价位确定工资水平，以职工的劳动成果为依据支付劳动报酬，将岗位工资与绩效工资作为职工工资的主要组成部分的一种工资制度。岗位绩效工资制的优点如下：①全面体现了工资设计时所考虑的付酬因素。岗位评价是根据岗位工作责任、工作技能、工作强度和工作条件来确定付酬依据,因此体现了按岗位价值付酬和按能力付酬的思想;绩效工资单元体现了按实际贡献付酬的思想,充分体现了按劳分配的原则。②岗位绩效工资制从岗位和绩效两个方面体现了工资分配中的公平与效率原则,同时体现了工资分配的补偿功能和激励功能。其缺点是绩效考核难度较大,并且绩效工资过于强调个人的绩效,不利于团队合作。

通过以上分析,可以发现岗位绩效工资制的优势明显,它涵盖了所有的付酬因素,符合国家现阶段"按劳分配、多劳多得"的分配制度,体现了公平和效率,符合现代人力资源管理思想。当然,没有一种工资制度能够适用于所有的企业,岗位绩效工资也不例外,它只是适合于大多数的企业而已,不同的企业应当根据各自的实际情况,选取符合本企业的工资制度①。

2. 辅助工资

辅助工资,即基本工资以外的、在工资构成中处于辅助地位的工资构成部分。它通常是用人单位对劳动者支出的、超出正常劳动之外的劳动耗费所给予的报酬。常见的有奖金、津贴和补贴等。

1) 奖金

奖金是工资的补充形式,是指用人单位对劳动者的超额劳动或增收节支实绩所支付的奖励性报酬。其主要特征如下。

(1) 较强的针对性和灵活性。奖励工资有较大的弹性,它可以根据工作需要,灵活决定其标准、范围和奖励周期等,有针对性地激励某项工作的进行;也可以抑制某些方面的问题,有效地调节企业生产过程对劳动数量和质量的需求。

(2) 弥补基本工资制度的不足。任何工资形式和工资制度都具有功能特点,也都存在功能缺陷。例如,计时工资主要是从个人技术能力和实际劳动时间上确定劳动报酬,难以准确地反映经常变化的超额劳动;计件工资主要是从产品数量上反映劳动成果,难以反映优质产品、原材料节约和安全生产等方面的超额劳动。这些都可以通过奖金形式进行弥补。

(3) 将职工贡献、收入及用人单位效益三者有机结合。奖金随着企业的经济效益而波动,但又能体现个人对企业效益的贡献。例如,当企业经营效益好的时候,企业和职工的总体奖金水平都提高,但个人奖金不一定与总水平同步提高,因为每个人的贡献是有差异的;反之,企业经营效益不变,总体收入水平下降,但贡献大的职工奖金收入不一定会下降,甚至会脱离总体奖金水平而提高。

奖金有多种类型,可分为月度奖金、季度奖金和年度奖金;经常性奖金和一次性奖金;集体奖金和个人奖金;综合奖金和单项奖金(如安全奖、节约奖、新产品发明奖、质量奖、超产奖等)。

奖金的发放条件,除国有用人单位外,一般由用人单位内部劳动规则或集体合同规定。我国现行立法对国有用人单位的奖金分配规则做了专门规定②。国有企业奖金分配规则的主要内容如下:①企业的奖金应从国家规定的财务渠道中开支,不能自开提取奖金渠

---

① http://blog.chinahr.com/blog/%E6%9F%8F%E6%98%8E%E9%A1%BF/post/64279.

② 参见1984年4月16日《关于国有企业发放奖金有关问题的通知》(国办发〔1984〕25号)和1984年5月8日《关于合理使用奖励基金的若干意见》(国办发〔1984〕35号)。

道和滥支奖金;②企业提取和发放奖金须具备有关法规和政策所规定的条件。例如,企业必须在完成和超额完成国家或投资者(所有者)规定的主要经济技术指标的条件下,才能提取和发放奖金;有政策性亏损的企业,减少核定亏损额视同赢利,可适当提取和发放奖金;实行计件工资或超额计件工资的企业,不得重复提取和发放奖金;关停企业、生产任务不足且无盈利的企业,都不得提取和发放奖金等;③企业向职工发放奖金,上不封顶,下不保底,应按劳动差别拉开奖金档次,打破平均主义。

应用实例 7-1

离职员工是否应得年终奖

老夏等 50 人原是上海某企业的职工,与企业都签订有无固定期限劳动合同。2005 年,企业改制成立了新的合资企业,并计划将工厂由市区搬往郊区。老夏等因上班路途太远而在 2005 年 10—11 月,先后选择了同意与单位协商解除劳动合同。企业在支付了老夏等人的经济补偿金后为他们办理了退工手续。

2006 年元旦过后,老夏等得知厂里仍在职的员工以及部分和他们一样协商解除劳动合同的职工已经拿到了 2005 年度的年终奖,于是他们相约前往单位领取,但企业明确表示他们没有年终奖,因为当初老夏他们与单位签订的解约协议书中已明确,双方经济账目"已结清"。再说,年终奖发放是基于企业的自主行为,企业可以决定只发给在职职工。在与单位几次商量无果后,老夏等于 2006 年 1 月 9 日向某区劳动争议仲裁委员会提起了仲裁申请。

某区劳动争议仲裁委员会受理这起集体争议后,迅速进行了审理。仲裁审理后认为,虽然申诉、被诉双方已协商解除了劳动合同,但是 2005 年申诉人事实上在被诉人处工作,被诉人 2005 年度年终奖金的发放范围限定为 2006 年在职职工,但被诉人对此并无书面的规章制度予以规定,申诉人 2005 年度为被诉人服务,因而被诉人应根据申诉人该年度工作时间分别支付 2005 年度年终奖金。

(资料来源:http://wenku.baidu.com/view/0c5379c69ec3d5bbfd0Q7452.html.)

2) 津贴和补贴

津贴是对劳动者在特殊条件下的额外劳动消耗或额外费用支出而支付给劳动者的劳动报酬。补贴是指为了保障劳动者的生活水平不受特殊因素的影响而支付给劳动者的劳动报酬。补贴与劳动者的劳动没有直接联系,其发放根据主要是国家有关政策规定,如物价补贴、边远地区生活补贴等。人们的生产活动是在不同的条件下进行的,多数是在正常劳动条件下进行,但也有很多工作是在特殊条件下进行的。在特殊条件下工作的职工,其劳动消耗及生活费用的支出要大于在正常条件下工作的职工。他们的这种额外支出,应该得到合理的补偿,而基本工资不能反映这种状况,所以,需要采用津贴和补贴来补充。这对于保护职工的身体健康,弥补职工的额外支出,保障职工的生活水平,保证生产的持续发展,是很有必要的。

津贴与其他工资相比,具有以下几个特点。

(1) 津贴是一种补偿性的劳动报酬,是对劳动者在特殊的环境和条件下超常劳动消耗和额外支出的一种补偿。

(2) 大多数津贴所体现的主要不是劳动本身,即劳动数量和质量的差别,而是劳动所处的环境和条件的差别,主要功能是调节工种、行业、地区之间在这方面的工资关系。

(3) 津贴具有单一性的特点,往往是一事一贴。多数津贴是根据某一特定条件,为了某一特定要求而制定的,这与工资制度综合多种条件与因素的情况是不同的。这就要求在确定津贴的条件、范围、对象时,界限必须十分明确。

（4）津贴具有较大的灵活性，随着工作环境、条件的变化而变化，而不像标准工资那样，一经确定，在较长一段时间内难以变动。

津贴的名目很多，从津贴的管理层次区分，可以分为两类：一类是国家或地区、部门统一制定的津贴、补贴；另一类是企业自行建立的津贴、补贴。国家统一建立的津贴，一般在企业成本中列支；企业自建的津贴，一般在企业留利的奖励基金或效益工资中开支。按津贴的性质区分，大体可分为以下3类。

（1）岗位性津贴，指为了补偿职工在某些特殊劳动条件岗位劳动的额外消耗而建立的津贴。职工在某些劳动条件特殊的岗位劳动，需要支出更多的体力和脑力，因而需要建立津贴，对这种额外的劳动消耗进行补偿。这种类型的津贴具体种类最多，使用的范围最广。例如，高温津贴是对从事高温繁重劳动的工人建立的临时性补贴。冶金企业中的炼铁、烧结、炼焦、炼钢、轧钢等工种，根据其作业环境的温度、辐射热强度和劳动繁重程度的不同，建立甲、乙、丙不同标准的津贴。另外还有有毒有害津贴、矿山井下津贴、特殊技术岗位津贴、特重体力劳动岗位津贴、夜班津贴、流动施工津贴、盐业津贴、邮电外勤津贴等，都属于岗位性津贴。

（2）地区性津贴，是指为了补偿职工在某些特殊的地理自然条件下生活费用的额外支出而建立的津贴。例如，林区津贴是为了照顾林区森林工业职工的生活，鼓励职工在林区安心工作，发展林业生产而建立的津贴，并根据林区的具体条件和各类人员的不同情况，分别确定不同的标准。另外还有地区生活费补贴、高寒山区津贴、海岛津贴等。这类津贴一般是由国家或地区、部门建立的。企业所在地区如属这些津贴的执行范围，即可照章执行。

（3）保证生活性津贴，是指为保障职工实际工资收入和补偿职工生活费用额外支出而建立的津贴。副食品价格补贴、肉价补贴、粮价补贴等。这类补贴具体种类不多，主要是由国家或地区、部门建立的。企业属于执行范围的，即可照章执行。有些企业根据需要，在内部也建立了少量这类补贴，如房租、水电补贴等。

津贴制度是整个工资制度的组成部分之一，因此，加强津贴制度的管理，对于搞好企业内部分配、调动职工积极性、提高企业经济效益都有重要意义。企业在加强津贴制度管理上应做好以下3个方面的工作。

（1）企业要认真制定并搞好津贴的日常管理工作，要制定出一整套加强津贴管理的规章制度和合理的支付办法，定期检查各种津贴、补贴的支出情况，防止津贴、补贴的不合理支出。

（2）及时调整和改进企业自定的津贴制度。津贴制度的一个显著特点是，可以随情况的变化，及时调整和改进。过去，由于津贴基本上是由国家统一制定和管理，津贴的灵活性和特点体现不出来，往往是劳动条件和生活环境已经发生了变化，津贴制度却不能及时做出相应的调整。随着经济体制改革的深入进行，企业进一步扩大了内部分配自主权，可以在按规定提取的本单位工资基金总额内，根据变化了的情况，及时调整和改进自己制定的各种津贴、补贴制度，使之有效地发挥积极作用。

（3）要严格执行国家或地区、部门规定的各种津贴、补贴，不能擅自扩大实行范围，任意提高津贴标准。否则，将影响津贴的积极作用，还会不合理地增大国家和企业的负担，影响职工内部和左邻右舍的关系。因此，企业主管部门应对企业执行国家、地区规定的津贴、补贴制度情况进行监督、检查，企业应增强自我约束能力，认真贯彻国家、地区有关津贴的政策，严格按照统一的津贴制度规定的条件、范围、对象和标准执行。

7.2.2 工资形式

工资形式即计量劳动和支付工资的方式。它以基本工资制度为基础，按照职工实际付出的劳动量支付劳动报酬。当前，主要有计时工资和计件工资两种形式。

1. 计时工资

计时工资是指按计时工资标准和工作时间支付给个人的劳动报酬。工资标准指每个职工在单位时间（月、日或小时）内应得的工资额。根据"各尽所能、按劳分配"原则，对不同职务、不同工种和不同等级的职工，由国家或企业分别规定不同的工资标准。计时工资标准一般分为月工资标准、日工资标准和小时工资标准。其中，月工资标准是确定日（小时）工资标准的基础，即日工资标准为月工资标准除以月均法定工作日天数（实行周40小时工作制的为20.92天[①]）所得之商，小时工资标准为日工资标准除以日均法定工作时数（8小时）所得之商。企业职工如果全勤，则按月工资标准支付工资；缺勤则按实际缺勤天数或小时数减发工资。如果加班加点，则发相应的加班日工资或加点小时工资。计时工资在任何部门、用工单位和岗位（工种）都可适用。

在实行计时工资的条件下，职工完成法定工作时间和劳动定额后，按本人的工资等级和工资标准领取的工资数额，即为标准工资。它是工资的基本部分，可作为计算工资的其他组成部分、计件工资的计件单价以及某些项目的社会保险待遇的基础或依据。

2. 计件工资

计件工资是指根据劳动者生产的合格产品的数量或完成的作业量，按预先规定的计件单价支付给劳动者的劳动报酬。计件单价是完成单位工作应得的工资额。计件单价是根据完成单位工作所需的工时定额，乘以从事该种工作所需要的那一等级工人的每小时工资标准（即小时工资率）计算确定。正是在此意义上，计件工资是计时工资的转化形式。

1) 计件工资的形式

计件工资的具体形式是由企业根据自己的生产特点与工作需要而制定的。计件工资有多种形式，一般可做以下分类。

（1）按参加计件的人员划分，可以分为个人计件工资和集体计件工资。个人计件工资是按职工个人的劳动成果和计件单价计发工资，集体计件工资是以一个集体（车间、班组）为计件单位，工人的工资是根据班组集体完成的合格产品数量或工作量来计算，然后按照每个工人贡献大小进行分配。集体计件一般是在那些机器设备和工艺要求班组工人同时共同努力才能完成任务，而不能单独计算个人产量和质量的工作中实行。

（2）按参与计件的方式划分，可以分为直接计件工资和间接计件工资。直接计件工资是按职工本人完成的产量，以计件单价计发工资。间接计件工资是按辅助工人的服务对象所完成的产量，以计件单价计发工资。

（3）按对定额和超额部分计发的方式划分，可以分为超额计件工资和累进计件工资。

---

① 参见《关于职工全年月平均工作时间和工资折算问题的通知》（劳社部发〔2000〕8号）。

超额计件工资是在劳动定额内，按计时发给标准工资，对超额部分发给计件工资。累进计件工资是在劳动定额内按计件单价计发工资，超额部分在原单价基础上累进单价计发工资，超额越多，单价提高。

（4）按工作任务是包工还是提成划分，可以分为包工计件工资和提成计件工资。包工计件工资又称包工工资，是把一定数量和质量的生产或工程任务包给职工个人或集体，并预先规定应完成任务的期限和实得工资总额，只要包工方式按规定完成任务，就可领取全部预定工资。提成计件工资又称提成工资，是按企业的营业额或纯利润的一定比例提取工资总额，然后根据职工的技能水平和实际工作量计发工资。

2）企业实行计件工资的条件

计件工资的适用范围不具有普遍性，企业或企业中某些单位、工种实行计件工资制必须具备以下条件。

（1）必须是产品的数量能够准确计提，并能正确反映工人所支出的劳动量的工种或单位。一般来讲，机械化、自动化程度较低，主要依靠体力劳动和手工操作进行生产的企业和工种最适宜采用计件工资制。此外，那些机械化和手工操作并用，或是机械化程度较高，但产品数量能够计量的工种或单位，也可以采用计件工资制。而机械化、自动化程度较高，产品品种复杂，数量不易计量的生产单位和工种，一般不宜采用计件工资。

（2）必须是产品的数量和质量主要取决于工人主观努力的工种或单位。这些工人的生产成绩大小主要取决于本人的操作熟练程度和充分有效地利用工时。那些生产成果的多少与工人的操作没有直接或密切联系的生产单位或工种，一般不适合采用计件工资制。

（3）必须是具有明确的产品质量标准，能够检验产品质量的单位或工种才能实行计件工资制。凡是没有产品质量标准或质量标准不明确，难于严格检验产品质量的单位或工种，不宜实行计件工资制。

（4）必须是具有先进合理的劳动定额和比较健全的原始记录统计制度，有严格的计量标准的单位或工种。那些不能准确制定劳动定额的单位或工种，不能实行计件工资制。

（5）必须是生产任务饱满，原材料、燃料、动力供应和产品销路比较正常；能够组织均衡生产，并鼓励增加产量的单位，才能实行计件工资制。上述条件不是孤立的，而是互相结合的，必须基本上具备这些条件，才能实行计件工资。

3. 年薪

年薪又称年工资收入，是指以企业会计年度为时间单位计发的工资收入，年薪制只适用于那些在企业中有实际经营权，并对企业经济效益负有职责的人员，如董事长、经理等企业高级雇员。

年薪制的本质在于它所对应的劳动不只是一般意义的劳动力的支出，而是一种经营活动。由此决定了年薪制的几个基本特点。

（1）以企业一个生产经营周期——年度为单位发放经营者的报酬，故称为年薪制。

（2）年薪制的核心是把企业经营者的劳动收入以年薪的形式发放，是对特殊性质的劳动力支出的一种回报形式。

（3）年薪制是一种风险工资制度，依靠激励和约束相互制衡的机制，把经营者的责任和利益、成果和所得紧密结合起来，以保护出资者的利益，促进企业的发展。

作为一种特殊的企业薪酬制度,年薪制的实施需要良好的实施环境,具体如下。

(1) 以现代企业制度为基本的运行条件。主要包括:企业所有权与经营权的分离,以保证经营者有独立的决策经营权;实行公开招聘、优胜劣汰制度,保证经营者的高素质;以契约形式确立经营者的责权利,通过一套科学、严密、完善的监督体系和内部管理机制制衡和规范经营者行为。

(2) 有科学的外在评估机制。只有对企业资产和经营状况进行准确的评估,才能决定经营者的基薪和风险收入,这取决于两个条件:一是有全面反映企业经营状况的指标体系;二是有社会评估机构的介入。社会评估单位必须有强大的评估力量,能够公正、客观地评价企业经营状况和经营者的工作绩效。

(3) 理顺经营者与出资者的关系,经营者与企业其他雇员的关系;加速和完善企业家市场,促进经营者职业化、市场化的运行机制;创造宽松的宏观经济环境和公平竞争的市场,使企业业绩能够与经营者的劳动付出和经营水平紧密联系在一起。

7.3 最低工资制度

《劳动法》第四十八条规定:"国家实行最低工资保障制度。最低工资的具体标准由省、自治区、直辖市人民政府规定,报国务院备案。用人单位支付劳动者的工资不得低于当地最低工资标准。"这是为了适应社会主义市场经济发展的需要,保障劳动者个人及其家庭成员的基本生活,促进劳动者素质的提高和企业公平竞争而规定的。原劳动部曾在1993年11月24日专门制定发布了《企业最低工资规定》,为《劳动法》颁布前实行最低工资提供了法规依据。《劳动法》"工资"专章中明确规定"国家实行最低工资保障制度",并对最低工资标准的制定权限、制约因素和法律效力,做了原则性规定。2004年1月20日,原劳动和社会保障部发布了《最低工资规定》,原来的《企业最低工资规定》废止。

7.3.1 最低工资概述

1. 最低工资的概念与组成

最低工资是指劳动者在法定工作时间内提供了正常劳动的前提下,其所在企业应支付的最低劳动报酬。这里的法定工作时间是指国家规定的标准工作时间;正常劳动是指劳动者按照劳动合同的有关规定,在法定工作时间内所从事的劳动。

最低工资与起点工资是两个不同的概念。起点工资是基本工资制度中各工种(岗位)的最低一级工资标准。确定起点工资,除了要考虑职工基本生活需要,还要更多考虑其他因素,如各工种(岗位)的技术业务、劳动强度、职工技能等,因而不同工种(岗位)的起点工资不尽相同。而最低工资仅与职工基本生活需要对应,与其他因素无关,并不因工种(岗位)的不同而有所不同。

最低工资是受国家法律保障的,任何企业单位都不得借口降低最低工资标准。而且它仅仅强调用人单位在支付劳动者工资时的最低限额,用人单位在确定各类劳动者的工资标准时并不受最低工资额的限制,可以超出最低工资的水平。合理地确定最低工资,对工资水平的高低具有很大的影响。只要劳动者按照劳动或工作标准向社会提供了必要的有效劳动，为社会尽了应尽的义务，就有权利得到保证其生存的劳动报酬的基本权利。

马克思在《雇佣劳动与资本》一文中，早就对最低工资的含义做了明确的阐释，即"简单劳动的生产费用就是维持工人生存和延续工人后代的费用。这种维持生存和延续后代的费用的价格就是工资。这样决定的工资就叫作最低工资"。劳动力本身的费用"就是为了使工人保持其为工人并把他训练成为工人所需要的费用"。从马克思的论述中可知，资本主义最低工资包括的内容由3部分组成：①维持工人生存所需要的生活资料；②延续工人后代的费用；③为提高工人的劳动技能而必需的一定数量的培训费用。

在我国，现阶段实行的是社会主义市场经济体制，个人消费品的分配实行按劳分配原则，而工资又是劳动者基本生活来源，尽管社会主义工资与资本主义工资有着质的区别，但马克思关于资本主义最低工资的分析方法，对于社会主义最低工资的确定仍有重要的指导意义。我国最低工资的组成范围，根据1994年9月5日《劳动部关于〈中华人民共和国劳动法〉若干条文的说明》的解释，包括基本工资和奖金、津贴、补贴，但不包括加班加点工资、特殊劳动条件下的津贴，国家规定的社会保险及各项福利待遇均排除在外。根据2004年1月20日原劳动和社会保障部发布的《最低工资规定》第十二条的规定，下列各项不作为最低工资的组成部分：①延长工作时间工资；②中班、夜班、高温、低温、井下、有毒有害等特殊工作环境、条件下的津贴；③法律、法规和国家规定的劳动者福利待遇等。现阶段劳动者福利待遇主要包括用人单位对劳动者进行培训的费用；因执行国家有关劳动安全卫生有关方面的规定而发放给劳动者的防护用品及用人单位自身的各项用品；劳动者所得的计划生育补贴、特别困难补助等，因住房改革发给的劳动者住房补贴；用人单位为劳动者缴纳的社会保险费等。

应用实例7-2

最低工资不应包括加班加点工资

某私营企业两个月来经常加班，其中每月还有两个休息日不休，但职工王某的工资每月才领到600元。扣除加班加点工资报酬外，实领工资380元。王某要求增补工资，企业认为王某的工资600元已高于当地最低工资标准，因而不同意向王某增补工资。王某向当地劳动争议仲裁委员会提出申诉，请求裁决该企业支付不低于当地最低工资标准的工资报酬。经调解无效后，仲裁委员会裁决：企业向王某补两个月的工资报酬以及经济补偿共计1 000余元。

2. 实行最低工资制度的意义①

（1）实行最低工资制度不仅是一项工资制度，也是一项社会保障制度，保障劳动者个人及其家庭成员的基本生活需要，维持劳动力的再生产。

（2）有利于维护劳动者的合法权益、社会安定以及企业公平竞争。在市场经济条件

---

① 主张经济自由的经济学家，一般都反对政府干预市场的运作，他们认为那样做会最终改变人们的交易行为，进而影响市场供给与需求，降低市场效率，给经济成长带来危害。从根本上讲，劳动力市场是以工资（劳动力价格）作为信号，对劳动力资源进行合理配置的。最低工资的做法在本质上模糊了这种信号，使劳动力市场的资源配置常常陷于无效率的状态。但是，从越来越多的国家实行最低工资制度可以看出，最低工资制度的存在是有其社会意义的。

下，工资作为企业成本的重要组成部分，直接影响企业产品在市场上的价格和竞争能力。最低工资标准的强制实施，可有效防止个别企业通过过分压低劳动力价格，进行不正当的市场竞争，损害其他企业的利益，扰乱正常的市场秩序。

(3) 最低工资制度的实施实现了国家对工资分配的宏观调控。在市场经济条件下，企业工资水平的高低主要是通过劳动力市场进行调节。但市场本身有与生俱来的缺陷和不足，存在着调节失灵的问题。我国劳动力市场的基本状况使劳动力供过于求，这就导致了劳动力市场的低效运行，雇主处于优势地位，劳动者的合理利益经常得不到保证。根据人力资本理论，人力资本的运用只可"激励"而无法"挤榨"。人力资本是"主动资产"，它的所有者——劳动者完全控制着资产的开发利用①。因此，如果劳动者的基本生活得不到保障，其会在工作中消极怠工，进而损害企业利益，企业运行效率降低，人力资本的利用程度降低。从长远上，这将不利于我国劳动力整体素质和社会购买力(生活贫困的劳动者购买力是极低的)的提高。最低工资制度是国家对市场经济条件下的工资分配进行宏观调控的手段，也是实现市场经济平稳发展的必然要求。

7.3.2 最低工资的适用范围

最低工资的适用范围包括最低工资适用的劳动者范围、时间适用范围劳动种类范围。

1. 最低工资适用的劳动者范围

最低工资适用的劳动者，即哪些劳动者应当受到最低工资制度的保障。对于这一问题，目前各国的立法规定都不尽一致。我国的最低工资法尚未出台，《劳动法》和《最低工资规定》没有规定最低工资适用的排除范围。《最低工资规定》第二条规定："本规定适用于在中华人民共和国境内的企业、民办非企业单位、有雇工的个体工商户(以下统称用人单位)和与之形成劳动关系的劳动者。国家机关、事业单位、社会团体和与之建立劳动合同关系的劳动者，依照本规定执行。"一般地，下列范围内的用人单位和劳动者不适用最低工资制的规定。

(1) 公务员、事业单位职工和公益团体的工作人员。在国际上，一般把公务员排除在最低工资制之外，因为国家机关工作人员、事业单位职工，由于工资是由国家直接规定的，因此，不纳入最低工资保障范畴；公益团体的工作人员(不包括其雇佣的临时工)的工作目的不是获取报酬，而是为了从事慈善或公益事业。

(2) 租赁经营企业或承包经营企业的租赁人或承包人。租赁人或承包人虽然目前仍具有企业职工的身份，但是其收入主要来源于承包收入或租赁收入，这部分收入由承包合同或租赁合同进行确定，企业一般不向其发放工资。因此对这部分人也不适用最低工资制。但是全员承包属于例外。

(3) 学徒、农民、军人等。学徒，由于其在学徒期间不能提供正常劳动，也就不存在适用最低工资保障的前提；农民，由于是一个特殊的群体，并且通常不存在工资发放的问题，因此，既不属于《劳动法》调整的范围，更不应纳入最低工资保障的对象范围；军人，由于依法具有服兵役义务的性质，也不适用最低工资保障制度。

---

① 周其仁. 产权与制度变迁：中国改革的经验研究[M]. 北京：社会科学文献出版社，2002：85、87.

勤工俭学的学生应当纳入最低工资保障范围[①]。在我国境内只要劳动者在企业提供正常劳动并取得工资，都必须按规定执行当地最低工资标准。对于残疾人劳动者是否纳入最低工资保障范围，尽管各国的规定有所不同，但从我国残疾人就业的实际情况来看，应当纳入最低工资保障范围[②]。因为就普通企业或个体经济组织中的残疾劳动者而言，一旦安排了与其身体相适应的工作岗位，通常不会对劳动定额的完成造成大的影响；就残疾人福利企业而言，国家在这类企业开办时，已经通过税收等优惠政策给予了照顾与扶持[③]，因而要求残疾人企业对其劳动者给予最低工资保障，也不会过多增加该企业的负担或影响其实际盈利。况且我国最低工资制度的基本目标就是保障劳动者本人及其赡养人口的最低生活需要，而残疾人在这种需要方面，与其他正常劳动者是没有任何差别的[④]。

2. 最低工资的时间适用范围

最低工资的时间适用范围，是指劳动者在哪些时间内从事劳动才享受最低工资保障。根据《最低工资规定》，劳动者享受最低工资保障的时间范围，应当是法定的劳动时间之内。《最低工资规定》第三条规定："劳动者依法享受带薪年休假、探亲假、婚丧假、生育（产）假、节育手术假等国家规定的假期间，以及法定工作时间内依法参加社会活动期间，视为提供了正常劳动。"根据这一规定，可以看出，凡是劳动者在国家规定的带薪休假期间内的休假，都应视为提供了正常劳动，并适用最低工资保障规定。

另外，根据《最低工资规定》第十二条的规定，劳动者由于本人原因造成在法定工作时间内或依法签订的劳动合同约定的工作时间内未提供正常劳动的，不适用最低工资标准。按照这一规定，下述几种情形不适用最低工资标准：①劳动者在工作时间有迟到、早退、旷工等违纪行为；②下岗在企业内待业人员；③放长假和病休的人员；④处于非带薪假期间的人员，如事假等；⑤按规定处于息工期间的人员；⑥处于停工期间的人员等。

7.3.3 最低工资标准

1. 最低工资标准的确定方式与程序

在我国现阶段，经济发展和生活水平的地区不平衡性还比较突出，由此决定了难以实

---

① 也有学者持不同观点，认为勤工俭学生不适用最低工资制的规定。例如，王全兴认为，学生无供养责任所以无须给予最低工资保障。参见王全兴. 劳动法学[M]. 北京：高等教育出版社，2004：273. 2007年3月，广州市麦当劳、肯德基等企业涉嫌对兼职学生不执行当地小时工资标准等违法用工行为被媒体曝光。麦当劳和肯德基等企业提出学生兼职不受《劳动法》约束的说法，中华全国总工会就此做出了回应，认为兼职学生也是劳动者应当受最低工资制度的保障。参见刘声. 解决违规用工，学生兼职同样受〈劳动法〉保护[EB/OL]. http://zqb.cyol.com/content/2007-04/04content_1721886.htm[2010-07-07].
② 也有学者有不同的观点，认为残疾人不适用最低工资制的规定。例如，王全兴认为若对残疾人实行最低工资保障，会增加残疾人就业的难度。参见王全兴. 劳动法学[M]. 北京：高等教育出版社，2004：273；韩君玲. 劳动与社会保障法简明教程[M]. 北京：商务印书馆，2005：103.
③ 例如，对民政部门举办的福利工厂和街道办的非中途转办的社会福利生产单位，凡安置"四残"人员占生产人员总数35%以上的，暂免征收企业所得税。凡安置"四残"人员占生产人员总数的比例超过10%，未达到35%的，减半征收企业所得税。
④ 参见郭捷. 劳动法学[M]. 4版. 北京：中国政法大学出版社，2007：209.

行全国统一的最低工资标准。因此,《劳动法》第四十八条规定:"最低工资的具体标准由省、自治区、直辖市人民政府规定,报国务院备案。"《最低工资规定》第七条规定,省、自治区、直辖市范围内的不同行政区域可以有不同的最低工资标准。

由于最低工资标准直接涉及劳动关系双方当事人的切身利益,所以,省级政府应当组织同级的工会组织和用人单位方面代表,参与最低工资标准的制定过程。因此,《最低工资规定》第八条、第九条规定了最低工资标准的确定方式和程序。

(1) 最低工资标准的确定和调整方案由省级政府人力资源和社会保障行政部门、同级工会、企业联合会/企业家协会三方代表民主协商,人力资源和社会保障部对全国最低工资制度实行统一宏观调控管理。为了加强和改善宏观调控,协调平衡全国各地工资关系,人力资源和社会保障部在认为地区最低工资额或其适用范围等明显不适宜时,有权直接干预,以避免地区之间在最低工资水平、适用范围等方面差距过大。

(2) 省(自治区、直辖市)人民政府人力资源和社会保障行政部门将确定和调整的最低工资标准及其依据、适用范围、拟订标准和说明报人力资源和社会保障部备案。人力资源和社会保障部在收到省(自治区、直辖市)人力资源和社会保障行政部门的拟订方案后,应征求中华全国总工会、中国企业联合会或企业家协会的意见。

(3) 人力资源和社会保障部若在收到方案后14日内对最低工资标准方案未提出修订意见,则视为同意。14日内未收到人力资源和社会保障部提出修订意见的,或接到修订对原确定的最低工资标准做出修订后,应当将其报同级人民政府批准,并于批准后7天之内在当地政府公报上和至少一种全地区性报纸上发布。用人单位应在最低工资标准发布后10日内向本单位全体劳动者公示。

2. 确定和调整最低工资标准应综合参考的因素

《劳动法》第四十九条对确定和调整最低工资标准所应综合参考的各种因素做了明确规定。其中包括:①劳动者本人及平均赡养人口的最低生活费用。实行最低工资保障的直接目的,是确保劳动者所得工资足以维持基本生活需要。因而,最低工资标准不应低于劳动者本人及平均赡养人口的最低生活费用。需要明确的是,这里的"最低生活费用",从其组成项目来看,应当是各种基本生活需要项目的最低费用,也即衣食住行和子女教育所需的最低费用;②社会平均工资水平。最低工资标准应当低于当地社会平均工资水平;对于社会平均工资水平有差别的不同地区来说,其最低工资标准可以有所不同;③劳动生产率。不同地区、不同行业之间,劳动生产率存在差别,也意味着各地区、各行业用人单位对支付最低工资的平均承受能力不一样,因而,最低工资标准可以有所不同;④就业状况。这是一个同劳动者的劳动收入和生活负担相关联,并且影响劳动者的最低工资需求的因素。最低工资标准应当具有与现实失业率相适应的保障作用;⑤地区之间经济发展水平的差异。在经济发展水平不同的地区,最低工资标准应当有适当的地区差别。

根据《最低工资规定》第五条、第六条的规定,"最低工资标准一般采取月最低工资标准和小时最低工资标准的形式。月最低工资标准适用于全日制就业劳动者,小时最低工资标准适用于非全日制就业劳动者"。"确定和调整月最低工资标准应参考当地就业者及其赡养人口的最低生活费用、城镇居民消费价格指数、职工个人缴纳的社会保险费和住房公积金、职工平均工资、经济发展水平、就业状况等因素。确定和调整小时最低工资标准,应在颁布的月最低工资标准的基础上,考虑单位应缴纳的基本养老保险费和基本医疗保险费因素,同时还应适当考虑非全日制劳动者在工作稳定性、劳动条件和劳动强度、福利等方面与全日制就业人员之间的差异。"

7.3.4 违反最低工资规定的法律责任

《劳动法》第九十一条规定,用人单位低于当地最低工资标准支付劳动者工资的,"由劳动行政部门责令支付劳动者的工资报酬、经济补偿,并可以责令支付赔偿金"。根据《最低工资规定》第十三条的规定,用人单位未履行最低工资标准应向本单位全体劳动者公示的义务时,由劳动保障行政部门责令其限期改正。《劳动合同法》第八十五条规定:"劳动报酬低于当地最低工资标准的,应当支付其差额部分;逾期不支付的,责令用人单位按应付金额百分之五十以上百分之一百以下的标准向劳动者加付赔偿金。"

全国各地区最低工资标准

我国的最低工资是由各地区根据经济情况自行调整的。继 2015 年 10 月贵州省等 3 个地区开始上调最低工资标准后,2016 年又有江苏省等 3 个地区上调了最低工资标准,上调的幅度为 8%～28%。上调地区包括外资企业投资活跃的江苏省、作为中国地方企业出口基地的浙江省、铃木和韩国现代汽车等汽车相关产业集聚的重庆市等制造业比较发达的省市(见表 7-1)。

表 7-1 全国各地区最低工资标准(截至 2016 年 1 月)

直辖市或省份	城 市	最低工资/元		起始年月
		月 度	小 时	
北京		1 720.00	18.70	2015 年 4 月 1 日
上海		2 020.00	18.00	2015 年 4 月 1 日
天津		1 850.00	18.50	2015 年 4 月 1 日
重庆		1 500.00	15.00	2016 年 1 月 1 日
江苏	南京	1 770.00	15.50	2016 年 1 月 1 日
	苏州	1 820.00	15.50	2016 年 1 月 1 日
	徐州	1 600.00	14.00	2016 年 1 月 1 日
	南通	1 770.00	15.50	2016 年 1 月 1 日
	常州	1 770.00	15.50	2016 年 1 月 1 日
	无锡	1 770.00	15.50	2016 年 1 月 1 日
	淮安	1 600.00	14.00	2016 年 1 月 1 日
浙江	杭州	1 860.00	17.00	2015 年 11 月 1 日
	宁波	1 860.00	17.00	2015 年 11 月 1 日
	温州	1 860.00	17.00	2015 年 11 月 1 日
	金华	1 660.00	15.20	2015 年 11 月 1 日
	嘉兴	1 660.00	15.20	2015 年 11 月 1 日

续表

直辖市或省份	城市	最低工资/元		起始年月
		月度	小时	
安徽	合肥	1 520.00	16.00	2015年11月1日
	芜湖	1 350.00	14.00	
	蚌埠	1 350.00	14.00	
福建	福州	1 350.00	14.30	2015年7月1日
	厦门	1 500.00	16.00	
	泉州	1 350.00	14.30	
江西	南昌	1 530.00	15.30	2015年10月1日
	赣州	1 430.00	14.30	
河北	石家庄	1 480.00	15.00	2014年12月1日
	沧州	1 420.00	14.00	
山西	太原	1 620.00	17.70	2015年5月1日
	大同	1 620.00	17.70	
内蒙古	呼和浩特	1 640.00	13.30	2015年7月1日
	赤峰	1 540.00	12.50	2015年7月1日
山东	济南	1 600.00	16.00	2015年3月1日
	临沂	1 450.00	14.50	
	淄博	1 600.00	16.00	
	青岛	1 600.00	16.00	2015年3月1日
	烟台	1 600.00	16.00	2015年3月1日
广东	广州	1 895.00	18.30	2015年5月1日
	佛山	1 510.00	14.40	
	东莞	1 510.00	14.40	
	珠海	1 510.00	14.40	
	惠州	1 350.00	13.30	
	湛江	1 210.00	12.00	
	汕头	1 350.00	13.30	
	中山	1 510.00	14.40	
	深圳	2 030.00	18.50	2015年3月1日
广西	南宁	1 400.00	13.50	2015年1月1日
	桂林	1 400.00	13.50	
	柳州	1 400.00	13.50	
海南	海口	1 270.00	11.20	2015年1月1日
	三亚	1 270.00	11.20	

续表

直辖市或省份	城市	最低工资/元		起始年月
		月度	小时	
四川	成都	1 500.00	15.70	2015年7月1日
	乐山	1 380.00	14.40	2015年7月1日
	绵阳	1 380.00	14.40	2015年7月1日
	自贡	1 380.00	14.40	2015年7月1日
云南	昆明	1 570.00	14.00	2015年9月1日
	大理	1 400.00	13.00	
贵州	贵阳	1 600.00	17.00	2015年10月1日
湖北	武汉	1 550.00	16.00	2015年9月1日
	襄阳	1 320.00	15.00	
	宜昌	1 320.00	15.00	
湖南	长沙	1 390.00	13.50	2015年1月1日
	株洲	1 390.00	13.50	2015年1月1日
	常德	1 250.00	11.90	2015年1月1日
河南	郑州	1 600.00	15.00	2015年7月1日
	洛阳	1 600.00	15.00	
	驻马店	1 450.00	13.50	
	安阳	1 600.00	15.00	
辽宁	沈阳	1 530.00	15.00	2016年1月1日
	锦州	1 200.00	10.80	2016年1月1日
	大连	1 530.00	15.00	2016年1月1日
黑龙江	哈尔滨	1 480.00	14.20	2015年10月1日
吉林	长春	1 480.00	13.50	2015年12月1日
陕西	西安	1 480.00	14.80	2015年5月1日
	榆林	1 480.00	14.80	
	渭南	1 370.00	13.70	
甘肃	兰州	1 470.00	15.50	2015年4月1日
宁夏	银川	1 480.00	14.00	2015年11月1日
青海	西宁	1 250.00	12.70	2014年5月1日
新疆	乌鲁木齐	1 470.00	14.70	2015年7月1日
		1 124.00		
西藏	拉萨	1 400.00	13.00	2015年1月1日

(资料来源：http://news.vobao.com/hangye/842710274387936749.shtml.)

7.4 特殊情况下的工资支付

7.4.1 特殊情况下的工资的概念与特点

特殊情况下的工资，是指在非正常情况下，按照国家规定应按计时工资标准或其一定比例所支付的工资。其特点包括以下几个方面。

(1) 它以存在某种法定非正常情况作为工资支付的依据。一般认为，因职工在法定工作时间内履行劳动给付义务而支付工资，是工资支付的正常情况，此外其他应支付工资的情况，即非正常情况。至于哪些情况属于支付工资的非正常情况，必须以法规和政策的明确规定为依据。

(2) 它以职工本人计时工资标准作为工资支付的标准；或者按计时工资标准进行金额支付，即工资照发；或者按计时工资标准的一定比例进行支付；或者按计时工资标准的一定倍数进行支付。各种支付方式分别适用于哪些非正常情况，均由有关法规和政策具体规定。

7.4.2 特殊情况下的工资类型

1. 加班加点工资

根据《劳动法》第四十四条的规定，有下列情形之一的，用人单位应当按照下列标准支付高于劳动者正常工作时间的工资报酬：①安排劳动者延长工作时间的，即在日标准工作时间之外加点，按照不低于劳动合同规定的劳动者本人小时工资标准的150%支付劳动者工资；②依法在休息日安排劳动者工作而又不能补休的，按不低于劳动合同规定的劳动者本人日或者小时工资标准的200%支付劳动者工资；③用人单位依法安排劳动者在法定休假日工作的，按照不低于劳动合同规定的劳动者本人日或小时工资标准的300%支付劳动者工资。

对于其他工作时间的加班加点工资问题，应分别按以下原则执行：①实行计件工资的劳动者，在完成计件定额任务后，由用人单位安排延长工作时间的，应按照标准工作时间计付加班工资发放的原则，即分别按照不低于其本人法定工作时间计件单价的150%、200%、300%支付工资；②实行综合工时制的劳动者，其综合计算的工作时间超过法定标准工作时间的部分，应视为延长工作时间，并按劳动者本人日或小时工资标准的150%支付加班工资；③实行不定时工时制的劳动者，不执行加班工资规定。

《劳动法》确立的新的加班工资制度，充分反映了市场经济的要求。它的指导思想是以劳动者的权利为核心，并通过以协商方式确定加班工资的制度，切实贯彻了严格限制加班加点的立法原则。这一指导思想的变化，直接表现在《劳动法》第四十四条关于加班加点工资的确定方式上。新的规定，完全改变了原来由法律直接规定一个全国统一的具体标准的做法，而且只规定用人单位不能突破的下限，即不低于150%、200%、300%，每个劳动者具体的加班加点工资标准，应根据《劳动法》第四十一条规定的三方协商原则，通过协商方式确定。在加班加点的协商过程中，劳动者有权要求用人单位超过法定最低标准确定和支付加班工资。

实行计件工资制度的单位加班加点工资的计算

李某在一家私营服装企业从事缝纫工作,公司对缝纫岗位实行的是综合计算工时工作制和计件工资制度,规定职工轮班作业,每做好一件服装发给工资20元。李某一般每月工资为1 200元左右,效率高时可以得到1 600元左右。有一段时间,公司由于需要赶制一批时装,在李某已经达到规定的工作时间的情况下,经与工会和职工本人协商,安排李某等人在休息日加班。过后,公司以李某每月工资1 200元为基数,折算出其平均小时工资标准,并据此向其发放加班工资。李某觉得公司的做法不合理,因为在加班期间,她急公司之所急,工作十分努力,工作效率与平时最高相仿,因此她认为公司应该以每月1 600元为基数计算加班工资,或者至少以平均月工资1 400元为基数。为此,李某向有关机构咨询,希望了解公司的做法是否合理,应该如何确定她的加班工资计算基数。

李某所在公司对李某实行的是计件工资制度,但是在发放加班工资时,却改为按照计时工资制度计算,已是错误;而且在确定计算基数时,不顾李某工作效率的实际情况,以其效率较低时的工资收入为基数,变相减少其加班工资,更是错上加错。正确的做法是,根据李某在加班期间的实际产量,按照计件单价20元/件的200%的标准,向其支付加班工资。

2. 休假期间的工资

劳动者的休假期间包括法定休假、年休假、婚丧假、探亲假。根据《劳动法》第四十五条、第五十一条和《关于职工探亲假待遇的规定》的规定,法定休假、年休假、婚丧假和探亲假都属于带薪休假,在休假期间,用人单位应当支付工资。

为了保证职工能切实享受权益,《职工带薪年休假条例》第五条第三款规定:"单位确因工作需要不能安排职工休年休假的,经职工本人同意,可以不安排职工休年休假。对职工应休未休的年休假天数,单位应当按照该职工日工资收入的300%支付年休假工资报酬。"

另外,劳动者请事假,一般不发给工资,但学徒工请事假的,生活费照发。劳动者旷工,停发工资,并按照规定给予相应的处罚。

3. 履行国家或社会义务期间的工资

根据《劳动法》和原劳动部《工资支付暂行规定》(1994年),劳动者在法定工作时间内,履行下列国家或社会义务时,用人单位应视同其提供了正常劳动而照发工资:①依法行使选举权或被选举权;②当选代表出席乡(镇)、区以上政府、党派、工会、青年团、妇女联合会等组织召开的会议;③出任人民法庭证明人;④出席劳动模范、先进工作者大会;⑤《工会法》规定的不脱产工会基层委员会因工会活动占用的生产或工作时间;⑥其他依法参加的社会活动。

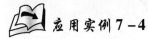

职工依法参加社会活动企业能否扣发工资

姜某在某外商独资的食品公司工作,一直勤勤恳恳、任劳任怨,自觉遵守公司的规章制度,是一名公司内部公认的好员工。2000年9月的一天，姜某因一件民事案件被人民法院传唤到法庭作证，姜某向单位请假，单位领导很不满，认为姜某请假会影响单位生产，虽然最终批准了姜某的请假申请，但是扣发了姜某当日的工资。一向任劳任怨的姜某在同事的指点下，觉得单位的行为侵害了自己的合法权益而不可接受，于是向劳动争议仲裁机构申诉，请求仲裁机构责令食品公司补发被扣的工资。劳动争议仲裁机构受案后经查，认定食品公司扣发姜某工资的行为违反了劳动法律法规，裁决食品公司予以补发。

(资料来源：http://www.sz51.cn/Article/423.html.)

4. 学习和培训期间工资

（1）职工被公派在国（境）外工作、学习期间，其国内工资按国家规定的标准支付。

（2）经过用人单位推荐或批准，劳动者临时脱产或半脱产到有关学校参加学习期间，工资照发；经本单位同意脱产参加函授学习的，在规定的脱产函授学习期间，工资照发；经本单位同意脱产参加成人教育学习的，学习期间工资照发。

5. 停工期间的待遇

根据《工资支付暂行规定》和国务院《关于工业、基本建设、交通运输工人、职员停工津贴的暂行规定》(1995年)，非因劳动者的原因造成单位停工、停产在一个工资支付周期内的，用人单位应按用劳动合同规定的标准付给劳动者工资。超过一个工资支付周期的，若劳动者提供了正常劳动，则付给劳动者的劳动报酬不得低于当地的最低工资标准；若劳动者没有提供正常劳动，应按下述规定支付工资或待遇：①职工因本人过失造成停工，不发给过失者津贴；非因本人过失造成的停工，一般按本人计时标准工资的75%发给停工津贴。按此标准确有困难的企业，可由省级人民政府根据不同情况，拟定较低的津贴标准；②试用新机器、新工具、试行先进经验及合理化建议期间，非因本人过失造成的停工，停工津贴按照本人标准工资的100%发给；③在一个企业内连续工作满6天以上的临时工，可按上述情况发给停工津贴；④学徒工在停工期间的生活补贴照发，但若高于本企业一级工的停工津贴时，按一级工停工津贴发给；⑤停工期间，职工享受的地区津贴、野外津贴、生活津贴，按照依法确定的停工津贴的比例发放。

7.5 工资的法律保障

7.5.1 保障工资的支付

工资支付保障，也就是对职工获得全部应得工资及其所得工资支配权的保障。它对劳动者所提供的保护，较之最低工资保障更进一步，因为它所保护的客体已不只限于最低工资，而扩及全部应得工资，它所干预的对象，已由工资额的确定转到工资支付的行为。在许多国家的劳动法和国际劳工组织的1949年第95号公约《工资保障公约》及第85号同名建议书中，都有关于工资支付保障的规定。我国除了在《劳动法》中对工资支付保障做了原则性规定外，还制定了《工资支付暂行规定》，在其他有关法规中也可参见工资支付保障规则。归纳言之，主要有以下几个方面的内容。

1. 工资支付的一般规则

用人单位支付工资的行为必须遵循下述规则：①货币支付规则，即工资应当以法定货币支付,不得以实物和有价证券替代货币支付;②直接支付规则,即用人单位应当将工资支付给职工本人,但是,职工本人因故不能领取工资时可由其亲属或委托他人代领,用人单位可委托银行代发工资。为实施直接支付规则,我国还要求用人单位必须书面记录支付工资的数额、时间、领取者姓名及其签字,并保存两年以上备查;③全额支付规则,即法定和约定应当支付给职工的工资项目和工资额,必须全部支付,不得克扣。正是基于此规则,我国规定用人单位在支付工资时应当向职工提供一份其个人的工资清单;④定期支付规则,即工资必须在固定的日期支付。我国规定工资必须在用人单位与职工约定的日期支付。如遇节假日或休息日,应提前在最近的工作日支付;工资至少每月支付一次,实行周、日、小时工资制的可按周、日、小时支付工资;对完成一次性临时劳动或某项具体工作的职工,用人单位应按协议在完成劳动任务后即行支付;劳动关系依法终止时,用人单位应在终止劳动关系时一次性付清工资,凡拖欠工资的,应当按拖欠日期和拖欠工资额向职工赔偿损失;⑤定地支付规则,即用人单位除特别约定或依报酬性质、习惯等其他情形另行确定外,必须以营业场所为工资支付地,并且,一般禁止在酒馆、旅馆、娱乐场所等易于诱惑浪费之处支付工资;⑥优先支付规则,即企业破产或依法清算时,职工应得工资必须作为优先受偿的债权;⑦紧急支付规则,即在职工因遇有紧急情况致不能维持生活时,用人单位必须向该职工预支其可得工资的相当部分。

2. 禁止非法扣除工资

只有在法定允许扣除工资的情况下,才可以扣除工资;在法定禁止扣除工资的情况下,不得做允许扣除工资的约定;即使在法定允许扣除工资的情况下,每次扣除工资额也不得超出法定限度。在许多国家,对某些扣除工资的行为,做了禁止性规定。例如,工资在一定金额限度内,不得扣押;雇主除法律另有规定外,不得以自己对于受雇人之债权,与受雇人之不得扣押部分相抵消;雇主不得为自己利益从受雇人工资中扣存一定金额,也不得未经受雇人同意而为受雇人利益扣存其部分工资;雇主不得与受雇人人订立预定受雇人应付违约金或赔偿金之数额的契约,等等。在有些国家,还对雇主克扣工资和罚款加以禁止和限制。例如,英国规定,对工人不得科以过多的不合理的罚金,如必须科以罚金,应根据契约的规定进行;法国规定罚金不得超过被罚工人一天工资的1/4,瑞士规定,不得超过1/2;奥地利、德国、荷兰、比利时等国规定,除预先有契约或依照现行规则外,不得科以罚金;美国有些州规定,除了工人故意或怠惰造成雇主的财产或货物损失以外,不得科以罚金。

我国现行法规中则主要是从另一种角度就禁止非法扣除工资作出规定,即规定只有在哪些情况下才可扣除工资,未经法律许可不得扣除工资。按规定,用人单位可以从职工的工资中代扣的情况如下:①根据《工资支付暂行规定》第十五条的规定,用人单位代扣代缴的个人所得税,以及应由劳动者个人负担的各种社会保险费用;②根据1982年《企业职工奖惩条例》第十一条第三项、第四项和第十七条,以及《工资支付暂行规定》第十六条的规定,因劳动者本人原因给用人单位造成经济损失的,用人单位可按法律规定或劳动合同的约定,要求其赔偿经济损失。赔偿的数额,由企业根据具体情况确定,从劳动者本人的工资中扣除。但每月扣除部分不得超过劳动者当月工资的20%。若扣除后的剩余工资部分低于当地月最低工资标准,则按最低工资标准支付;③依据人民法院已经生效的判决、裁定或其他法律文件,以及仲裁机关已经生效的仲裁文件,从应负法律责任的劳动者工资中扣除其应当承担的抚养费、赡养费、损害赔偿金或者其他款项。但每月扣除时，应保证劳动者的基本生活需要；④依据《企业职工奖惩条例》第十二条、第十六条的规定，对于违纪职工，可以由企业处以一次性罚款，从劳动者工资中扣除。但罚款的具体数额一般不超过本人月标准工资的20%；⑤根据劳动监察法规规定，由于企业行政领导人员违反劳动保护法规，给国家或劳动者造成损失时，劳动监察机关或监察人员有权根据其所犯错误的性质和情节，对责任者本人处以不超过本人月标准工资的20%的罚款，并从其工资中扣除；⑥法律、法规规定可以从劳动者工资中扣除的其他费用。

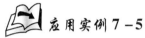

应用实例 7-5

协助执行法院判决而扣留工资，不属于无故克扣工资

孔某在地方上一家企业工作，每个月有一千多元的收入，孔某孩子刚刚5岁。2006年，孔某与妻子离婚，孩子判给了妻子，同时判令孔某每个月支付抚养费200元。孔某认为孩子都判给妻子了，自己就可以什么都不用管了，从来没有支付过抚养费。为此，其前妻向法院申请强制执行。法院向孔某所在的单位发出协助执行的通知，要求单位每个月从孔某的工资中扣除200元，用于支付孩子的抚养费。根据《工资支付暂行规定》第十五条，用人单位不得扣除劳动者工资。有下列情况之一的，用人单位可以代扣劳动者工资：法院判决、裁定中要求代扣的抚养费、赡养费。《民事诉讼法》第二百四十三条规定："人民法院扣留、提取收入时，应当做出裁定，并发出协助执行通知书，被执行人所在单位、银行、信用合作社和其他有储蓄业务的单位必须办理。"因此，孔某所在单位根据法院发出的协助执行通知书从孔某的工资中每个月扣除200元的行为不属于无故克扣工资，不是工资违法行为。

（资料来源：http://www.yixianlawyer.com.）

3. 工资支付的监督和诉讼保护机制

根据我国有关法律，各级劳动行政部门有权监察用人单位工资支付情况。《劳动合同法》第八十五条规定，用人单位有下列情形之一的，由劳动行政部门责令限期支付劳动报酬、加班费或者经济补偿；劳动报酬低于当地最低工资标准的，应当支付其差额部分；逾期不支付的，责令用人单位按应付金额50%以上100%以下的标准向劳动者加付赔偿金：①未按照劳动合同的约定或者国家规定及时足额支付劳动者劳动报酬的；②低于当地最低工资标准支付劳动者工资的；③安排加班不支付加班费的；④解除或者终止劳动合同，未依照《劳动合同法》规定向劳动者支付经济补偿的。

劳动者与用人单位因工资支付发生劳动争议的，当事人可依法向劳动争议仲裁机关申请仲裁。对仲裁裁决不服的，可以向人民法院提起诉讼。

另外，为规范建设领域农民工工资支付行为，预防和解决建筑业企业拖欠或克扣农民工工资问题，根据《劳动法》《工资支付暂行规定》等有关规定，2004年9月24日原劳动和社会保障部、原建设部发布实施了《建设领域农民工工资支付管理暂行办法》。其主要内容如下。

（1）企业必须严格按照《劳动法》《工资支付暂行规定》和《最低工资规定》等有关规定支付农民工工资，不得拖欠或克扣。企业应依法通过集体协商或其他民主协商形式制定内部工资支付办法，并告知本企业全体农民工，同时抄报当地劳动和社会保障行政部门与建设行政主管部门。

(2) 农民工发现企业有下列情形之一的，有权向劳动和社会保障行政部门举报：①未按照约定支付工资的；②支付工资低于当地最低工资标准的；③拖欠或克扣工资的；④不支付加班工资的；⑤侵害工资报酬权益的其他行为。

(3) 各级劳动和社会保障行政部门依法对企业支付农民工工资情况进行监察，对违法行为进行处理。企业在接受监察时应当如实报告情况，提供必要的资料和证明。

(4) 农民工与企业因工资支付发生争议的，按照国家劳动争议处理有关规定处理。对事实清楚、不及时裁决会导致农民工生活困难的工资争议案件，以及涉及农民工工伤、患病期间工资待遇的争议案件，劳动争议仲裁委员会可部分裁决；企业不执行部分裁决的，当事人可依法向人民法院申请强制执行。

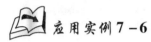

7家企业拖欠农民工工资被逐出句容

句容市住建局清欠办公室近日通报了2016年春节期间建设领域清理拖欠农民工工资工作奖惩情况：7家企业拖欠农民工工资的不良施工企业和5名项目负责人被逐出句容市场3年；12家企业在句容市范围内通报批评，取消其评先评优资格。

2016年春节期间，句容市共受理建设领域拖欠农民工工资举报投诉案件118起，拖欠数额达9 000多万元。总体情况如下：大部分在建项目施工单位都能按照国家、省、市清欠工作要求，及时支付农民工工资。其中，中建五局、江苏广兴等13家施工企业，2016年以来没有发生一起农民工工资投诉拖欠事件，因此而受到了全市范围的通报表彰奖励。

与此形成鲜明对比的是，部分不良工程施工责任单位，或以资金困难为由，推诿支付农民工工资；或以开发商拖欠工程款为由，拒不履行工资支付法定责任；或者违反工资支付程序，将工资直接支付给"包工头"，导致"包工头"携款逃逸。这些行为引发农民工群体性讨薪事件，严重扰乱了社会公共秩序。

按照拖欠农民工工资影响程度不同，句容市住建局决定对这7家企业及5名项目负责人做出严厉处罚，限制其3年内不得在句容市承建工程，并上报镇江市；对另外12家施工总承包企业在句容范围内通报批评，取消其评先评优资格，并追缴农民工保证金80万元。

(资料来源：http://www.yangtse.com/jiangsu/2016/04/07/840905.html.)

4. 工资基金管理

工资基金管理是我国特有的保障工资支付的一种手段。所谓工资基金，是指国家要求用人单位依法设置的用于一定时期内（通常为一年）给全体职工支付劳动报酬的一种专门货币基金。国家对各用人单位工资基金的提取、储存和使用实行统一管理，即工资基金管理。各企业、事业单位、机关和社会团体发给职工的劳动报酬，不论其资金来源如何，凡属于国家规定的工资总额组成范围的，均应纳入工资基金管理的范围。这样，工资基金就成了用人单位支付工资的唯一直接资金来源和可靠保障。

按现行规定，工资基金管理的主要措施如下。

(1) 建立工资基金专户。这是我国银行为各用人单位设立的唯一专存专支工资基金的账户。一个用人单位只能在一家银行建立一个工资基金专户；各用人单位凡是提取的工资总额都必须专项存入各自的工资基金专户，凡是工资总额组成范围内的支出，不论现金或转账，均应从工资基金专户中列支；工资基金专户中储存的资金，只能用做工资支付，不得挪作他用。

（2）计划管理，各用人单位应依法编制年度、季度和分月工资基金使用计划，其中的年度、季度计划，国家不直接下达工资总额计划的用人单位应报主管部门和劳动行政部门备案签章，国家直接下达工资总额计划的用人单位则应由主管部门和劳动、人事行政部门审批。在工资基金使用计划的执行过程中，可将本月或本季度节余的工资基金移到本年度的下个月或季度使用，但不得将下个月或季度的工资基金提前使用；工资基金应按计划规定的各种项目及其数额专项使用，不能串项挪用，即基本工资基金、奖励基金和津贴基金三者之间不能调剂使用。

（3）银行监督。银行有权对用人单位使用工资基金实行监督。国家下达到用人单位的工资总额计划、经审批的工效挂钩方案、经核定的工资总额包干数或工资总额基金，以及年度、季度、分月工资基金使用计划，都应抄送工资基金专户开户银行，由开户银行据此监督用人单位对工资基金的支取。劳动行政部门和银行还向用人单位核发《工资基金管理手册》，以此作为用人单位向开户银行支取工资基金的法定凭证。对未经劳动、人事行政部门批准或审批手续不全的超计划支取工资基金的，开户银行一律拒付。用人单位向开户银行支取当月工资基金时，要将上个月的工资基金使用情况，报主管部门并抄送开户银行。

5. 欠薪支付保障

从法学理论上讲，劳动者要实现自己的劳动报酬权主要是通过行使其在劳动分配关系中享有的工资请求权。但是，由于个别劳动关系的不对等性，仅凭劳动者个人的力量，很难保证这一权利的顺利实现，特别是在雇主拖欠工资的情况下，劳动者个人并无能力和办法去直接解决。要实现这一权利，需要国家和社会力量的介入，但是在雇主采用拖延、抵赖、转移资产甚至逃匿等手段逃避债务时，国家的介入成效有限，为此，可以考虑借鉴其他国家所实施的欠薪保障制度，主要有欠薪索赔特权制度和欠薪保障基金制度两种。

欠薪索赔特权，即劳动者依法享有的对欠薪雇主就其欠薪优先索赔的权利。法律赋予并保护劳动者欠薪索赔特权，旨在保障劳动者能够优先于其他债权人从欠薪雇主的财产（尤其是破产财产）中使其欠薪得到偿付。在我国立法中对欠薪索赔特权有一些规定。例如，在破产财产的清偿程序中，欠薪被列为拨付破产费用和有担保的债权后的第一清偿顺序；在追索劳动报酬的民事诉讼中，法院可以根据当事人的申请裁定先予执行；困难企业应当从其销售收入中按规定比例提取一定资金，用于支付所欠工资等。

欠薪保障基金，即特定机构依法筹集建立的，专门用于雇主由于无力或故意而欠薪时，向劳动者垫付欠薪的基金。此项制度的基本内容有下述要点。

（1）基金的来源。立法大多规定，基金全部来源于雇主捐款；有的规定，部分由雇主捐款，部分由公款负担；有的规定全部由公款负担；还有的规定，基金由雇主和劳动者共同分担。雇主向基金捐款具有强制性，并且不得低于规定的标准。有的规定，各种雇主都应当向基金捐款；有的规定，一定范围的雇主才应当向基金捐款。例如，只限于参加国家劳动保险的雇主，或者不包括国家机关、公共团体、公营企业等不可能无偿付能力的雇主。

（2）基金的管理机构。基金具有独立于任何其他财产的地位，由具有法人资格的机构集中管理。这种机构,有的为劳动行政机构或社会保障行政机构,有的为特定的社会保障机构,有的为专门设置的机构。

(3) 基金的受益对象。立法大多原则上规定,除法定特殊情形外,全体劳动者都可以从基金中受益,即成为基金援助的对象。被排除在基金受益范围之外的,通常是企业的高级职员、雇主的配偶和近亲属、已享受其他形式保障或者不以工资收入为生活主要来源的劳动者。

(4) 基金保障的欠薪范围。关于可以用基金支付的欠薪,各国立法都做了一定限制。就可支付欠薪的构成而言,有的只限于欠薪中维持基本生活需要的部分;有的则允许包括欠薪中的大部分项目(如基本工资、津贴等);有的还扩大到拖欠的解雇补贴。就可支付欠薪的数额而言,有的只限于一定期限(最后或最近若干个月)的欠薪;有的规定了最高限额。就可支付欠薪的产生原因而言,有的仅限于因企业倒闭或停业所产生的欠薪;有的只包括因雇主无力偿付所产生的欠薪;有的则扩大到因雇主逃匿或失踪、资产被扣押、故意拖欠所产生的欠薪。

(5) 基金支出的程序。各国立法对动用基金向劳动者支付欠薪,都规定了严格的程序,其中的关键性环节有:劳动者向基金管理机构或雇主提出索赔请求;索赔得到雇主的承认或者受到劳动争议处理机构或司法机构的支持,雇主无力偿付的诉讼程序已经开始;索赔的正当性已经查实等。

(6) 基金支出的法律后果。基金管理机构向劳动者支付欠薪后,即就所垫付的欠薪代位取得欠薪索赔特权。

欠薪保障制度突出地表现了劳动法律的特点,这就是国家作为工资保障公法关系中的权利人,代表利益人直接与义务人交涉,并利用国家强力使义务人必须履行其义务。这种制度使得劳动者由于劳动合同关系而获得的工资请求权能够比较顺利的实现。目前,我国有些地区(如深圳、上海)已经开始实施这种欠薪保障制度①,从实行情况来看,效果还是比较好的。现在有越来越多的地区准备采用这种制度。

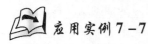

上海实行欠薪保障金制度

上海市市长宁区的周女士在一家印务公司做业务员,被拖欠3个月的工资后,企业法定代表人突然逃匿。后来,她偶然在账册中看到一张"上海市小企业欠薪保障金专用收据",经多方咨询,才知道公司缴过"欠薪保障金"。周女士找到欠薪受理点,经该受理点核实,2007年11月3日,她领回了2 820元欠薪补偿。

目前,不仅是小企业的员工,上海市和周女士有相同遭遇的企业员工,都可以凭借和企业的劳动关

---

① 深圳市从1997年1月1日开始实施深圳市人民代表大会通过的《深圳经济特区企业欠薪保障条例》,上海市政府1999年11月25日发布了《关于印发上海市小企业欠薪基金试行办法的通知》(2007年10月1日废止),上述两个法律文件为我国欠薪保障立法做了大胆尝试,均规定了欠薪的含义、设立欠薪保障基金的管理机构、欠薪基金的主体来源及其收取,还规定了垫付欠薪数额的限制以及垫付欠薪的追偿制度。上海市2007年6月21日公布了《上海市企业欠薪保障金筹集和垫付的若干规定》(自2007年10月1日起实施),将缴纳欠薪保障金的企业扩大到所有的企业。

系证明及欠薪事实依据等相关材料，交相关受理点审核，经审核确认后，便可以追回自己的那份劳动报酬。

（资料来源：http://news.xinhuanet.com/politics/2007-12/05/content_7202100.htm.）

7.5.2 保障实际工资

工资是分配个人生活消费品的主要形式，因此，对职工生活最具意义的应是实际工资，即职工所得货币工资所能购买到的生活资料和服务的数量。保障实际工资，就是要处理好工资与物价的关系。一方面，力求把物价上升控制在较温和的程度之内，即力求避免物价较剧烈的、较大幅度的上升；另一方面，力求使职工货币工资以至少不低于物价上涨的幅度上升，并尽可能使职工货币工资的增长率大于物价的上涨率。后者，就是劳动法中的实际工资保障问题。可见，保障实际工资较之保障最低工资和保障工资支付，是对劳动者更高水平的保护。在法律上就实际工资保障问题做出规定，表明了现代工资保障立法的发展。

在西方国家，处理工资与物价关系的法定方式主要有以下两种。

（1）劳资双方工资谈判。许多国家对企业的工资一般不直接干预，而规定由劳资双方谈判自行解决。例如，日本自 20 世纪 50 年代中期以来，企业劳资双方每年定期谈判一次工资增长问题，物价上涨幅度是其考虑的因素之一。政府通过每年公布最低工资调整标准和公务员工资调整意见，对私人企业工资起导向作用。"二战"后十几年，绝大多数年份工资的增长幅度都超过物价上涨幅度而低于劳动生产率增长幅度。美国与日本相仿，但谈判只在行业工会与行业雇主团体之间进行，政府主要采取说服方法，劝导劳资双方克制，适度提高物价和工资，而不要一次增长过猛。

（2）工资物价指数化，即工资随着生活消费品价格指数增加而提高。最早实行这种办法的是美国的通用汽车公司，1948 年该公司与联合汽车工人工会签订为期 2 年的集体合同，规定工人工资每季度按生活费变动情况而调整，以抵消物价上涨的影响。目前美国只有不足 10% 的就业人员受此办法的保护。意大利在"二战"后，某些工业部门率先实行了工资物价指数化制度，1947 年扩大到各经济部门，1985 年年底实行滑动工资加生活补贴的办法，滑动工资保持相对稳定，生活补贴随通货膨胀升降，每 3 个月调整一次。巴西1965 年开始实施由政府法令颁布的工资物价指数化方案，此后多次做了大的改动，1987年起重新采取工资与物价同步上升的政策。上述两种方式，指数化方式曾为多数国家采用，但近年来，多数国家采用谈判方式，仅有少数国家采用指数化方式。

在我国，处理工资与物价关系的基本方式如下。

（1）工资调整，即国家在大幅度调价的同时，进行工资普调，以弥补职工因调价而受到的实际工资损失。

（2）物价补贴，在劳动法意义上，仅指在大幅度调价的同时，通过财政支出或企业支出渠道，以货币形式向职工发给补贴。它可以是根据物价总水平的上涨幅度及居民生活费指数上涨幅度等因素给予补贴，属明补形式。至于明补以外以商品流通环节的暗补，则不属于劳动法的范围。

上述两种方式，都是在物价主要由国家调整的条件下所采用的。而按市场经济的要求，物价变动应由市场调节，这就大大增加了采用上述两种方式的局限性。为此，我国需要采用与市场经济相适应的新方式来处理工资与物价的关系。对此借鉴外国经验是完全必要的。

关于我国应否实行工资物价指数化制度的问题，目前认识还不一致。我们认为这种方式同市场经济具有一定的适应性，且较为规范，不失为保障实际工资的一种有效方式。但是，这种方式须以完备和科学的统计制度和统计数据为基础条件，而我国具备此条件尚需一个过程。同时，这种方式也有一定缺陷。例如，它对实际工资的保障难免有滞后性，即工资增长滞后于物价上涨，它还有可能成为推动工资与物价轮番上涨的因素。所以，我国对这种方式的实行应当慎重，并且在实行这种方式的同时，还应采取一些弥补其缺陷的配套措施。

我国目前已推行工资谈判制度，原劳动和社会保障部在2000年10月10日发布了《工资集体协商试行办法》，使得在我国实行工资谈判制度有了指导。通过集体协商制定的工资协议，其性质是专门就工资事项签订的专项集体合同，如果已经订立了集体合同，工资协议可以作为集体合同的附件，与集体合同具有同等的效力。这种方式具有灵活性，比较适应市场经济的波动特点，且有利于发挥劳动者和企业双方对物价上涨和工资增长的相互制约作用。

7.6　职工福利法律保障

7.6.1　职工福利概述

1. 职工福利的内涵

职工福利是指企业为满足职工生活的共同需要和特殊需要，在工资之外向职工及其亲属提供一定货币、实物、服务等形式的物质帮助。职工福利是延期支付的主要形式，可以提供的待遇主要包括3类。

（1）法定福利，即根据政府的政策法规要求，所有在国内注册的企业都必须向职工提供的福利，如养老保险、医疗保险、失业保险、公积金（即"四金"）、病假、产假、丧假、婚假、探亲假等政府明文规定的福利制度，还有安全保障福利、独生子女奖励等。

（2）企业福利，即企业自愿或通过集体谈判在企业内或行业联合建立的职工福利计划，如补充养老保险、健康保险、幼儿照顾、老人护理、假期等。

（3）股权计划，包括职工持股计划和股票期权计划，前者适用于企业中层职工，后者适用于企业高层管理人员和核心技术人员。股权计划的实施需要职工同企业共担风险。

职工福利是社会福利的重要组成部分，是个人生活消费品分配的一种重要形式。社会福利体系主要由公共福利和职工福利构成，二者都是以满足社会成员的物质和精神生活需要、维持和提高社会成员的生活质量为基本任务，以实现社会公平为主要价值目标的物质帮助形式；并且，在职工福利社会化的过程中，职工福利设施可以兼有一定的公共福利职能，公共福利社会可以承担一定的职工福利任务。职工福利与公共福利的区别主要如下：①前者由企业举办或者负担费用，后者由国家和社会举办和负担费用；②前者的享受主体只限于特定用人单位的职工（包括退休人员）及其亲属，后者的享受主体则是全社会成员。

2. 职工福利的法律特征

职工福利作为一种延期支付的工资，其法律特征如下。

（1）企业在当期仅做出支付承诺，没有实际支付，对职工来说仅是一种既定收益权。

（2）接受承诺的职工要承担一定的风险，如完成 5 年服务期；如果职工未完成法定和约定的义务，该职工的既定权益将被取消。

（3）补充性，即职工福利是对按劳分配的补充。因为实行按劳分配，难以避免各个劳动者由于劳动能力、供养人口等因素的差别所导致的个人消费品满足程度不平等和部分职工生活困难，职工福利可以在一定程度上缓解按劳分配带来的生活富裕程度差别。

3. 职工福利的意义

在知识经济时期伴随激烈的竞争，社会风险的广度和深度均在加剧，职工的风险保障意识不断加强，职工福利计划的内容不断丰富并更加普及和流行起来，其社会价值也逐渐被发现。

（1）职工福利计划的风险保障性。一揽子职工福利计划可以提供养老金和医疗保险，甚至更丰富的内容。由于企业举办计划并承担风险，或者委托中介机构管理，职工不需要承担履行劳动义务以外的风险，其福利待遇具有较强的覆盖风险和提供持续性收入的功能。在很多国家将其列入多支柱的社会保障计划，作为第二支柱或补充性社会保障，由此增加了企业的社会责任。

（2）职工福利计划的长期激励性。职工福利计划可以规定职工取得福利待遇前的劳动义务，如考核指标或职业技能考试等级，以增加用人单位人力资源的长期激励性，有人称其为"金手铐"功能，同时，职工福利作为延期分配可以避免当期工资差距过大带来的不利影响。例如，在香港，公务员的延期分配福利计划是缩小公务员与企业雇职工资差距、约束公务员用廉洁奉公换取优厚福利的有效工资制度的重要组成部分。

（3）职工福利计划改善了劳动关系。企业养老金和健康保险密切了企业/雇主和雇员的关系，所以在职工福利发达的美国，其集体协议的覆盖范围远远低于欧洲；同时，职工福利计划使劳动关系具有了弹性，一些即使离开企业的人员仍然可以得到原企业提供的福利待遇。

7.6.2 职工福利的法律保障

对于第一类职工福利，我国已有一系列的劳动法规和相关法规加以调整，《宪法》规定，国家在发展生产的基础上提高劳动者的福利待遇，国家发展劳动者休息和休养的设施。除了《劳动法》在第九章专章规定了"社会保险和福利"外，并规定："国家发展社会福利事业，兴建公共福利设施，为劳动者休息、休养和疗养提供条件。用人单位应当创造条件，改善集体福利，提高劳动者的福利待遇。"国务院还发布了《企业职工生育保险试行办法》（1994 年 12 月 14 日）、《国务院关于建立统一的企业职工基本养老保险制度的决定》（1997 年 7 月 16 日）、《国务院关于建立城镇职工基本医疗保险制度的决定》（1998 年 12 月 14 日）、《失业保险条例》（1999 年 1 月 22 日）、《社会保险费征缴暂行条例》（1999 年 1 月 22 日）、《工伤保险条例》（2003 年 4 月 27 日）等一系列规定来保障职工福利的实现。《工会法》规定，工会协助企业、事业单位、机关行政方面办好职工集体福利事业，会同行政方面组织职工开展文娱、体育活动；国有企业召开讨论有关职工福利的会议，应当有工会代表参加；中外合资企业、中外合作企业研究决定有关职工福利的问题，应当听取工会的意见；外资企业工会可对职工福利事项提出意见，同企业行政方面协商处理；工会所属的为职工服务的企业、事业单位，其隶属关系不得随意改变。

另外，在税收法律方面，也对企业给予职工的福利予以了优惠政策。例如，企业根据国家有关规定，从提留的福利费或工会经费中支付给个人的生活补助费免征个人所得税；企业和个人按照省级以上人民政府规定的比例提取并缴付的住房公积金、医疗保险金、基本养老保险金、失业保险金，不计入个人当期的工资、薪金收入，免予征收个人所得税；个人领取原提存的住房公积金、医疗保险金、基本养老保险金时，免予征收个人所得税；对个人取得的教育储蓄存款利息所得以及国务院财政部门确定的其他专项储蓄存款或者储蓄性专项基金存款的利息所得，免征个人所得税。

但是对第二类和第三类福利而言，我国的劳动法律保障相当之少。对这两类福利的法律保护可分为两个方面：一是对可约定条件加以限制，防止企业滥用权利，强迫职工接受不合理的约定条件；二是保证延期支付得以兑现，如美国《雇员退休收入保障法》规定了延期支付的服务期，包括5年选择和7年选择，前者即当职工服务满5年时兑现延期支付，后者即在7年之内分阶段兑现，如1年25%、3年50%、5年75%、7年100%。

本 章 小 结

> 通过学习本章，学生应了解工资立法的原则、我国工资制度的产生和发展、最低工资的确立程序、我国关于工资保障制度的基本立法以及职工福利法律制度。掌握《劳动法》和其他相关法律、法规关于工资的规定；掌握工资的概念，工资的构成和形式，最低工资的含义、组成及适用范围，特殊情况下的工资支付的内容；学会运用本章所讲授的知识和相关法律法规解析案例题和解决实际问题。

复习思考题

一、名词解释

1. 工资　2. 辅助工资　3. 计时工资　4. 最低工资

二、单项选择题

1. 我国《劳动法》规定，休息日安排劳动者工作又不能安排补休的，支付的报酬不低于工资的（　　）。

　　　A. 150%　　　　　B. 200%　　　　　C. 300%　　　　　D. 100%

2. 2009年10月，谭某于烹饪学校毕业后，到某饭店担任厨师。该饭店于11月和谭某签订了为期5年的劳动合同。合同中约定试用期为半年，试用期满进行考试，若考试不合格则延长试用期半年。饭店每月支付谭某工资2 500元。谭某在试用期内工作认真，但由于缺少经验，半年后考试不合格，饭店决定延长其试用期半年，并通知谭某，延长试用期期间，谭某的工资为原工资的50%，即1 250元。谭某认为这一决定没有道理，就找到饭店评理。饭店经理称，在延长试用期期间降低工资是本饭店多年的做法，对谭某不能搞特殊。下列对该饭店在延长试用期期间降低谭某工资的论述正确的是（　　）。

A. 该饭店在延长试用期期间降低谭某工资是正确的，因为这是该饭店多年的做法，谭某不能搞特殊

B. 该饭店在延长试用期期间降低谭某工资是正确的，因为谭某试用期满考试不合格

C. 该饭店在延长试用期期间降低谭某工资是不正确的，因为这种做法违反了劳动合同

D. 上述说法都不正确

三、多项选择题

1. 以下关于特殊情况下工资的表述，正确的有（　　）。

A. 劳动者出任人民法庭证明人而占用生产或工作时间，用人单位应按劳动合同规定的标准支付工资

B. 安排劳动者延长工作时间而不予以补休的，应支付不低于工资100%的工资报酬

C. 劳动者连续工作一年以上的，享受带薪年休假

D. 非因职工本身过失造成的停工，一般按本人标准工资100%发给停工津贴

2. 以下各项中不得作为最低工资组成部分的有（　　）。

A. 加班加点工资　　　　　　　　　B. 特殊工作环境、条件下的津贴
C. 劳动保险　　　　　　　　　　　D. 福利待遇

四、简答题

1. 工资有哪些表现形式？
2. 工资立法的基本原则是什么？

五、论述题

1. 如何计算加班加点工资？
2. 如何理解最低工资的必要性？

六、案例分析题

王某于2004年8月下岗，在再就业服务中心的帮助下，实现再就业，在一家公司做保安。单位和王某签订劳动合同，约定工资每月按照本市最低工资支付。后来，王某发现公司里的其他保安同事每月拿的工资都比自己多很多。一打听，每个保安的工资为800元，另外每人还能因为值夜班拿到250元的固定津贴。王某认为自己与其他保安从事一样的工作，应该拿一样的工资。于是他找到公司负责人，得到的答复是王某属于公司的特别吸收对象，公司响应政府的号召帮助下岗人员而聘用王某，同时劳动合同约定每月给王某

的工资是依据本市的最低工资。公司负责人拒绝王某要求,声称劳动合同怎么约定就怎么执行。王某于是申请劳动争议仲裁。

问题:案例中公司的做法是否合法?为什么?

课 后 阅 读

一些经济学家对最低工资立法的不同看法

尽管最低工资法普遍得到了各国政府的青睐,但是在经济学界,最低工资法的失败几乎成为教科书中的经典案例。经济学家斯蒂格勒1946年发表了一篇名为《最低工资立法经济学》的文章,他认为为减轻贫困而制定的这种制度不但不能消除贫困,还会扭曲资源配置。许多经济学家认为最低工资制度作为政府人为干预劳动力市场的一种方式,有很多缺陷,主要包括以下几个方面:①规定的最低工资高于市场上的均衡工资,就会减少对劳动力的需求,结果会导致失业人员增加;②许多事实上拿最低工资的工人,如学徒工、临时工、兼职工人、家庭仆人等未包括在最低工资法中;③企业是否真正执行最低工资标准是个实践中的难题;④最低工资法可能带来熟练工替代非熟练劳动力;⑤可能鼓励资本替代劳动,即企业会更有积极性,采用节省劳动的新技术;⑥可能导致就业中的歧视问题,如性别歧视、种族歧视等;⑦可能使非熟练工处于更艰难的就业状况;⑧最低工资导致劳动力成本的增加,这种成本最终会转嫁给消费者从而损害消费者利益。

(资料来源:徐智华.劳动法学[M].北京:北京大学出版社,2008:272.)

第8章 劳动安全卫生法律制度

学习目标

知识目标	技能目标
1. 了解劳动安全卫生法律制度概况	1. 了解劳动安全卫生法律体系的构成
2. 了解劳动安全法律制度的基本内容	2. 了解劳动安全法律制度的具体内容
3. 了解劳动卫生法律制度	3. 了解企业卫生设计标准
4. 了解劳动安全卫生管理制度	4. 熟悉劳动安全卫生管理制度
5. 了解职业病法律制度	5. 熟悉职业病防治制度及职业病鉴定流程
6. 了解工伤法律制度	6. 熟悉工伤类型、工伤认定流程和待遇
7. 了解女职工特殊劳动保护法律制度	7. 熟悉对女职工特殊保护的形式
8. 了解未成年工特殊保护法律制度	8. 熟悉对未成年工劳动保护的具体制度

矿难：国家之痛

2004年11月28日，陕西省铜川陈家山煤矿发生瓦斯爆炸事故，死亡166人。
2005年2月14日，辽宁孙家湾煤矿发生瓦斯爆炸事故，死亡214人。
2005年11月27日，黑龙江七台河煤矿发生爆炸，死亡171人。
2005年8月7日，广东省梅州市兴宁市大兴煤矿发生透水事故，死亡123人。
2006年11月25日，云南省富源县后所镇昌源煤矿发生瓦斯爆炸事故，造成32人遇难，28人受伤
……
2010年3月28日，山西乡宁县王家岭煤矿发生透水事故，115人获救，35人遇难。
矿难年年都在发生。
矿难年年位于中国十大灾难榜首。10年矿难有5万条人命陨落。中国百万吨煤死亡率4‰，是美国的100倍，是南非的30倍。
我们不禁要问：这是为什么？
难道当人类可以用机器将煤矿挖得更深、煤挖得更多的时候，当人类可以享受机器化大生产带给丰裕物质的时候，我们必须以自己的性命做交换？
一条条陨落的生命，一个个残破的家庭，一个个没有父亲的孩子，使我们不能不关注劳动安全。

18—19世纪的工业革命将工场手工业转变为机器大工业，家长式的师傅的小作坊到工业资本家大工厂的转变极大地促进了人类社会的进步。然而在人类社会迅速发展的同时，人类也被机器化大生产拖进了危险境地。飞速旋转的机器常常要比速度低下的手工业作坊带给人类生命和健康更大的危害，有关劳动安全和卫生的法律制度也随之应运而生。

8.1 劳动安全卫生法律制度概述

劳动安全卫生法律制度是一国制定的为了保护劳动者在劳动过程中生命安全和身体健康的各种法律规范的总称。我国的劳动安全卫生法律制度一般包括劳动安全法律制度、劳动卫生法律制度、劳动安全卫生管理法律制度、职业伤害法律制度、特殊劳动保护法律制度。

劳动安全法律制度是国家为了保护劳动者在劳动过程中的生产安全，避免伤亡事故发生而制定的各种法律规范。劳动卫生法律制度是国家为了保护劳动者在劳动过程中的身体健康，防止有毒有害物质侵害和职业病的发生而制定的各种法律规范。劳动安全卫生管理法律制度是国家规定必须在用人单位内部建立的，为保证生产安全和劳动者安全健康的生产管理法律规范。上述3种制度都是为了保障劳动者在劳动过程中的安全和健康，但侧重点有所相同。劳动安全法律制度主要是对劳动场所、劳动设备安全的法律规制，目的是避免急性伤亡事故的发生，其侧重点是劳动者生命安全。劳动卫生法律制度是对劳动场所环境条件的要求，避免有毒环境对劳动者身体的侵害，它侧重的是劳动者身体健康。劳动安全卫生管理制度的侧重点又有不同。如果说劳动安全卫生制度主要是对生产条件进行的一些技术规范，是对硬件的要求，那么劳动安全卫生管理制度则是对人的要求，是对软件的

要求,它侧重于要建立怎样的管理机制才能够保证劳动安全卫生的技术规范得以实施,所以它重在管理制度。职业伤害法律制度是劳动安全卫生制度的延伸。工伤、职业病等职业伤害是劳动安全卫生工作没有做到位的结果,职业伤害的预防与保障是职业伤害法律制度的主要内容。特殊劳动保护法律制度是对劳动者群体中特殊的两类劳动者——女职工和未成年工给予额外劳动保护的法律制度。女职工和未成年工由于身体机理和年龄的原因,在劳动过程中更需要得到额外的保护,我国在他们的劳动范围和工作时间等方面做了特殊规定。上述 5 个制度构成劳动安全卫生法律制度体系。

8.1.1 劳动安全卫生法律制度的地位和特征

劳动安全卫生法律制度是我国劳动法体系的重要组成部分,它与劳动基准法律制度、劳动合同法律制度、工会法律制度、集体合同法律制度、社会保险法律制度、劳动争议处理法律制度共同构成我国的劳动法体系。从生命具有最高价值的层面上来讲,以保障劳动者生命安全和身体健康的劳动安全卫生制度在劳动法体系中占有首要地位。我国《宪法》第四十二条特别指出要"加强劳动保护、改善劳动条件"。我国先后制定了上百个劳动安全卫生的技术标准,对劳动者的劳动安全进行保护。在生产过程中,不安全因素、不卫生因素、过量劳动因素都会对劳动者的生命安全和身体健康造成潜在威胁,劳动安全卫生制度就是要将这些潜在威胁在转化为事故或危害后果之前加以控制,尽量避免和减少对劳动者造成的伤害。

劳动安全卫生法律制度与其他劳动法律制度相比,具有以下特征:①劳动安全卫生法律制度的保护对象具有首要性。它的保护对象是劳动者的生命安全和身体健康。劳动者没有了生命或身体健康,谈其他劳动利益都没有价值,因而,与保护劳动者其他利益的劳动法律制度比较,劳动安全卫生法律制度的保护对象具有首要性。劳动工资和福利的实施具有强制性,不以当事人的意志为转移;②劳动安全卫生法律制度以劳动过程为其保护范围,而非劳动结果。这与更倚重劳动结果的工资制度不同,无论劳动者是否劳动成果,都应当受到劳动安全卫生法律制度的保护;③劳动安全卫生法律规范具有强制性。与劳动合同条款可由合同双方协商不同,用人单位提供的劳动环境和防护设备必须符合国家劳动安全卫生法律制度规定的标准,原因在于这些规定是强制性规定,是为了保护劳动者安全和健康最基本的要求,不容改变;④劳动安全卫生法律制度具有较强的技术性。为了保护劳动者的安全和健康,国家对工作场所、劳动设备都规定了一些技术参数和标准,因而劳动安全和卫生制度表现出较强的技术性。

8.1.2 劳动安全卫生法律制度立法概况

1. 外国及国际劳动组织安全卫生立法概况

劳动安全卫生立法起源于 19 世纪初一些工业发达国家。1833 年,英国颁布了《工厂法》,对工厂安全与卫生做了一些基本要求,并规定设置检查人员监督实施。1864 年《工厂法》也规定了工厂的清洁措施以及通风和危险机器的防护措施。1878 年英国《工厂及工作场所法》规定工厂发生灾害事故,雇主应立即向工厂检查员报告。后来,英国建立了比较完备的工业安全卫生及工矿检查制度。进入 20 世纪后,劳动安全卫生立法有了更进一步的发展，重要的立法有1937年公布的《工厂法》，该法共分14部分160条。其中比较重要的内容规定了工厂的卫生与安全的各种新标准，赋予工厂安全检查员有监督标准执行的权力；建立了伤亡事故和职业病的报告处理制度，按规定一旦发生重大伤亡事故，雇主应立即向相关部门通报情况，隐瞒不报或延期报告的，政府将对责任人员予以处罚。比利时、德国、法国、丹麦、瑞士等国也先后制定了劳动安全与卫生法规。至20世纪初，欧洲多数国家均进行了较为完备的劳动安全卫生立法。19世纪70年代，美国开始制定劳动安全法规。在19世纪七八十年代，恶劣的劳动条件所造成的恶果，屡次发生的工伤事故等悲惨事件，促使各州政府制定劳动安全卫生法规，改善劳动条件。20世纪六七十年代以来，美国新科技的发展也同时促进了职业安全卫生技术的进步，在某种程度上改善了劳动条件，促进了劳动安全卫生立法的发展。美国1970年12月制定了《职业安全卫生法》，尼克松总统在任时称该法是美国国会有史以来制定的最重要的一部立法。该法于1971年4月28日生效，旨在通过授权执行在该法基础上发展起来的各项标准，帮助并鼓励各州作出努力以保证劳动条件的安全和卫生；为职业安全卫生领域提供科学研究、情报资料和教育训练；保证劳动者的安全和健康，保护人力资源。

劳动安全和卫生领域的公约和建议书是国际劳动标准的重要组成部分。此外，《经济、社会及文化权利国际公约》规定，人人有权享受公正和良好的工作条件，特别要保证安全与卫生的工作条件。1981年的《职业安全和卫生公约》要求成员国制定、实施并定期审查有关职业安全、职业卫生及工作环境等具有连贯性的国家政策，公约还分别对成员国应采取的行动和企业做出了规定。1985年的《职业卫生设施公约》规定成员国应当制定、实施一项具有连贯性的有关职业卫生设施的国家政策并定期审查，并对职业卫生设施的职能、组织、运行条件等做出了规定。另外，国际劳工组织就不同性质的产业部门分别制定了有针对性的标准。例如，1929年的《防止工业事故建议书》建议成员国考虑建议书提出的防止工业事故的原则和条例，对有关国家制定国家安全条例产生了较大影响。1937年的《建筑业的安全规定公约》和4个补充性的建议书对建筑业的安全标准做了十分详细的规定，适用于一切建筑活动以及从事建筑业的任何人员。另外国际劳工组织还制定了防止使用白磷、白铅、炭疽病、苯中毒、预防和控制职业癌、辐射保护、机器防护、工作环境保护措施等方面的专项标准以及工业事故、保护工人健康、职业卫生工作等方面的预防标准，为成员国劳动安全卫生立法的发展起了积极的指导作用。

2. 我国劳动安全卫生立法概况

我国的劳动安全卫生立法从中国革命时期就开始了，中华人民共和国成立后，把不断改善劳动条件，保护劳动者的安全和健康作为国家的一项基本政策。新中国成立前夕，中国人民政治协商会议通过的《共同纲领》明确规定，公私企业一般实行8~10小时工作制，保护女工的特殊利益，实行工矿检查制度，以改进工矿的安全和卫生设备。1951年10月原劳动部发布《关于搬运危险性物品的几项办法》，规定了货主的责任、搬运危险物品守则及搬运工的健康或生命受到危害时应享受的待遇。原劳动部、各产业部和地方政府根据中国当时的情况，参照苏联经验，陆续制定颁布了一批有关劳动保护的法令和规章制度，据不完全统计，共有119项，其中属于安全卫生管理和设备安全检查制度的有105项，属于工作时间制度的有10项，属于青工、女工保护制度的有4项。许多部门和大型厂矿相应制定了技术操作规程或技术保安规程，建立了安全职责和安全教育等制度。我国第一部《宪法》明确规定，逐步扩大就业，加强劳动保护，改善劳动条件和工资待遇，以保障公民享有这些权利。劳动者有休息的权利，国家规定工人和职员的工作时间和休假制度，逐步扩充劳动者休息和休养的物质条件，以保障劳动者享有这种权利，为劳动安全卫生立法提供了法律依据。

1950 年政务院财经委员会发布《全国公私营各厂矿职工伤亡报告办法》，开始建立职工伤亡事故报告制度。原劳动部发布《工厂卫生暂行条例》《限制工厂矿厂加班加点实行办法》《保护女工暂行条例》等草案，并修改试行。1954 年原劳动部发布《关于进一步加强安全技术教育的决定》。1956 年国务院颁布《工厂安全卫生规程》《建筑安装工程安全技术规程》《工人职员伤亡事故报告规程》《关于防止厂矿企业中矽尘危害的决定》；原劳动部发布《关于防止沥青中毒的办法》。1963 年国务院颁布《关于加强企业生产中安全工作的几项规定》，全面规定了劳动安全卫生的重要管理制度。从 20 世纪 60 年代开始，我国开始逐步建立劳动安全与卫生监察制度。1965 年原劳动部公布了《蒸汽锅炉安全技术监察规程》和《汽瓶安全监察规程》。1979 年原卫生部、原国家劳动总局等 5 个部门联合发布《工业企业设计卫生标准》。

1982 年国务院颁布《矿山安全条例》《矿山安全监察条例》和《锅炉、压力容器安全监察条例》，劳动安全监察工作得到很大加强，并逐步形成了国家监察、行业管理和群众监督相结合的体制。1984 年国务院发布《关于加强防尘防毒工作的决定》，提出各地区、各部门基本建设项目和全厂性的技术改造，其尘毒治理和安全设施必须与主体工程同时设计、同时施工、同时验收投产使用。1986 年最高人民检察院、原劳动人事部发布《关于查处重大责任事故的几项暂行规定》。1987 年国务院颁布《化学危险物品安全管理条例》《中华人民共和国尘肺病防治条例》，规定作业场所的粉尘浓度超过国家卫生标准，又未积极治理，严重影响职工安全健康时，职工有权拒绝操作。同年，原卫生部、原劳动人事部、财政部和全国总工会修订颁布《职业病范围和职业病患者处理办法的规定》，扩大了职业病范围，规定了职业病患者的处理办法。1988 年国务院颁发《森林防火条例》《女职工劳动保护规定》；原劳动人事部与其他部门联合发布《乡镇露天矿场安全生产规定》《烟花爆竹安全生产管理暂行办法》；原劳动部发布《关于生产性建设工程项目职业安全卫生监察的暂行规定》。1989 年国务院颁布《特别重大事故调查程序暂行规定》《放射性同位素与射线装置放射防护条例》。

1990 年原劳动部发布《女职工禁忌劳动范围的规定》，1991 年七届全国人大常委会常委会第二十一次会议通过《未成年人保护法》，从而对特殊职工的劳动安全卫生建立了专门法律。1991 年国务院重新颁布《企业职工伤亡事故报告和处理规定》，取代了 1956 年的《工人职员伤亡事故报告规程》。1992 年七届全国人大常委会第二十八次会议通过《矿山安全法》，这是我国第一部有关劳动安全卫生的法律，该法于 1993 年 5 月 1 日起正式实施。

1994 年原劳动部发布《矿山安全监察员管理办法》《矿山建设工程安全监督实施办法》。1995 年 1 月 1 日正式实施的《劳动法》第六章规定了"劳动安全卫生"，以劳动基本法的形式对劳动安全卫生做了原则性规定。为进一步落实《劳动法》的规定，原劳动部还颁布了一系列与劳动法相配套的有关劳动安全卫生的法规，如《劳动监察员条例》《未成年工特殊保护规定》等。《职业病防治法》经九届全国人大常委会第二十四次会议于2001年10月27日审议通过。它的颁布实施，使我国的职业病防治工作进一步规范化、法制化。2002年6月29日，九届全国人大常委会第二十八次会议通过了《安全生产法》，标志着我国劳动安全卫生立法进入了一个新阶段。2014年8月31日，十二届全国人大常委会第十次会议审议通过《关于修改〈中华人民共和国安全生产法〉的决定》，对《安全生产法》进行全面的修改。此次修改强化落实生产经营单位主体责任，解决安全生产责任制、安全生产投入、安全生产管理机构和安全生产管理人员作用发挥、事故隐患排查治理制度等问题，同时强化政府监管、完善监督措施、加大监管力度，并强化安全生产责任追究，加重对违法行为特别是对责任人的处罚力度。为了保障劳动者在工作中遭受事故伤害和患职业病后获得医疗救治、经济补偿和职业康复的权利，分散工伤风险，促进工伤预防，根据《劳动法》，原劳动部制定了《企业职工工伤保险试行办法》，自1996年10月1日起试行。2003年4月16日国务院第五次常务会议讨论通过了《工伤保险条例》，自2004年1月1日起施行，取代了《企业职工工伤保险试行办法》，从而为职业伤害提供了保障制度，是劳动安全卫生制度的延伸和补救制度。2010年12月20日，国务院又对其进行修订，此次修订对工伤作出更准确的界定。2005年12月1日实施的《妇女权益保障法》（修正案）首次将"性骚扰"明确规定以及2012年《女职工劳动保护特别规定》的公布，标志着我国对妇女，尤其是女职工合法权益的保护达到一个新的阶段。

8.1.3 劳动安全卫生制度的法律渊源

按照法律的效力等级不同，劳动安全卫生制度的法律渊源效力由高到低依次分类如下。

1. 宪法

《宪法》在劳动安全卫生法律渊源中位于效力最高等级。其中关于"加强劳动保护，改善劳动条件"的规定，是有关劳动安全卫生方面最高法律效力的规定。

2. 法律

在劳动安全方面，我国目前建立了以规范劳动安全的综合性法律——《安全生产法》为基础的，以《矿山安全法》《中华人民共和国海上交通安全法》《中华人民共和国消防法》《中华人民共和国道路交通安全法》等专门性法律为分支的，以《劳动法》《中华人民共和国建筑法》《中华人民共和国煤炭法》《中华人民共和国铁路法》《中华人民共和国民用航空法》《中华人民共和国矿产资源法》等涵盖有安全生产内容但并又不仅以安全生产为内容的相关法律为辅助的劳动安全法律体系。

在劳动卫生方面，我国目前有《劳动法》《职业病防治法》。

在特殊劳动保护方面，我国有相关法律《妇女权益保护法》《未成年人保护法》。

3. 行政法规

在劳动安全方面，我国已颁布了多部安全生产行政法规，如《国务院关于特大安全事故行政责任追究的规定》《煤矿安全监察条例》《建设工程安全生产管理条例》《安全生产许可证条例》等。

在劳动卫生和职业伤害方面，我国制定了《使用有毒物品作业场所劳动保护条例》《中华人民共和国尘肺防治条例》《中华人民共和国工伤保险条例》等。

在特殊劳动保护方面，我国有国务院通过的《女职工劳动保护特别规定》。

4. 地方性法规

地方性安全卫生法规是由地方人民代表大会及其常务委员会制定的规定安全生产的规范性文件。它多是为解决本地区某一特定的安全生产和生产卫生问题而制定，是对国家安全生产法律法规的补充，具有较强的针对性和可操作性。例如，2010年我国有27个省（自治区、直辖市）的人民代表大会制定了劳动保护条例或劳动安全卫生条例，有26个省（自治区、直辖市）人民代表大会制定了《矿山安全法》实施办法。

5. 部门规章和地方政府规章

部门安全卫生规章由国务院有关部门为加强生产安全卫生而颁布，涉及交通运输业、化学工业、石油工业、机械工业、电子工业、冶金工业、电力工业、建筑业、建材工业、航空航天业、船舶工业、轻纺工业、煤炭工业、地质勘探业、农村和乡镇工业、技术装备与统计工作、安全评价与竣工验收、特种设备、防火防爆、职业危害、培训教育、事故调查与处理、劳动保护用品等部门和内容，在我国安全生产监督管理工作中起着十分重要的作用。

地方政府规章与部门规章具有同等效力，在各自的权限范围内施行。

6. 安全卫生标准

安全卫生标准是安全卫生法律体系中的一个重要组成部分，安全生产标准一旦成为法律规定必须执行的技术规范，就具有了法律上的地位和效力。我国劳动安全卫生方面的大量法律法规都依赖我国颁布的安全卫生标准。安全卫生标准也为安全生产管理和监督执法工作提供了重要的技术依据。根据《中华人民共和国标准化法》，对工业生产、工程建设、工业产品、环境保护及其技术术语等都应制定标准。标准分为国际标准、国家标准、行业标准、地方标准、企业标准。目前比较重要的是国家标准和行业标准。国家标准由国务院标准化行政主管部门制定。对没有国家标准而又需要在全国某个行业范围内统一的技术要求，可以制定行业标准。行业标准由国务院有关行政主管部门制定，并报国务院标准化行政主管部门备案，在公布国家标准之后，该项行业标准即行废止。国家标准和行业标准又分为强制性标准和推荐性标准。保障人体健康，人身、财产安全的标准和法律、行政法规规定强制执行的标准是强制性标准，其他标准是推荐性标准。强制性国家标准的代号为"GB"，推荐性国家标准的代号为"GB/T"；行业标准的代号为"AQ"。就安全生产来说，全国安全生产标准化技术委员会负责安全生产标准制修订工作。全国安全生产标准化技术委员会的煤矿安全、非煤矿山安全、化学品安全、烟花爆竹安全、粉尘防爆、涂装作业、防尘防毒等分技术委员会负责其职责范围内的安全生产标准制修订工作。安全生产标准大致分为设计规范类，安全生产设备、工具类，生产工艺安全卫生，防护用品类4类标准。国家卫生和计划生育委员会主管国家职业卫生标准制定工作，目前已制定、修改颁布了500多个职业卫生标准。

此外，我国政府已批准的国际劳工安全公约也是劳动安全法律的渊源。国际劳工组织自1919年创立以来，一共通过了185个国际公约和为数较多的建议书，这些公约和建议书统称国际劳工标准，其中70%的公约和建议书涉及职业安全卫生问题。目前我国政府已批准的公约有 23 个，其中 4 个是与职业安全卫生相关的。

8.1.4 劳动安全卫生法律制度分类

劳动安全卫生法律制度内容庞杂，对劳动者的生命安全和身体健康从各个层面进行保护。为了便于掌握，通常将劳动安全卫生制度根据不同的标准分为下列几类。

1. 一般性安全卫生规范与行业性安全卫生规范

根据劳动安全卫生法规的适用范围不同，可以将其分为一般性规定和特殊性规定。劳动安全卫生的一般性规定适用面广，是为保护劳动者安全和健康而对劳动者劳动过程普遍适用的措施和规定；劳动安全卫生的特殊性规定是针对特殊劳动对象——女职工和未成年工进行保护的规定。

2. 事前防范规范与事后补偿规范

根据劳动者是否发生伤害后果，可以从内容上将其区分为事前防范的劳动安全卫生规定和事后补偿的劳动安全卫生规定。事前防范规定是通过种种保护措施防御职业伤害的发生的规定，这是保障劳动安全卫生权的主要方面。事后补偿规定是关于劳动者受职业伤害的赔偿制度。在一些劳动法学书上也将其归为"劳动保护之延长"，是由于劳动安全卫生权受到侵害而发生的赔偿请求权方面的规定。

3. 法律规范、技术规范、管理规范

根据劳动安全卫生规范的特点，可以从形式上将其区分为法律规范、技术规范、管理规范。法律规范是以改善劳动条件、劳动环境、防止伤亡事故、预防职业病为目的，以国家强制力保证实施的行为规则。技术规范是将职业伤害中的防范要求数量化后，形成的技术标准；管理规范是指为了保障劳动者在劳动过程中安全健康，用人单位在组织劳动和科学管理方面所做的规定。这 3 类规范联系十分紧密，劳动安全法律规范的实施依赖于技术规范中确定的技术标准，管理规范是法律规范的补充与延伸，原则性的法律规范需要用人单位根据实际情况演变为适合自身的管理规范。

8.1.5 劳动安全卫生法律关系

劳动安全卫生法律关系是经过劳动安全卫生法律规范调整后在当事人之间产生的权利和义务。劳动安全卫生法律关系，有三方主体，即劳动安全卫生行政管理部门、用人单位和劳动者。不同的主体具有不同的权利和义务。

1. 劳动安全卫生行政管理部门的职责

劳动安全卫生行政管理部门的职责既是一种权利同时也是一种义务，具体而言有以下几个方面：

（1）根据管理权限制定统一执行的劳动安全卫生标准。

（2）组织和推动劳动安全卫生科学研究工作，为建立科学合理的劳动安全卫生制度提供科学依据。

（3）建立劳动安全卫生基础制度，如工伤保险制度、职业病统计报告制度等。

(4) 对用人单位执行劳动安全卫生制度进行监督、检查以及违反劳动安全卫生法规的单位或个人依法给予处罚。

2. 用人单位的权利和义务

(1) 权利是有权依法制定内部劳动安全卫生规章,并要求劳动者必须遵守这些规章制度和操作规范;有权对企业内部的劳动安全卫生规章制度的执行实施监督和检查,纠正违章操作行为;有权对违反劳动安全卫生规章制度并造成事故的劳动者给予纪律处罚。

(2) 义务是建立健全各项劳动安全卫生制度,包括企业内部安全监督检查组织系统和工作制度,各种内部安全卫生规章制度等;广泛开展劳动安全卫生教育;按规定提供劳动安全卫生设施和条件;对未成年劳动者和从事有职业危害作业的劳动者进行定期的健康检查;对劳动者进行安全技术培训,特别是从事特种作业的劳动者,必须经过专门培训并取得特种作业资格证书,才能从事相应的特种作业;依法参加工伤社会保险,为劳动者缴纳保险费。

3. 劳动者的权利和义务

(1) 权利是获得各项保护条件和保护待遇的权利,危险因素和应急措施的知情权、拒绝权、监督权、紧急情况下的停止作业和紧急撤离权。

(2) 义务是遵守各种劳动安全卫生法律、法规等。

8.2 劳动安全法律制度

对于劳动安全,我们应做广义的理解。劳动安全不能仅理解为劳动者安全,根据我国劳动安全方面的法律、法规可以看出,劳动安全可以理解为劳动过程安全或生产安全,劳动者安全是生产安全中一个非常重要的方面。当然,从劳动法角度讲,更侧重于劳动者在劳动过程中的安全。

我国非常重视安全生产工作,在机构设置方面,我国成立了专门的国家机构保障生产安全。2001年,国务院成立了国务院安全生产委员会(简称"安委会"),负责研究部署、指导协调全国安全生产工作,安委会主任一般由国务院副总理担任。安委会办公室作为安委会办事机构设在国家安全生产监督管理局(以下简称"国家安监局")(国家煤矿安全监察局,以下简称"国家煤矿安监局"),办公室主任由国家安监局(国家煤矿安监局)局长兼任。2005年我国重特大矿难不断发生,为了提高安全监察的权威性,强化煤矿安全监察执法,2005年2月23日国务院将国家安监局(副部级)升格为国家安全生产监督管理总局(以下简称"国家安监总局")(正部级),同时专设由总局管理的国家煤监局(副部级),综合监督管理全国安全生产工作。各省市县都建立安全生产监督管理局负责监督管理安全生产工作。

在法律制度建设方面,我国制定了大量保障劳动安全的法律法规,涵盖了众多行业和危险领域,形成了一个庞大的劳动安全法律体系。为了便于掌握这个繁复的体系,首先对有关劳动安全的法律法规进行分类。

8.2.1 劳动安全法律体系的分类

我国的劳动安全法律体系比较庞杂,覆盖整个生产领域,根据涵盖内容不同,可以分为以下7个类别。

1. 综合类安全生产法律制度

综合类安全生产法律制度是指同时适用于矿山、危险物品、建筑业和其他方面的安全生产法律制度，它对各行各业的安全生产行为都具有指导和规范作用，主导性的法律是《劳动法》《安全生产法》。

2. 矿山类安全法律制度

矿山类安全生产法律制度规范的行业主要包括煤矿、金属和非金属矿山、石油天然气开采业。我国的矿山安全立法工作已取得了很大成绩，先后颁布实施了《矿山安全法》《煤炭法》《矿山安全法实施条例》和《煤矿安全监察条例》；相关部门先后颁布了一批矿山安全监督管理规章；有26个省（自治区、直辖市）人民代表大会制定了《矿山安全法》实施办法，初步形成了矿山安全法律子体系。

3. 危险物品类安全法律制度

目前，我国已经颁布实施了《危险化学品安全管理条例》《民用爆炸物品安全管理条例》《使用有毒物品作业场所劳动保护条例》《放射性同位素与射线装置放射防护条例》《核材料管制条例》《放射性药品管理办法》《作业场所职业危害申报管理办法》等法规。

4. 建筑业安全法律制度

目前，我国规范建筑业安全行为的法律有《安全生产法》《建筑法》。1956年颁布的《建筑安装工程技术规程》沿用很长一段时间，后被《建筑法》《建设工程安全生产管理条例》《建设工程质量管理条例》取代。

5. 交通运输安全法律制度

交通运输安全法律制度包括铁路、道路、水路、民用航空运输行业的法律、法规和规章，《安全生产法》原则上也适用于这些行业。目前，这些行业都有自己专门的法律法规。如铁路运输业有《铁路法》《铁路运输安全保护条例》等；民航运输业有《民用航空法》《民用航空器适航条例》《民用航空安全保卫条例》等，此外，民用航空运输安全还执行国际公约和相关的规则；道路交通管理方面有《道路交通安全法》《道路交通管理条例》及《道路交通事故处理办法》；海上交通运输业有《海上交通安全法》及《海上交通事故调查处理条例》和《渔港水域交通安全条例》；内河交通运输业有《内河交通安全管理条例》。另外，各交通运输业主管部门和公安部门还制定了不少交通运输安全方面的规章、标准等。

6. 公众聚集场所及消防安全法律制度

公众聚集场所及消防安全生产法律制度涉及的范围主要是公众聚集场所、娱乐场所、公共建筑设施、旅游设施、机关团体及其他场所的安全及消防工作。目前这方面的法律、法规和规章主要有《消防法》及与之相配套的《公共娱乐场所消防安全管理规定》《消防监督检查规定》《机关团体企业事业单位消防安全规定》《集贸市场消防安全管理规定》《仓库防火安全管理规则》《火灾统计管理规定》等，这方面还需要制定和完善相关的法律法规。

7. 其他安全生产法律法规

其他类包括的内容是前面 5 个专业领域以外的行业安全管理规章，主要有石化、电力、机械、建材、造船、冶金、轻纺、军工、商贸等行业规章。这些行业和部门都有一些规章和规程，但均未制定专门的安全行政法规，因此《安全生产法》是规范这些部门安全生产行为的主导性法律。

8.2.2 劳动安全法律制度的主要内容

虽然不同行业对劳动安全的具体要求各有不同，但对安全生产要求的大体分类基本相同，一般包括劳动场所安全、安全设施安全、危险物品与特种设备安全、劳动防护用品安全等内容，这也构成了安全生产法律制度的主要内容，具体如下。《安全生产法》第四条规定："生产经营单位必须遵守本法和其他有关安全生产的法律、法规，加强安全生产管理，建立、健全安全生产责任制和安全生产规章制度，改善安全生产条件，推进安全生产标准化建设，提高安全生产水平，确保安全生产。"

1. 劳动场所安全要求

《安全生产法》第十七条规定："生产经营单位应当具备本法和有关法律、行政法规和国家标准或者行业标准规定的安全生产条件；不具备安全生产条件的，不得从事生产经营活动。"劳动场所安全是生产条件安全中的重要内容。特种建设项目还要进行安全评价。《安全生产法》第二十九条规定："矿山、金属冶炼建设项目和用于生产、储存、装卸危险物品的建设项目，应当按照国家有关规定进行安全评价。"

对于事故发生频率较高的矿山等企业，我国就实行安全生产许可制度，厂房、作业场所是否符合安全生产法律法规、标准和规程的要求是获得生产许可证的条件之一。我国《安全生产许可证条例》规定："国家对矿山企业、建筑施工企业和危险化学品、烟花爆竹、民用爆破物品生产企业（以下统称企业）实行安全生产许可制度。企业未取得安全生产许可证的，不得从事生产活动。"

《矿山安全法》对矿山建设要求严格，从矿山企业的设计、施工到主管部门验收都做了规定。《矿山安全法》要求：矿山建设工程的设计文件，必须符合矿山安全规程和行业技术规范，并按照国家规定经管理矿山企业的主管部门批准；不符合矿山安全规程和行业技术规范的，不得批准。矿山设计下列项目必须符合矿山安全规程和行业技术规范：①矿井的通风系统和供风量、风质、风速；②露天矿的边坡角和台阶的宽度、高度；③供电系统；④提升、运输系统；⑤防水、排水系统和防火、灭火系统；⑥防瓦斯系统和防尘系统；⑦有关矿山安全的其他项目。每个矿井必须有两个以上能行人的安全出口，出口之间的直线水平距离必须符合矿山安全规程和行业技术规范。矿山必须有与外界相通的、符合安全要求的运输和通信设施。矿山建设工程必须按照管理矿山企业的主管部门批准的设计文件施工。矿山建设工程安全设施竣工后，由管理矿山企业的主管部门验收，并须有劳动行政主管部门参加；不符合矿山安全规程和行业技术规范的，不得验收，不得投入生产。生产经营单位应当在有较大危险因素的生产经营场所和有关设施、设备上，设置明显的安全警示标志等。

2. 安全设施要求

劳动安全设施是防止事故发生，减少职业危害的一项重要措施。安全设施包括机床、提升设备、机车、农业机器及电气设备等传动部分的防护装置，在传动梯、吊台上安装的防护装置及各种快速自动开关等；刨床、电锯、砂轮及锻压机器上的防护装置，有碎片、屑末、液体飞出及有裸露导电体等处所安设的防护装置；升降机和起重机械上的各种防护装置；锅炉、压力容器、压缩机械及有各种爆炸危险的机器设备的安全装置和信号装置；各种联动机械之间、工作场所的动力机械之间、建筑工地上为安全而设的信号装置，以及在操作过程中为安全而设的信号装置；各种运转机械上的安全起动和迅速停车装置，各种机床附近为减轻工人劳动强度而专门设置的附属起重设备；电气设备的防护性接地或接零，以及其他防触电设施；再生产区域内危险处所设置的标志、信号和防护装置；在高处作业时，为避免工具等物体坠落伤人以及防坠落摔伤而设置工具箱或安全网等。

对生产设备上的一些通用安全防护装置，我国制定了一些国家标准，如《固定式钢直梯》《固定式钢斜梯》《固定式工业防护栏杆》《固定式钢平台》等。对一些容易发生事故的机器设备，还制定了专业的安全卫生标准。例如，在机器设备中，死亡和重伤事故最多的是起重机械，我国制定了《起重机器安全规程》《起重吊运指挥信号》《压力机械安全装置技术要求》《压力机用感应式安全装置技术条件》《压力机用光线式安全装置技术条件》《压力机用手持电磁吸盘技术条件》《磨削机械安全规程》等国家标准。

《安全生产法》对安全设施进行了一些原则性的规定，如"三同时"制度。《安全生产法》第二十八条规定："生产经营单位新建、改建、扩建工程项目（以下统称建设项目）的安全设施，必须与主体工程同时设计、同时施工、同时投入生产和使用。"《安全生产法》对安全设施的设计、施工、验收、使用都做了规定，并制定了对应的责任制，要求通过安全评价。《安全生产法》第三十条规定："建设项目安全设施的设计人、设计单位应当对安全设施设计负责。矿山、金属冶炼建设项目和用于生产、储存、装卸危险物品的建设项目的安全设施设计应当按照国家有关规定报经有关部门审查，审查部门及其负责审查的人员对审查结果负责。"第三十一条规定："矿山、金属冶炼建设项目和用于生产、储存、装卸危险物品的建设项目的施工单位必须按照批准的安全设施设计施工，并对安全设施的工程质量负责。矿山、金属冶炼建设项目和用于生产、储存危险物品的建设项目竣工投入生产或者使用前，应当由建设单位负责组织对安全设施进行验收；验收合格后，方可投入生产和使用。安全生产监督管理部门应当加强对建设单位验收活动和验收结果的监督核查。"第三十二条规定："生产经营单位应当在有较大危险因素的生产经营场所和有关设施、设备上，设置明显的安全警示标志。"第三十三条规定："安全设备的设计、制造、安装、使用、检测、维修、改造和报废，应当符合国家标准或者行业标准。生产经营单位必须对安全设备进行经常性维护、保养，并定期检测，保证正常运转。维护、保养、检测应当做好记录，并由有关人员签字。"

3. 危险物品与特种设备安全要求

《安全生产法》第三十六条规定："生产、经营、运输、储存、使用危险物品或者处置废弃危险物品，由有关主管部门依照有关法律、法规的规定和国家标准或者行业标准审判并实施监督管理。生产经营单位生产、经营、运输、储存、使用危险物品或者处置废弃危险物品,必须执行有关法律、法规和国家标准或者行业标准,建立专门的安全管理制度,采取可靠的安全措施,接受有关主管部门依法实施的监督管理。"这里的危险物品主要指危险化学品。危险化学品是指包括爆炸品、压缩气体和液化气体、易燃液体、易燃固体、自燃物品和遇湿易燃物品、氧化剂和有机过氧化物、有毒品和腐蚀品等。关于危险化学品的相关法律规定是《危险化学品安全管理条例》,危险化学品的具体种类可以查阅国家标准《危险货物品名表》(GB 12268—2012)。

《安全生产法》第三十七条还规定:"生产经营单位对重大危险源应当登记建档,进行定期检测、评估、监控,并制定应急预案,告知从业人员和相关人员在紧急情况下应当采取的应急措施。生产经营单位应当按照国家有关规定将本单位重大危险源及有关安全措施、应急措施报有关地方人民政府安全生产监督管理部门和有关部门备案。"重大危险源是指生产、运输、使用、储存危险化学品或者处置废弃危险化学品,且危险化学品的数量等于或者超过临界量的单元(包括场所和设施)。

特种设备是指涉及生命安全、危险性较大的锅炉、压力容器(含气瓶)、压力管道、电梯、起重机械、客运索道、大型游乐设施和场(厂)内专用机动车辆。我国关于特种设备的法律义件主要是 2009 年修改的《特种设备安全监察条例》和国家质检总局配套制定的特种设备目录。《特种设备安全监察条例》从特种设备的生产、使用到检验检测都做了具体规定。《安全生产法》对特种设备进行了原则性规定:生产经营单位使用的危险物品的容器、运输工具,以及涉及人身安全、危险性较大的海洋石油开采特种设备和矿山井下特种设备,必须按照国家有关规定,由专业生产单位生产,并经具有专业资质的检测、检验机构检测、检验合格,取得安全使用证或者安全标志,方可投入使用。检测、检验机构对检测、检验结果负责。

安全认证标志

认证是买卖方以外的第三方做出的产品或服务符合特定标准的活动。这个买卖双方都信任的第三方一般由政府或其委托的机构担任。认证包括产品品质认证和品质管理体系认证。产品品质认证又有合格认证和安全认证之分。合格认证要求认证的产品质量符合产品标准的全部要求。安全认证是依据安全标准(如家用电器通用安全标准)或产品标准中的安全性项目进行认证,是基础性要求。前者是自愿的,后者是强制性的。安全认证标志是指在产品或其包装上使用的,表明该产品的质量经过国家有关产品质量检验机构检测、认证,符合有关法律和技术要求,能使用的标志。安全认证标志如表 8-1 所示。

表 8-1 安全认证标志

	国安监检标志【中国 强制性】 适用范围:安全领域安全生产检测认定标志 申请部门:国家安监总局授权的认证机构。国家安监总局负责认定机构资质认定,认证机构对安全产品进行检测,符合标准的核发安全认证标志。认证机构对安全标志管理产品的评审结果负责。国家安监总局负责对指定机构进行监管

续表

	MA 矿用安全标志【中国 强制性】 适用范围：煤矿井下用产品 申请部门：国家煤监局授权的认证机构。认证机构对终审合格的产品，发放《安全标志证书》，准许在其产品和包装上使用由国家煤监局统一规定的《安全标志标识》，这是我国对井下用产品的强制性要求。认证机构对安全标志管理产品的评审结果负责
	CCC 认证标志【中国 部分强制性】 适用范围：国家规定的强制性产品认证。具体可参见国家规定目录 申请部门：中国质量认证中心。CCC 认证，即"中国强制认证"，英文名称为"China Compulsory Certification"，缩写为 CCC。根据《强制性产品认证管理规定》，对人体健康和安全等紧密相关的产品必须经过此认证，并标注认证标志后，方可出厂、销售、进口或者在其他经营活动中使用
	CQST 认证【中国 强制性】 适用范围：中国国家标准 GB 3836 对防爆电机、防爆电器、防爆灯具、防爆仪器仪表、防爆通信设备、防爆运输车辆和防爆机械设备（如防爆电梯、防爆起重机）等防爆电气产品防爆性能的审查和检测 申请部门：国家防爆电气产品质量监督检验中心

4. 劳动防护用品安全要求

劳动防护用品是指由生产经营单位为从业人员配备的，使其在劳动过程中免遭或者减轻事故伤害及职业危害的个人防护装备，包括防噪声的耳塞、防磨、防腐蚀的手套等。关于劳动防护用品的法律规定是《劳动防护用品监督管理规定》和《劳动防护用品选用规则》（GB/T 11651—2008）。劳动防护用品分为特种劳动防护用品和一般劳动防护用品。根据《劳动防护用品监督管理规定》，生产经营单位不得以货币或者其他物品替代应当按规定配备的劳动防护用品。生产经营单位为从业人员提供的劳动防护用品，必须符合国家标准或者行业标准，不得超过使用期限。生产经营单位应当督促、教育从业人员正确佩戴和使用劳动防护用品。生产经营单位应当建立健全劳动防护用品的采购、验收、保管、发放、使用、报废等管理制度。生产经营单位不得采购和使用无安全标志的特种劳动防护用品；购买的特种劳动防护用品须经本单位的安全生产技术部门或者管理人员检查验收。从业人员在作业过程中，必须按照安全生产规章制度和劳动防护用品使用规则，正确佩戴和使用劳动防护用品；未按规定佩戴和使用劳动防护用品的，不得上岗作业。

 阅读材料

安全帽成为"夺命帽"

安全帽作为建筑工地里施工工人头顶的保护伞，能够避免或减轻坠落物对头部的直接伤害，因此，在建筑工地随处可见"不佩戴安全帽禁止入内"的警示标语。然而，我国安全帽的质量却良莠不齐，甚至不同颜色的安全帽代表不同的质量。在建筑工地，佩戴不同颜色的安全帽也代表不同的身份，白色代

表领导人员,蓝色代表管理人员,黄色代表现场施工人员,一般外来人员戴红色安全帽。劣质的黄色安全帽,常是用塑料制品垃圾中提炼的再生料制成,价格便宜,四五元钱就能买到,但质量差,起不到防护作用。质量好的安全帽使用工程塑料制成,价格可以达到五六十元一顶。由于安全帽的质量不能保证,建筑工人佩戴安全帽却被砸伤、砸死的事故时有发生,安全帽成为摆设。

其实我国早就对安全帽的质量和检测方法规定了国家标准。根据《安全帽国家标准》(GB 2811—2007)和《安全帽测试方法》(GB/T 2812—2006),合格安全帽能够禁得住重量为5公斤的钢锤自1米高度落下的冲击,也能够保证被同一高度落下的3公斤钢锥穿透后,锥头不与头皮接触。劣质安全帽往往不能满足防高空坠物的要求,很小作用力下可能破碎,安全帽成为"夺命帽"。

(资料来源:http://www.aqsc.cn。)

8.3 劳动卫生法律制度

劳动卫生是指为避免劳动者在劳动过程中受到劳动条件中有害因素的影响而使身体健康受到损害的劳动环境防范。劳动条件中的有害因素,主要包括生产过程中使用或生产的有害因素,如有毒物质(如铅、汞、苯、氯气、一氧化碳等)、生产性粉尘(如石英尘、石棉尘、煤尘、皮毛尘等)、异常小气候(如过高过低的温度、过高过低的气压)、噪声、振动、微波、激光、X射线、γ射线等物理因素,以及细菌、霉菌、病毒等生物性因素等;生产环境中的有害因素,如自然环境因素(高寒地区冬季露天作业时的严寒等)、生产流程布局不合理,有毒与无毒作业混杂安排在一个车间所致的环境污染等;劳动过程中的有害因素,如不合理的劳动组织及作业轮班制度、超重体力劳动、操作过度紧张等。不注意控制生产条件中的不良因素,长此以往,会造成劳动者患职业病等职业性损害,甚至残疾、死亡。

8.3.1 劳动卫生法律体系

新中国成立后不久,原劳动部发布《工厂卫生暂行条例》《限制工厂矿厂加班加点实行办法》等草案,并修改试行。1956年国务院颁布《工厂安全卫生规程》《关于防止厂矿企业中矽尘危害的决定》,原劳动部发布《关于防止沥青中毒的办法》,1979年原卫生部、原国家劳动总局等5个部门联合发布《工业企业设计卫生标准》。劳动卫生管理逐步推进,但呈现出立法层次较低,制度体系不够系统的特点。

2002年3月15日原卫生部发布《国家职业卫生标准管理办法》,使职业卫生标准管理进一步规范化。此办法要求对以下9项内容制定国家职业卫生标准:①职业卫生专业基础标准;②工作场所作业条件卫生标准;③工业毒物、生产性粉尘、物理因素职业接触限值;④职业病诊断标准;⑤职业照射放射防护标准;⑥职业防护用品卫生标准;⑦职业危害防护导则;⑧劳动生理卫生、工效学标准;⑨职业性危害因素检测、检验方法。这9项内容制定国家职业卫生标准。国家职业卫生标准分为强制性标准(代号"GBZ")和推荐性标准(代号"GBZ/T")。

强制性标准包括以下几个方面:①工作场所作业条件的卫生标准;②工业毒物、生产性粉尘、物理因素职业接触限值;③职业病诊断标准;④职业照射放射防护标准;⑤职业防护用品卫生标准。其他标准为推荐性标准。到目前为止,我国制定、修订发布的职业卫生标准有500余项,包括工业企业设计卫生标准;工作场所有害因素职业接触限值;职业病诊断标准等。

我国还对一些危险物的卫生管理做了专门规定，像对于放射卫生管理，国务院制定了《放射性同位素与射线装置放射防护条例》，原卫生部发布了《放射工作卫生防护管理办法》《放射防护器材与含放射性产品管理办法》《放射工作人员健康管理规定》和《放射事故管理规定》等，劳动卫生法律体系逐步完善。

8.3.2 劳动卫生法律制度的主要内容

劳动卫生法律制度内容丰富，下面仅对具有代表性的工业企业设计卫生标准进行介绍，以期窥见我国劳动卫生制度的全貌。

我国现行的是2010制定的《工业企业设计卫生标准》（GBZ 1—2010），它是在2002年《工业企业设计卫生标准》（GBZ 1—2002）的基础上修订的，此标准除个别语句明确表示为参照条款外均为强制性条款。《工业企业设计卫生标准》从工业企业的选址、总体布局、厂方设计到工作场所和辅助用室的基本卫生要求，甚至应急救援都做了安排。

1. 工业企业的选址要求

工业企业选址应依据我国现行的卫生、安全生产和环境保护等法律法规、标准和拟建工业企业建设项目生产过程的卫生特征及其对环境的要求、职业性有害因素的危害状况，结合建设地点现状与当地政府的整体规划，以及水文、地质、气象等因素，进行综合分析而确定。

工业企业选址宜避开自然疫源地；对于因建设工程需要等原因不能避开的，应设计具体的疫情综合预防控制措施。工业企业选址宜避开可能产生或存在危害健康的场所和设施，如垃圾填埋场、污水处理厂、气体输送管道，以及水、土壤可能已被原工业企业污染的地区；建设工程需要难以避开的，应首先进行卫生学评估，并根据评估结果采取必要的控制措施。设计单位应明确要求施工单位和建设单位制定施工期间和投产运行后突发公共卫生事件应急救援预案。向大气排放有害物质的工业企业应设在当地夏季最小频率风向被保护对象的上风侧，并应符合国家规定的卫生防护距离要求，以避免与周边地区产生相互影响。对于目前国家尚未规定卫生防护距离要求的，宜进行健康影响评估，并根据实际评估结果做出判定。在同一工业区内布置不同卫生特征的工业企业时，宜避免不同有害因素产生交叉污染和联合作用。

2. 工业企业的布局要求

工业企业的总体布局包括平面布置和竖向布置。

对工业企业平面布置的要求是，工业企业厂区总平面布置应明确功能分区，可分为生产区、非生产区、辅助生产区。工业企业厂区总平面功能分区的分区原则应遵循分期建设项目宜一次整体规划；行政办公用房应设置在非生产区；生产车间及与生产有关的辅助用室应布置在生产区内；产生有害物质的建筑（部位）与环境质量较高要求的有较高洁净要求的建筑（部位）应有适当的间距或分隔。生产区宜选在大气污染物扩散条件好的地段，布置在当地全年最小频率风向的上风侧；产生并散发化学和生物等有害物质的车间，宜位于相邻车间当地全年最小频率风向的上风侧；非生产区布置在当地全年最小频率风向的下风侧；辅助生产区布置在两者之间。其工程用地应根据卫生要求，结合工业企业性质、规模、生产流程、交通运输、场地自然条件、技术经济条件等合理布局。工业企业的总平面布置，在满足主体工程需要的前提下，宜将可能产生严重职业性有害因素的设施远离产生一般职业性有害因素的其他设施，应将车间按有无危害、危害的类型及其危害浓度（强度）分开；在产生职业性有害因素的车间与其他车间及生活区之间宜设一定的卫生防护绿化带。存在或可能产生职业病危害的生产车间、设备应按照《工作场所职业病危害警示标识》（GBZ 158—2003）设置职业病危害警示标志。可能发生急性职业病危害的有毒、有害的生产车间的布置应设置与相应事故防范和应急救援相配套的设施及设备，并留有应急通道。高温车间的纵轴宜与当地夏季主导风向相垂直。当受条件限制时，其夹角不得小于45°。高温热源应尽可能地布置在车间外当地夏季主导风向的下风侧；不能布置在车间外的高温热源应布置在天窗下方或靠近车间下风侧的外墙侧窗附近。

对工业企业竖向布置的要求是，放散大量热量或有害气体的厂房宜采用单层建筑。当厂房是多层建筑物时，放散热和有害气体的生产过程宜布置在建筑物的高层。如必须布置在下层时，应采取有效措施防止污染上层工作环境。噪声与振动较大的生产设备宜安装在单层厂房内。当设计需要将这些生产设备安置在多层厂房内时，宜将其安装在底层，并采取有效的隔声和减振措施。含有挥发性气体、蒸汽的各类管道不宜从仪表控制室和劳动者经常停留或通过的辅助用室的空中和地下通过；若需通过时，应严格密闭，并应具备抗压、耐腐蚀等性能，以防止有害气体或蒸汽逸散至室内。

3. *工业企业厂房设计要求*

厂房建筑方位应能使室内有良好的自然通风和自然采光，相邻两建筑物的间距一般不宜小于二者中较高建筑物的高度；以自然通风为主的厂房，车间天窗设计应满足卫生要求：阻力系数小，通风量大，便于开启，适应不同季节要求，天窗排气口的面积应略大于进风窗口及进风门的面积之和。热加工厂房应设置天窗挡风板，厂房侧窗下缘距地面不宜高于1.2m。高温、热加工、有特殊要求和人员较多的建筑物应避免日晒。厂房侧窗上方宜设置遮阳、遮雨的固定板（棚），避免阳光直射，方便雨天通风。产生噪声、振动的厂房设计和设备布局应采取降噪和减振措施。车间办公室宜靠近厂房布置，但不宜与处理危险、有毒物质的场所相邻。应满足采光、照明、通风、隔声等要求。空调厂房及洁净厂房的设计按《洁净厂房设计规范》（GB 50073—2013）等有关现行国家标准执行。

4. *工作场所基本卫生要求*

对工作场所的基本卫生要求包括防尘、防毒；防暑、防寒；防噪声与振动；防非电离辐射与电离辐射；采光和照明；工作场所微小气候。

工作场所防尘、防毒的要求是，优先采用先进的生产工艺、技术和无毒（害）或低毒（害）的原材料，消除或减少尘、毒职业性有害因素。原材料选择应遵循无毒物质代替有毒物质，低毒物质代替高毒物质的原则。对产生粉尘、毒物的生产过程和设备（含露天作业的工艺设备），应优先采用机械化和自动化，避免直接人工操作。产生或可能存在毒物或酸碱等强腐蚀性物质的工作场所应设冲洗设施；高毒物质工作场所墙壁、顶棚和地面等内部结构和表面应采用耐腐蚀、不吸收、不吸附毒物的材料，必要时加设保护层；车间地面应平整防滑，易于冲洗清扫；可能产生积液的地面应做防渗透处理，并采用坡向排水系统，其废水纳入工业废水处理系统。贮存酸、碱及高危液体物质贮罐区周围应设置泄险沟

（堰）。对于逸散粉尘的生产过程，应对产尘设备采取密闭措施等。

工作场所的防暑要求是，应优先采用先进的生产工艺、技术和原材料，工艺流程的设计宜使操作人员远离热源，同时根据其具体条件采取必要的隔热、通风、降温等措施，消除高温职业危害。应根据夏季主导风向设计高温作业厂房的朝向，使厂房能形成穿堂风或能增加自然通风的风压。高温作业厂房平面布置呈"L"形、"Π"形或"Ⅲ"形的，其开口部分宜位于夏季主导风向的迎风面。高温、强热辐射作业，应根据工艺、供水和室内微小气候等条件采用有效的隔热措施，如水幕、隔热水箱或隔热屏。高温作业车间应设有工间休息室。休息室应远离热源，采取通风、降温、隔热等措施，使温度≤30℃；设有空气调节的休息室室内气温应保持在24～28℃等。工作场所的防寒要求是，体力劳动强度Ⅰ级，采暖温度≥18℃，Ⅱ级采暖温度≥16℃，Ⅲ级采暖温度≥14℃，Ⅳ级采暖温度≥12℃。冬季采暖室外计算温度≤－20℃的地区，为防止车间大门长时间或频繁开放而受冷空气的侵袭，应根据具体情况设置门斗、外室或热空气幕。产生较多或大量湿气的车间，应设计必要的除湿排水防潮设施等。

工作场所防噪声与振动的要求是，对于生产过程和设备产生的噪声，应首先从声源上进行控制，使噪声作业劳动者接触噪声声级符合《工业场所有害物质因素物理因素》（GBZ 2.2—2007）的要求。采用工程控制技术措施仍达不到《工业场所有害物质因素物理因素》要求的，应根据实际情况合理设计劳动作息时间，并采取适宜的个人防护措施。产生噪声的车间与非噪声作业车间、高噪声车间与低噪声车间应分开布置。为减少噪声的传播，宜设置隔声室。隔声室的天棚、墙体、门窗均应符合隔声、吸声的要求。采用新技术、新工艺、新方法避免振动对健康的影响，应首先控制振动源，使手传振动接振强度符合《工业场所有害物质因素物理因素》的要求，全身振动强度不超过规定的卫生限值。采用工程控制技术措施仍达不到要求的，应根据实际情况合理设计劳动作息时间，并采取适宜的个人防护措施等。

工作场所的防非电离辐射与电离辐射要求是，产生工频电磁场的设备安装地址（位置）的选择应与居住区、学校、医院、幼儿园等保持一定的距离，使上述区域电场强度最高容许接触水平控制在4千伏/米。对于在生产过程中有可能产生非电离辐射的设备，应制定非电离辐射防护规划，采取有效的屏蔽、接地、吸收等工程技术措施及自动化或半自动化远距离操作，如预期不能屏蔽的应设计反射性隔离或吸收性隔离措施，使劳动者非电离辐射作业的接触水平符合《工业场所有害物质因素物理因素》的要求。设计劳动定员时应考虑电磁辐射环境对装有心脏起搏器病人等特殊人群的健康影响等。

工作场所的采光和照明要求是，工作场所采光设计按国家标准《建筑采光设计标准》（GB/T 50033—2013）执行。工作场所照明设计按国家标准《建筑照明设计标准》（GB 50034—2013）执行。照明设计宜避免眩光，充分利用自然光，选择适合目视工作的背景，光源位置选择宜避免产生阴影。在潮湿的工作场所，宜采用防水灯具或带防水灯头的开敞式灯具。在有腐蚀性气体或蒸汽的工作场所，宜采用防腐蚀密闭式灯具。若采用开敞式灯具，各部分应有防腐蚀或防水措施。在含有可燃易爆气体及粉尘的工作场所，应采用防爆灯具和防爆开关等。

有关工作场所微小气候的规定是，工作场所的新风应来自室外，新风口应设置在空气清洁区，新风量应满足下列要求：非空调工作场所人均占用容积＜20米³的车间，应保证人均新风量≥30米³/小时;如所占容积>20米³时,应保证人均新风量≥20米³/小时。采用空气调节的车间,应保证人均新风量≥30米³/小时。洁净室的人均新风量应≥40米³/小时。封闭式车间人均新风量宜设计为30~50米³/小时等。

5. 辅助用室基本卫生要求

应根据工业企业生产特点、实际需要和使用方便的原则设置辅助用室,包括车间、卫生用室(浴室、更/存衣室、盥洗室以及在特殊作业、工种或岗位设置的洗衣室)、生活室(休息室、就餐场所、厕所)、妇女卫生室,并应符合相应的卫生标准要求。辅助用室应避开有害物质、病原体、高温等职业性有害因素的影响。建筑物内部构造应易于清扫,卫生设备便于使用。浴室、盥洗室、厕所的设计,一般按劳动者最多的班组人数进行设计。存衣室设计计算人数应按车间劳动者实际总数计算。工业园区内企业共用辅助用室的,应统筹考虑园区内各企业的特点。

8.4 劳动安全卫生管理法律制度

劳动安全卫生管理法律制度是国家通过法律确立的,要求在用人单位内部建立的保障劳动安全卫生的管理制度。劳动安全卫生方面的法律制度、技术规程和技术标准要想得以实施,归根结底依赖于用人单位的落实,取决于用人单位是否建立了一套有效的劳动安全卫生管理制度。劳动安全卫生管理制度主要包括以下几方面。

8.4.1 安全生产责任制度

安全生产责任制是指用人单位建立的从单位负责人到一线职工对劳动安全层层负责的安全管理制度。建立安全生产责任制来自于国家的强制性规定,企业应把安全责任落实到个人。

安全生产责任制是经长期的安全生产、劳动保护管理实践证明的成功制度与措施。这一制度与措施最早见于国务院1963年3月30日颁布的《关于加强企业生产中安全工作的几项规定》。该规定要求,必须明确规定企业的各级领导、职能部门、有关工程技术人员和生产工人,在生产过程中各自应负的安全责任。《安全生产法》把建立和健全安全生产责任制作为生产经营单位和企业安全管理必须实行的一项基本制度。根据《安全生产法》,负有安全责任的人员主要有生产经营单位的主要负责人、安全生产管理人员、特种作业人员、从业人员。国家实行生产安全事故责任追究制度,依照《安全生产法》和有关法律、法规的规定,追究生产安全事故责任人员的法律责任。

1. 生产经营单位的主要负责人

根据《安全生产法》,生产经营单位的主要负责人对本单位的安全生产工作全面负责。生产经营单位的主要负责人对本单位安全生产工作负有下列职责:①建立、健全本单位安全生产责任制;②组织制定本单位安全生产规章制度和操作规程;③组织制订并实施本单位安全生产教育和培训计划;④保证本单位安全生产投入的有效实施;⑤督促、检查本单位的安全生产工作,及时消除生产安全事故隐患;⑥组织、制定并实施本单位的生产安全事故应急救援预案；⑦及时、如实报告生产安全事故。生产经营单位的主要负责人必须具备与本单位所从事的生产经营活动相应的安全生产知识和管理能力。生产经营单位发生重大生产安全事故时，单位的主要负责人应当立即组织抢救，并不得在事故调查处理期间擅离职守。根据《生产安全事故报告和调查处理条例》，单位发生伤亡事故若是由于单位主要负责人未依法履行安全生产管理职责所导致，单位负责人将会被按照事故等级处以上一年年收入30%~60%的罚款；属于国家工作人员的，将依法给予处分；构成犯罪的，还要追究刑事责任。

2. 安全生产管理人员

根据《安全生产法》，用人单位应根据情况配备安全生产管理人员或建立安全生产管理机构。矿山、金属冶炼、建筑施工单位、道路运输单位和危险物品的生产、经营、储存单位，应当设置安全生产管理机构或者配备专职安全生产管理人员。上述单位以外的其他生产经营单位，从业人员超过100人的，应当设置安全生产管理机构或者配备专职安全生产管理人员；从业人员在100人以下的，应当配备专职或者兼职的安全生产管理人员。生产经营单位的安全生产管理机构及安全生产管理人员履行下列职责：①组织或者参与拟订本单位安全生产规章制度、操作规程和生产安全事故应急救援预案；②组织或者参与本单位安全生产教育和培训，如实记录安全生产教育和培训情况；③督促落实本单位重大危险源的安全管理措施；④组织或者参与本单位应急救援演练；⑤检查本单位的安全生产状况，及时排查生产安全事故隐患，提出改进安全生产管理的建议；⑥制止和纠正违章指挥、强令冒险作业、违反操作规程的行为；⑦督促落实本单位安全生产整改措施。

生产经营单位的安全生产管理机构以及安全生产管理人员应当恪尽职守，依法履行职责。生产经营单位做出涉及安全生产的经营决策，应当听取安全生产管理机构以及安全生产管理人员的意见。生产经营单位不得因安全生产管理人员依法履行职责而降低其工资、福利等待遇或者解除与其订立的劳动合同。危险物品的生产、储存单位以及矿山、金属冶炼单位的安全生产管理人员的任免，应当告知主管的负有安全生产监督管理职责的部门。

3. 特种作业人员

生产经营单位的特种作业人员必须按照国家有关规定经专门的安全作业培训，取得特种作业操作资格证书，方可上岗作业。

4. 从业人员

生产经营单位的从业人员有依法获得安全生产保障的权利，并应当依法履行安全生产方面的义务。生产经营单位与从业人员订立的劳动合同，应当载明有关保障从业人员劳动安全、防止职业危害的事项，以及依法为从业人员办理工伤保险的事项。生产经营单位不得以任何形式与从业人员订立协议，免除或者减轻其对从业人员因生产安全事故伤亡依法应承担的责任。

生产经营单位的从业人员有权了解其作业场所和工作岗位存在的危险因素、防范措施及事故应急措施，有权对本单位的安全生产工作提出建议。从业人员有权对本单位安全生产工作中存在的问题提出批评、检举、控告；有权拒绝违章指挥和强令冒险作业。生产经营单位不得因从业人员对本单位安全生产工作提出批评、检举、控告或者拒绝违章指挥、强令冒险作业而降低其工资、福利等待遇或者解除与其订立的劳动合同。

从业人员发现直接危及人身安全的紧急情况时，有权停止作业或者在采取可能的应急措施后撤离作业场所。生产经营单位不得因从业人员在前款紧急情况下停止作业或者采取紧急撤离措施而降低其工资、福利等待遇或者解除与其订立的劳动合同。因生产安全事故受到损害的从业人员，除依法享有工伤保险外，依照有关民事法律尚有获得赔偿的权利的，有权向本单位提出赔偿要求。

从业人员在作业过程中，应当严格遵守本单位的安全生产规章制度和操作规程，服从管理，正确佩戴和使用劳动防护用品。从业人员应当接受安全生产教育和培训，掌握本职工作所需的安全生产知识，提高安全生产技能，增强事故预防和应急处理能力。从业人员发现事故隐患或者其他不安全因素，应当立即向现场安全生产管理人员或者本单位负责人报告；接到报告的人员应当及时予以处理。

生产经营单位使用被派遣劳动者的，被派遣劳动者享有《安全生产法》规定的从业人员的权利，并应当履行本法规定的从业人员的义务。

 应用实例 8-1

安徽淮南矿难处理 42 名责任人，区领导被建议免职

2014年8月19日，淮南市东方煤矿非法越界区域发生重大瓦斯爆炸事故，造成27人死亡、1人受伤。近日，国务院安委会办公室主任办公会议对《安徽省淮南市谢家集区东方煤矿"8·19"重大瓦斯爆炸事故调查报告》进行了研究，国家煤矿安监局作出批复，共处理事故责任人42人，其中移送司法机关依法追究刑事责任21人，行政处罚1人，给予党纪、政纪处分20人。

经调查认定，吴宁春负责区委全面工作，未有效督促区政府加强煤矿安全监督管理工作和开展煤矿"打非治违"工作；对区煤炭管理局(安监局)履行煤矿日常安全监管职责不到位、有关人员失职渎职行为失察；对事故的发生负有重要领导责任。依据相关规定，建议给予党内严重警告处分；建议免去中共谢家集区委书记职务。许克刚主持区政府全面工作，谢家集区政府安全生产第一责任人，督促区分管领导和相关职能部门开展煤矿"打非治违"工作不力；对区煤炭管理局(安监局)工作管理督促不到位，对区煤炭管理局(安监局)履行煤矿日常安全监管职责不到位、有关人员失职渎职行为失察；对事故的发生负有主要领导责任。建议给予降级处分；建议给予党内严重警告处分；建议免去中共谢家集区委副书记、区长、区政府党组书记职务。

(资料来源：http://news.sohu.com/20150115/n407821430.shtml.)

8.4.2 生产条件安全管理制度

生产条件安全管理制度是国家规定的用人单位为保障生产条件不存在安全隐患而设立的管理制度。它主要包括安全生产条件的资金保障、建设项目的安全管理、安全设备管理和对危险源的控制等内容。

《安全生产法》第二十条第一款规定："生产经营单位应当具备的安全生产条件所必需的资金投入，由生产经营单位的决策机构、主要负责人或者个人经营的投资人予以保证，并对由于安全生产所必需的资金投入不足导致的后果承担责任。"

生产经营单位新建、改建、扩建工程项目(以下统称"建设项目")的安全设施，必须与主体工程同时设计、同时施工、同时投入生产和使用。安全设施投资应当纳入建设项目

概算。矿山、金属冶炼建设项目和用于生产、储存、装卸危险物品的建设项目，应当分别按照国家有关规定进行安全评价。建设项目安全设施的设计人、设计单位应当对安全设施设计负责。矿山、金属冶炼建设项目和用于生产、储存、装卸危险物品的建设项目的安全设施设计应当按照国家有关规定报经有关部门审查，审查部门及其负责审查的人员对审查结果负责。矿山、金属冶炼建设项目和用于生产、储存、装卸危险物品的建设项目的施工单位必须按照批准的安全设施设计施工，并对安全设施的工程质量负责。矿山、金属冶炼建设项目和用于生产、储存危险物品的建设项目竣工投入生产或者使用前，应当由建设单位负责组织对安全设施进行验收；验收合格后，方可投入生产和使用。安全生产监督管理部门应当加强对建设单位验收活动和验收结果的监督核查。

安全设备的设计、制造、安装、使用、检测、维修、改造和报废，应当符合国家标准或者行业标准。

生产经营单位使用的危险物品的容器、运输工具，以及涉及人身安全、危险性较大的海洋石油开采特种设备和井下特种设备必须按照国家有关规定，由专业生产单位生产，并经具有专业资质的检测、检验机构检测、检验合格，取得安全使用证或者安全标志，方可投入使用。检测、检验机构对检测、检验结果负责。

生产经营单位应当在有较大危险因素的生产经营场所和有关设施、设备上，设置明显的安全警示标志。

国家对严重危及生产安全的工艺、设备实行淘汰制度具体目录由国务院安全生产监督管理部门会同国务院有关部门制定并公布。法律、行政法规对目录的制定另有规定的，适用其规定。省、自治区、直辖市人民政府可以根据本地区实际情况并公布具体目录，对前款规定以外的危及生产安全的工艺、设备予以淘汰。生产经营单位不得使用应当淘汰的危及生产安全的工艺、设备。

生产、经营、运输、储存、使用危险物品或者处置废弃危险物品的，由有关主管部门依照有关法律、法规的规定和国家标准或者行业标准审批并实施监督管理。生产经营单位对重大危险源应当登记建档，进行定期检测、评估、监控，并制定应急预案，告知从业人员和相关人员在紧急情况下应当采取的应急措施。

8.4.3 劳动安全卫生教育制度

劳动安全卫生教育制度是用人单位为防止安全事故和职业病发生，而对劳动者进行的操作技能和安全卫生知识培训制度。《安全生产法》对安全生产教育制度着墨诸多。例如，第十一条规定："各级人民政府及其有关部门应当采取多种形式，加强对有关安全生产的法律、法规和安全生产知识的宣传，增强全社会的安全生产意识。"第七十四条规定："新闻、出版、广播、电影、电视等单位有进行安全生产公益宣传教育的义务，有对违反安全生产法律、法规的行为进行舆论监督的权利。"《关于加强企业生产中安全工作的几项规定》也有类似内容。总结起来，除对从业人员进行经常性安全教育以外，我国特别注重对这些人群的安全教育。

1. 对所有员工的安全教育

生产经营单位应当对从业人员进行安全生产教育和培训，保证从业人员具备必要的安全生产知识,熟悉有关的安全生产规章制度和安全操作规程,掌握本岗位的安全操作技能,了解事故应急处理措施,知悉自身在安全生产方面的权利和义务。未经安全生产教育和培训合格的从业人员,不得上岗作业。

生产经营单位使用被派遣劳动者的,应当将被派遣劳动者纳入本单位从业人员统一管理,对被派遣劳动者进行岗位安全操作规程和安全操作技能的教育和培训。劳务派遣单位应当对被派遣劳动者进行必要的安全生产教育和培训。

生产经营单位应当建立安全生产教育和培训档案,如实记录安全生产教育和培训的时间、内容、参加人员以及考核结果等情况。

2. 对新职工的安全教育

企业单位必须认真地对新工人进行安全生产的入厂教育、车间教育和现场教育,并且经过考试合格后,才能准许其进入操作岗位。

3. 对特种作业人员的教育

对从事电气、蒸汽锅炉、压力容器、起重、车辆、船舶、爆破、焊接等方面的工作和从事瓦斯检验等特殊工种工作的职工,由所在单位对他们进行专门的安全技术训练、获得操作合格证或者驾驶执照以后,才准其独立操作。《劳动法》第五十五条规定:"从事特种作业的劳动者必须经过专门培训并取得特种作业资格。"《安全生产法》第二十七条:"生产经营单位的特种作业人员必须按照国家有关规定经专门的安全作业培训,取得相应资格,方可上岗作业。"

3. 对负责人员的安全教育

生产经营单位的主要负责人和安全生产管理人员必须具备与本单位所从事的生产经营活动相应的安全生产知识和管理能力。危险物品的生产、经营、储存单位以及矿山、金属冶炼、建筑施工、道路运输单位的主要负责人和安全生产管理人员,应当由主管的负有安全生产监督管理职责的部门对其安全生产知识和管理能力考核合格。考核不得收费。

4. 对采取新工艺后的员工进行教育

生产经营单位采用新工艺、新技术、新材料或者使用新设备,必须了解、掌握其安全技术特性,采取有效的安全防护措施,并对从业人员进行专门的安全生产教育和培训。

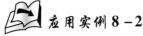

长发不再是祸害,头花上好安全课

河南油田精蜡厂为确保安全生产、消除事故隐患,对在岗女工做出了新规定:要求全厂女工把长发盘起来。通知下发后,质检中心就炸开了锅。质检中心有93名职工,其中81位是女工,留短发的只有几个,大多数是一头乌黑亮丽的长发或大波浪的卷发。大部分女工都能按要求把头发盘起来,但极少数女工却不以为然。针对这一情况,质检中心领导立即组织全体女职工召开安全座谈会,分析典型事故案例。2009年2月14日,江苏武进一位女工的头皮被机器撕掉。2月23日,浙江某纺织厂女工蒋某在操作时,长发卷入正在运转的机器里,瞬间,整张头皮被撕裂,现场惨不忍睹。听了这些触目惊心的事故案例后,大家深受触动。女工们结合长发可能引发的事故隐患,进行了危害辨识:长发不但遮挡视线、稍有疏忽就会被烫伤，而且极易被设备缠绕，存在着很大的安全隐患等。大家集思广益、出谋划策，对如何正确盘好头发，盘的是否牢固等细节进行了交流和演示。会后，质检中心领导决定为所有女工购买头花。如今，女工头上的漂亮头花，成了质检中心的一道亮丽风景。这个新年礼物，为女工安全生产加了一道防护锁。

（资料来源：http://www.sinopecnews.com.cn.）

8.4.4 安全生产检查监督制度

安全生产检查监督主要有两种情况：一是生产经营单位内部的自身检查；二是行政部门对生产经营单位劳动安全和卫生情况的检查。任何单位或者个人对事故隐患或者安全生产违法行为，均有权向负有安全生产监督管理职责的部门报告或者举报。居民委员会、村民委员会发现其所在区域内的生产经营单位存在事故隐患或者安全生产违法行为时，应当向当地人民政府或者有关部门报告。

1. 生产经营单位内部的检查监督

生产经营单位的安全生产管理人员应当根据本单位的生产经营特点，对安全生产状况进行经常性检查；对检查中发现的安全问题，应当立即处理；不能处理的，应当及时报告本单位有关负责人。检查及处理情况应当记录在案。生产经营单位必须对安全设备进行经常性维护、保养，并定期检测，保证正常运转。维护、保养、检测应当做好记录，并由有关人员签字。《安全生产法》第七条规定："工会依法对安全生产工作进行监督。生产经营单位的工会依法组织职工参加本单位安全生产工作的民主管理和民主监督，维护职工在安全生产方面的合法权益。生产经营单位制定或者修改有关安全生产的规章制度，应当听取工会的意见。"第五十七条规定："工会有权对建设项目的安全设施与主体工程同时设计、同时施工、同时投入生产和使用进行监督，提出意见。工会对生产经营单位违反安全生产法律、法规，侵犯从业人员合法权益的行为，有权要求纠正；发现生产经营单位违章指挥、强令冒险作业或者发现事故隐患时，有权提出解决的建议，生产经营单位应当及时研究答复；发现危及从业人员生命安全的情况时，有权向生产经营单位建议组织从业人员撤离危险场所，生产经营单位必须立即做出处理。工会有权依法参加事故调查，向有关部门提出处理意见，并要求追究有关人员的责任。"

2. 劳动行政部门的检查监督

国务院和县级以上地方各级人民政府应当根据国民经济和社会发展规划制定安全生产规划，并组织实施。安全生产规划应当与城乡规划相衔接。国务院和县级以上地方各级人民政府应当加强对安全生产工作的领导，支持、督促各有关部门依法履行安全生产监督管理职责，建立健全安全生产工作协调机制，及时协调、解决安全生产监督管理中存在的重大问题。乡、镇人民政府以及街道办事处、开发区管理机构等地方人民政府的派出机关应当按照职责，加强对本行政区域内生产经营单位安全生产状况的监督检查，协助上级人民政府有关部门依法履行安全生产监督管理职责。

国务院安全生产监督管理部门依照《安全生产法》，对全国安全生产工作实施综合监督管理；县级以上地方各级人民政府安全生产监督管理部门依照《安全生产法》，对本行政区域内安全生产工作实施综合监督管理。国务院有关部门依照《安全生产法》和其他有关法律、行政法规的规定，在各自的职责范围内对有关行业、领域的安全生产工作实施监督管理；县级以上地方各级人民政府有关部门依照《安全生产法》和其他有关法律、法规的规定，在各自的职责范围内对有关行业、领域的安全生产工作实施监督管理。

县级以上地方各级人民政府应当根据本行政区域内的安全生产状况，组织有关部门按照职责分工，对本行政区域内容易发生重大生产安全事故的生产经营单位进行严格检查。

安全生产监督管理部门应当按照分类分级监督管理的要求，制定安全生产年度监督检查计划，并按照年度监督检查计划进行监督检查，发现事故隐患，应当及时处理。

负有安全生产监督管理职责的部门依照有关法律、法规的规定，对涉及安全生产的事项需要审查批准（包括批准、核准、许可、注册、认证、颁发证照等，下同）或者验收的，必须严格依照有关法律、法规和国家标准或者行业标准规定的安全生产条件和程序进行审查；不符合有关法律、法规和国家标准或者行业标准规定的安全生产条件的，不得批准或者验收通过。对未依法取得批准或者验收合格的单位擅自从事有关活动的，负责行政审批的部门发现或者接到举报后应当立即予以取缔，并依法予以处理。对已经依法取得批准的单位，负责行政审批的部门发现其不再具备安全生产条件的，应当撤销原批准。

负有安全生产监督管理职责的部门对涉及安全生产的事项进行审查、验收，不得收取费用；不得要求接受审查、验收的单位购买其指定品牌或者指定生产、销售单位的安全设备、器材或者其他产品。

安全生产监督管理部门和其他负有安全生产监督管理职责的部门依法开展安全生产行政执法工作，对生产经营单位执行有关安全生产的法律、法规和国家标准或者行业标准的情况进行监督检查，行使以下职权：①进入生产经营单位进行检查，调阅有关资料，向有关单位和人员了解情况；②对检查中发现的安全生产违法行为，当场予以纠正或者要求限期改正；对依法应当给予行政处罚的行为，依照本法和其他有关法律、行政法规的规定作出行政处罚决定；③对检查中发现的事故隐患，应当责令立即排除；重大事故隐患排除前或者排除过程中无法保证安全的，应当责令从危险区域内撤出作业人员，责令暂时停产停业或者停止使用相关设施、设备；重大事故隐患排除后，经审查同意，方可恢复生产经营和使用；④对有根据认为不符合保障安全生产的国家标准或者行业标准的设施、设备、器材以及违法生产、储存、使用、经营、运输的危险物品予以查封或者扣押，对违法生产、储存、使用、经营危险物品的作业场所予以查封，并依法做出处理决定。监督检查不得影响被检查单位的正常生产经营活动。安全生产监督检查人员执行监督检查任务时，必须出示有效的监督执法证件；对涉及被检查单位的技术秘密和业务秘密，应当为其保密。安全生产监督检查人员应当将检查的时间、地点、内容、发现的问题及其处理情况，做出书面记录，并由检查人员和被检查单位的负责人签字；被检查单位的负责人拒绝签字的，检查人员应当将情况记录在案，并向负有安全生产监督管理职责的部门报告。

负有安全生产监督管理职责的部门依法对存在重大事故隐患的生产经营单位做出停产停业、停止施工、停止使用相关设施或者设备的决定，生产经营单位应当依法执行，及时消除事故隐患。生产经营单位拒不执行，有发生生产安全事故的现实危险的，在保证安全的前提下，经本部门主要负责人批准，负有安全生产监督管理职责的部门可以采取通知有关单位停止供电、停止供应民用爆炸物品等措施，强制生产经营单位履行决定。通知应当采用书面形式，有关单位应当予以配合。负有安全生产监督管理职责的部门依照前款规定采取停止供电措施,除有危及生产安全的紧急情形外,应当提前二十四小时通知生产经营单位。生产经营单位依法履行行政决定、采取相应措施消除事故隐患的,负有安全生产监督管理职责的部门应当及时解除前款规定的措施。

负有安全生产监督管理职责的部门应当建立安全生产违法行为信息库,如实记录生产经营单位的安全生产违法行为信息;对违法行为情节严重的生产经营单位,应当向社会公告,并通报行业主管部门、投资主管部门、国土资源主管部门、证券监督管理机构以及有关金融机构。

监察机关依照行政监察法的规定,对负有安全生产监督管理职责的部门及其工作人员履行安全生产监督管理职责实施监察。

8.4.5 安全事故报告和处理制度

生产安全事故报告和处理制度是安全事故发生后,事故情况及时上报、救援,事后调查事故原因,以免同样事故再次发生的制度。《安全生产法》中有关于生产事故报告和处理制度的内容,但2007年颁布的《生产安全事故报告和调查处理条例》对此制度进行了更新、更全面的规定,此前的《特别重大事故调查程序暂行规定》和《企业职工伤亡事故报告和处理规定》同时废止。

《生产安全事故报告和调查处理条例》适用于生产经营活动中发生的造成人身伤亡或者直接经济损失的生产安全事故的报告和调查处理,环境污染事故、核设施事故、国防科研生产事故的报告和调查处理不适用此条例。

1. 事故等级

《生产安全事故报告和调查处理条例》根据生产安全事故造成的人员伤亡或者直接经济损失情况,将事故一般分为以下等级。

(1) 特别重大事故,是指造成30人以上死亡,或者100人以上重伤(包括急性工业中毒,下同),或者1亿元以上直接经济损失的事故。

(2) 重大事故,是指造成10人以上30人以下死亡,或者50人以上100人以下重伤,或者5 000万元以上1亿元以下直接经济损失的事故。

(3) 较大事故,是指造成3人以上10人以下死亡,或者10人以上50人以下重伤,或者1 000万元以上5 000万元以下直接经济损失的事故。

(4) 一般事故,是指造成3人以下死亡,或者10人以下重伤,或者1 000万元以下直接经济损失的事故。

上述所称的"以上"包括本数,所称的"以下"不包括本数。

国务院安全生产监督管理部门可以会同国务院有关部门,制定事故等级划分的补充性规定。

2. 事故报告

《生产安全事故报告和调查处理条例》规定了具有严格时间限制的伤亡事故层层上报制度。首先,事故发生后,事故现场有关人员应当立即向本单位负责人报告;单位负责人接到报告后,应当于1小时内向事故发生地县级以上人民政府安全生产监督管理部门和负有安全生产监督管理职责的有关部门报告。情况紧急时，事故现场有关人员可以直接向事故发生地县级以上人民政府安全生产监督管理部门和负有安全生产监督管理职责的有关部门报告。然后，接到事故报告的安全生产监督管理部门和负有安全生产监督管理职责的有关部门，应根据事故等级按规定上报：①特别重大事故、重大事故逐级上报至国务院安全生产监督管理部门和负有安全生产监督管理职责的有关部门；②较大事故逐级上报至省、自治区、直辖市人民政府安全生产监督管理部门和负有安全生产监督管理职责的有关部门；③一般事故上报至设区的市级人民政府安全生产监督管理部门和负有安全生产监督管理职责的有关部门。并同时报告本级人民政府，通知公安机关、劳动保障行政部门、工会和人民检察院。国务院安全生产监督管理部门和负有安全生产监督管理职责的有关部门以及省级人民政府接到发生特别重大事故、重大事故的报告后，应当立即报告国务院。必要时，安全生产监督管理部门和负有安全生产监督管理职责的有关部门可以越级上报事故情况。安全生产监督管理部门和负有安全生产监督管理职责的有关部门逐级上报事故情况，每级上报的时间不得超过2小时。

《生产安全事故报告和调查处理条例》还规定了报告的内容及需补报的情况。报告事故的内容应当包括以下几方面：①事故发生单位概况；②事故发生的时间、地点以及事故现场情况；③事故的简要经过；④事故已经造成或者可能造成的伤亡人数（包括下落不明的人数）和初步估计的直接经济损失；⑤已经采取的措施；⑥其他应当报告的情况。事故报告后出现新情况的，应当及时补报。自事故发生之日起30日内，事故造成的伤亡人数发生变化的，应当及时补报。道路交通事故、火灾事故自发生之日起7日内，事故造成的伤亡人数发生变化的，应当及时补报。

3. 事故调查

伤亡事故调查包括组成事故调查组、调查组调查和调查组提交调查报告等内容。

特别重大事故由国务院或者国务院授权有关部门组织事故调查组进行调查。重大事故、较大事故、一般事故分别由事故发生地省级人民政府、设区的市级人民政府、县级人民政府负责调查。省级人民政府、设区的市级人民政府、县级人民政府可以直接组织事故调查组进行调查，也可以授权或者委托有关部门组织事故调查组进行调查。未造成人员伤亡的一般事故，县级人民政府也可以委托事故发生单位组织事故调查组进行调查。自事故发生之日起30日内（道路交通事故、火灾事故自发生之日起7日内），因事故伤亡人数变化导致事故等级发生变化，依照《生产安全事故报告和调查处理条例》规定应当由上级人民政府负责调查的，上级人民政府可以另行组织事故调查组进行调查。上级人民政府认为必要时，可以调查由下级人民政府负责调查的事故。特别重大事故以下等级事故，事故发生地与事故发生单位不在同一个县级以上行政区域的，由事故发生地人民政府负责调查，事故发生单位所在地人民政府应当派人参加。根据事故的具体情况，事故调查组由有关人民政府、安全生产监督管理部门、负有安全生产监督管理职责的有关部门、监察机关、公安机关以及工会派人组成，并应当邀请人民检察院派人参加。事故调查组可以聘请有关专家参与调查。事故调查组成员应当具有事故调查所需要的知识和专长，并与所调查的事故没有直接利害关系。事故调查组组长由负责事故调查的人民政府指定。事故调查组组长主持事故调查组的工作。

事故调查组应当履行以下职责：查明事故发生的经过、原因、人员伤亡情况及直接经济损失；认定事故的性质和事故责任；提出对事故责任者的处理建议；总结事故教训，提出防范和整改措施；提交事故调查报告。事故调查组有权向有关单位和个人了解与事故有关的情况，并要求其提供相关文件、资料，有关单位和个人不得拒绝。事故发生单位的负责人和有关人员在事故调查期间不得擅离职守，并应当随时接受事故调查组的询问，如实提供有关情况。事故调查中发现涉嫌犯罪的，事故调查组应当及时将有关材料或者其复印件移交司法机关处理。事故调查中需要进行技术鉴定的，事故调查组应当委托具有国家规定资质的单位进行技术鉴定。必要时，事故调查组可以直接组织专家进行技术鉴定。技术鉴定所需时间不计入事故调查期限。事故调查组成员在事故调查工作中应当诚信公正、恪尽职守，遵守事故调查组的纪律，保守事故调查的秘密。未经事故调查组组长允许，事故调查组成员不得擅自发布有关事故的信息。

事故调查组应当自事故发生之日起60日内提交事故调查报告；特殊情况下，经负责事故调查的人民政府批准，提交事故调查报告的期限可以适当延长，但延长的期限最长不超过60日。事故调查报告应当包括下列内容：事故发生单位概况；事故发生经过和事故救援情况；事故造成的人员伤亡和直接经济损失；事故发生的原因和事故性质；事故责任的认定以及对事故责任者的处理建议；事故防范和整改措施。事故调查报告应当附具有关证据材料。事故调查组成员应当在事故调查报告上签名。事故调查报告报送负责事故调查的人民政府后，事故调查工作即告结束。事故调查的有关资料应当归档保存。

4. 事故处理

事故处理主要包括对责任人的处罚、事故单位的整改和对事故单位整改的监督。对于重大事故、较大事故、一般事故，负责事故调查的人民政府应当自收到事故调查报告之日起15日内做出批复；特别重大事故，30日内做出批复，特殊情况下，批复时间可以适当延长，但延长的时间最长不超过30日。有关机关应当按照人民政府的批复，依照法律、行政法规规定的权限和程序，对事故发生单位和有关人员进行行政处罚，对负有事故责任的国家工作人员进行处分。事故发生单位应当按照负责事故调查的人民政府的批复，对本单位负有事故责任的人员进行处理。负有事故责任的人员涉嫌犯罪的，依法追究刑事责任。事故发生单位应当认真吸取事故教训，落实防范和整改措施，防止事故再次发生。防范和整改措施的落实情况应当接受工会和职工的监督。安全生产监督管理部门和负有安全生产监督管理职责的有关部门应当对事故发生单位落实防范和整改措施的情况进行监督检查。事故处理的情况由负责事故调查的人民政府或者其授权的有关部门、机构向社会公布，依法应当保密的除外。

8.5 职业伤害法律制度

职业伤害是指劳动者在工作过程中身体受到的损害，它主要包括职业病与工伤两种情况。职业病是指劳动者在工作及其他职业活动中，因接触职业危害因素而引起的，并列入国家公布的职业病范围的疾病。工伤是指劳动者由于工作遭受的事故伤害。劳动者患上职业病或在工作中受到事故伤害，这都是我们不愿意看到的。为了避免这些情况的发生，一是要做到预防，将工作中的危险因素降到最低，避免职业伤害；二是如果职业伤害已经发生，要有完善的保障制度，劳动者可以得到及时救治和经济补偿。世界上许多国家已经制定了职业伤害相关法律制度，我国也制定了防范职业伤害和职业伤害保障方面的法律制度。

8.5.1 职业病法律制度

1. 我国职业病立法概况

为了合理解决患有职业病职工的待遇问题和加强职业病的防治工作，原卫生部于1957年制定了《职业病范围和职业病患者处理办法的规定》，规定了职业病的范围及可能患职业病的工种，并规定患职业病的工人、职员，在治疗或休养期间以及医疗终结确定为残废或治疗无效而死亡时，均按《中华人民共和国劳动保险条例》有关规定依因工待遇处理。1984年原卫生部颁布《职业病诊断管理办法》，确立了职业病的诊断必须以当地为主、以职业病防治机构或职业病诊断组的集体诊断为准的原则。1988年原卫生部颁布《职业病报告办法》，确立了职业病报告实行以地方为主逐级上报的制度。这一阶段的职业病立法呈现立法位阶不高，多是部门规章的特点，但为日后法律制定积累了经验。

2001年，九届全国人大常委会第二十四次会议通过《职业病防治法》，该法对职业病的前期预防、劳动过程中的防护和职业病的诊断都做了系统规定，职业病防治立法进入新阶段。随后，原卫生部及相关部门配套出台了《职业病目录》《职业病危害因素分类目录》《职业病危害项目申报管理办法》《建设项目职业病危害分类管理办法》《职业健康监护管理办法》《职业病诊断与鉴定管理办法》《职业病危害事故调查处理办法》《国家职业卫生标准管理办法》《建设项目职业病危害评价规范》《建设项目职业病危害分类管理办法》等法律文件，我国职业病防治法律框架基本形成。

2011年12月31日，十一届全国人大常委会第二十四次会议对《职业病防治法》进行了修改。该修正案有四大亮点：一是监管主体得到明确。将之前的"负责工作场所职业卫生监督管理的部门"的条款，明确表述为"安全生产监督管理部门"。监管主体得到确立，有利于防止卫生、安监部门相互推诿，提高安监部门的责任意识，从而加大预防力度。二是诊断程序得以强化。新增"职业病诊断、鉴定机构需要了解工作场所职业病危害因素情况时，可以向安全生产监督管理部门提出，安全生产监督管理部门应当组织现场调查，用人单位不得拒绝、阻挠"。这增强了诊断资料的调取力度。三是增强了对违法行为的惩戒力度。在政府责任方面，对于违法操作的建设项目审批部门、建设项目施工许可部门的责任人员，新增加了行政处分规定，填补了职业病危害建设项目审批流程中的一个重大空白。在刑事责任方面，明确规定了"违反本法规定，构成犯罪的，依法追究刑事责任"。四是历史遗留的职业病劳动者进入立法者视野。修正案新增：对于用人单位已不存在或者无法确认劳动关系的职业病病人可以对地方政府民政部门申请医疗救助和生活等方面的救助。

2016年7月2日，十二届全国人大常委会第二十一次会议对《职业病防治法》进行了修改，严格规范了用人单位、劳动者、卫生服务机构、工会组织、政府监督部门在职业病防治活动中的权利、义务与责任。

2. 职业病法律制度的内容

1）职业病定义及范围

《职业病防治法》第二条明确了职业病的定义："职业病，是指企业、事业单位和个体经济组织等用人单位的劳动者在职业活动中，因接触粉尘、放射性物质和其他有毒、有害因素而引起的疾病。"

2013年12月13日，国家卫生计生委、国家安监总局、人力资源和社会保障部、中华全国总工会联合组织对职业病的分类和目录进行了调整，对可能导致职业病的工种进行了举例。我国目前的职业病范围主要包括以下10种类型。

（1）职业性尘肺病及其他呼吸系统疾病：尘肺病（包括矽肺、煤工尘肺、石墨尘肺、炭黑尘肺、石棉肺、滑石尘肺、水泥尘肺、云母尘肺、陶工尘肺、铝尘肺、电焊工尘肺、铸工尘肺、根据《尘肺病诊断标准》和《尘肺病理诊断标准》可以诊断的其他尘肺病）、其他呼吸系统疾病[包括过敏性肺炎、棉尘病、哮喘、金属及其化合物粉尘肺沉着病（锡、铁、锑、钡及其化合物等）、刺激性化学物所致慢性阻塞性肺疾病、硬金属肺病]。

（2）职业性皮肤病：接触性皮炎、光接触性皮炎、电光性皮炎、黑变病、痤疮、溃疡、化学性皮肤灼伤、白斑、根据《职业性皮肤病的诊断总则》可以诊断的其他职业性皮肤病。

（3）职业性眼病：化学性眼部灼伤、电光性眼炎、白内障（含辐射性白内障、三硝基甲苯白内障）。

（4）职业性耳鼻喉口腔疾病：噪声聋、铬鼻病、牙酸蚀病、爆震聋。

（5）职业性化学中毒：铅及其化合物中毒（不包括四乙基铅），汞及其化合物中毒，锰及其化合物中毒，镉及其化合物中毒，铍病，铊及其化合物中毒，钡及其化合物中毒，钒及其化合物中毒，磷及其化合物中毒，砷及其化合物中毒，铀及其化合物中毒，砷化氢中毒，氯气中毒，二氧化硫中毒，光气中毒，氨中毒，偏二甲基肼中毒，氮氧化合物中毒，一氧化碳中毒，二硫化碳中毒，硫化氢中毒，磷化氢、磷化锌、磷化铝中毒，氟及其无机化合物中毒，氰及腈类化合物中毒，四乙基铅中毒，有机锡中毒，羰基镍中毒，苯中毒，甲苯中毒，二甲苯中毒，正己烷中毒，汽油中毒，一甲胺中毒，有机氟聚合物单体及其热裂解物中毒，二氯乙烷中毒，四氯化碳中毒，氯乙烯中毒，三氯乙烯中毒，氯丙烯中毒，氯丁二烯中毒，苯的氨基及硝基化合物（不包括三硝基甲苯）中毒，三硝基甲苯中毒，甲醇中毒，酚中毒，五氯酚（钠）中毒，甲醛中毒，硫酸二甲酯中毒，丙烯酰胺中毒，二甲基甲酰胺中毒，有机磷中毒，氨基甲酸酯类中毒，杀虫脒中毒，溴甲烷中毒，拟除虫菊酯类中毒，铟及其化合物中毒，溴丙烷中毒，碘甲烷中毒，氯乙酸中毒，环氧乙烷中毒，上述条目未提及的与职业有害因素接触之间存在直接因果联系的其他化学中毒。

（6）物理因素所致职业病：中暑、减压病、高原病、航空病、手臂振动病、激光所致眼（角膜、晶状体、视网膜）损伤、冻伤。

（7）职业性放射性疾病：外照射急性放射病、外照射亚急性放射病、外照射慢性放射病、内照射放射病、放射性皮肤疾病、放射性肿瘤（含矿工高氡暴露所致肺癌）、放射性骨损伤、放射性甲状腺疾病、放射性性腺疾病、放射复合伤、根据《职业性放射性疾病诊断标准（总则）》可以诊断的其他放射性损伤。

(8) 职业性传染病：炭疽、森林脑炎、布鲁氏菌病、艾滋病（限于医疗卫生人员及人民警察）、莱姆病。

(9) 职业性肿瘤：石棉所致肺癌、间皮瘤，联苯胺所致膀胱癌，苯所致白血病，氯甲醚、双氯甲醚所致肺癌，砷及其化合物所致肺癌、皮肤癌，氯乙烯所致肝血管肉瘤，焦炉逸散物所致肺癌，六价铬化合物所致肺癌、毛沸石所致肺癌、胸膜间皮瘤，煤焦油、煤焦油沥青、石油沥青所致皮肤癌，β-萘胺所致膀胱癌。

(10) 其他职业病：金属烟热，滑囊炎（限于井下工人），股静脉血栓综合征、股动脉闭塞症或淋巴管闭塞症（限于刮研作业人员）。

2）职业病防治法律制度

职业病防治是一个系统工程。根据《职业病防治法》，它包括劳动前期的预防，劳动过程中的防护和职业病的诊断与职业病病人保障。在这个过程当中，用人单位、劳动者、政府卫生部门承担着不同的义务和责任。用人单位承担为劳动者提供符合国家职业卫生标准和要求的工作环境和条件，并采取措施保障劳动者获得职业卫生保护的义务。国家卫生行政部门履行职业卫生监督职责。劳动者享有职业卫生保护的权利，并负有学习和掌握职业卫生知识，遵守职业病防治法律、法规、规章和操作规程，正确使用、维护职业病防护设备和个人使用的职业病防护用品，发现职业病危害事故隐患及时报告的义务。

(1) 职业病的前期预防。在职业病的前期预防过程中，用人单位应当依照法律、法规要求，严格遵守国家职业卫生标准，落实职业病预防措施，从源头上控制和消除职业病危害。根据《职业病防治法》第十五条，产生职业病危害的用人单位的设立除应当符合法律、行政法规规定的设立条件外，其工作场所还应当符合下列职业卫生要求：①职业病危害因素的强度或者浓度符合国家职业卫生标准；②有与职业病危害防护相适应的设施；③生产布局合理，符合有害与无害作业分开的原则；④有配套的更衣间、洗浴间、孕妇休息间等卫生设施；⑤设备、工具、用具等设施符合保护劳动者生理、心理健康的要求；⑥法律、行政法规和国务院卫生行政部门、安全生产监督管理部门关于保护劳动者健康的其他要求。国家建立职业病危害项目申报制度。用人单位工作场所存在职业病目录所列职业病的危害因素的，应当及时、如实向所在地安全生产监督管理部门申报危害项目，接受监督。用人单位承担保证建设项目的职业卫生安全义务。建设项目的职业病防护设施所需费用应当纳入建设项目工程预算，并与主体工程同时设计，同时施工，同时投入生产和使用。建设项目的职业病防护设施设计应当符合国家职业卫生标准和卫生要求；其中，医疗机构放射性职业病危害严重的建设项目的防护设施设计，应当经卫生行政部门审查同意后，方可施工。建设项目在竣工验收前，建设单位应当进行职业病危害控制效果评价。医疗机构可能产生放射性职业病危害的建设项目竣工验收时，其放射性职业病防护设施经卫生行政部门验收合格后，方可投入使用；其他建设项目的职业病防护设施应当由建设单位负责依法组织验收，安全生产监督管理部门应当加强对建设单位组织的验收活动和验收结果的监督核查，验收合格后方可投入正式生产和使用。

(2) 劳动过程中的防护与管理。用人单位应当进行职业病防治管理。《职业病防治法》第二十条规定，用人单位应当采取下列职业病防治管理措施：①设置或者指定职业卫生管理机构或者组织，配备专职或者兼职的职业卫生管理人员，负责本单位的职业病防治工作；②制定职业病防治计划和实施方案；③建立、健全职业卫生管理制度和操作规程；

④建立、健全职业卫生档案和劳动者健康监护档案；⑤建立、健全工作场所职业病危害因素监测及评价制度；⑥建立、健全职业病危害事故应急救援预案。

用人单位应当采取职业病防护措施。例如，用人单位应当保障职业病防治所需的资金投入，不得挤占、挪用，并对因资金投入不足导致的后果承担责任。用人单位必须采用有效的职业病防护设施，并为劳动者提供个人使用的职业病防护用品。用人单位为劳动者个人提供的职业病防护用品必须符合防治职业病的要求；不符合要求的，不得使用。用人单位应当优先采用有利于防治职业病和保护劳动者健康的新技术、新工艺、新设备、新材料，逐步替代职业病危害严重的技术、工艺、设备、材料。产生职业病危害的用人单位，应当在醒目位置设置公告栏，公布有关职业病防治的规章制度、操作规程、职业病危害事故应急救援措施和工作场所职业病危害因素检测结果。对产生严重职业病危害的作业岗位，应当在其醒目位置，设置警示标识和中文警示说明。警示说明应当载明产生职业病危害的种类、后果、预防以及应急救治措施等内容。对可能发生急性职业损伤的有毒、有害工作场所，用人单位应当设置报警装置，配置现场急救用品、冲洗设备、应急撤离通道和必要的泄险区。对放射工作场所和放射性同位素的运输、储存，用人单位必须配置防护设备和报警装置，保证接触放射线的工作人员佩戴个人剂量计。对职业病防护设备、应急救援设施和个人使用的职业病防护用品，用人单位应当进行经常性的维护、检修，定期检测其性能和效果，确保其处于正常状态，不得擅自拆除或者停止使用。用人单位应当实施由专人负责的职业病危害因素日常监测，并确保监测系统处于正常运行状态。用人单位应当按照国务院安全生产监督管理部门的规定，定期对工作场所进行职业病危害因素检测、评价。检测、评价结果存入用人单位职业卫生档案，定期向所在地安全生产监督管理部门报告并向劳动者公布。发现工作场所职业病危害因素不符合国家职业卫生标准和卫生要求时，用人单位应当立即采取相应治理措施，仍然达不到国家职业卫生标准和卫生要求的，必须停止存在职业病危害因素的作业；职业病危害因素经治理后，符合国家职业卫生标准和卫生要求的，方可重新作业。用人单位对采用的技术、工艺、设备、材料，应当知悉其产生的职业病危害，对有职业病危害的技术、工艺、设备、材料隐瞒其危害而采用的，对所造成的职业病危害后果承担责任。

用人单位在职业病防护方面对劳动者负有如下义务。

（1）用人单位与劳动者订立劳动合同（含聘用合同，下同）时，应当将工作过程中可能产生的职业病危害及其后果、职业病防护措施和待遇等如实告知劳动者，并在劳动合同中写明，不得隐瞒或者欺骗。

（2）劳动者在已订立劳动合同期间因工作岗位或者工作内容变更，从事与所订立劳动合同中未告知的存在职业病危害的作业时，用人单位应当依照上述规定，向劳动者履行如实告知的义务，并协商变更原劳动合同相关条款。

（3）用人单位的主要负责人和职业卫生管理人员应当接受职业卫生培训，遵守职业病防治法律、法规，依法组织本单位的职业病防治工作。用人单位应当对劳动者进行上岗前的职业卫生培训和在岗期间的定期职业卫生培训，普及职业卫生知识，督促劳动者遵守职业病防治法律、法规、规章和操作规程，指导劳动者正确使用职业病防护设备和个人使用的职业病防护用品。

（4）对从事接触职业病危害的作业的劳动者，用人单位应当按照国务院安全生产监督管理部门、卫生行政部门的规定组织上岗前、在岗期间和离岗时的职业健康检查，并将检查结果如实告知劳动者。职业健康检查费用由用人单位承担。用人单位不得安排未经上岗前职业健康检查的劳动者从事接触职业病危害的作业；不得安排有职业禁忌的劳动者从事其所禁忌的作业；对在职业健康检查中发现有与所从事的职业相关的健康损害的劳动者，应当调离原工作岗位，并妥善安置；对未进行离岗前职业健康检查的劳动者不得解除或者终止与其订立的劳动合同。

（5）用人单位应当为劳动者建立职业健康监护档案，并按照规定的期限妥善保存；劳动者离开用人单位时，有权索取本人职业健康监护档案复印件，用人单位应当如实、无偿提供，并在所提供的复印件上签章。

（6）发生或者可能发生急性职业病危害事故时，用人单位应当立即采取应急救援和控制措施，并及时报告所在地安全生产监督管理部门和有关部门。安全生产监督管理部门接到报告后，应当及时会同有关部门组织调查处理；必要时，可以采取临时控制措施。卫生行政部门应当组织做好医疗救治工作。对遭受或者可能遭受急性职业病危害的劳动者，用人单位应当及时组织救治、进行健康检查和医学观察，所需费用由用人单位承担。

（7）用人单位不得安排未成年工从事接触职业病危害的作业；不得安排孕期、哺乳期的女职工从事对本人和胎儿、婴儿有危害的作业。

3）职业病的诊断与职业病病人保障

劳动者可以在用人单位所在地、本人户籍所在地或者经常居住地依法承担职业病诊断的医疗卫生机构进行职业病诊断。职业病诊断，应当综合分析下列因素：①病人的职业史；②职业病危害接触史和工作场所职业病危害因素情况；③临床表现以及辅助检查结果等。没有证据否定职业病危害因素与病人临床表现之间的必然联系的，应当诊断为职业病。职业病诊断标准和职业病诊断、鉴定办法由国务院卫生行政部门制定。职业病伤残等级的鉴定办法由国务院劳动保障行政部门会同国务院卫生行政部门制定；承担职业病诊断的医疗卫生机构在进行职业病诊断时，应当组织3名以上取得职业病诊断资格的执业医师集体诊断。职业病诊断证明书应当由参与诊断的医师共同签署，并经承担职业病诊断的医疗卫生机构审核盖章。用人单位应当如实提供职业病诊断、鉴定所需的劳动者职业史和职业病危害接触史、工作场所职业病危害因素检测结果等资料；安全生产监督管理部门应当监督检查和督促用人单位提供上述资料；劳动者和有关机构也应当提供与职业病诊断、鉴定有关的资料。

职业病诊断、鉴定机构需要了解工作场所职业病危害因素情况时，可以对工作场所进行现场调查，也可以向安全生产监督管理部门提出，安全生产监督管理部门应当在10日内组织现场调查。用人单位不得拒绝、阻挠。职业病诊断、鉴定过程中，用人单位不提供工作场所职业病危害因素检测结果等资料的，诊断、鉴定机构应当结合劳动者的临床表现、辅助检查结果和劳动者的职业史、职业病危害接触史，并参考劳动者的自述、安全生产监督管理部门提供的日常监督检查信息等，做出职业病诊断、鉴定结论。劳动者对用人单位提供的工作场所职业病危害因素检测结果等资料有异议，或者因劳动者的用人单位解散、破产，无用人单位提供上述资料的，诊断、鉴定机构应当提请安全生产监督管理部门进行调查，安全生产监督管理部门应当自接到申请之日起30日内对存在异议的资料或者工作场所职业病危害因素情况做出判定；有关部门应当配合。职业病诊断、鉴定过程中，在确认劳动者职业史、职业病危害接触史时，当事人对劳动关系、工种、工作岗位或者在岗时间有争议的，可以向当地的劳动人事争议仲裁委员会申请仲裁；接到申请的劳动人事争议仲裁委员会应当受理，并在 30 日内做出裁决。当事人在仲裁过程中对自己提出的主张，有责任提供证据。劳动者无法提供由用人单位掌握管理的与仲裁主张有关的证据的，仲裁庭应当要求用人单位在指定期限内提供；用人单位在指定期限内不提供的，应当承担不利后果。劳动者对仲裁裁决不服的，可以依法向人民法院提起诉讼。用人单位对仲裁裁决不服的，可以在职业病诊断、鉴定程序结束之日起 15 日内依法向人民法院提起诉讼；诉讼期间，劳动者的治疗费用按照职业病待遇规定的途径支付。

当事人对职业病诊断有异议的，可以向做出诊断的医疗卫生机构所在地地方人民政府卫生行政部门申请鉴定。职业病诊断争议由设区的市级以上地方人民政府卫生行政部门根据当事人的申请，组织职业病诊断鉴定委员会进行鉴定。当事人对设区的市级职业病诊断鉴定委员会的鉴定结论不服的，可以向省、自治区、直辖市人民政府卫生行政部门申请再鉴定。职业病诊断鉴定委员会由相关专业的专家组成。省、自治区、直辖市人民政府卫生行政部门应当设立相关的专家库，需要对职业病争议做出诊断鉴定时，由当事人或者当事人委托有关卫生行政部门从专家库中以随机抽取的方式确定参加诊断鉴定委员会的专家。职业病诊断鉴定委员会应当按照国务院卫生行政部门颁布的职业病诊断标准和职业病诊断、鉴定办法进行职业病诊断鉴定，向当事人出具职业病诊断鉴定书。职业病诊断、鉴定费用由用人单位承担。职业病诊断鉴定委员会组成人员应当遵守职业道德，客观、公正地进行诊断鉴定，并承担相应的责任。职业病诊断鉴定委员会组成人员不得私下接触当事人，不得收受当事人的财物或者其他好处，与当事人有利害关系的，应当回避。人民法院受理有关案件需要进行职业病鉴定时，应当从省、自治区、直辖市人民政府卫生行政部门依法设立的相关的专家库中选取参加鉴定的专家。

用人单位和医疗卫生机构发现职业病病人或者疑似职业病病人时，应当及时向所在地卫生行政部门和安全生产监督管理部门报告。确诊为职业病的，用人单位还应当向所在地劳动保障行政部门报告。接到报告的部门应当依法做出处理。县级以上地方人民政府卫生行政部门负责本行政区域内的职业病统计报告的管理工作，并按照规定上报。

用人单位应当保障职业病病人依法享受国家规定的职业病待遇。用人单位应当按照国家有关规定，安排职业病病人进行治疗、康复和定期检查。用人单位对不适宜继续从事原工作的职业病病人，应当调离原岗位，并妥善安置。用人单位对从事接触职业病危害的作业的劳动者，应当给予适当岗位津贴。职业病病人的诊疗、康复费用，伤残以及丧失劳动能力的职业病病人的社会保障，按照国家有关工伤社会保险的规定执行。职业病病人除依法享有工伤社会保险外，依照有关民事法律，尚有获得赔偿的权利的，有权向用人单位提出赔偿要求。劳动者被诊断患有职业病，但用人单位没有依法参加工伤保险的，其医疗和生活保障由该用人单位承担。职业病病人变动工作单位，其依法享有的待遇不变。用人单位在发生分立、合并、解散、破产等情形时，应当对从事接触职业病危害的作业的劳动者进行健康检查，并按照国家有关规定妥善安置职业病病人。用人单位已经不存在或者无法确认劳动关系的职业病病人，可以向地方人民政府民政部门申请医疗救助和生活等方面的救助。地方各级人民政府应当根据本地区的实际情况，采取其他措施，使上述规定的职业病病人获得医疗救治。

4）职业病危害事故调查处理制度

我国职业病危害事故调查处理制度，主要以 2002 年 3 月 15 日经卫生部部务会讨论通过的《职业病危害事故调查处理办法》构建基础，其对于规范职业病危害事故的调查处理,及时有效地控制职业病危害事故,减轻职业病危害事故造成的损害,一直发挥着重要的制度功能。在 2010 年中华人民共和国卫生部令第 78 号已经将废止《职业病危害事故调查处理办法》,目前暂未出台新的相关规范文件。

5) 职业病保障法律制度

《职业病防治法》第五十七条规定:"职业病病人的诊疗、康复费用,伤残以及丧失劳动能力的职业病病人的社会保障,按照国家有关工伤保险的规定执行。"同时,国务院颁发的《工伤保险条例》第十四条规定,对职工有"患职业病的"情形,应当认定为工伤。因此,对患有职业病的劳动者的保障适用《工伤保险条例》。

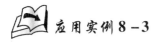
应用实例 8-3

"开胸验肺"的背后

农民工张某从 2004 年开始在河南新密市从事杂工、破碎、开压力机等有害工种,后经医院检查确诊为尘肺病,但某市职业病防治所诊断其为肺结核。张某为证明是职业病"尘肺"而非肺结核,自费"开胸验肺"。此职业病防治所推翻先前的诊断,确诊其为"三期尘肺"。张某申请劳动仲裁,经调解张获赔 61 万元。

"开胸验肺"案是 2009 年身体维权的 1.0 版。它通过对身体的严重自我伤害,完成了一次劳动仲裁的取证。"开胸验肺"是公民的自我非人道待遇和自我医学实验。这位公民不是趋苦避乐,纯属被逼无奈。当他的惊世举动引起媒体关注,才有随后的公正仲裁。

"开胸验肺"的背后凸显的是我国职业病立法的不足。根据《职业病诊断与鉴定管理办法》的规定,申请职业病鉴定者必须出具职业健康监护档案复印件、工作场所历年职业病危害因素检测、评价资料等材料。而这些材料都在用人单位手中,让一个污染企业提供资料自证其罪,无异于痴人说梦。并且对于拒绝提供证明的不良企业,法律居然没有规定任何惩罚措施,用人单位惯例性地拒绝提供证明,使想进行职业病鉴定的劳动者屡屡被堵在鉴定大门之外。而且,职业病防治所理应成为维护职工健康权益的保护神,但"开胸验肺"事件中,郑州市职业病防治所却给出"无尘肺 0+期(医学观察)合并肺结核"的鉴定结论,职业病防治所的冷漠是劳动者职业病鉴定难上加难。

因此,明确用人单位举证责任,加强职业病鉴定机构自身管理,增强卫生行政部门对职业病鉴定机构的监管是未来努力的方向,职业病立法任重而道远。

8.5.2 工伤法律制度

1. 我国工伤制度立法概况

1951 年,政务院颁布了《劳动保险条例》,规定企业行政方面或资方缴纳劳动保险金,工人职员在因工负伤情况下可享受领取相应劳动保险费的待遇。但对于何谓因工负伤,工伤应享受怎样的待遇,并没有一部专门的法律进行规定,工伤法律制度处于试验和探索期。

2003 年,在《企业职工工伤保险试行办法》的基础上,我国出台了《工伤保险条例》,工伤法律制度进入了一个新的阶段。随后,原劳动和社会保障部出台了《工伤认定办法》,对何谓工伤进行了明确规定。2003 年原劳动部发布《关于工伤保险费率问题的通知》,对用人单位缴付的工伤保险费率进行了规定。2004 年原劳动和社会保障部发布《工伤保险经办业务管理规程(试行)》,将工伤保险经办业务进一步规范化。《关于农民工参加工伤保险有关问题的通知》将农民工明确纳入工伤保险范畴。2006年原劳动和社会保障部重新调整《职工工伤与职业病致残程度鉴定标准》（GB/T 16180—2006）。工伤法律制度逐渐发展、完善起来。2010年12月8日，国务院第136次常务会议通过《国务院关于修改〈工伤保险条例〉的决定》，对《工伤保险条例》进行修改。

2. 我国工伤法律制度的主要内容

1）工伤的认定范围

《工伤保险条例》从3个角度划定工伤的范围。《工伤保险条例》第十四条规定了7种应当认定工伤的情况：①在工作时间和工作场所内，因工作原因受到事故伤害的；②工作时间前后在工作场所内，从事与工作有关的预备性或者收尾性工作受到事故伤害的；③在工作时间和工作场所内，因履行工作职责受到暴力等意外伤害的；④患职业病的；⑤因工外出期间，由于工作原因受到伤害或者发生事故下落不明的；⑥在上下班途中，受到非本人主要责任的交通事故或者城市轨道交通、客运轮渡、火车事故伤害的；⑦法律、行政法规规定应当认定为工伤的其他情形。《工伤保险条例》第十五条规定了3种视同工伤的情况：①在工作时间和工作岗位，突发疾病死亡或者在48小时之内经抢救无效死亡的；②在抢险救灾等维护国家利益、公共利益活动中受到伤害的；③职工原在军队服役，因战、因公负伤致残，已取得革命伤残军人证，到用人单位后旧伤复发的。职工有上述①、②情形的，按照《工伤保险条例》的有关规定享受工伤保险待遇；职工有上述第③项情形的，按照《工伤保险条例》的有关规定享受除一次性伤残补助金以外的工伤保险待遇。《工伤保险条例》第十六条还规定了不得认定为工伤或者视同工伤的3种情形：①故意犯罪的；②醉酒或者吸毒的；③自残或者自杀的。

2）工伤的认定程序

认定工伤首先要由用人单位或职工或者其直系亲属、工会组织提出工伤认定申请，具体内容为，职工发生事故伤害或者按照职业病防治法规定被诊断、鉴定为职业病，所在单位应当自事故伤害发生之日或者被诊断、鉴定为职业病之日起30日内，向统筹地区劳动保障行政部门提出工伤认定申请。遇有特殊情况，经报劳动保障行政部门同意，申请时限可以适当延长。用人单位未按上述规定提出工伤认定申请的，工伤职工或者其直系亲属、工会组织在事故伤害发生之日或者被诊断、鉴定为职业病之日起1年内，可以直接向用人单位所在地统筹地区劳动保障行政部门提出工伤认定申请。提出工伤认定申请应当提交下列材料：①工伤认定申请表；②与用人单位存在劳动关系（包括事实劳动关系）的证明材料；③医疗诊断证明或者职业病诊断证明书（或者职业病诊断鉴定书）。工伤认定申请表应当包括事故发生的时间、地点、原因以及职工伤害程度等基本情况。工伤认定申请人提供材料不完整的，劳动保障行政部门应当一次性书面告知工伤认定申请人需要补正的全部材料。申请人按照书面告知要求补正材料后，劳动保障行政部门应当受理。

社会保险行政部门负责工伤申请的认定。社会保险行政部门受理工伤认定申请后，根据审核需要可以对事故伤害进行调查核实。社会保险行政部门工作人员进行调查核实时，可以行使下列职权：①根据工作需要，进入有关单位和事故现场；②依法查阅与工伤认定有关的资料，询问有关人员；③记录、录音、录像和复制与工伤认定有关的资料。用人单位、职工、工会组织、医疗机构以及有关部门应当予以协助。职业病诊断和诊断争议的鉴定，依照《职业病防治法》的有关规定执行。对依法取得职业病诊断证明书或者职业病诊断鉴定书的，社会保险行政部门不再进行调查核实。职工或者其直系亲属认为是工伤，用人单位不认为是工伤的，由用人单位承担举证责任。用人单位拒不举证的，社会保险行政部门可以根据受伤害职工提供的证据依法做出工伤认定结论。社会保险行政部门应当自受理工伤认定申请之日起60日内做出工伤认定的决定，并书面通知申请工伤认定的职工或者其近亲属和该职工所在单位。工伤认定结束后，社会保险行政部门应将工伤认定的有关资料至少保存20年。

3) 劳动能力鉴定

职工发生工伤，经治疗伤情相对稳定后存在残疾、影响劳动能力的，应当进行劳动能力鉴定。劳动能力鉴定是指劳动功能障碍程度和生活自理障碍程度的等级鉴定。劳动功能障碍分为10个伤残等级，最重的为一级，最轻的为十级。生活自理障碍分为3个等级：生活完全不能自理、生活大部分不能自理和生活部分不能自理。劳动能力鉴定标准由国务院社会保险行政部门会同国务院卫生行政部门等部门制定。伤残待遇的确定和工伤职工的安置以评定的伤残等级为主要依据。

4) 工伤保险待遇

职工因工负伤后产生的医疗费等费用，多数由工伤保险基金支付。工伤保险基金由用人单位缴纳的工伤保险费、工伤保险基金的利息和依法纳入工伤保险基金的其他资金构成。职工个人不缴纳工伤保险费。用人单位缴纳工伤保险费的数额为本单位职工工资总额乘以单位缴费费率之积。国家根据不同行业的工伤风险程度确定行业的差别费率，并根据工伤保险费使用、工伤发生率等情况在每个行业内确定若干费率档次。2015年10月人力资源和社会保障部、财政部下发的《关于调整工伤保险费率政策的通知》，按照《国民经济行业分类》（GB/T 4754—2011）对行业的划分，根据不同行业的工伤风险程度，由低到高，依次将行业工伤风险类别划分为一类至八类（见表8-2）。不同工伤风险类别的行业执行不同的工伤保险行业基准费率。各行业工伤风险类别对应的全国工伤保险行业基准费率为，一类至八类分别控制在该行业用人单位职工工资总额的0.2%、0.4%、0.7%、0.9%、1.1%、1.3%、1.6%、1.9%左右。通过费率浮动的办法确定每个行业内的费率档次。一类行业分为3个档次，即在基准费率的基础上，可向上浮动至120%、150%，二类至八类行业分为5个档次，即在基准费率的基础上，可分别向上浮动至120%、150%或向下浮动至80%、50%。

表8-2 工伤保险行业风险分类表

行业类别	行业名称
一	软件和信息技术服务业，货币金融服务，资本市场服务，保险业，其他金融业，科技推广和应用服务业，社会工作，广播、电视、电影和影视录音制作业，中国共产党机关，国家机构，人民政协、民主党派，社会保障，群众团体、社会团体和其他成员组织，基层群众自治组织，国际组织
二	批发业，零售业，仓储业，邮政业，住宿业，餐饮业，电信、广播电视和卫星传输服务，互联网和相关服务，房地产业，租赁业，商务服务业，研究和试验发展，专业技术服务业，居民服务业，其他服务业，教育，卫生，新闻和出版业，文化艺术业

行业类别	行业名称
三	农副食品加工业，食品制造业，酒、饮料和精制茶制造业，烟草制品业，纺织业，木材加工和木、竹、藤、棕、草制品业，文教、工美、体育和娱乐用品制造业，计算机、通信和其他电子设备制造业，仪器仪表制造业，其他制造业，水的生产和供应业，机动车、电子产品和日用产品修理业，水利管理业，生态保护和环境治理业，公共设施管理业，娱乐业
四	农业，畜牧业，农、林、牧、渔服务业，纺织服装、服饰业，皮革、毛皮、羽毛及其制品和制鞋业，印刷和记录媒介复制业，医药制造业，化学纤维制造业，橡胶和塑料制品业，金属制品业，通用设备制造业，专用设备制造业，汽车制造业，铁路、船舶、航空航天和其他运输设备制造业，电气机械和器材制造业，废弃资源综合利用业，金属制品、机械和设备修理业，电力、热力生产和供应业，燃气生产和供应业，铁路运输业，航空运输业，管道运输业，体育
五	林业，开采辅助活动，家具制造业，造纸和纸制品业，建筑安装业，建筑装饰和其他建筑业，道路运输业，水上运输业，装卸搬运和运输代理业
六	渔业，化学原料和化学制品制造业，非金属矿物制品业，黑色金属冶炼和压延加工业，有色金属冶炼和压延加工业，房屋建筑业，土木工程建筑业
七	石油和天然气开采业，其他采矿业，石油加工、炼焦和核燃料加工业
八	煤炭开采和洗选业，黑色金属矿采选业，有色金属矿采选业，非金属矿采选业

职工工伤保险待遇主要包括以下几个部分。

(1) 工伤医疗待遇。职工因工作遭受事故伤害或者患职业病进行治疗，享受工伤医疗待遇。职工治疗工伤应当在签订服务协议的医疗机构就医，情况紧急时可以先到就近的医疗机构急救。治疗工伤所需费用符合工伤保险诊疗项目目录、工伤保险药品目录、工伤保险住院服务标准的，从工伤保险基金支付。职工住院治疗工伤的伙食补助费，以及经医疗机构出具证明，报经办机构同意，工伤职工到统筹地区以外就医所需的交通、食宿费用从工伤保险基金支付，基金支付的具体标准由统筹地区人民政府规定。经医疗机构出具证明，报经办机构同意，工伤职工到统筹地区以外就医的，所需交通、食宿费用由所在单位按照本单位职工因公出差标准报销。工伤职工到签订服务协议的医疗机构进行工伤康复的费用，符合规定的，从工伤保险基金支付。

(2) 工伤津贴。职工因工作遭受事故伤害或者患职业病需要暂停工作接受工伤医疗的，在停工留薪期内，原工资福利待遇不变，由所在单位按月支付。停工留薪期一般不超过 12 个月。伤情严重或者情况特殊，经设区的市级劳动能力鉴定委员会确认，可以适当延长，但延长不得超过 12 个月。工伤职工评定伤残等级后，停发原待遇，按规定享受伤残待遇。工伤职工在停工留薪期满后仍需治疗的，继续享受工伤医疗待遇。生活不能自理的工伤职工在停工留薪期需要护理的，由所在单位负责。由此可见，工伤职工会享受到停工留薪的待遇，这个薪水由用人单位发放，但最长不会超过 24 个月，此期间若有护理费用，也由用人单位承担。

(3) 伤残待遇。工伤职工被评定伤残等级后可以享受伤残待遇，经劳动能力鉴定委员会确认需要生活护理的，可以从工伤保险基金按月支付生活护理费。生活护理费按照生活完全不能自理、生活大部分不能自理和生活部分不能自理3个不同等级支付，其标准分别为统筹地区上年度职工月平均工资的50％、40％和30％。伤残等级根据残情级别分为1～10级。最重为第1级，最轻为第10级。

职工因工致残被鉴定为一级至四级伤残的，保留劳动关系，退出工作岗位，享受以下待遇：第一，从工伤保险基金按伤残等级支付一次性伤残补助金，标准为：一级伤残为27个月的本人工资，二级伤残为25个月的本人工资，三级伤残为23个月的本人工资，四级伤残为21个月的本人工资。第二，从工伤保险基金按月支付伤残津贴，标准为：一级伤残为本人工资的90％，二级伤残为本人工资的85％，三级伤残为本人工资的80％，四级伤残为本人工资的75％。伤残津贴实际金额低于当地最低工资标准的，由工伤保险基金补足差额。第三，工伤职工达到退休年龄并办理退休手续后，停发伤残津贴，按照国家规定享受基本养老保险待遇，基本养老保险待遇低于伤残津贴的由工伤保险基金补足差额。职工因工致残被鉴定为一级至四级伤残的，由用人单位和职工个人以伤残津贴为基数，缴纳基本医疗保险费。

职工因工致残被鉴定为五级、六级伤残的，享受以下待遇：第一，从工伤保险基金按伤残等级支付一次性伤残补助金，标准为：五级伤残为18个月的本人工资，六级伤残为16个月的本人工资；第二，保留与用人单位的劳动关系，由用人单位安排适当工作。难以安排工作的，由用人单位按月发给伤残津贴，标准为：五级伤残为本人工资的70％，六级伤残为本人工资的60％，并由用人单位按照规定为其缴纳应缴纳的各项社会保险费。伤残津贴实际金额低于当地最低工资标准的，由用人单位补足差额。经工伤职工本人提出，该职工可以与用人单位解除或者终止劳动关系，由工伤保险基金支付一次性工伤医疗补助金，由用人单位支付一次性伤残就业补助金。一次性工伤医疗补助金和一次性伤残就业补助金的具体标准由省、自治区、直辖市人民政府规定。

职工因工致残被鉴定为七级至十级伤残的，享受以下待遇：第一，从工伤保险基金按伤残等级支付一次性伤残补助金，标准为：七级伤残为13个月的本人工资，八级伤残为11个月的本人工资，九级伤残为9个月的本人工资，十级伤残为7个月的本人工资；第二，劳动、聘用合同期满终止，或者职工本人提出解除劳动、聘用合同的，由工伤保险基金支付一次性工伤医疗补助金，由用人单位支付一次性伤残就业补助金。一次性工伤医疗补助金和一次性伤残就业补助金的具体标准由省、自治区、直辖市人民政府规定。

（4）残疾辅助器具费，指工伤职工因日常生活或者就业需要，经劳动能力鉴定委员会确认，安装假肢、矫形器、假眼、假牙和配置轮椅等辅助器具所需的费用。

（5）伤亡抚恤金。职工因工死亡，其近亲属按照下列规定从工伤保险基金领取丧葬补助金、供养亲属抚恤金和一次性工亡补助金：①丧葬补助金为6个月的统筹地区上年度职工月平均工资；②供养亲属抚恤金按照职工本人工资的一定比例发给由因工死亡职工生前提供主要生活来源、无劳动能力的亲属。标准为：配偶每月40％，其他亲属每人每月30％，孤寡老人或者孤儿每人每月在上述标准的基础上增加10％。核定的各供养亲属的抚恤金之和不应高于因工死亡职工生前的工资。供养亲属的具体范围由国务院社会保险行政部门规定；③一次性工亡补助金标准为上一年度全国城镇居民人均可支配收入的20倍。伤残职工在停工留薪期内因工伤导致死亡的，其近亲属享受前述规定的待遇。一级至四级伤残职工在停工留薪期满后死亡的，其近亲属可以享受第①项、第②项规定的待遇。

职工因工外出期间发生事故或者在抢险救灾中下落不明的，从事故发生当月起3个月内照发工资，从第4个月起停发工资，由工伤保险基金向其供养亲属按月支付供养亲属抚恤金。生活有困难的，可以预支一次性工亡补助金的50%。职工被人民法院宣告死亡的，按照上述职工因工死亡的规定处理。用人单位分立、合并、转让的，承继单位应当承担原用人单位的工伤保险责任；原用人单位已经参加工伤保险的，承继单位应当到当地经办机构办理工伤保险变更登记。用人单位实行承包经营的，工伤保险责任由职工劳动关系所在单位承担。职工被借调期间受到工伤事故伤害的，由原用人单位承担工伤保险责任，但原用人单位与借调单位可以约定补偿办法。企业破产的，在破产清算时依法拨付应当由单位支付的工伤保险待遇费用。职工被派遣出境工作，依据前往国家或者地区的法律应当参加当地工伤保险的，参加当地工伤保险，其国内工伤保险关系中止；不能参加当地工伤保险的，其国内工伤保险关系不中止。

工伤职工有下列情形之一的，停止享受工伤保险待遇：①丧失享受待遇条件的；②拒不接受劳动能力鉴定的；③拒绝治疗的。

用人单位依照《工伤保险条例》规定应当参加工伤保险而未参加的，由社会保险行政部门责令限期参加，补缴应当缴纳的工伤保险费，并自欠缴之日起，按日加收万分之五的滞纳金；逾期仍不缴纳的，处欠缴数额1倍以上3倍以下的罚款。依照《工伤保险条例》规定应当参加工伤保险而未参加工伤保险的用人单位职工发生工伤的，由该用人单位按照上述规定的工伤保险待遇项目和标准支付费用。

日本"过劳死"工伤制度

现代汉语中的"过劳死"一词其实就是源于日本，英文中的"过劳死"（Karoshi）一词，就是直接借用了日语的发音。1988年日本"压力疾病工伤研究会"开设了"过劳死110热线"后，过劳死一词在日本开始被广泛使用。而所谓的"过劳死"，在日本主要是指因工作劳累、工作压力导致心脑血管疾病致死的现象。另外，因工作压力等原因导致精神抑郁而自杀的，被称为"过劳自杀"，也属于过劳死范畴。

根据日本法律，日本劳动者过劳死保险赔偿申请程序可分为6个步骤。第1步是向所在市的劳动基准署提出申请，如果得到认可即可获得劳保赔偿。第2步在申请未获准的情况下则需在获得通知60天内，向所在都道府县（省级）劳动基准局工伤保险审查官提出行政复议。若仍未获准，那第3步则要向国家劳动保险审查会再次提出复议请求。在3个月内没有结果或者仍未获准的情况下，就要走行政诉讼的道路了。官司可以由地方法院、高级法院一直打到最高法院。当然也可以在提出保险申请的同时，直接走民事诉讼的道路，向企业提出赔偿要求，但如果获得保险赔付的申请未被确认，民事诉讼的难度也会相应增加。如果死者家属在民事诉讼之前已经获得了保险赔付，法院在判决企业民事赔偿的金额时也要做适当下调。

根据日本《工伤保险法》，死亡劳动者遗属可以一次性获得300万日元遗属特别支付金，另外有权主张赔偿的遗属（包括配偶、不满18周岁的未成年子女、60周岁以上的父母及其他死者生前的被扶养人），根据人数每年可以获得153~245天的死者生前的日平均工资作为年度补偿金。而在丧葬费方面，遗属也可以获得60天日平均工资或31.5万日元加30天日平均工资，两者取其数额大者。这里所说的"日平均工资"，是依据日本《劳动基准法》为死亡前3个月应得工资除以3个月内的法定工作天数所得的平均数。

早在1995年，日本就修改了《心脑疾病工伤认定标准》（以下简称《认定标准》），提出了"心脑疾病工伤"的概念，并将此法规作为认定"过劳死"的法律依据。其后，日本政府于2001年12月再次修改《认定标准》，对构成过劳死的工伤标准做了具体规定，具有较强的操作性。在标准中，对于过劳死的病因做了较为明确的规定。可认定过劳死的疾病有脑血管方面的脑出血、蛛网膜下出血、中风、高血压性脑病和心脏方面的心肌梗死、狭心症、心脏骤停和剥离性大动脉瘤。

根据日本的法律规定，在确定死亡病情为上述疾病的前提下，有下列情况之一即可以认定为过劳死：一是发病前一天工作上遭遇突发事件的。所谓突发事件，是指引起极度紧张、兴奋、恐怖、惊讶等精神压力的不可预测事件；突发超负荷工作；工作环境巨大变化等。二是发病前一周内经历过重劳动的。具体考虑因素有劳动时间的长度，是否有不规则出勤、频繁出差、深夜出勤、温度、噪声、时差等工作环境变化、从事造成精神紧张的业务等情况。三是发病前长期（6个月左右）从事繁重劳动的。最主要的标准是劳动时间长度，当发病前一个月加班时间在100小时以上或发病前2~6个月每月平均加班时间在80小时以上，可以认定过劳死。

据厚生劳动省统计，自1995年日本修改《认定标准》以来，日本每年认定过劳死人数总体呈逐年上升的趋势。2001年再次修改标准后，每年认定过劳死的人数均在300人左右（数据不包括公务员过劳死，下同），过劳自杀的年认定人数近5年也都在百人以上。但是即便这样，日本本国劳动者过劳死认定率仍不足40%，而且日本过劳死辩护团全国联络会议代表干事冈村亲宜曾表示，还有很多过劳死并没有提出申请。通过"过劳死110热线"所获信息推测，日本每年仅因工作原因罹患抑郁症而自杀的人就在5 000人左右，远远大于每年提出申请的百十人的水平。

在我国，过劳死还不属于可以认定工伤的范畴。

（资料来源：张超. 日首次认定外国技能生"过劳死"［EB/OL］. http：//news.sohu.com/20100713/n273461121.shtml［2010-07-13］.）

8.6 特殊劳动保护法律制度

特殊劳动保护是指对女职工、未成年工在劳动时间、劳动范围等方面给予特殊的照顾。

女职工由于其生理特点，往往在劳动工作过程中遇到一些特殊困难，同时她们还担负着生育、抚育婴幼儿的重担，如果在劳动中对于女职工的这些特点不加以考虑，不予保护，不仅会影响女职工本身的健康，而且会影响到下一代的健康，因而要对女职工进行特殊的劳动保护。

未成年工的身体发育尚未完全定型，正在向成熟时期过渡。过重的体力劳动、不良的工作体位、过分紧张劳动、不适合的工具等对未成年工的发育都会造成影响。因此，为了保障未成年工的正常发育和安全健康，除改善一般劳动条件外，还需要在工作时间、工作场所等方面给予特殊保护。

8.6.1 女职工特殊劳动保护制度

1. 女职工劳动保护立法概况

随着世界各国社会的进步和民主程度的提高，目前多数国家都相继制定了对女工实行特殊劳动保护的法律，一致强调不得安排女工从事过分艰苦的工作。各国原则上都禁止女工从事夜间工作，严格限制加班加点时间，禁止让女工从事繁重体力劳动及有害健康的作业。日本《劳动标准法》规定,雇主不得使女工从事运转中机械和动力传动装置上危险部位的扫除、注油、检查、维修工作和搬运重物的工作;不得雇佣女工从事井下工作;不得使女工在夜晚10时至次日5时的期间进行工作;女工的加班时间,一天不得超过2小时,一星期不得超过6小时,一年不得超过150小时。各国也普遍对女工实行"四期"保护,即孕期、产期、哺乳期和经期保护。在孕期和经期,女工可以要求调换较轻的工作;产期和哺乳期享受一定的休假等。1977年法国颁布的《家长育婴假法》规定,母亲(必要时父亲也可以)享受抚育婴儿的假期。法国规定产假16周,英国规定为8周,意大利规定为20周,瑞士规定为16周,比利时、联邦德国、丹麦规定为14周,爱尔兰、荷兰、西班牙规定为12周。罗马尼亚规定,妇女享有工资照发的产假,包括52天产前假和60天产后假。

国际劳工公约也致力于保护女工不从事过分艰苦的工作,特别是在生育期间。1919年的《妇女生育前后工作公约》是这方面的第一个标准,后来为1952年的《生育保护公约》修正。前者只适用于工商业,后者则适用于工业、非工业和农业,包括在家庭工作的工资劳动者。两者均适用于公私企业的女工,不问其年龄、国籍、种族和信仰,以及结婚与否。两个公约均规定,产假期至少应为12周。在产假期间,妇女有权领取现金和医药津贴,现金津贴应保证足以按照适当生活标准维持产妇及产儿的健康;医药津贴应包括产前、产后、产时的护理,以及必要住院时的护理;应尊重产妇选择医生和医院的自由。产假期间的现金和医药津贴由强制社会保险负担或由公共基金提供。雇主不应只为他所雇佣的妇女个别地承担此类费用的义务,以防止对妇女就业采取歧视措施,也可避免获取此类津贴面临的任何困难。由强制社会保险提供的现金津贴,应以该妇女产前的收入为根据,不应低于产前收入额的1/3。妇女哺乳产儿时、应有权为此而中断其工作,中断工作的时间应算做工作时间,并相应地给予报酬。

1906年的伯尔尼公约是关于妇女夜间工作的规定,1914年在13个国家生效。1919年国际劳工组织在第一届大会上通过了《妇女夜间工作公约》,规定凡妇女不论年龄,在任何公营、私营工作或其任何分部均不得于夜间工作(除所雇佣工人仅为家属者外)。"夜间"系指"至少连续11个小时的时间,其中包括自晚10时至次日5时之间"。

对于妇女受雇于有害健康或危险工作,首先禁止妇女从事矿场井下工作。1935年的《妇女受雇佣于各种矿场井下工作公约》规定,凡妇女,不论其年龄如何,概不得受雇佣于任何矿场井下工作。还有一些涉及对妇女从事危险工作的保护标准,如1919年《关于铅中毒的建议书》和1921年《关于白铅使用的公约》,1960年的《关于离子辐射建议书》和1967年《关于搬运最大重量公约》。

此外,《经济、社会及文化权利国际公约》也规定,对母亲在产前、产后的合理期间应给予特殊保护。在此期间,对有工作的母亲应给予带薪休假或有适当社会保障福利金的休假。1967年联合国通过了《消除对妇女歧视宣言》,该宣言第十条是专门针对妇女在经济、社会生活、尤其是在劳动事务方面的平等权利的。《欧洲社会宪章》也有专章规定妇女的工作权利,保护母亲、妇女有资格享受生育前后不少于12周的假期,妇女应有足够时间来哺乳婴儿。

我国对女职工劳动保护的立法可以追溯到1922年。1922年,中国劳动组合书记部制定的《劳动法大纲》就有关于女工特殊保护的规定。历次全国劳动大会决议案中也都有争取女工保护的内容。在土地革命、抗日战争和解放战争时期的劳动立法都规定了对女工的特殊保护。例如,1933年的《中华苏维埃共和国劳动法》规定,不得雇佣妇女从事特别劳苦繁重的工作或有害身体健康以及需要在平地下层的工作。受孕和哺乳的妇女不得被雇佣为夜间工作;哺乳婴儿的妇女在工作时间内,除享受该法规定的普通休息时间外,每隔3小时应有半小时的哺乳时间。

1949年的《共同纲领》规定,保护青工女工的特殊利益。1952年,原纺织工业部和中国纺织工会全国委员会联合发布《关于保护女工、保护孕妇的通知》,具体规定了对纺织女工的特殊保护。1953年修正的《中华人民共和国劳动保险条例》规定,女职工生育给产假56日,产假期间工资照发。1956年7月,原劳动部公布试行《关于装卸、搬运作业劳动条件的规定(草案)》,规定女工单人负重不得超过25公斤,两人抬运的总重量不得超过50公斤。1979年9月颁发的《工业企业设计卫生标准》对工业企业的淋浴室、女工卫生室、孕妇休息室、乳儿托儿所等设施做了具体规定。从1980年起,国家劳动总局、中华全国总工会、中华全国妇女联合会、卫生部等14个单位,开始草拟女职工劳动保护专门法规。1988年国务院发布《女职工劳动保护规定》,1990年原劳动部发布《女职工禁忌劳动范围的规定》,1993年,卫生部发布《女职工保健工作规定》,对女职工劳动保护问题从各个层面进行了规定。2005年12月1日修订的《妇女权益保障法》首次在法律中规定了"性骚扰"问题,对女职工的性骚扰问题有一定借鉴意义。《劳动法》第七章也专章对女职工的特殊保护问题进行了规定。2012按4月28日通过了《女职工劳动保护特别规定》对女职工的劳动保护做出了详细的规定。

2. 女职工劳动保护法律制度

对女职工的劳动保护首先体现在对女职工劳动权的保护。《妇女权益保障法》规定:"任何单位不得因结婚、怀孕、产假、哺乳等情形,降低女职工的工资,辞退女职工,单方解除劳动(聘用)合同或者服务协议。"此外,根据女职工生理机能特点,我国《劳动法》《女职工劳动保护规定》等法律对女职工的劳动范围、特殊生理期的劳动保护问题都进行了特别规定。

1)女职工禁忌劳动范围制度

《劳动法》规定了女职工禁忌从事的劳动范围,这个禁忌范围是女职工在任何时候都不能从事的工作类型。《劳动法》第五十九条规定:"禁止安排女职工从事矿山井下、国家规定的第四级体力劳动强度的劳动和其他禁忌从事的劳动。"《女职工禁忌劳动范围的规定》确定的女职工禁忌从事的劳动范围如下:①矿山井下作业;②森林业伐木、归楞及流放作业;③《体力劳动强度分级》标准中第四级体力劳动强度的作业;④建筑业脚手架的组装和拆除作业,以及电力、电信行业的高处架线作业;⑤连续负重(指每小时负重次数在6次以上)每次负重超过20公斤,间断负重每次负重超过25公斤的作业。

2)女职工特殊生理期保护制度

女职工特殊生理期是指经期、怀孕期、产期、哺乳期。由于女职工在这些特殊生理时期,抵抗力下降,甚至担负抚育下一代的义务,所以应对女职工进行特殊保护。这些特殊保护可以归纳为两点:一是对劳动时间的限制;二是进一步对劳动范围的限制。具体内容如下。

(1)经期保护。《劳动法》第六十条规定:"不得安排女职工在经期从事高处、低温、冷水作业和国家规定的第三级体力劳动强度的劳动。"女职工月经期间机体抵抗力降低，双腿无力、酸软，从事高处作业，易发生伤亡事故；从事低温冷水作业时，易引起痛经、闭经等其他疾病；接触有毒物质，可能引起过量出血。妇女经期不良的劳动条件，甚至会影响女职工的生育能力，因此应对女职工经期进行特别保护。按照《女职工禁忌劳动范围的规定》第四条，根据《高处作业分级》标准，所谓"高处"是指凡在坠落高度基准面2米以上（包括2米）有可能坠落的高处进行的作业；所谓"低温"是指食品冷冻库及冷水等低温作业；所谓"国家规定的第三级体力劳动强度"，是指国家标准《体力劳动强度分级》（GB 3869—1997）中规定的第三级的体力劳动强度。根据《体力劳动强度分级》国家标准，第三级体力劳动强度的劳动是指8小时工作日平均耗能值为1 746千伏/人，劳动时间率为73%，即净劳动时间为350分钟，相当于重强度劳动。劳动强度指数越大，体力劳动强度也越大；反之，体力劳动强度小。标准中规定：劳动强度指数小于15，体力劳动强度为一级；大于15小于20，为二级；大于20小于25，为三级；大于25，为四级。若需要了解其工种劳动强度的大小，可请当地劳动部门劳动安全卫生检测站实行测量和计算。《女职工保健工作规定》规定："患有重度痛经及月经过多的女职工，经医疗或妇幼保健机构确诊后，月经期间可适当给予1~2天的休假。"

（2）怀孕期保护。《劳动法》第六十一条规定："不得安排女职工在怀孕期间从事国家规定的第三级体力劳动强度的劳动和孕期禁忌从事的劳动。"怀孕女职工禁忌从事的劳动范围如下：①作业场所空气中铅及其化合物、汞及其化合物、苯、镉、铍、砷、氰化物、氮氧化物、一氧化碳、二硫化碳、氯、己内酰胺、氯丁二烯、氯乙烯、环氧乙烷、苯胺、甲醛等有毒物质浓度超过国家卫生标准的作业；②制药行业中从事抗癌药物及烯雌酚生产的作业；③作业场所放射物质超过《放射防护规定》中规定剂量的作业；④人力进行的土方和石方作业；⑤《体力劳动强度分级》标准中第三级体力劳动强度的作业；⑥伴有全身强烈振动的作业，如风钻、捣固机、锻造等作业，以及拖拉机驾驶等；⑦工作中需要频繁弯腰、攀高、下蹲的作业，如焊接作业；⑧《高处作业分级》标准所规定的高处作业。

《劳动法》还对怀孕7个月以上女工的劳动时间进一步做了安排。《劳动法》第六十一条规定："对怀孕七个月以上的女职工，不得安排其延长工作时间和夜班劳动。"所谓"夜班劳动"是指从当日22时至次日6时工作。《女职工保健工作规定》第十条也有相应规定："妊娠满7个月应给予工间休息或适当减轻工作。"《女职工保健工作规定》还明确，对有过两次以上自然流产史，现又无子女的女职工，应暂时调离有可能直接或间接导致流产的作业岗位。《女职工劳动保护特别规定》第六条："女职工在孕期不能适应原劳动的，用人单位应当根据医疗机构的证明，予以减轻劳动量或者安排其他能够适应的劳动。对怀孕7个月以上的女职工，用人单位不得延长劳动时间或者安排夜班劳动，并应当在劳动时间内安排一定的休息时间。怀孕女职工在劳动时间内进行产前检查，所需时间计入劳动时间。"

《女职工禁忌劳动范围的规定》对待孕期女工也进行了保护。此法第五条规定："已婚待孕女职工禁忌从事的劳动范围：铅、汞、苯、镉等作业场所属于《有毒作业分级》标准中第Ⅲ、Ⅳ级的作业。"

（3）生育期保护。对女职工生育期的保护，一方面表现为产假制度；另一方面体现在女职工生育待遇上。

《劳动法》对女职工产假做了原则性规定。《劳动法》第六十二条规定:"女职工生育享受不少于九十天的产假。"《女职工劳动保护特别规定》对产假规定得更为细致:"女职工生育享受98天产假,其中产前可以休假15天;难产的,增加产假15天;生育多胞胎的,每多生育1个婴儿,增加产假15天。女职工怀孕未满4个月流产的,享受15天产假;怀孕满4个月流产的,享受42天产假。"根据生产情况不同,产假可以区分为单胎顺产、多胎顺产、难产、流产等情况,执行不同规定。产假实际天数可以按此公式计算:产假实际天数=法定基本产假天数+特殊原因增加天数。《女职工劳动保护特别规定》第五条规定:"用人单位不得因女职工怀孕、生育、哺乳降低其工资、予以辞退、与其解除劳动或者聘用合同。"

目前我国两种生育待遇并存:一种是由女职工单位负担生育女职工的产假工资和生育医疗费。根据国务院《女职工劳动保护规定》以及原劳动部《关于女职工生育待遇若干问题的通知》,女职工怀孕期间的检查费、接生费、手术费、住院费和药费由所在单位负担。产假期间工资照发。另一种是生育社会保险。根据原劳动部《企业职工生育保险试行办法》,参加生育保险社会统筹的用人单位,应向当地社会保险经办机构缴纳生育保险费;生育保险费的缴费比例由当地人民政府根据计划内生育女职工的生育津贴、生育医疗费支出情况等确定,最高不得超过工资总额的1%,职工个人不缴费。参保单位女职工生育或流产后,其生育津贴和生育医疗费由生育保险基金支付。生育津贴按照本企业上年度职工月平均工资计发;生育医疗费包括女职工生育或流产的检查费、接生费、手术费、住院费和药费(超出规定的医疗服务费和药费由职工个人负担)以及女职工生育出院后,因生育引起疾病的医疗费。

(4)哺乳期保护。对女职工哺乳期的保护,一是体现在对劳动范围的限制;二是体现在哺乳时间的规定。

《劳动法》第六十三条规定:"不得安排女职工在哺乳未满一周岁的婴儿期间从事国家规定的第三级体力劳动强度的劳动和哺乳期禁忌从事的其他劳动,不得安排其延长工作时间和夜班劳动。"哺乳期间的女职工禁忌从事的劳动范围如下:①作业场所空气中铅及其化合物、汞及其化合物、苯、镉、铍、砷、氰化物、氮氧化物、一氧化碳、二硫化碳、氯、己内酰胺、氯丁二烯、氯乙烯、环氧乙烷、苯胺、甲醛等有毒物质浓度超过国家卫生标准的作业;②《体力劳动强度分级》标准中第三级体力劳动强度的作业;③作业场所空气中锰、氟、溴、甲醇、有机磷化合物、有机氯化合物的浓度超过国家卫生标准的作业。

《女职工劳动保护特别规定》规定:"对哺乳未满1周岁婴儿的女职工,用人单位不得延长劳动时间或者安排夜班劳动。用人单位应当在每天的劳动时间内为哺乳期女职工安排1小时哺乳时间;女职工生育多胞胎的,每多哺乳1个婴儿,每天增加1小时哺乳时间。""女职工比较多的用人单位应当根据女职工的需要,建立女职工卫生室、孕妇休息室、哺乳室等设施,妥善解决女职工在生理卫生、哺乳方面的困难。"

3. 女职工劳动保健法律制度

除在劳动过程中对女职工施以保护外,我国还规定了对女职工的保健,以求女职工的身心健康及子女的健康成长。2011年11月26日修订的《女职工保健工作规定》中规定:"各单位的医疗卫生部门应负责本单位女职工保健工作。女职工人数在1 000人以下的厂矿应设兼职妇女保健人员；女职工人数在1 000人以上的厂矿，在职工医院的妇产科或妇幼保健站中应有专人负责女职工保健工作。"我国根据女职工的身体特点，将女职工的保健分成以下几个时期。

(1) 月经期保健。第一，宣传普及月经期卫生知识。第二，女职工在100人以上的单位，应逐步建立女职工卫生室，健全相应的制度并设专人管理，对卫生室管理人员应进行专业培训。女职工每班在100人以下的单位，应设置简易的温水箱及冲洗器。对流动、分散工作单位的女职工应发放单人自用冲洗器。第三，女职工在月经期间不得从事《女职工禁忌劳动范围的规定》中第四条所规定的作业。第四，患有重度痛经及月经过多的女职工，经医疗或妇幼保健机构确诊后，月经期间可适当给予1～2天的休假。

(2) 婚前保健。对欲婚女职工必须进行婚前卫生知识的宣传教育及咨询，并进行婚前健康检查及指导。

(3) 孕前保健。第一，已婚待孕女职工禁忌从事铅、汞、苯、镉等作业场所属于《有毒作业分级》标准中第Ⅲ～Ⅳ级的作业。第二，积极开展优生宣传和咨询。第三，对女职工应进行妊娠知识的健康教育，使她们在月经超期时主动接受检查。第四，患有射线病、慢性职业中毒、近期内有过急性中毒史及其他有碍于母体和胎儿健康疾病者，暂时不宜妊娠。第五，对有过两次以上自然流产史，现又无子女的女职工，应暂时调离有可能直接或间接导致流产的作业岗位。

(4) 孕期保健。第一，自确立妊娠之日起，应建立孕产妇保健卡(册)，进行血压、体重、血、尿常规等基础检查。对接触铅、汞的孕妇，应进行尿中铅、汞含量的测定。第二，定期进行产前检查、孕期保健和营养指导。第三，推广孕妇家庭自我监护，系统观察胎动、胎心、宫底高度及体重等。第四，实行高危孕妇专案管理，无诊疗条件的单位应及时转院就诊，并配合上级医疗和保健机构严密观察和监护。第五，女职工较多的单位应建立孕妇休息室。妊娠满7个月应给予工间休息或适当减轻工作。第六，妊娠女职工不应加班加点，妊娠7个月以上(含7个月)一般不得上夜班。第七，女职工妊娠期间不得从事劳动部颁布的《女职工禁忌劳动范围的规定》第六条所规定的作业。第八，从事立位作业的女职工，妊娠满7个月后，其工作场所应设立工间休息座位。第九，有关女职工产前、产后、流产的假期及待遇按1988年国务院颁发的《女职工劳动保护规定》(国务院令第9号)和1988年劳动部《关于女职工生育待遇若干问题的通知》(劳险字〔1988〕2号)执行。

(5) 产后保健。一是进行产后访视及母乳喂养指导。二是产后42天对母子进行健康检查。三是产假期满恢复工作时，应允许有1～2周时间逐渐恢复原工作量。

(6) 哺乳期保健。一是宣传科学育儿知识，提倡4个月内纯母乳喂养。二是对有未满1周岁婴儿的女工，应保证其授乳时间。三是婴儿满周岁时，经县(区)以上(含县、区)医疗或保健机构确诊为体弱儿，可适当延长授乳时间，但不得超过6个月。四是有未满1周岁婴儿的女职工，一般不得安排上夜班及加班、加点。五是有哺乳婴儿5名以上的单位，应逐步建立哺乳室。六是不得安排哺乳女职工从事《女职工劳动保护规定》和《女职工禁忌劳动范围的规定》所指出的作业。

(7) 更年期保健。一是宣传更年期生理卫生知识，使进入更年期的女职工得到社会广泛的关怀。二是经县(区)以上(含县、区)的医疗或妇幼保健机构诊断为更年期综合征者，经治疗效果仍不显著,且不适应原工作的,应暂时安排适宜的工作。三是进入更年期的女职工应每1~2年进行一次妇科疾病的查治。

4. 工作场所中的性骚扰问题

性骚扰问题原不属于传统意义上对女职工进行特殊劳动保护的范畴,但由于各国性骚扰案例逐渐增多,性骚扰问题才受到人们的关注。

性骚扰问题从产生开始就和"工作场所"相联系。首先提出性骚扰概念的美国女权主义者麦金农教授这样解释性骚扰:"性骚扰最概括的定义是指处于权力不平等关系下强加的讨厌的性要求……其中包括言语的性暗示或戏弄,不断送秋波或做媚眼,强行接吻,用使雇工失去工作的威胁做后盾,提出下流的要求并强迫发生性关系。"美国是最早将工作环境中的性骚扰通过立法确定为违法行为的国家,由于美国普遍存在工作场所性骚扰,这被立法者视为对劳动者就业平等的一种歧视,因此特别对工作环境中的性骚扰予以禁止。

美国的性骚扰立法经历了一个漫长的过程。美国最高法院第一次阐述性骚扰是在1986年梅里特银行对文森一案的裁决中。文森是梅里特银行的职员,她在诉讼中说,尽管她和男主管有过近50次的性关系,但她是不情愿的,因为那位银行主管是她的顶头上司,他要求她这样做,她没有办法,只好顺从。文森的官司在两级法院都败诉了,最后上诉到最高法院。最高法院9名大法官以九票对零票一致通过文森的性骚扰案成立。大法官第一次对1964年的《公民权利法案》有关性骚扰条款做了阐述,认为性骚扰就是性歧视,即使是双方都"同意"的性关系,也可能是强迫的结果,并特别强调指出,在性骚扰中,女方是否同意和男方有性行为不是关键,关键是女方对这种性行为是否心甘情愿。梅里特对文森案是美国联邦最高法院受理的第一起性骚扰案件,也是该院首度明确表示,性骚扰是违反1964年《公民权利法案》第七编禁止基于种族、宗教、性别和国别的就业歧视的规定。

由于受害人常常面临取证困难、胜诉只能获得报酬损失而少有向法院投诉,但性骚扰行为却在美国大量存在。为了弥补这一不足,1991年的《公民权利修正案》规定性骚扰受害者可以获得补偿性和惩罚性的赔偿,即如果企业是故意地违反《公民权利法案》第七编,则受害人不仅仅可以获得工资劳务等相关实际发生的损失的赔偿,还可以要求企业承担补偿和惩罚性的赔偿金。补偿性赔偿包括未来的金钱上的损失,感情痛苦,身体上的痛苦,因侵权造成的不便利,精神痛苦,生活乐趣的丧失,以及其他非金钱上的损失。而如果原告能够举证证明雇主出于恶意或不计后果的冷漠,则还可以请求获得惩罚性的赔偿。但同时法律又限制了补偿和惩罚性赔偿的总额,这要根据雇主具体的雇员数量,也就是说由雇主企业的规模大小来决定。例如,15~100人的企业对于一宗性骚扰案件的补偿与赔偿金上限为5万美元,101~200人的企业上限为10万美元,200~500人的企业上限为20万美元,而500人以上的企业上限为30万美元。

在2005年《妇女权益保障法》修改前,我国法律中从未有性骚扰的概念。2001年中国首例性骚扰案件在西安出现,但最终以原告证据不足而败诉。武汉市女教师何某诉上司性骚扰案最终胜诉,法院判决被告向原告赔礼道歉,并赔偿精神损失费2 000元,法院判决的理由是被告侵犯了原告的人格权利,并没有性骚扰相关是由。2005年,修改的《妇女权益保障法》第四十条规定:"禁止对妇女实施性骚扰。受害妇女有权向单位和有关机关投诉。"我国法律中首次出现性骚扰概念，但没有更进一步的内容。

《上海市实施〈中华人民共和国妇女权益保障法〉办法》首次以地方性法规的形式对性骚扰作出了具体界定。此办法第三十二条规定："禁止以语言、文字、图像、电子信息、肢体行为等形式对妇女实施性骚扰。有关部门和用人单位应当采取必要措施预防和制止对妇女的性骚扰。"《广东省实施〈中华人民共和国妇女权益保障法〉办法》第二十九条规定："禁止违反妇女意志以带有性内容或者与性有关的行为、语言、文字、图片、图像、电子信息等任何形式故意对其实施性骚扰。用人单位和公共场所管理单位应当通过建立适当的环境、制定必要的调查投诉制度等措施，预防和制止对妇女的性骚扰。受到性骚扰的妇女有权向有关单位投诉。"可见，我国地方性法规对性骚扰行为的发生地点没有限制，主要包括用人单位和公共场所。性骚扰的形式也集中为以下5种：①语言骚扰。打电话或两人当面独处时故意谈论有关性的话题，询问个人的性隐私、性生活；②文字骚扰。将骚扰性语言化为文字，投递赤裸裸的淫秽文字；③图像骚扰。两人独处时故意给对方观看黄色图像或限制级录影带等；④电子信息。用手机短信或电子邮件的形式，故意发送黄色文字、黄色图像或黄色笑话；⑤肢体行为，主要为公共场合身体上的骚扰，如在公共汽车上，故意紧贴对方的身体，在街道上故意接近他人，产生身体上的接触或碰撞等。另外，这些法规中都显示共同的一点，即性骚扰不再是单纯的个人侵权责任，用人单位、公共场所管理者未尽制止义务应负连带责任。对性骚扰的探索立法还在继续。2010年6月1日开始实施的《广州市妇女权益保障规定》第二十五条至第二十八条对性骚扰问题做了更为详细的规定。其中规定"职工方有权要求在集体合同中规定用人单位预防和制止性骚扰的内容"的条款具有进步意义，是对工作场所内性骚扰的提前防范。

现实生活中性骚扰案件主要会遭遇三大难题：①性骚扰的认定。虽然地方性法规罗列了性骚扰的一些形式，但这种列举方式很难穷尽性骚扰的类型。例如，自我暴露行为是否是性骚扰就很难界定；②性骚扰取证困难。性骚扰行为一般都很隐秘，很难举证，受害者多因证据不足而遭受败诉结局；③性骚扰获得赔偿低。性骚扰多被认为是对人格权利的侵害，由于没有专门的赔偿制度，按照传统侵权赔偿理论，受害者得到的判决经常是侵权人赔礼道歉和两三千元的精神抚慰金。另外，工作场所性骚扰是性骚扰问题中很重要的内容，建议在《劳动法》中对工作场所中的性骚扰问题进行规定。

性骚扰之争：女教授对决大法官

1991年秋，美国黑人女法学教授安尼塔·希尔斯（Anita Hills）指控美国黑人大法官提名人克拉伦斯·托马斯（Clarence Thomas）曾对她进行性骚扰，两人在国会听证会上对簿公堂，被电视现场直播，报纸追踪报道，不仅给美国民众上了一堂性骚扰的普及教育课，同时，也把性骚扰提到全美的议事日程。案件发生之后，美国的工作场所发生了巨大的变革，女性不再对性骚扰忍气吞声。

（资料来源：http://wen/zu.baidu.com/view/f8ab324.dd36a32d7375811f.html.）

8.6.2　未成年工特殊劳动保护制度

未成年工特殊劳动保护制度是指国家制定的对未成年劳动者进行特殊管理，在劳动过程中给予特别保护的制度。未成年工是指年满16周岁未满18周岁的劳动者。16周岁以下的劳动者不属于未成年工范畴,我国国务院在1991年、2002年两次颁布《禁止使用童工规定》,明令禁止使用16周岁以下的童工。所以,我们所说的未成年工特殊劳动保护仅指对16周岁以上、18周岁以下的劳动者的劳动保护。我国很重视对未成年工的劳动保护。新中国成立后,党和政府通过颁布有关法令,废除了包身工、养成工制度和旧的学徒制度,建立了新型的师徒关系。1995年,《劳动法》《未成年工特殊保护规定》根据未成年工生长发育特点及接受义务教育的需要,对未成年工采取了特殊劳动保护措施。

1. 未成年工体检制度

未成年工体检制度是一项非常特殊的规定。对未成年工以外的劳动者,鲜见有关于体检这样细致的规定。这充分体现了我国对于未成年工身体健康的重视。

1994年12月,原劳动部颁布了《未成年工特殊保护规定》,对未成年工体检制度做了具体规定。用人单位对未成年工应定期进行健康检查,定期检查包括以下几个方面:①安排工作岗位之前;②工作满一年;③年满18周岁,距前一次的体检时间已超过半年。未成年工的健康检查,应按原劳动部统一制作的《未成年工健康检查表》列出的项目进行。用人单位应根据未成年工的健康检查结果安排其从事适合的劳动,对不能胜任原劳动岗位的,应根据医务部门的证明,予以减轻劳动量或安排其他劳动。

2. 未成年工登记制度

根据《未成年工特殊保护规定》,对未成年工的使用和特殊保护实行登记制度。用人单位招收使用未成年工,除符合一般用工要求外,还须向所在地的县级以上劳动行政部门办理登记手续。各级劳动行政部门应根据《未成年工健康检查表》《未成年工登记表》,依照未成年工禁忌从事的劳动范围审核体检情况及用人单位拟安排的劳动范围,核发《未成年工登记证》。未成年工须持《未成年工登记证》上岗。《未成年工登记证》由国务院劳动行政部门统一印制。未成年工体检和登记,由用人单位统一办理和承担费用。

3. 未成年工劳动保护制度

《劳动法》规定了未成年工绝对禁止从事的劳动范围。《劳动法》第六十四条规定:"不得安排未成年工从事矿山井下、有毒有害、国家规定的第四级体力劳动强度的劳动和其他禁忌从事的劳动。"《未成年工特殊保护规定》第三条对未成年工禁忌的劳动范围进行了解释:①《生产性粉尘作业危害程度分级》国家标准中第一级以上的接尘作业;②《有毒作业分级》国家标准中第一级以上的有毒作业;③《高处作业分级》国家标准中第二级以上的高处作业;④《冷水作业分级》国家标准中第二级以上的冷水作业;⑤《高温作业分级》国家标准中第三级以上的高温作业;⑥《低温作业分级》国家标准中第三级以上的低温作业;⑦《体力劳动强度分级》国家标准中第四级体力劳动强度的作业;⑧矿山井下及矿山地面采石作业;⑨森林业中的伐木、流放及守林作业;⑩工作场所接触放射性物质的作业;⑪有易燃易爆、化学性烧伤和热烧伤和热烧伤等危险性大的作业;⑫地质勘探和资源勘探的野外作业;⑬潜水、涵洞、涵道作业和海拔3 000米以上的高原作业(不包括世居高原者);⑭连续负重每小时在6次以上并每次超过20公斤,间断负重每次超过25公斤的作业;⑮使用凿岩机、捣固机、气镐、气铲、铆钉机、电锤的作业；⑯工作中需要长时间保持低头、弯腰、上举、下蹲等强迫体位和动作频率每分钟大于50次的流水线作业；⑰锅炉司炉。

《未成年工特殊保护规定》还规定了未成年工相对禁止从事的劳动范围。《未成年工特殊保护规定》第四条规定，未成年工患有某种疾病或具有某些生理缺陷（非残疾型）时，用人单位不得安排其从事以下范围的劳动：①《高处作业分级》国家标准中第一级以上的高处作业；②《低温作业分级》国家标准中第二级以上的低温作业；③《高温作业分级》国家标准中第二级以上的高温作业；④《体力劳动强度分级》国家标准中第三级以上体力劳动强度的作业；⑤接触铅、苯、汞、甲醛、二硫化碳等易引起过敏反应的作业。

患有某种疾病或具有某些生理缺陷的未成年工，是指有以下一种或一种以上情况者。①心血管系统疾病：先天性心脏病；克山病；收缩期或舒张期二级以上心脏杂音；②呼吸系统疾病：中度以上气管炎或支气管哮喘；呼吸音明显减弱；各类结核病；体弱儿，呼吸消化道反复感染者；③消化系统疾病：各类肝炎；肝、脾肿大；胃、十二指肠溃疡；各种消化道疝；④泌尿系统疾病：急慢性肾炎；泌尿系统感染；⑤内分泌系统疾病：甲状腺功能亢进；中度以上糖尿病；⑥精神神经系统疾病：智力明显低下；精神忧郁或狂暴；⑦肌肉、骨骼运动系统疾病：身高和体重低于同龄人标准；一个及一个以上肢体存在明显功能障碍；躯干25%以上部位活动受限，包括强直或不能旋转；⑧其他疾病：结核性胸膜炎；各类重度关节炎；血吸虫病；严重贫血，其血色素每升低于95克（<9.5g/dL）。

对于未成年工，我国也有限制工作时间的规定。1961年原劳动部在《关于技工学校学生的学习、劳动、休息时间的暂行规定》中，对未满16周岁的学生进行生产实习的劳动时间进行限制：第1学年每天不得超过6小时，第2学年每天不得超过7小时，第3学年每天不得超过8小时。未满16周岁的学生不参加夜班劳动。

印度童工

2015年2月5日，印度塞康德拉巴德，印度警方将解救的童工送上火车，返回家乡。近期共有约400名在手镯工厂工作的童工获救。

众所周知，印度是"金砖四国"成员，在过去10多年里，印度经济快速增长，国力大幅提升，但与此同时，童工人数依然位居全球第一，至少6 000万本该上学的印度未成年人没有上学，而且童工赚钱，每周收入不到8元人民币，成为被遗弃的一代。

根据印度政府2001年的统计数据，超过1 200万印度儿童从事各种工作，其中很多人在农业部门，而根据印度法律，农业领域并不禁止童工。根据英国媒体14日报道，印度放弃上学挣钱谋生的童工人数估计有6 000多万~1.15亿人，位居全球第一。他们有的在富人家庭做佣人，有的则在血汗工厂中艰难谋生。

实际上，早在1986年，印度就通过法案，禁止诸多行业雇用年龄低于14岁的未成年人，违法雇用童工者将面临最高2年监禁和2万卢比（约合不到3 000元人民币）罚款。但法案颁布以来，形同虚设。印度政府几乎没有对童工问题展开过认真调查，也很少因此起诉雇用童工者。

联合国儿童基金会等国际机构和"拯救儿童基金会"等儿童救助机构不断呼吁关注印度的童工问题。据推测，印度有1 200万名以上童工，仅在新德里当侍女或下人的儿童就超过5万人。但据2009年10月成立的印度"反对贩卖儿童和童工的运动（CACT）"介绍，2006—2008年，在奴隶劳动中获救的孩子只有128人。印度政府在2006年通过加强《儿童劳动防治法》着手应对童工问题。据《印度时报》报道,自2006年10月以后到去年年底共揭发315万例童工事例,其中有8.3万例被提起诉讼。

(资料来源:韩杨. 印度六千万童工生存状况堪忧[N]. 广州日报,2010 – 10 – 16(A10).)

本 章 小 结

劳动安全卫生法律制度相当庞大,除了法律法规外,国家的技术标准也很多。本章选取劳动安全卫生方面的重点法律和具有代表性的国家技术标准进行介绍,并尽量做到法律新而全,归纳成系统。对于劳动安全卫生,我们有大量的工作可以做。我们身边充斥着有关劳动安全卫生的各色事例,只要勤动脑筋,勤翻书本,就会发现自己拥有一双洞穿世界的眼睛。

复习思考题

一、名词解释

1. 安全生产责任制　　2. 生产安全重大事故　　3. 职业病重大事故　　4. 未成年工

二、单项选择题

1. 女职工怀孕(　　)个月以上不能从事夜班劳动。
   A. 5　　　　　　B. 6　　　　　　C. 7　　　　　　D. 8
2. 工伤保险费由(　　)缴纳。
   A. 劳动者　　　　　　　　　　　　B. 用人单位
   C. 劳动者和用人单位　　　　　　　D. 国家

三、多项选择题

1. 安全设施的三同时制度是指(　　)。
   A. 安全设施与主体工程同时设计　　B. 安全设施与主体工程同时施工
   C. 安全设施与主体工程同时检测　　D. 安全设施与主体工程同时认证
   E. 安全设施与主体工程同时使用
2. 在我国可以认定为工伤的情况是(　　)。
   A. 在上下班途中,受到事故伤害的　　B. 过劳死
   C. 工作时间自杀　　　　　　　　　　D. 患职业病
   E. 因工外出期间,由于工作原因受到伤害或者发生事故下落不明的

四、简答题

1. 我国对女职工有何特殊劳动保护规定?
2. 我国工伤类型包括哪些?

五、论述题

1. 我国的职业病鉴定流程是怎样的？存在哪些问题？
2. 我国总是发生矿难事故，怎样解决这个问题？

课后阅读

新《安全生产法》的十大亮点

2014年8月31日公布的新《安全生产法》（以下称"新法"），认真贯彻落实习近平总书记关于安全生产工作一系列重要指示精神，从强化安全生产工作的摆位、进一步落实生产经营单位主体责任，政府安全监管定位和加强基层执法力量、强化安全生产责任追究等4个方面入手，着眼于安全生产现实问题和发展要求，补充完善了相关法律制度规定，主要有十大亮点。

1. 坚持以人为本，推进安全发展

新法提出安全生产工作应当以人为本，充分体现了习近平总书记等中央领导同志近一年来关于安全生产工作一系列重要指示精神，对于坚守发展决不能以牺牲人的生命为代价这条红线，牢固树立以人为本、生命至上的理念，正确处理重大险情和事故应急救援中"保财产"还是"保人命"问题，具有重大意义。为强化安全生产工作的重要地位，明确安全生产在国民经济和社会发展中的重要地位，推进安全生产形势持续稳定好转，新法将坚持安全发展写入了总则。

2. 建立完善安全生产方针和工作机制

新法确立了"安全第一、预防为主、综合治理"的安全生产工作"十二字方针"，明确了安全生产的重要地位、主体任务和实现安全生产的根本途径。"安全第一"要求从事生产经营活动必须把安全放在首位，不能以牺牲人的生命、健康为代价换取发展和效益。"预防为主"要求把安全生产工作的重心放在预防上，强化隐患排查治理，打非治违，从源头上控制、预防和减少生产安全事故。"综合治理"要求运用行政、经济、法治、科技等多种手段，充分发挥社会、职工、舆论监督各个方面的作用，抓好安全生产工作。坚持"十二字方针"，总结实践经验，新法明确要求建立生产经营单位负责、职工参与、政府监管、行业自律、社会监督的机制，进一步明确各方安全生产职责。做好安全生产工作，落实生产经营单位主体责任是根本，职工参与是基础，政府监管是关键，行业自律是发展方向，社会监督是实现预防和减少生产安全事故目标的保障。

3. 落实"三个必须"，明确安全监管部门执法地位

按照"三个必须"（管业务必须管安全、管行业必须管安全、管生产经营必须管安全）的要求，新法一是规定国务院和县级以上地方人民政府应当建立健全安全生产工作协调机制，及时协调、解决安全生产监督管理中存在的重大问题；二是明确国务院和县级以上地方人民政府安全生产监督管理部门实施综合监督管理，有关部门在各自职责范围内对有关行业、领域的安全生产工作实施监督管理，并将其统称负有安全生产监督管理职责的部门；三是明确各级安全生产监督管理部门和其他负有安全生产监督管理职责的部门作为执法部门，依法开展安全生产行政执法工作，对生产经营单位执行法律、法规、国家标准或者行业标准的情况进行监督检查。

4. 明确乡镇人民政府以及街道办事处、开发区管理机构安全生产职责

乡镇街道是安全生产工作的重要基础，有必要在立法层面明确其安全生产职责。同时，针对各地经济技术开发区、工业园区的安全监管体制不顺、监管人员配备不足、事故隐患集中、事故多发等突出问题，新法明确规定：乡、镇人民政府以及街道办事处、开发区管理机构等地方人民政府的派出机关应当按照职责，加强对本行政区域内生产经营单位安全生产状况的监督检查，协助上级人民政府有关部门依法履行安全生产监督管理职责。

5. 进一步强化生产经营单位的安全生产主体责任

做好安全生产工作，落实生产经营单位主体责任是根本。新法把明确安全责任、发挥生产经营单位安全生产管理机构和安全生产管理人员作用作为一项重要内容，做出4个方面的重要规定：一是明确委托规定的机构提供安全生产技术、管理服务的，保证安全生产的责任仍然由本单位负责；二是明确生产经营单位的安全生产责任制的内容，规定生产经营单位应当建立相应的机制，加强对安全生产责任制落实情况的监督考核；三是明确生产经营单位的安全生产管理机构以及安全生产管理人员履行的7项职责；四是规定矿山、金属冶炼建设项目和用于生产、储存危险物品的建设项目竣工投入生产或者使用前，由建设单位负责组织对安全设施进行验收。

6. 建立事故预防和应急救援的制度

新法把加强事前预防和事故应急救援作为一项重要内容：一是生产经营单位必须建立生产安全事故隐患排查治理制度，采取技术、管理措施及时发现并消除事故隐患，并向从业人员通报隐患排查治理情况的制度。二是政府有关部门要建立健全重大事故隐患治理督办制度，督促生产经营单位消除重大事故隐患。三是对未建立隐患排查治理制度、未采取有效措施消除事故隐患的行为，设定了严格的行政处罚。四是赋予负有安全监管职责的部门对拒不执行执法决定、有发生生产安全事故现实危险的生产经营单位依法采取停电、停供民用爆炸物品等措施，强制生产经营单位履行决定。五是国家建立应急救援基地和应急救援队伍，建立全国统一的应急救援信息系统。生产经营单位应当依法制定应急预案并定期演练。参与事故抢救的部门和单位要服从统一指挥，根据事故救援的需要组织采取告知、警戒、疏散等措施。

7. 建立安全生产标准化制度

安全生产标准化是在传统的安全质量标准化基础上，根据当前安全生产工作的要求、企业生产工艺特点，借鉴国外现代先进安全管理思想，形成的一套系统的、规范的、科学的安全管理体系。2010年《国务院关于进一步加强企业安全生产工作的通知》（国发〔2010〕23号）、2011年《国务院关于坚持科学发展安全发展促进安全生产形势持续稳定好转的意见》（国发〔2011〕40号）均对安全生产标准化工作提出了明确的要求。近年来矿山、危险化学品等高危行业企业安全生产标准化取得了显著成效，工贸行业领域的标准化工作正在全面推进，企业本质安全生产水平明显提高。结合多年的实践经验，新法在总则部分明确提出推进安全生产标准化工作，这必将对强化安全生产基础建设，促进企业安全生产水平持续提升产生重大而深远的影响。

8. 推行注册安全工程师制度

为解决中小企业安全生产"无人管、不会管"问题，促进安全生产管理人员队伍朝着专业化、职业化方向发展，国家自2004年以来连续10年实施了全国注册安全工程师执业资格统一考试，21.8万人取得了资格证书。截至2013年12月，已有近15万人注册并在生产经营单位和安全生产中介服务机构执业。新法确立了注册安全工程师制度，并从两个方面加以推进：一是危险物品的生产、储存单位以及矿山、金属冶炼单位应当有注册安全工程师从事安全生产管理工作，鼓励其他生产经营单位聘用注册安全工程师从事安全生产管理工作。二是建立注册安全工程师按专业分类管理制度，授权国务院有关部门制定具体实施办法。

9. 推进安全生产责任保险制度

新法总结近年来的试点经验，通过引入保险机制，促进安全生产，规定国家鼓励生产经营单位投保安全生产责任保险。安全生产责任保险具有其他保险所不具备的特殊功能和优势，一是增加事故救援费用和第三人（事故单位从业人员以外的事故受害人）赔付的资金来源，有助于减轻政府负担，维护社会稳定。目前有的地区还提供了一部分资金作为对事故死亡人员家属的补偿。二是有利于现行安全生产经济政策的完善和发展。2005年起实施的高危行业风险抵押金制度存在缴存标准高、占用资金大、缺乏激励作用等不足，目前湖南、上海等省市已经通过地方立法允许企业自愿选择责任保险或者风险抵押金，受到企业的广泛欢迎。三是通过保险费率浮动、引进保险公司参与企业安全管理，可以有效促进企业加强安全生产工作。

10. 加大对安全生产违法行为的责任追究力度

第一，规定了事故行政处罚和终身行业禁入。一是将行政法规的规定上升为法律条文，按照2个责任主体、4个事故等级，设立了对生产经营单位及其主要负责人的8项罚款处罚明文。二是大幅提高对事故责任单位的罚款金额：一般事故罚款20万~50万元，较大事故50万~100万元，重大事故100万~500万元，特别重大事故500万~1 000万元；特别重大事故的情节特别严重的，罚款1 000万~2 000万元。三是进一步明确主要负责人对重大、特别重大事故负有责任的，终身不得担任本行业生产经营单位的主要负责人。

第二，加大罚款处罚力度。结合各地区经济发展水平、企业规模等实际，新法维持罚款下限基本不变，将罚款上限提高了2~5倍，并且大多数罚则不再将限期整改作为前置条件。反映了"打非治违""重典治乱"的现实需要，强化了对安全生产违法行为的震慑力，也有利于降低执法成本、提高执法效能。

第三，建立了严重违法行为公告和通报制度。要求负有安全生产监督管理部门建立安全生产违法行为信息库，如实记录生产经营单位的违法行为信息；对违法行为情节严重的生产经营单位，应当向社会公告，并通报行业主管部门、投资主管部门、国土资源主管部门、证券监督管理部门和有关金融机构。

（资料来源：http：//www.chinasafety.gov.cn/newpage/Contents/Channel_21356/2014/0902/239842/content_ 239842.htm.）

第9章　劳动争议处理法律制度

学习目标

知识目标	技能目标
1. 了解劳动争议的概念、特征及分类 2. 了解劳动争议的范围 3. 了解劳动争议处理的基本原则 4. 了解劳动争议的调解法律制度 5. 了解劳动争议的仲裁法律制度 6. 了解劳动争议的诉讼法律制度	1. 能够判断劳动争议的种类 2. 能够判断劳动者与用人单位之间的纠纷是否属于劳动争议 3. 能够在处理劳动争议过程中遵循基本原则 4. 能够制作劳动争议调解申请书 5. 能够提起劳动争议仲裁申请、制作劳动争议仲裁申请书 6. 能够进行劳动争议诉讼、制作劳动争议起诉书

劳动争议处理新格局

2008年"五一"前夕,得知部分劳动争议案件将实行"一裁终局",从四川来北京打工的老王很是郁闷:"这事咋没让我碰上?"此前,老王为讨回2 800多元的工资,不但平生头一次申请了劳动仲裁,还第一次跟两级法院打了交道。更让他没有想到的是,到这场官司打完时,两个夏天已经过去。而根据于2008年5月1日起实施的《中华人民共和国劳动争议调解仲裁法》(以下简称《劳动争议调解仲裁法》),他的案件"一裁"就能"终局"。2008年4月,老王到法院询问执行结果。承办法官告诉老王,案件还在劳动争议执行中。老王听后不禁感慨万千:"不到3 000块的工钱,拖了这么久还没拿到,真耽误工夫,可那是我的血汗钱啊!"

(资料来源:http://www.chinaeus.com/sh/news/2008/04-28/1023324.shtml.)

劳动争议是劳动关系当事人之间因劳动的权利与义务而发生的争执,是劳动关系不协调的反映。无论在什么性质的用人单位中,妥善、合法、公正、及时处理劳动争议是一致的要求,只有正确处理劳动争议,才能维护劳动关系双方当事人的合法权益,维护社会秩序和正常的经济建设秩序。本章对劳动争议及其处理问题进行系统阐述,分析劳动争议的概念、劳动争议的种类、劳动争议处理的范围、劳动争议处理的特征以及劳动争议处理的目的。在此基础上进而阐述劳动争议的处理机制和基本原则,即分别对解决劳动争议的调解、劳动争议的仲裁、劳动争议的法院审理各程序机制进行解析。通过本章的学习,读者可全面掌握劳动争议处理法律制度的基本知识,了解争议处理程序和相关的法律规定。

9.1 劳动争议处理法律制度概述

9.1.1 劳动争议的概念及特征

劳动争议又称劳动纠纷,或称劳资争议或劳资纠纷,它是指劳动关系当事人之间因劳动权利义务问题所发生的争议。劳动争议有广义和狭义之分。广义的劳动争议是指劳动关系双方当事人或其团体之间关于劳动权利和劳动义务的争议。狭义的劳动争议则仅指劳动关系双方当事人之间关于劳动权利和劳动义务的争议。概括地说,广义的劳动争议涉及的是劳动者、用人单位和团体三方的关系,是一种产业关系纠纷;而狭义的劳动争议则只涉及劳动者与用人单位双方的关系。劳动争议具有以下法律特征。

1. 有特定的当事人

通常情况下,劳动争议的当事人就是劳动关系的当事人,即劳动者和用人单位。但是,在一些特殊情形下,一方当事人可以不是劳动者,而是代表其利益的个人或组织。如集体合同中一方当事人就是劳动者团体;在劳动者伤亡时因社会保险发生的纠纷,一方当事人就可能是死者的家庭成员。另一方当事人只能是用人单位,不能是其下属的不具法人资格的车间、班组或工会、党团等组织。若争议不是发生在劳动关系双方当事人或其团体之间,即使争议内容涉及劳动问题,也不构成劳动争议。例如,劳动者之间在劳动过程中发生的争议，企业之间因劳动力流动发生的争议等都不属于劳动争议。其他关系纠纷的当事人不具有特定性这一特征。例如，在民事纠纷中，任何自然人之间、自然人与法人之间以及法人之间都可能成为民事纠纷的当事人。

此外，还需将劳动关系当事人与劳动法律关系当事人区别开来。如果认为劳动法律关系是法律对劳动关系及与之密切联系的其他社会关系进行规范而形成的社会关系，那么劳动法律关系的主体除了劳动关系参加主体之外，还包括劳动关系中介主体以及劳动管理主体。劳动争议只能是劳动关系参加主体之间的争议，劳动关系参加主体与中介主体之间、劳动关系参加主体、中介主体与管理主体之间发生的争议，在性质上与劳动争议是不同的，前者属于民事争议的范畴，而后者则大多属于行政争议的范围。

2. 有特定的争议内容

劳动争议的对象是当事人之间特定的劳动权利和劳动义务。作为劳动争议对象的权利、义务，有些是劳动法律法规直接规定的，有些是当事人约定的，但都是发生在劳动领域中的。劳动争议的产生就是双方当事人对彼此的权利义务的认识和行为发生争议，其实质是劳动领域中不同利益主体经济利益的冲突，它与用人单位的生产、经营及劳动者的生命、健康及生活有着直接的联系。如因劳动报酬、劳动保护、社会保险、福利等发生的纠纷。劳动争议不包括当事人在劳动权利义务范围外发生的如观念、信仰等冲突。

3. 有特定的争议表现形式

劳动争议的形式表现为当事人双方提出不同主张和要求的意思表示，即当事人双方对劳动权利和劳动义务的确定或实现各持己见，既包括当事人一方反驳另一方的主张或拒绝另一方的要求，也包括当事人向国家机关、劳动争议处理机构或有关团体提出给予保护或处理争议的要求。

9.1.2 劳动争议处理的宗旨与性质

1. 劳动争议处理的宗旨

劳动争议处理是劳动关系法律调整的重要手段。劳动争议的直接目的，是通过法律程序来依法维护劳动争议当事人的合法权益。从一般法意义上讲，劳动争议处理是为了保护劳动关系双方当事人的合法权益。但在劳动法律特定的意义上，劳动争议处理制度是更侧重于劳动者权益保护的法律机制。劳动法的基本宗旨是保护劳动者的合法权益，这一宗旨也是劳动争议处理法律制度的宗旨。体现在劳动争议处理中的最主要的要求就是这一制度不仅要追求形式上的平等，而且要追求实质上的平等。因为在现实中，劳动者与用人单位实际上是处于不平等的地位中，而劳动争议绝大多数是由于劳动者利益受到侵害所引发的。因此，通过法律平衡劳资力量的对比并实现劳资间实质平等的理念，也应是劳动争议处理中实体判断和审理程序两方面必须贯彻的宗旨。

2. 劳动争议处理的性质

就劳动法律的构建来看，劳动争议处理的性质是劳动法律体系中劳动者权利保障的最后防线。劳动法律制度体系的构建，主要包括劳动基准、劳动合同、集体合同和劳动争议处理4项基本的法律制度。其中，劳动基准是国家调整劳动关系的基本依据，但劳动基准制度不是一项单独实施的制度，而是以一种原则的和基准的规定来指导和规范劳动合同、集体合同和劳动争议制度的具体运作。劳动基准作为一种实体权利的规定，主要体现在个别劳动关系中。劳动合同制度的作用是建立个别劳动关系和确定双方权利义务，国家劳动标准是劳动合同建立的法律依据。集体合同制度是劳资自治的一种形式，其主要内容是商定和实施本单位的劳动标准。

然而，仅靠劳动合同和集体合同制度，尚无法保障劳动基准的完全实施。因为在实施过程中，劳资双方必然会对双方权利义务产生不同的理解和要求，于是便发生劳动争议，这是一种自然的和正常的现象。而劳动争议处理制度，正是劳动合同和集体合同制度的延伸和后续，从时空概念而言，劳动争议处理制度也并非是单独存在的，而是与劳动合同和集体合同制度交融在一起，并作为这两个制度运行的一个组成部分而存在的。劳动争议处理对于劳动关系双方都是需要的，然而更直接、更迫切需要这一制度的是劳动者及工会，因为他们在劳动关系中始终处于劣势和弱势的地位。

劳动法作为劳动权益保障法，必须有一个对违反规则的行为予以裁决和强制的机制。如列宁所讲："如果没有一个能够迫使人们遵守法权规范的机构，法权也就等于零。"正是在这一意义上，我们说，劳动争议处理制度是劳动法律关系中劳动者权利保障的最后一道防线。

9.1.3　劳动争议的分类

劳动争议按不同的标准可做不同的分类。

1. 权利争议和利益争议

根据争议标的的性质不同，劳动争议可以划分为权利争议和利益争议。所谓权利争议，是指基于法律、集体合同或劳动合同之规定，当事人主张权利存在与否或有无受到侵害或有无履行合同约定义务等发生的争议。权利争议涉及对已有的集体协议或劳动合同的应用和解释问题。这一争议是围绕着既定权利的实施而发生的。而引发争议的权利是法律上已经规定了的，或在集体合同或劳动合同上已经约定的权利。所以，权利争议又称"实现既定权利的争议"或"法律上之争议"，权利争议主要表现为履行集体合同或履行劳动合同所引起的争议。也就是说，权利争议可以是因个别劳动关系中的劳动合同的履行所发生的争议，也可以是集体劳动关系中由于集体合同的履行所发生的争议。

所谓利益争议，又称事实上的纠纷，或确定权利的争议，一般是指因为确定或变更劳动条件而发生的争议，即当事人对将来构成彼此间权利义务的劳动条件，主张继续保持现存条件或应予变更调整而发生的争议。在这类争议中，双方所主张的权利义务在事先并没有确定，争议之所以发生，是因为双方当事人对这些有待确定的权利义务有不同的要求，争议的目的在于使这种要求得到合同的确认，以上升为权利。利益争议一般不会发生在劳动合同的确定中，因为在劳动合同的签订中如果发生争议，双方便不可能成立劳动合同。所以，利益争议一般发生在劳动关系运行过程中集体合同订立或变更环节，较多表现为订立、变更集体合同的集体谈判陷入僵局或者失败[①]。因此，利益争议不像权利争议可通过调解、仲裁、诉讼的程序解决，而是在政府干预下由双方协商解决。

---

① 王全兴. 劳动法学[M]. 北京：高等教育出版社，2004：406.

2. 个别争议和集体争议

按争议主体不同,劳动争议可以划分为个别争议和集体争议。首先提出区分这种划分方法的是法国,现在这种分类方法已为各国普遍接受,这也是我国劳动法律中关于争议类型的一般分法。

个别争议是指个别劳动者与用人单位之间发生的具有独特内容的劳动争议。其特点如下:①劳动者一方的争议当事人人数未达到集体争议的当事人人数的法定要求。按照2007年12月29日通过的《劳动争议调解仲裁法》(自2008年5月1日起实施)第七条的规定,个别争议的人数应当为1~9人[①];②争议内容只是关于个别劳动关系、劳动问题的,而不是关于一类劳动关系、劳动问题或集体合同的;③对于争议的处理,劳动者一方面的争议当事人只能自己参加而不能由别人代表。

集体争议又称企业团体争议,是指一方为规定的多数人或某一团体并有共同争议内容和争议请求的劳动者,与另一方为企业管理者之间发生的劳动争议。与企业个别劳动争议相比,企业集体劳动争议的特点如下:①劳动者一方的争议当事人人数必须达到法定的要求。按照《劳动争议调解仲裁法》第七条的规定,集体劳动争议的人数应当为10人以上;②争议内容是共同的。这并不排除参加企业集体争议的个别劳动者存在自己个别的利益,但他们提出争议的理由和要求是相同的,争议的处理也是以劳动者集体利益为处理标的;③对于争议的处理,劳动者一方可由选举的代表或工会出面参加,争议处理的结果,只对参与争议的劳动者有效,对未参与争议的劳动者没有法律效力。

劳动争议中的个别争议和集体争议的区分和界定,对劳动争议的正确处理,诸如争议受理、主体确定、法律适用等方面都有着重要意义。

3. 国内争议和涉外劳动争议

所谓国内争议,是指具有中国国籍的双方当事人之间发生的劳动争议,包括我国在国(境)外设立的机构与我国派往该机构工作的人员之间、外商投资企业与中方职工之间所发生的劳动争议。所谓涉外劳动争议,是指当事人一方或双方不具有中国国籍的劳动争议,包括我国用人单位与外籍职工之间、我国职工与外籍雇主之间所发生的争议。这种分类,对于确定劳动争议的管辖范围、法律适用、解决方式具有实际意义。涉外劳动争议的处理,按照国际惯例适用雇主所在地法。凡用人单位在我国境内的涉外争议,应当适用我国法律进行处理。

上述几种划分,无论哪一种划分都不是绝对的。实践中,各类劳动争议都是有着密切的联系。

9.1.4 劳动争议处理的立法概况

1. 其他国家劳动争议处理的立法概况

世界上的劳动争议立法,是在劳资争议日渐激化的19世纪初的欧洲首先开始的。英

---

① 参见《劳动争议调解仲裁法》第七条:发生劳动争议的劳动者一方在十人以上,并有共同请求的,可以推举代表参加调解、仲裁或者诉讼活动。

国于1824年制定《雇主雇工仲裁法》，1896年公布《调解法》，1919年公布《工业法院法》；法国于1892年制定《调解和仲裁法》；德国于1890年制定《工业裁判所法》，1904年制定《商业裁判所法》；新西兰于1896年公布《强制仲裁法》；美国也于19世纪末制定了调解和仲裁的法律，并于1935年制定《美国国家劳动关系法》。"一战"后，各国的劳动立法迅速发展，劳动审判制度也在不断完善。德国于1926年制定《劳动法庭法》，此后，许多国家专设劳动法院或劳动法庭来审判劳动争议案件。由于劳动法院或法庭的诉讼程序简易、费用少、结案迅速和专业性强，便于对劳动者提供更及时的法律保护，因此，不仅欧洲的许多国家设立了劳动法院或劳动法庭，亚洲、非洲的许多国家也设立了劳动法院或劳动法庭。

2. 我国劳动争议处理的立法概况与现状

1）我国劳动争议处理的立法概况

我国在20世纪20年代就开始了劳动争议处理法。1924年北洋政府颁布了《劳工仲裁会条例》和《解决雇主雇工争执仲裁会条例》。1928年南京国民政府公布了《劳资争议处理法》，该法仅适用于团体争议或事实之上争议，个别争议被视为执行劳动契约中的争议，属于普通法院管辖。在革命根据地的劳动立法中，也有关于劳动争议处理的内容。

新中国成立后，原劳动部于1950年颁布《劳动争议解决程序的规定》，规定劳动争议程序为协商、调解、仲裁和法院审判4个阶段。但在1956年所有制的社会主义改造基本完成以后，撤销了各级劳动争议处理机构，改由处理人民群众来信来访的办法处理劳动争议。直至30年后的1987年，国务院发布《国有企业劳动争议处理暂行规定》，劳动争议处理制度才在我国得到重新恢复。1993年国务院颁布了《企业劳动争议处理条例》，该条例以市场经济为基本的价值取向，初步构建了我国在市场经济条件下的劳动争议处理制度的框架，即调解、仲裁、审判依次进行的"一调一裁两审"的处理体制。《劳动法》第十章对劳动争议处理制度做了专章规定，这标志着我国劳动争议处理制度得到了进一步的发展与完善。我国恢复建立的劳动争议处理体制，在劳动争议处理方面发挥了重要作用。2008年5月1日开始实施的《劳动争议调解仲裁法》，这是我国继《劳动法》《劳动合同法》《就业促进法》之后，制定颁布的又一部调整劳动关系的法律。《劳动争议调解仲裁法》是一部程序法，重点解决劳动争议处理过程中的程序性问题。较之以前的企业劳动争议处理程序，呈现出以下4个亮点：第一，《劳动争议调解仲裁法》强化了调解的作用。第二，延长了劳动争议仲裁的时效期并完善了劳动争议仲裁时效的延长、中止、中断制度。第三，规定了对部分案件实行一局仲裁。第四，规定劳动仲裁不收费，仲裁费用由财政负担。这样，就可以大大减轻劳动者的维权负担，使劳动者因无钱而难以依法维权的现象彻底绝迹，这对于劳动者来说，是一个喜讯，有利于劳动者依法维权。

2）我国劳动争议的状况和特点

随着国有企业改革的深化和私有企业的大幅度发展，我国的劳动争议问题越来越突出。目前的劳动争议具有以下特点。

（1）劳动争议案件总量继续增长，增长率上升较快。2005年，劳动争议案件立案受理31.4万件，立案受理数与2004年相比增加5.3万件，增幅为20.5%。受理案件量是2000年的2.3倍，是1995年的9.5倍。其中，仲裁裁决结案13.2万件，占结案总数的

43%；仲裁调解结案10.4万件，占34%；其他方式结案7万件，占23%，劳动争议处理的难度日益增大[①]。1995—2005年10年间，全国共立案受理劳动争议案件132万件，涉及劳动者443万人。而2006年全国劳动争议案件数量是1987年的80倍，进入劳动争议仲裁机构的案件量年均增幅达到26%。

争议涉及的主要问题包括以下内容：①劳动报酬、保险福利是引发劳动争议案件的主要因素。劳动报酬和保险福利争议案件数量最多，分别为10.3万件和10.2万件。这两类案件数量分别占当年全部受理案件总数的33%和32%。劳动报酬和保险福利连续几年成为劳动争议的主要案由。其中，拖欠工资争议在劳动报酬争议中依然占较高比例；②解除劳动合同争议持续增多。2005年，解除劳动合同争议5.5万件，占全部受理案件总数的17.5%。近年来，解除劳动合同争议有不断上升的趋势，2002年解除劳动合同争议案件占全部劳动合同争议案件的65.9%，2003年占全部劳动合同争议案件的68.9%，2004年占全部劳动合同争议案件的70.5%，2005年占全部劳动合同争议案件的71.8%。

（2）集体劳动争议涉案人数多。2005年集体劳动争议案件1.9万件，共涉及劳动者41万人，平均每案涉及劳动者人数为21人。从比率看，集体劳动争议案件数量占案件总数的6.2%，涉及人数占全部劳动争议案件涉及总人数的55.1%。

（3）经济较发达地区是劳动争议案件多发地区。2005年立案受理劳动争议案件超过万件的省份有广东(6.12万件)、江苏(5.08万件)、山东(2.60万件)、上海(2.04万件)、北京(1.88万件)、浙江(1.86万件)、四川(1.09万件)。上述7省市受理案件约20.67万件，占全国案件总数的65.8%[②]。

（4）劳动争议案件处理裁决比例仍然偏高。劳动争议对抗性较强，争议案件处理裁决比例仍然偏高。2005年，仲裁裁决结案13.2万件，占结案总数的43%；仲裁调解结案10.4万件，占结案总数的34%；其他方式结案约7万件，占结案总数的23%。

（5）绝大部分劳动争议案件由劳动者提起申诉，胜诉率较高。2005年，在受理的劳动争议案件总数中，劳动者提出仲裁申诉的案件为29.4万件，占受理案件总数的93.6%。从处理结果看，劳动者胜诉案件(14.5万件)是用人单位胜诉案件(3.9万件)的3.7倍。劳动者胜诉率为47.5%，用人单位胜诉率为12.9%，双方部分胜诉率为39.6%。这表明，当前劳动者被侵权的问题仍然比较突出。

近年劳动争议的特点显示，我国在市场化的过程中，劳动关系的矛盾日益突出，劳动者权益受到侵害的现象越来越严重，劳动者集体抗争的行为越来越多。面对劳动争议的这种现状，我国的劳动争议处理体制不够完善的缺陷也突现出来了。因此，必须研究我国劳动争议处理机制中的体制、机构和法律适用等问题。

9.1.5 劳动争议的范围

劳动法律关系内容的广泛性决定着劳动争议范围的大小。凡是有劳动法律关系存在的地方，都有劳动争议存在的可能。《劳动法》第二条规定："在中华人民共和国境内的企业、个体经济组织（以下统称用人单位）和与之形成劳动关系的劳动者，适用本法。国家机

---

① http：//www.zjqlw.com/newslook.asp? id=985.
② http：//www.molss.gov.cn/gb/ywzn/2006-06/08/content_ 119054.htm.

关、事业组织、社会团体和与之建立劳动合同关系的劳动者,依照本法执行。"《劳动合同法》第二条规定:"中华人民共和国境内的企业、个体经济组织、民办非企业单位等组织(以下称用人单位)与劳动者建立劳动关系,订立、履行、变更、解除或者终止劳动合同,适用本法。国家机关、事业单位、社会团体和与其建立劳动关系的劳动者,订立、履行、变更、解除或者终止劳动合同,依照本法执行。"第五十六条规定:"用人单位违反集体合同,侵犯职工劳动权益的,工会可以依法要求用人单位承担责任;因履行集体合同发生争议,经协商解决不成的,工会可以依法申请仲裁、提起诉讼。"《劳动合同法》扩大了劳动争议的范围。

另外,根据《劳动法》以及《劳动部关于劳动争议仲裁工作几个问题的通知》的规定,劳动争议的范围包括以下内容:①在中华人民共和国境内的企业、个体经济组织和与之形成劳动关系的劳动者之间的劳动争议;②国家机关、事业组织、社会团体和与之建立劳动合同关系的各类人员之间发生的劳动争议;③非全日制用工和劳务派遣工与用人单位发生的劳动争议;④因认定无效劳动合同、特定条件下订立劳动合同、职工流动、用人单位裁减人员、经济补偿和赔偿发生的争议。

根据《劳动争议调解仲裁法》第二条,中华人民共和国境内的用人单位与劳动者发生的下列劳动争议,适用本法:①因确认劳动关系发生的争议;②因订立、履行、变更、解除和终止劳动合同发生的争议;③因除名、辞退和辞职、离职发生的争议;④因工作时间、休息休假、社会保险、福利、培训以及劳动保护发生的争议;⑤因劳动报酬、工伤医疗费、经济补偿或者赔偿金等发生的争议;⑥法律、法规规定的其他劳动争议。第五十二条规定:"事业单位实行聘用制的工作人员与本单位发生劳动争议的,依照本法执行;法律、行政法规或者国务院另有规定的,依照其规定。"

最高人民法院《关于审理劳动争议案件适用法律若干问题的解释(二)》(法释〔2006〕6号)(以下简称《劳动争议案件司法解释二》)第七条规定,下列纠纷不属于劳动争议:①劳动者请求社会保险经办机构发放社会保险金的纠纷;②劳动者与用人单位因住房制度改革产生的公有住房转让纠纷;③劳动者对劳动能力鉴定委员会的伤残等级鉴定结论或者对职业病诊断鉴定委员会的职业病诊断鉴定结论的异议纠纷;④家庭或者个人与家政服务人员之间的纠纷;⑤个体工匠与帮工、学徒之间的纠纷;⑥农村承包经营户与受雇人之间的纠纷。

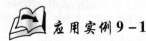
应用实例9-1

实习报酬纠纷不属于劳动争议受理范围

小李是大四在校学生,她在一家设计公司实习时,公司与她签了一份协议,明确规定了她的工作职责及报酬。6个月的实习很快过去了,离开公司那天,小李对负责人说,实习期间只发给自己一半的报酬,现在公司应将余下的钱付给自己。公司告知她人事部的人出差了,过几天再说。事后,小李多次催讨,最后被告知实习报酬就是这些,无余额支付。小李抱着一线希望来到上海市劳动争议仲裁机构,询问能否告这家公司。仲裁接待员告诉小李,她与公司间的争议不属于劳动争议受理范围。

劳动争议主体双方应当符合《劳动法》规定的资格,也就是说个人应当具有符合法律规定的就业资格,单位应当具有符合法律规定用工资格。个人包括具有劳动能力的我国大陆公民和取得合法就业资格的外国人、港澳台人员等,单位包括具备用工权的企事业等。小李与单位之间没有形成劳动关系,因此这一纠纷也不属于劳动争议受理范围,小李可以适用民法的有关规定请求公司支付剩余的报酬。

(资料来源: http://finance.sina.com.cn/roll/20060410/0533639701.shtml.)

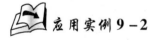

缴纳社会保险金纠纷不属于劳动仲裁或法院受理案件范围

A 中学于 2010 年 11 月 1 日起聘用黄某为学校专职安全协管员,期限为 1 年,月工资为 554.73 元,同时某中学为黄某缴纳社会保险(具体项目为养老保险费 256.7 元、医疗保险费 70.57 元、失业保险费 18 元,合计 345.27 元,两项合计 900 元)。双方约定,A 中学以现金形式将上述款项全部支付给黄某,由黄某自行办理社会保险。从 2011 年 2 月起,黄某即出现违反工作规章制度的行为,经 A 中学多次找其做工作,指出其在完成工作任务、履行工作职责等方面存在的问题后,黄某仍没有明显改进表现,为此,A 中学决定与黄某解除劳动关系,于 2011 年 7 月 4 日口头向被告提出解除合同的决定,并于 2011 年 7 月 11 日向其送达书面通知。黄某收到解除劳动合同的通知后,对 A 中学的决定不服,遂于 2012 年 2 月 22 日向县劳动人事争议仲裁委员会提出申请,请求依法裁决某中学补发 2011 年 7 月 1—11 日的工资 330 元;裁决某中学缴纳 2010 年 10 月 1 日—2011 年 7 月 11 日的社会保险费。

县劳动人事争议仲裁委员会经审理,于 2012 年 4 月 1 日做出裁决书裁决:①被申请人 A 中学支付申请人(黄某)2011 年 7 月 1—11 日工资 330 元;②被申请人 A 中学到昭平县社会劳动保险事业管理所为申请人补办基本养老保险登记手续,并按现行国家有关政策补缴 2010 年 10 月 1 日—2011 年 7 月 11 日的基本养老保险费(单位负担部分由被申请人承担,个人负担部分由申请人承担);③驳回申请人的其他请求。A 中学收到仲裁裁决书后,对裁决不服,于 2012 年 4 月 16 日向县人民法院提起诉讼,请求法院驳回黄某要求 A 中学支付 2011 年 7 月 1—11 日工资的申请;驳回黄某要求 A 中学缴纳 2010 年 10 月 1 日—2011 年 7 月 11 日的社会保险费的申请。

根据 A 中学的陈述与提交的证据,合议庭认为案件的主要争议焦点为:缴纳社会保险是否属于劳动仲裁和法院受理案件范围。县人民法院经审理认为,A 中学、黄某双方当事人已签订书面的劳动合同,双方应依法享有劳动权利和履行劳动义务,用人单位有权制定规章制度对员工进行管理,劳动者亦有遵守用人单位规章制度的义务。本案中,黄某在工作中违反 A 中学的规章制度,A 中学要求与黄某解除劳动合同关系,有事实和法律依据,应予准许。但是,2011 年 7 月 1—11 日,A 中学、黄某之间仍存在劳动关系,A 中学应按照合同约定支付黄某工资,故 A 中学拒绝支付工资的行为违法,其请求驳回黄某要求支付 2011 年 7 月 1—11 日工资的申请理据不足,不予支持。对于 A 中学请求驳回黄某要求 A 中学缴纳 2010 年 10 月 1 日—2011 年 7 月 11 日的社会保险费的申请,因缴纳社会保险费的行为由行政部门进行规范,不属于法院或者仲裁部门的受理范围,故驳回黄某申请仲裁要求 A 中学办理缴纳社会保险费的请求。

社会保险制度是一种为丧失劳动能力、暂时失去劳动岗位或因健康原因造成损失的人口提供收入或补偿的一种社会和经济制度。社会保险计划由政府举办,行政性、强制性是其重要特征。依据《劳动合同法》第七十四条"县级以上地方人民政府劳动行政部门依法对下列实施劳动合同制度的情况进行监督检查:……用人单位参加各项社会保险和缴纳社会保险费的情况"之规定,缴纳社会保险费的行为由行政部门进行规范。社会保险等险种的保险费的征缴由社会保险征收机构按审核的缴费比例和基数征缴,缴费单位未按规定缴纳和代扣代缴社会保险费的,亦由劳动保障行政部门责令限期缴纳。由此可见,对单位不缴、不扣、少缴、少扣社会保险金的行为,当事人可以申请劳动保障行政部门做出行政处理。这里就是一个行政法或行政诉讼法所调整的行政法律关系或行政诉讼关系,不是民事法律的调整范围。

因此，社会保险金缴纳纠纷不属于法院民事案件受理范围，也不是劳动仲裁的受理范围。仲裁裁决书裁决第二项要求 A 中学为黄某补办基本养老保险登记手续，并按现行国家有关政策补缴 2010 年 10 月 1 日—2011 年 7 月 11 日的基本养老保险费适用法律错误。

(资料来源：http://hzzpfy.chinacourt.org/public/detail.php?id=446.)

9.1.6 劳动争议的处理方式

《劳动法》第七十七条第一款规定："用人单位与劳动者发生劳动争议，当事人可以依法申请调解、仲裁、提起诉讼，也可以协商解决。"《劳动合同法》第七十七条规定："劳动者合法权益受到侵害的，有权要求有关部门依法处理，或者依法申请仲裁、提起诉讼。"根据这些规定，我国劳动争议有以下 4 种处理方式。

1. 协商

劳动争议协商是指劳动争议双方当事人直接接触，坦诚相待，通过对话相互体谅、让步，达成谅解，从而自行解决劳动争议的一种方式。其特点是，没有第三人参加，或虽有第三人参加，但第三人并不起任何作用。协商可以贯穿于劳动争议处理的任何阶段，劳动争议发生后，只要双方当事人愿意协商解决的，都可以协商解决。协商可以在劳动争议发生后，采取其他方式之前采用，也可以在已采取其他方式后采用。协商怎样进行、和解协议的达成和遵守完全由双方自愿，协商不是处理劳动争议的必经程序，当事人不愿意协商或协商不成，可以向本单位劳动争议调解委员会申请调解或向劳动争议仲裁委员会申请仲裁。

2. 调解

调解是指第三人居间主持，通过疏导、说服，促使当事人双方互谅互让，解决纠纷。劳动争议的调解专指在劳动争议调解机构主持下的调解。与协商相比，调解是在第三人主持下进行的，而协商是纠纷当事人双方自己直接进行的。第三人在调解中起着无可替代的主要作用，是第三人居中主持，对双方进行说服教育，使他们查明事实、分清是非、明确责任，第三人对调解协议的达成有着主导性的作用。

3. 仲裁

根据不同性质，仲裁可分为民间仲裁和国家仲裁。我国劳动争议仲裁属于国家仲裁，是指由法律规定的仲裁机关，以公正的第三人的身份，行使国家仲裁权，对当事人之间的劳动争议依法进行裁决。仲裁与调解虽都有第三人参与，并且第三人都发挥着主要的作用，但在调解方式中，第三人只能通过自己的说服，促成争议双方达成调解协议，解决纠纷，而不能直接强行对双方当事人之间权利义务关系做出裁决；而在仲裁方式中，第三人则享有仲裁权，即使不能促使双方当事人达成和解协议，也可以径行裁决。

4. 诉讼

劳动争议的诉讼，是指人民法院在劳动争议当事人参与下依法对劳动争议进行的裁判。在诉讼过程中，由司法机关代表国家行使审判权，对当事人之间的劳动纠纷进行审理并做出裁决。诉讼与其他方式相比，更具有权威性和终决性。

9.2 劳动争议处理的基本原则

劳动争议处理的基本原则是指劳动争议处理过程中，必须遵循的基本准则。它始终贯穿于劳动争议处理的每一个程序之中，它所体现的是国家立法关于劳动争议处理的指导思想。

根据我国《劳动法》第七十八条及《劳动争议调解仲裁法》第三条的规定，处理劳动争议，应当遵循合法、公正、及时处理、着重调解的原则。

9.2.1 着重调解原则

着重调解原则，是指处理劳动争议时，着重以调解方式解决，使双方当事人达成协议并认真履行。

根据《劳动法》的规定，劳动争议发生后，双方当事人应当先向用人单位争议调解委员会申请调解。调解委员会应认真地做好工作，力促争议调解成功。一般来说，因为调解委员会成员在基层，比较了解情况，熟悉具体的劳动环境，便于劳动争议的调解解决。当调解确实无效时，才由劳动争议仲裁机构和人民法院来解决。劳动争议仲裁委员会受理劳动争议案件后，也是首先进行调解，只有在调解不成的情况下，才依法进行裁决。人民法院受理劳动争议案件，在不同审判阶段都应先进行调解，只有在调解不成的情况下，才做判决。

着重调解原则并不是强制调解，贯彻着重调解原则，必须在双方当事人自愿的前提下进行。着重调解与自愿要求是密不可分的。当事人是否自愿申请调解委员会、劳动争议处理机构和人民法院的调解，是否接受调解建议，是否达成调解协议，所有这些都完全出自双方当事人的自愿，任何单位和个人都不得强迫任何一方当事人。

9.2.2 及时处理原则

及时处理原则，是指劳动争议当事人双方依法定程序向有关处理劳动争议的机构提出请求，而处理机构应按照法律规定，在查清事实的基础上，及时解决劳动争议。及时处理原则包含3层含义。

（1）劳动争议一经发生，当事人双方从主观上讲，都应积极主动地向用人单位调解委员会申请调解，或者向劳动争议仲裁委员会申请仲裁。只有这样，才能避免矛盾加深，事态扩大。否则，一拖再拖，会影响各自的合法利益。

（2）劳动争议处理机构，一旦受理劳动争议案件，应抓紧时间，在法律规定期限的范围内，认真调查取证，在查清事实的基础上，依法处理，及时维护当事人双方的权益。具体而言包括以下内容：①用人单位调解委员会对案件调解不成，应在规定的时效内及时结案，不要使当事人丧失申请仲裁的权利；②劳动争议仲裁委员会对案件先行调解不成，应及时裁决；③人民法院在调解不成时，应及时裁决。

（3）一个国家，要兴旺发达，繁荣昌盛，就必须政治生活稳定，经济飞速发展，有一个良好的社会经济秩序。劳动争议及时处理原则，在一定意义上讲，不仅维护了当事人的合法权益，也维护了正常的社会秩序，维护了国家的安定团结。

9.2.3 依法处理原则

依法处理原则，是指劳动争议处理机构的工作人员，在查清事实的基础上，依法进行处理。这一原则是以事实为根据、以法律为准绳的基本原则在处理劳动争议中的具体体现。

以事实为根据，是指处理劳动争议案件要忠于争议的客观事实真相。调查取证与举证责任关系处理好，才能查清事实。调查取证是劳动争议处理机构的权力和责任，在处理劳动争议案件时，各个处理机构都必须对争议的事实进行深入、细致、客观的调查研究，充分搜集证据，查明案件的事实真相①。而举证是当事人应尽的义务和责任，只有将调查和举证两者有机结合，才能达到查清事实的目的，为处理劳动争议提供依据。劳动争议处理机构在此基础上，实事求是，辨明是非，分清责任，正确处理劳动争议案件。

以法律为准绳，是指在处理劳动争议的过程中，劳动争议处理机构和劳动争议当事人，必须在查清事实的基础上依法协商、依法解决劳动争议。处理劳动争议既要依程序法，又要依实体法。

以事实为根据，以法律为准绳，二者是相互联系，不可分割的统一体。严格遵守这一原则，才能保障案件的正确处理。

9.2.4 当事人法律地位平等原则

当事人法律地位平等原则，是指争议双方当事人在法律面前是平等的，任何用人单位和劳动者都没有超越法律的特权。劳动争议双方当事人虽然在其劳动关系中，存在行政上的隶属关系，但其法律地位是平等的，也就是说，不管用人单位大小如何，也不管职工一方职位高低，双方在法律面前是平等的②。由于职工一方实际处于弱者地位，劳动立法的目的之一是侧重保护劳动者，向弱者倾斜，以保障职工一方当事人与企业一方当事人平等地参与争议解决活动。这一原则有以下几层含义。

（1）这一原则要求劳动争议处理机构在调解或仲裁裁决劳动争议的时候，都要坚持秉公执法，严格依法办事。对于双方当事人，在适用法律上一律平等，不得偏袒和歧视任何一方。

（2）任何一方当事人在调解、仲裁或诉讼过程中，都有权提出或变更自己的权利要求。劳动争议处理机构应当为双方当事人提供平等的机会，保证其充分陈述自己的请求和为自己辩护的权利。

（3）双方当事人依据法律的规定，有权请求有利害关系的仲裁员回避，以保证劳动争议案件的公正处理。

（4）双方当事人都有平等的诉讼权。当劳动争议仲裁委员会作出裁决后，任何一方当事人对裁决不服的，可以在法律规定的期限内向有管辖权的人民法院提出诉讼。

（5）双方当事人在劳动争议处理活动中，应当充分尊重对方的平等法律资格，即用人单位不得再视劳动者为自己的下属而滥施权威，劳动者不得以自身的某种权利被侵害为借口要挟用人单位。

---

① 郭捷.劳动法学[M].4版.北京：中国政法大学出版社，2007：281.
② 关怀，林嘉.劳动法[M].北京：中国人民大学出版社，2006：360.

9.3 劳动争议的调解法律制度

9.3.1 劳动争议调解的概念

劳动争议的调解,是指调解机构对企业与劳动者发生的劳动争议,以国家的劳动法律、法规为准绳,以民主协商的方式,使双方当事人达成协议,消除纷争。在我国劳动争议处理体系中,它是我国处理劳动争议的一种重要形式。

劳动争议的调解是企业内基层群众性组织所做的调解,属于民间调解,其特点主要如下:①其调解机构是社会组织,而不是国家机关;②其调解活动具有任意性,基本上不受固定程序和形式的约束,也可将道德规范、社会习惯作为调解的依据;③调解书仅具有合同性质,不具有强制执行的效力。

9.3.2 劳动争议调解的原则

劳动争议调解是劳动争议处理全过程中的一个环节,一方面要遵守整个劳动争议处理的基本原则;另一方面,要遵循调解中的专有原则。

1. 自愿原则

劳动争议调解机构应依照法律,遵循双方当事人自愿原则进行调解。经调解达成协议的,制作调解协议书,双方当事人应当自觉履行;调解不成的,当事人在规定的期限内,可以向劳动争议仲裁委员会申请仲裁。

当事人双方自愿原则体现在以下几个方面。

(1) 是否向调解机构申请调解,由双方当事人自行决定,对任何一方不得强迫。调解机构的调解,在我国劳动争议处理程序中不是必经的程序。所以,当事人是否向调解机构申请调解,可由争议双方自愿选择。但是,如果一方当事人向调解机构申请调解,另一方向仲裁委员会申请仲裁,则仲裁委员会应受理。

(2) 在调解的过程中,始终贯彻自愿协商的原则。调解机构本身并无决定权,劳动争议的解决主要依靠双方自愿。经调解是否达成协议,由当事人自愿,不得强加,调解机构在调解过程中不能强行调解或勉强调解达成协议,更不允许包办代替。调解过程是一个自愿协商过程,双方当事人法律地位平等,任何一方不得强迫另一方。

(3) 调解协议的执行是自愿的。经劳动争议调解机构达成的协议,没有强制执行的法律效力。调解协议的履行,依靠当事人的自觉,不得强制执行。

2. 民主说服原则

这是由劳动争议调解机构的性质决定的。调解机构既不是国家的审判机关,也不是国家行政机关。因此,它没有司法审判权,也没有行政命令权和仲裁权。在调解劳动纠纷时,主要运用国家的法律,运用民主讨论的方法,说服教育的方法,在双方认识一致的前提下,动员其自愿协商后达成协议。坚持这一原则,要反对强迫命令、用权势压服的做法。

9.3.3 劳动争议调解机构

1. 调解机构的设置

劳动争议调解机构是专门处理劳动争议的群众性组织。《劳动争议调解仲裁法》将劳动争议调解的组织不再局限于企业劳动争议调解委员会,而是整合了现在社会上已经成立的各种劳动调解组织来参与劳动争议,包括基层人民调解组织、在乡镇、街道设立的具有劳动争议调解职能的一些组织[1],把矛盾、纠纷化解在基层,有利于促进劳动关系的和谐稳定。企业劳动争议调解委员会的调解是用人单位的劳动者对本单位内部的劳动关系和劳动争议进行自我管理、自我调解、自我化解的一种有效途径。其设立与否,由用人单位根据自身的实际情况决定。原则上,一个用人单位设立一个调解委员会。《企业劳动争议调解委员会组织及工作规则》第七条还规定:"设有分厂(或者分公司、分店)的企业,可以在总厂(总公司、总店)和分厂(分公司、分店)分别设立调解委员会。"

2. 调解机构的性质

调解机构从性质上说,是基层群众性组织。作为一种群众性组织,它只能根据自愿原则,采取说服教育的方法来解决当事人之间的劳动争议,不得依据所谓"职权"主动要求或强迫当事人接受调解,也不得强迫当事人达成调解协议。但是企业劳动争议调解委员会在业务上也具有一定的独立性,它是在职工代表大会的领导和当地劳动争议仲裁委员会的指导下进行工作,不受用人单位行政的干预。

3. 调解机构的组成

根据《劳动争议调解仲裁法》第十条第二款的规定:"企业劳动争议调解委员会由职工代表和企业代表组成。"之所以这样规定,是因为可以广泛吸收各方面的意见:职工代表可以反映职工方面的困难及要求;企业代表可以反映企业的意见和观点。由上述双方组成的调解委员会,有助于增强其调解的权威性,使用人单位或职工愿意申请调解,有助于对各个方面、各方当事人的情况进行全面的调查了解,有助于作出公正的调解意见,防止偏袒某一方的情况发生。

职工代表由工会成员担任或者由全体职工推举产生,企业代表由企业负责人指定。企业调解委员会的办事机构设在用人单位工会委员会,调解委员会主任由工会成员或者双方推举的人员担任[2]。调解委员会成员都是在本单位担任一定生产或工作任务的兼职人员,应当是有一定劳动法律知识、政策水平和实际工作能力,办事公道、为人正派、密切联系群众的人员担任。调解委员会成员调离本企业或需要调整时,应由原推举单位或组织按规定另行推举或指定。调解委员会的名单应当报送地方总工会和地方劳动争议仲裁委员会备案。

---

[1] 参见《劳动争议调解仲裁法》第十条第一款:发生劳动争议,当事人可以到下列调解组织申请调解:①企业劳动争议调解委员会;②依法设立的基层人民调解组织;③在乡镇、街道设立的具有劳动争议调解职能的组织。

[2] 参见《劳动争议调解仲裁法》第十条第二款。

4. 调解机构的职责

根据《企业劳动争议调解委员会组织及工作规则》第四条的规定，企业劳动争议调解委员会具有以下职责：①按照法律规定的原则和程序，调处本单位内的劳动争议，并回访、检查当事人执行调解协议的情况，督促当事人认真履行调解协议；②积极开展劳动法律、法规和政策的宣传教育工作，提高企业行政和职工的法制观念，以预防劳动争议的发生；③建立必要的工作制度，做好调解的登记、档案管理和分析统计工作。

9.3.4 劳动争议调解的程序

1. 当事人申请

劳动争议发生后，任何一方当事人都可以自知道或应当知道其权利被侵害之日起30日内，以口头或书面的形式向本单位劳动争议调解委员会或其他调解机构申请调解，并亲自或由调解机构工作人员填写《劳动争议调解申请书》，写明申请人和对方当事人的姓名、性别、年龄、职务以及争议的事实、理由和要求，并附有关证据材料。

2. 受理

劳动争议调解委员会接到申请后，应遵循对方当事人的意见。对方当事人不愿调解的，应做好记录，在3日内以书面形式通知申请人。对双方均同意调解的，应审查双方当事人的资格，所提交的争议是否属于劳动争议，是否属于受理范围，是否超过申请时效，并在4日内决定受理与否。对不予受理的，应向申请人说明理由。

3. 调解前的准备

劳动争议调解委员会在受理案件后，正式开始调解前，应做好必要的准备工作。如告知双方当事人参加调解，由调解委员会主任或其指定1~2名调解人员负责调解事项，对劳动争议进行全面调查取证，了解案情，熟悉有关法律、法规、政策等。

4. 调解

在弄清基本事实及各项准备工作就绪时，应及时进行调解。调解的方式，可根据情况灵活掌握，可以召集当事人及有关知情者召开调解会议进行直接调解，也可以分别与各当事人单独接触进行说服教育工作，必要时还可以通过有关方面的代表或当事人亲朋好友协助进行调解。调解进行到一定阶段，可由劳动争议调解委员会提出解决建议或方案，供当事人协商讨论，达成调解协议。

5. 达成调解协议

经过调解，双方当事人达成协议的，应制作调解协议笔录，由双方当事人和调解员签名或盖章。然后，据此制作调解协议书，协议书应写明争议双方当事人的姓名（或名称及法定代表人）、职务、争议事项、调解结果以及其他应说明的事项，由劳动争议调解委员会主任及双方当事人签名或盖章，并加盖调解委员会印章。劳动争议调解委员会对调解不成的，应制作记录，并填写调解意见书。二者均应一式三份，双方当事人和劳动争议调解委员会各执一份。《劳动争议调解仲裁法》第十四条第三款规定："自劳动争议调解组织收到调解申请之日起十五日内未达成调解协议的，当事人可以依法申请仲裁。"

9.4 劳动争议的仲裁法律制度

9.4.1 劳动争议仲裁的概念

仲裁又称公断,其基本含义是由一个公正的第三者对当事人之间的争议作出评断。劳动争议仲裁是劳动争议仲裁委员会对用人单位与劳动者之间发生的争议,在查明事实、明确是非、分清责任的基础上,依法作出裁决的活动。

与劳动争议调解相比,劳动争议仲裁具有下述特点:①仲裁机构是一种依法组成的半官方机构,而非民间机构;②仲裁申请可以由任何一方当事人提起,无须双方当事人合意;③仲裁机构在调解不成的情况下可做出裁决,仲裁调解或仲裁裁决依法生效后具有强制执行的效力。

与劳动争议诉讼相比,劳动争议仲裁的特点表现在以下几个方面:①仲裁机构不属于司法机关,在处理劳动争议的过程中无权采取强制措施;②仲裁程序较简便,不及诉讼程序严密和复杂;③仲裁调解和仲裁裁决不具有最终解决争议的效力,也不能由仲裁机构自己强制执行。但《劳动争议调解仲裁法》规定部分案件实行"一裁终局",这部分案件除非法定情形具有最终解决争议的效力。

劳动争议仲裁就其法律属性而言,是一种兼有行政性和准司法性的执行行为[①]。具体表现如下:一方面,劳动行政部门的代表在仲裁机构组成中居于首席地位,仲裁机构的办事机构设在劳动行政部门,仲裁机构要向本级政府负责,仲裁行为中还有行政仲裁的因素;另一方面,仲裁机构的设立、职责、权限组织活动原则和方式等与司法机构有许多共同或相似之处,它是国家依法设立的处理劳动争议的专门机构,依法独立行使仲裁权。

9.4.2 劳动争议仲裁的机构

1. 劳动争议仲裁委员会

《劳动争议调解仲裁法》第十七条规定:"劳动争议仲裁委员会按照统筹规划、合理布局和适应实际需要的原则设立。省、自治区人民政府可以决定在市、县设立;直辖市人民政府可以决定在区、县设立。直辖市、设区的市也可以设立一个或者若干个劳动争议仲裁委员会。劳动争议仲裁委员会不按行政区划层层设立。"劳动争议仲裁委员会由劳动行政主管部门代表、同级工会代表和用人单位方面的代表组成,仲裁委员会的人数必须是单数。由于处理劳动争议是一项政策性强、涉及面广的工作,因此,劳动争议仲裁委员会主任由劳动行政部门代表担任。

《劳动争议调解仲裁法》第十九条第二款规定,劳动争议仲裁委员会依法履行下列职责:①聘任、解聘专职或者兼职仲裁员;②受理劳动争议案件;③讨论重大或者疑难的劳动争议案件;④对仲裁活动进行监督。

---

① 王全兴. 劳动法学[M]. 北京:高等教育出版社,2004:417.

2. 劳动争议仲裁委员会办事机构

劳动争议仲裁委员会下设办事机构，负责办理劳动争议仲裁委员会的日常工作。根据《劳动争议仲裁委员会组织规则》的规定，仲裁委员会办事机构在仲裁委员会领导下，负责处理日常工作，其主要职责如下：①承办处理劳动争议案件的日常工作；②根据仲裁委员会的授权，负责管理仲裁员，组织仲裁庭；③管理仲裁委员会的文书、档案、印鉴；④负责劳动争议及其处理方面的法律、法规及政策咨询；⑤向仲裁委员会汇报、请示工作；⑥办理仲裁委员会授权或交办的其他事项。

3. 仲裁庭和仲裁员

根据劳动法律、法规的规定，劳动争议仲裁委员会处理劳动争议案件，实行仲裁员和仲裁庭制度。

仲裁员包括专职仲裁员和兼职仲裁员。二者都必须经省级以上的劳动行政部门考核认定，取得仲裁员资格后，方可担任专职或兼职仲裁员。根据《劳动争议调解仲裁法》第二十条第二款规定，仲裁员应当公道正派并符合下列条件之一：①曾任审判员的；②从事法律研究、教学工作并具有中级以上职称的；③具有法律知识、从事人力资源管理或者工会等专业工作满5年的；④律师执业满3年的。专职仲裁员和兼职仲裁员在执行仲裁公务时享有同等的权利。

专职仲裁员由劳动争议仲裁委员会从劳动行政主管部门从事劳动争议处理工作的人员中聘任。兼职仲裁员由劳动争议仲裁委员会从劳动行政主管部门或其他行政主管部门的人员、工会工作者、专家、学者和律师中聘任。

仲裁员的主要职责如下：①接受劳动争议仲裁委员会办事机构交办的劳动争议案件，参加仲裁庭；②进行调查取证，有权向当事人及有关单位、人员进行调阅文件、档案，询问证人、现场勘察、技术鉴定等与争议事实有关的调查；③根据国家的有关法律、法规、规章及政策提出处理方案；④对争议当事人双方进行调解工作，促使当事人达成和解协议；⑤审查申诉人的撤诉请求；⑥参加仲裁庭合议，对案件提出裁决意见；⑦案件处理终结时，填报《结案审批表》；⑧及时做好调解、仲裁的文书工作及案卷的整理归档工作；⑨宣传劳动法律、法规、规章、政策；⑩对案件涉及的秘密和个人隐私应当保密。

仲裁庭是在劳动争议仲裁委员会领导下处理劳动争议案件的，一般实行一案一庭制。简单案件，劳动争议仲裁委员会可以指定1名仲裁员独任处理。

仲裁庭由1名首席仲裁员、2名仲裁员组成。仲裁庭的首席仲裁员由劳动争议仲裁委员会负责人或授权其办事机构负责人指定，另两名仲裁员由劳动争议仲裁委员会授权其办事机构负责人指定或由当事人各选1名。

仲裁庭的主要职责如下：①独立仲裁劳动争议案件；②依法调查取证，询问当事人、证人；③进行调解，制作调解书；④审理终结、对争议做出裁决；⑤法律规定的其他职权。

总之，仲裁庭是在仲裁员委员会的授权和指导下，以仲裁委员会的名义独立仲裁劳动争议案件，向仲裁委员会负责的专门机构。仲裁庭对重大的或者疑难案件的处理，应当提交劳动争议仲裁委员会讨论决定。对于仲裁委员会的决定，仲裁庭必须执行。

9.4.3 劳动争议仲裁的原则

仲裁委员会仲裁劳动争议，除需要遵守处理劳动争议的基本原则外，还需要遵守以下原则。

（1）先行调解原则，指仲裁委员会或仲裁庭在裁决前，首先应进行调解，调解不成或当事人拒绝调解，然后再裁决。

应用实例 9-3

先行调解原则利于当事双方及时解决问题

李某系某建筑陶瓷有限公司职工，2006年6月在压砖工作过程中右手被压力机压伤，经淄矿集团中心医院住院治疗，李某被诊断为右腕关节外伤性完全离断；右前臂软组织挫伤。2006年11月27日淄川区劳动和社会保障局认定李某为工伤，2006年12月25日淄博市劳动能力鉴定委员会鉴定李某的劳动功能障碍程度为四级。

2007年2月，李某向区劳动争议仲裁委员会提出申诉，要求与用工单位某建筑陶瓷有限公司解除劳动关系，并支付各项工伤待遇共计136 400元。区劳动争议仲裁委员会依法受理后，组成仲裁庭，适用简易程序开庭对本案进行了审理，申诉人李某及委托代理人、被诉人的委托代理人均到庭参加审理。在开庭查明事实的基础上，仲裁庭对双方进行了当庭调解，但双方未能立即达成一致意见。本着最大限度维护劳资双方，特别是劳动者合法权益的原则，庭后区劳动争议仲裁委员会又对双方进行了调解，耐心地给双方解释相关程序及法律规定，说明利害关系，使双方在相互谅解的基础上，达成一致意见。2007年4月17日在区劳动争议仲裁委员会的努力下，双方终于达成一致调解意见，由区劳动争议仲裁委员会出具调解书，双方一次性处理完毕。

双方当事人协商达成协议如下：①用工单位某建筑陶瓷有限公司一次性支付李某各项工伤待遇及其他费用共计85 000元；②双方解除劳动关系，今后李某无论在身体、生活等方面发生任何状况都与用工单位无关；③仲裁费双方均担。

（资料来源：http://www.600hr.com/data/Web/Html/View_5278.htm.）

（2）依法回避原则，指在仲裁活动中，仲裁员不得参加处理与自己有利害关系或者其他关系的案件的仲裁。为了保证劳动争议案件能够得到公正处理，必须遵守回避原则。《劳动争议调解仲裁法》第三十三条规定："仲裁员有下列情形之一，应当回避，当事人也有权以口头或者书面方式提出回避申请：①是本案当事人或者当事人、代理人的近亲属的；②与本案有利害关系的；③与本案当事人、代理人有其他关系，可能影响公正裁决的；④私自会见当事人、代理人，或者接受当事人、代理人的请客送礼的。劳动争议仲裁委员会对回避申请应当及时做出决定，并以口头或者书面方式通知当事人。"

（3）一次性裁决原则，指任何一级仲裁委员会的裁决都是一次性裁决，当事人任何一方对裁决不服的，都不能向上一级仲裁委员会申诉、请求再次仲裁，只能在规定的期限内向人民法院提出诉讼。到期不起诉的，裁决书即发生法律效力。但是《劳动争议调解仲裁法》规定，部分实行"一裁终局"的案件，裁决书自做出之日起发生法律效力。

（4）少数服从多数的原则，指仲裁委员会或仲裁庭处理劳动争议，遇到分歧意见，为了及时裁决，必须遵守的一项原则。《劳动争议调解仲裁法》第四十五条规定："裁决应当按照多数仲裁员的意见做出，少数仲裁员的不同意见应当记入笔录。仲裁庭不能形成多数意见时，裁决应当按照首席仲裁员的意见做出。"

9.4.4 劳动争议仲裁的范围

根据《劳动争议调解仲裁法》第二条的规定,劳动争议仲裁主要受理以下几个方面的案件,包括:①因确认劳动关系发生的争议;②因订立、履行、变更、解除和终止劳动合同发生的争议;③因除名、辞退和辞职、离职发生的争议;④因工作时间、休息休假、社会保险、福利、培训以及劳动保护发生的争议;⑤因劳动报酬、工伤医疗费、经济补偿或者赔偿金等发生的争议;⑥法律、法规规定的其他劳动争议。

依据《劳动争议调解仲裁法》第五十二条的规定,事业单位实行聘用制的工作人员与本单位发生的劳动争议的也属于仲裁的范围。

9.4.5 劳动争议仲裁的管辖

管辖指确定各个仲裁机构审理案件的权限,明确当事人应在哪一个仲裁机关申请仲裁,由哪一个仲裁机关受理的法律制度。其实质是各个仲裁机关审理案件的内部分工。《劳动争议调解仲裁法》第二十一条规定:"劳动争议仲裁委员会负责管辖本区域内发生的劳动争议。劳动争议由劳动合同履行地或者用人单位所在地的劳动争议仲裁委员会管辖。双方当事人分别向劳动合同履行地和用人单位所在地的劳动争议仲裁委员会申请仲裁的,由劳动合同履行地的劳动争议仲裁委员会管辖。"

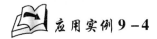
应用实例 9-4

地域管辖以方便劳动者为原则

邓某现住青岛市市南区,属城镇户口。1999年到宁波某机械制造公司青岛分公司工作,由于青岛分公司不具备企业法人资格,邓某遂与宁波某机械制造公司签订劳动合同。邓某在青岛分公司工作期间,其工资表由宁波某机械制造公司制作,按月将其工资汇入青岛分公司账户,由青岛分公司发放其本人。2001年,邓某与宁波某机械制造公司因工资支付问题产生争议,欲提起劳动仲裁,经查询有关文件得知,其应当到工资关系所在地宁波提起劳动仲裁,但其无力到宁波市提起劳动仲裁,经再三考虑,邓某向青岛市劳动争议仲裁委员会提起仲裁申请。青岛市劳动争议仲裁委员会受理此案后,向宁波某机械制造公司邮寄送达了应诉通知书,宁波某机械制造公司当即提出管辖异议申请,认为青岛市劳动争议仲裁委员会无管辖权,应将管辖权移送至宁波市劳动争议仲裁委员会。青岛市劳动争议仲裁委员会在收到被诉人提出的管辖异议申请后,对案件事实进行了调查,认为邓某系青岛市居民,其工资关系虽在宁波,但系在青岛市签订并履行合同,本着方便职工的原则,邓某可向青岛市劳动争议仲裁委员会申诉,于是驳回了被诉人宁波某机械制造公司的管辖异议申请。

此种情况常出现在外地驻青单位,劳动者虽与外地公司签订劳动合同,但其住所地、劳动合同履行地均在青岛市,产生争议后劳动者往往无力到异地申请仲裁。对于此种情况,《企业劳动争议处理条例》第十八条规定"发生争议的企业与职工不在同一仲裁委员会管辖地区的,由职工当事人工资关系所在地的仲裁委员会处理",主要是为了方便职工申诉。对该类争议的管辖,可以比照《中华人民共和国民事诉讼法》(以下简称《民事诉讼法》)有关规定,按因履行合同发生的纠纷由合同签订地或履行地人民法院管辖的原则,由劳动合同履行地的劳动争议仲裁委员会管辖。《劳动争议调解仲裁法》实施后,可以直接适用第二十一条的规定,由劳动合同履行地的劳动争议仲裁委员会管辖。

(资料来源: http://china.findlaw.cn/falvchangshi/zhongcai/zcsq/sqal/4917.html。)

9.4.6 劳动争议仲裁参加人

仲裁参加人是指那些通过参加仲裁活动来维护自己合法权益的法人、依法成立的其他企业和单位以及自然人。因此，仲裁申诉人、被诉人、第三人、共同申诉人均属于仲裁参加人。根据《劳动争议调解仲裁法》第二十二条规定："发生劳动争议的劳动者和用人单位为劳动争议仲裁案件的双方当事人。劳务派遣单位或者用工单位与劳动者发生劳动争议的，劳务派遣单位和用工单位为共同当事人。"由于仲裁代理人(包括委托代理人、法定代理人和指定代理人)是代理劳动争议当事人维护当事人的合法权益活动，所以也是仲裁参加人。

无民事行为能力人和限制民事行为能力的职工可以由其法定代理人代为参加仲裁活动；没有法定代理人的，由仲裁委员会为其指定代理人代为参加仲裁活动。死亡的职工由其近亲属或者代理人参加仲裁活动。

与劳动争议案件的处理结果有利害关系的第三人，可以申请参加仲裁活动或者仲裁委员会通知其参加仲裁活动。

9.4.7 劳动争议仲裁的时效

时效是指在规定的期限内，劳动争议当事人不行使申诉权，申诉权因期满而归于消灭的制度。

法律为行使申诉权规定了时间界限。劳动法规定当事人应当从知道或者应当知道其权利被侵害之日起 60 日内，以书面形式向仲裁委员会申请仲裁。如期限届满，即丧失请求保护其权利的申诉权，仲裁委员会对其仲裁申请不予受理。这一规定的立法目的是尽快解决劳动争议。结果在实践中，由于时效太短反而不利于保护劳动者权益。因此，《劳动争议调解仲裁法》延长了仲裁时效，第二十七条第一款规定："劳动争议申请仲裁的时效期间为一年。仲裁时效期间从当事人知道或者应当知道其权利被侵害之日起计算。"同时，针对劳动者在劳动关系存续期间为了避免与用人单位产生冲突，往往不敢及时主张自己的一些权益，《劳动争议调解仲裁法》第二十七条第四款规定："劳动关系存续期间因拖欠劳动报酬发生争议的，劳动者申请仲裁不受本条第一款规定的仲裁时效期间的限制；但是，劳动关系终止的，应当自劳动关系终止之日起一年内提出。"

为了进一步保护当事人的合法权益，《劳动争议案件司法解释二》第一条将以下情形视为劳动争议发生之日：①在劳动关系存续期间产生的支付工资争议，用人单位能够证明已经书面通知劳动者拒付工资的，书面通知送达之日为劳动争议发生之日。用人单位不能证明的，劳动者主张权利之日为劳动争议发生之日；②因解除或者终止劳动关系产生的争议，用人单位不能证明劳动者收到解除或者终止劳动关系书面通知时间的，劳动者主张权利之日为劳动争议发生之日；③劳动关系解除或者终止后产生的支付工资、经济补偿金、福利待遇等争议，劳动者能够证明用人单位承诺支付的时间为解除或者终止劳动关系后的具体日期的，用人单位承诺支付之日为劳动争议发生之日。劳动者不能证明的，解除或者终止劳动关系之日为劳动争议发生之日。

与此同时，相关法规还明确了劳动争议仲裁时效的中止及中断的情形。①中止。《劳动争议案件司法解释二》第十二条和《劳动争议调解仲裁法》第二十七条第二款规定，当事人能够证明在申请仲裁期间内因不可抗力或者其他正当理由无法申请仲裁的，仲裁时效中止,从中止的原因消除之日起,申请仲裁时效期间继续计算;②中断。我国以前的劳动法律法规都没有关于中断情形的规定。现在《劳动争议案件司法解释二》第十三条和《劳动争议调解仲裁法》第二十七条第三款的规定,中断的事由主要包括向对方当事人主张权利;向有关部门请求权利救济;对方当事人同意履行义务。申请仲裁期间中断的,从对方当事人明确拒绝履行义务,或者有关部门作出处理决定或明确表示不予处理时起,申请仲裁期间重新计算。

关于仲裁时效延长事由,应参照民法规定授权仲裁机关在法定中止、中断事由之外,将某种特殊情形认定为仲裁时效延长事由①。

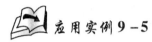应用实例 9-5

劳动仲裁时效中断,提成奖金失而复得

马某于2004年1月进入上海某防水工程有限公司(以下简称公司)工作,担任销售员,从事屋面防水材料的销售工作,约定劳动报酬为基本工资加提成奖金,提成奖金根据约定的《销售提成方案》计算。2004年12月,马某与上海某建筑公司签订了标的为100万元的销售合同。2005年4月,公司将马某辞退。2005年5月8日,马某向公司催讨提成奖金,公司以该货款客户并未支付完毕,根据公司规定提成奖金应当是客户货款到位后才支付,公司承诺如客户将该货款支付完毕后,公司即向马某支付提成奖金。2007年9月30日,上海某建筑公司向上海某防水工程有限公司支付货款完毕,马某得知这一情况后,向公司提出要求获得提成奖金,公司以马某已离职,货款由其他人员收回为由拒绝支付奖金。2007年11月15日,马某向公司所在地劳动争议仲裁委员会提起仲裁,要求公司支付提成奖金15万元。仲裁委员会认为该案已超过仲裁时效,裁定对马某的申请不予受理,不予支持马某要求公司支付提成奖金的请求。马某不服,委托上海君拓律师事务所李华平律师代理,向法院提起诉讼,法院经过仔细审理,终于支持了马某的诉讼请求,判决公司支付马某提成奖金15万元。

根据《劳动法》第八十二条的规定,提出仲裁要求的一方应当自劳动争议发生之日起60日内向劳动争议仲裁委员会提出书面申请。简言之,仲裁时效为60天。马某离开公司的时间为2005年4月,并于2005年5月向公司主张获取提成奖金的权利,该请求在仲裁时效之内。公司承诺在货款到位后向其支付,而货款于2007年9月底到位,但是公司并没有履行支付义务。2007年11月中旬马某提起仲裁是否超过时效问题,关键在于确定劳动争议发生之日。

如何确定"劳动争议发生之日"?一种观点认为,马某离开公司,公司没有一次性支付劳动报酬完毕,劳动争议即发生,马某应当于60天内提起仲裁,但是马某在2007年11月才提起仲裁,显然已超过仲裁时效,仲裁委员会应当不予受理。另一种观点认为,因为马某在2005年5月向公司主张权利,主张权利的时候在60天的仲裁时效内,公司承诺货款到位后向其支付,劳动争议并没有发生。劳动争议发生之日应当从马某知道或者应当知道公司货款到位后而没有向其支付提成奖金之日开始起算。2007年9月底,马某得知客户货款到位后,这才属于劳动争议发生之日,于2007年11月提起仲裁并没有超过时效,之前的属于时效中断,仲裁委员会应当受理。

公司所在地劳动仲裁委员会采纳第一种观点,认为该争议已超过时效,裁定不予受理。从《企业处理劳动争议条例》来看,并没有规定仲裁有时效中断的情形,做出超过仲裁时效的裁定并不违反法律规定;但是本案并没有超过人民法院确定的仲裁时效,应当支持马某的仲裁请求。根据《劳动争议案件司法解释二》第十三条之规定,当事人能够证明在申请仲裁期间内具有下列情形之一的,人民法院应当认

---

① 王全兴.劳动法学[M].北京:高等教育出版社,2004:424.

定申请仲裁期间中断：①向对方当事人主张权利；②向有关部门请求权利救济；③对方当事人同意履行义务。马某在仲裁期间内向公司主张了权利，公司也承诺同意履行义务，具有仲裁时效中断的情形。马某于2007年11月提起仲裁，应当没有超过时效，法院采纳了该意见，依法受理此案。在认定仲裁时效中，目前劳动争议仲裁委员会和人民法院的审理依据并不一致，这往往令当事人难以理解。自2008年5月1日起，这种尴尬情形将不复存在，因为《劳动争议调解仲裁法》已经对仲裁时效的审理依据与人民法院的依据已经完全统一起来了，对时效中止或时效中断做了一致的规定，保证了法律适用的统一性。

不得不提的是，证据在本案中对仲裁时效的计算起到了至关重要的作用。如何证明"向对方当事主张了权利"？如何证明"对方当事人同意履行义务"。在本案中，马某是个有心人，2005年5月8日向公司催讨提成奖金时，他将自己向公司法定代表人主张权利的对话做了录音，从录音中能够明确地表明当天的时间，法定代表人承诺货款到位履行支付义务的言语，还有提起奖金计算的方式等。因此，该录音确保了仲裁时效的中断，对马某的请求有了强有力的证明依据。最后，法院经过审理，做出了裁判，判令公司支付马某提成奖金15万元。

（资料来源：http://laodongfa.yjbys.com/zhongcai/80122.html.）

9.4.8 劳动争议仲裁的程序

1. 申请仲裁

当事人应在法定期间内申请仲裁，应向仲裁委员会提交书面申请书，并按照被申请人的人数提交副本。《劳动争议调解仲裁法》第二十八条第二款规定，仲裁申请书应当载明下列事项：①劳动者的姓名、性别、年龄、职业、工作单位和住所，用人单位的名称、住所和法定代表人或者主要负责人的姓名、职务；②仲裁请求和所根据的事实、理由；③证据和证据来源、证人姓名和住所。书写仲裁申请确有困难的，可以口头申请，由劳动争议仲裁委员会记入笔录，并告知对方当事人。

另外，为了减轻劳动者的经济负担，《劳动争议调解仲裁法》第五十三条规定："劳动争议仲裁不收费。劳动争议仲裁委员会的经费由财政予以保障。"

2. 受理

仲裁委员会在收到当事人申请后应对此进行审查。审查的内容主要是，申请人是否与本案有直接利害关系，申请仲裁的争议是否属于劳动争议、是否属于仲裁委员会的管辖范围，申请书及有关材料是否符合要求，申请时间是否符合时效规定。经审查，若发现申请手续不全和内容欠缺，仲裁委员会办事机构应限期让申请人纠正。对于符合受理条件的案件，应填写《立案审批表》并报仲裁委员会或其授权的办事机构负责人审批。劳动争议仲裁委员会收到仲裁申请之日起5日内，认为符合受理条件的，应当受理，并通知申请人；认为不符合受理条件的，应当书面通知申请人不予受理，并说明理由。对劳动争议仲裁委员会不予受理或者逾期未作出决定的，申请人可以就该劳动争议事项向人民法院提起诉讼。

《劳动争议调解仲裁法》第三十条规定："劳动争议仲裁委员会受理仲裁申请后，应当在五日内将仲裁申请书副本送达被申请人。被申请人收到仲裁申请书副本后，应当在十日内向劳动争议仲裁委员会提交答辩书。劳动争议仲裁委员会收到答辩书后，应当在五日内将答辩书副本送达申请人。被申请人未提交答辩书的，不影响仲裁程序的进行。"

3. 仲裁前的准备

劳动争议仲裁委员会应当在受理仲裁申请之日起5日内将仲裁庭的组成情况书面通知

当事人。对于事实清楚、案情简单的案件,可指定1名仲裁员独任审理;对于比较复杂的案件,成立3名仲裁员组成的仲裁庭。仲裁庭成员审阅案卷材料,进行必要的调查取证。《劳动争议调解仲裁法》第三十九条第二款规定:"劳动者无法提供由用人单位掌握管理的与仲裁请求有关的证据,仲裁庭可以要求用人单位在指定期限内提供。用人单位在指定期限内不提供的,应当承担不利后果。"

4. 开庭仲裁

仲裁庭应当在开庭5日前,将开庭日期、地点书面通知双方当事人。当事人有正当理由的,可以在开庭3日前请求延期开庭。是否延期,由劳动争议仲裁委员会决定。收到书面通知,当事人无正当理由拒不到庭或未经仲裁庭同意中途退庭的,对申请人按撤回申请处理,对被申请人可做缺席裁决。进行仲裁应充分听取双方当事人的意见,最后作出裁决。仲裁调解书和裁决书都应由仲裁员签名,并加盖仲裁委员会的印章。调解书还应由双方当事人签名或盖章。另外,《劳动争议调解仲裁法》第四十六条还规定:"对裁决持不同意见的仲裁员,可以签名,也可以不签名。"

 应用实例9-6

流动仲裁制度及时化解劳资纠纷

张某系某市某厂职工,2004年进该单位担任机器维修工作,双方签有书面劳动合同。2005年5月2日,在维修传送带过程中其右手不慎被机器滚筒卷入,即被送往中国人民解放军第一一七医院救治,诊断为左手手指压伤及左中指末节毁损等伤,经住院治疗后基本康复。在此期间,用人单位向张某支付了全部医疗费及生活费。2006年3月10日,经海宁市劳动和社会保障局认定为工伤;同年5月8日,经嘉兴市劳动能力鉴定委员会鉴定为九级伤残。

张某在取得九级伤残鉴定结论后,就其他工伤待遇问题同用人单位进行协商,但因双方分歧较大,不能达成一致意见。张某于5月12日向镇劳动关系协调委员会申请调解。镇劳动关系协调委员会受理后进行了调解,并于5月16日与市劳动仲裁院取得联系。在征得双方当事人同意后,市劳动仲裁院于5月17日指派仲裁员和书记员各一名,上门会同镇劳动关系协调委员会的兼职仲裁员进行调处。经当天现场开庭审理与调解,双方当事人自愿达成了一致调解意见,并当场签收了《仲裁调解书》:由用人单位在签收调解书次日再一次性支付张某工伤待遇20 000元;同时,双方约定解除劳动关系和工伤保险关系,今后双方无涉。

实施方便快捷的流动仲裁制度,不仅及时化解了用人单位与职工的劳动争议,消除了不稳定因素,而且有力地促进了基层兼职仲裁员调解劳动争议业务水平的提高,也促进了劳动争议办案效率的提高。

(资料来源:http://szb.sgrb.com/html/2012-04/26/content_7836.htm。)

5. 裁决

仲裁庭对案件审结后,应填写《仲裁结案审批表》报仲裁委员会审批,经审批的应按规定送达仲裁文书,并将案件资料归档。送达有以下方式:直接送达、留置送达、委托送达、邮寄送达、公告送达。仲裁调解书一经送达即发生法律效力,裁决书(除"一裁终局"的裁决书)送达15日内当事人不起诉的即发生法律效力。

为了解决劳动争议处理周期长、劳动者维权成本高的问题,《劳动争议调解仲裁法》规定了"一裁终局"的案件,该法第四十七条规定,下列劳动争议,除该法另有规定的外,仲裁裁决为终局裁决,裁决书自做出之日起发生法律效力:①追索劳动报酬、工伤医疗费、经济补偿或者赔偿金，不超过当地月最低工资标准12个月金额的争议；②因执行国家的劳动标准在工作时间、休息休假、社会保险等方面发生的争议。同时为了保障当事人的救济权，《劳动争议调解仲裁法》第四十八条规定劳动者对前述仲裁裁决不服的，可以自收到仲裁裁决书之日起15日内向人民法院提起诉讼；第四十九条规定用人单位有证据证明前述仲裁有符合撤销裁决的法定情形的，可以自收到仲裁裁决书之日起30日内向劳动争议仲裁委员会所在地的中级人民法院申请撤销裁决。这些撤销裁决的法定情形包括以下几个方面：①适用法律、法规确有错误的；②劳动争议仲裁委员会无管辖权的；③违反法定程序的；④裁决所根据的证据是伪造的；⑤对方当事人隐瞒了足以影响公正裁决的证据的；⑥仲裁员在仲裁该案时有索贿受贿、徇私舞弊、枉法裁决行为的。仲裁裁决被人民法院裁定撤销的，当事人可以自收到裁定书之日起15日内就该劳动争议事项向人民法院提起诉讼。

为了尽量减少对劳动者生活的影响，《劳动争议调解仲裁法》还规定了先予执行的制度。《劳动争议调解仲裁法》第四十四条规定，仲裁庭对追索劳动报酬、工伤医疗费、经济补偿或者赔偿金的案件，根据当事人的申请，可以裁决先予执行，移送人民法院执行。仲裁庭裁决先予执行的，应当符合下列条件：①当事人之间权利义务关系明确的；②不先予执行将严重影响申请人的生活。劳动者申请先予执行的，可以不提供担保。

仲裁庭裁决劳动争议案件，应当自劳动争议仲裁委员会受理仲裁申请之日起45日内结束。案情复杂需要延期的，经劳动争议仲裁委员会主任批准，可以延期并书面通知当事人，但是延长期限不得超过15日。逾期未做出仲裁裁决的，当事人可以就该劳动争议事项向人民法院提起诉讼。仲裁庭裁决劳动争议案件时，其中一部分事实已经清楚，可以就该部分先行裁决。

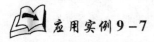

仲裁裁决书生效后，当事人能向法院申请强制执行

杨某为某公司职工，与公司签订了为期两年的劳动合同，合同期间，该公司未为杨某缴纳社会保险费。合同期间，该公司以各种理由在杨某工资分别扣除罚款500元、50元、50元、1 000元，并与申诉人解除劳动关系。杨某遂向劳动争议仲裁委员会申请劳动仲裁，此案调解未成，劳动争议委员会依法裁决：被诉人单位返还在申诉人工资中扣除的罚款并为申诉人办理社会保险手续、缴纳社会保险费。该公司不服，但未在法定期限内向人民法院起诉，也不履行裁决书，杨某向人民法院申请强制执行。

《劳动争议调解仲裁法》第五十一条规定："当事人对发生法律效力的调解书、裁决书，应当依照规定的期限履行。一方当事人逾期不履行的，另一方当事人可以依照民事诉讼法的有关规定向人民法院申请执行。受理申请的人民法院应当依法执行。"本案中该公司逾期不履行裁决书，杨某可以向人民法院申请强制执行。

(资料来源：http://www.66law.cn/question/about/497116.)

9.5 劳动争议的诉讼法律制度

9.5.1 劳动争议诉讼的概念

劳动争议的诉讼是指劳动争议当事人不服劳动争议仲裁委员会的裁决，在规定的期限内向人民法院起诉，人民法院依法受理后，依法对劳动争议案件进行审理的活动。此外，劳动争议的诉讼还包括当事人一方不履行仲裁委员会已发生法律效力的裁决书或调解书，另一方当事人申请人民法院强制执行的活动。

实行劳动争议诉讼制度，从根本上将劳动争议处理工作纳入了法制轨道，以法的强制性保证了争议的彻底解决。同时，这一制度也初步形成了对劳动争议仲裁委员会的司法监督机制，对提高仲裁质量十分有利。此外，还较好地保护了当事人的诉讼权，给予不服仲裁裁决的当事人以求助于司法的权利。

劳动争议的诉讼是解决劳动争议的最终程序。人民法院审理劳动争议案件适用《民事诉讼法》所规定的诉讼程序。

9.5.2　我国劳动争议处理体制的思考

依据《劳动法》和《企业劳动争议处理条例》的规定，劳动争议双方未能和解，并且当事人不愿申请企业调解或调解不成的，须先经劳动仲裁机构仲裁，才能向法院提起诉讼。所以，劳动争议发生后，调解不是诉讼的前置程序，向人民法院起诉并不以经过调解为前提。但劳动争议的诉讼实行仲裁前置原则，只有在当事人对仲裁裁决不服时才能向人民法院起诉，如果当事人未经仲裁程序而直接向人民法院起诉，人民法院不予受理。

从发展的角度看，这种先裁后审的模式并非我国劳动争议处理体制的最佳选择，实践中已显露出诸多弊端。"一裁两审"的程序安排，环节过多，程序过于复杂，导致周期长、效率低、成本高，这是当前劳动争议处理最大的弊端所在。这种程序安排不利于劳动争议的迅速解决，增加了处理劳动争议的成本，尤其是加重了劳动者的负担；还有可能导致矛盾的激化，产生不必要的严重后果。同时，在法律援助资源不足的今天，过长的程序安排最终拖垮的是弱者——劳动者一方，而非用人单位一方①。据有关专家测算，按照现行法律规定的时限推算，如果一起劳动争议案件走完"一裁两审"全部程序，时间可长达一年甚至更长。工伤案件时间则更长。因为仅申请工伤认定就可能花2年4个月到3年11个月的时间，再走完全部程序，总共要3年9个月，如果一些环节上有延长，会到6年7个月。一些企业正是利用这一点恶意诉讼，试图拖垮职工。事实上，一些工伤案件处理时间达到了七八年，有的工伤职工甚至还未等官司结束，没拿到工伤赔偿就去世了②。

《劳动合同法》第七十七条规定："劳动者合法权益受到侵害的，有权要求有关部门依法处理，或者依法申请仲裁、提起诉讼。"对本条中"依法申请仲裁、提起诉讼"的理解，有一种观点认为其中"顿号"表示选择，即意味着劳动者可以选择仲裁，也可以选择直接诉讼。之所以出现这种理解，除了文字表述方式的存在一定的问题外，更主要的是源于全国人大常委会法律工作委员会编写的有关解读劳动合同法的书籍③。但是《劳动争议调解仲裁法》第五条规定："发生劳动争议，当事人不愿协商、协商不成或者达成和解协

---

① 王全兴，侯玲玲. 我国劳动争议处理体制模式的选择[J]. 中国劳动，2002(8)：13-17.
② 王娇萍. 改革还是改良？——中国劳动争议处理体制面临重大选择[N]. 工人日报，2007-09-17(3).
③ "需要注意的是，依法申请仲裁不再是提起诉讼的必经程序，与本法第五十六条的立法指导思想是一致的，这对于劳动法的规定（第七十九条）是一个很大的突破"。参见信春鹰. 中华人民共和国劳动合同法释义[M]. 北京：法律出版社，2007：256.

议后不履行的,可以向调解组织申请调解;不愿调解、调解不成或者达成调解协议后不履行的,可以向劳动争议仲裁委员会申请仲裁;对仲裁裁决不服的,除本法另有规定的外,可以向人民法院提起诉讼。"由此可知,从《劳动争议调解仲裁法》的规定来看,现行的"一调一裁两审"程序基本维持,《劳动合同法》并没有否定仲裁前置,一般情况下,仲裁依然是诉讼必经的前置程序。《劳动争议调解仲裁法》在草案公布的时候,这一规定就引起了极大的争议,因此为了更好、更快地解决劳动争议,维护劳动者的权益、减少现行体制的弊端,《劳动争议调解仲裁法》对仲裁制度进行了改革,包括以下几个方面:①对仲裁的期限进行了缩短。原有的仲裁期限一般为74天。经过批准,可以延长,最长可以延长到104天。而按照《劳动争议调解仲裁法》的规定,一般的期限是50天,其中5天是受理的批准期限,45天的仲裁期限。如果需要延长,最长可以延长到60天,周期几乎缩短了一半;②对劳动争议仲裁委员会不予受理或者逾期未做出决定的,申请人可以就该劳动争议事项向人民法院提起诉讼;③逾期未作出仲裁裁决的,当事人可以就该劳动争议事项向人民法院提起诉讼;④规定了两类"一裁终局"的案件,缩短争议处理周期。

有关部门已经意识到现有的劳动争议处理体制存在的问题,为了劳动者的基本权益能得到最快的解决,《劳动争议案件司法解释二》第三条规定:"劳动者以用人单位的工资欠条为证据直接向人民法院起诉,诉讼请求不涉及劳动关系其他争议的,视为拖欠劳动报酬争议,按照普通民事纠纷受理。"第十七条规定:"当事人在劳动争议调解委员会主持下达成的具有劳动权利义务内容的调解协议,具有劳动合同的约束力,可以作为人民法院裁判的根据。当事人在劳动争议调解委员会主持下仅就劳动报酬争议达成调解协议,用人单位不履行调解协议确定的给付义务,劳动者直接向人民法院起诉的,人民法院可以按照普通民事纠纷受理。"这两条赋予了劳动者以用人单位的工资欠条及在劳动争议调解委员会主持下仅就劳动争议报酬争议达成调解协议为证据直接向人民法院起诉的权利,但同时明确了按照普通民事纠纷受理。通过这种方式可以不经过劳动争议仲裁程序,能够及时保护劳动者应得的工资收入①。另外,《劳动合同法》第三十条第二款规定:"用人单位拖欠或者未足额支付劳动报酬的,劳动者可以依法向当地人民法院申请支付令,人民法院应当依法发出支付令。"这样的规定使劳动者工资收入有了更加有力的保障。与此同时,各地也正通过相应的地方立法和机构改革推动劳动争议的快速解决,以维护劳动者的合法权益。

9.5.3 劳动争议诉讼的原则

人民法院在审理劳动争议案件时,同样遵守司法审判中的一般诉讼原则,如以事实为根据,以法律为准绳的原则;独立行使审判权的原则;回避原则等。

此外,根据劳动争议案件的特殊性,还应体现密切与有关单位配合的原则。因为处理劳动争议案件要以法律为准绳,主要就是以《劳动法》《劳动合同法》的有关法规和政策为依据。劳动行政机关是国家管理劳动工作的专门部门,了解和熟悉劳动法律政策;另外,工会等有关部门都从事企业生产、安全、工资福利、劳动保护等各项管理和监督检查工作,情况也比较熟悉。特别是劳动争议仲裁机关是代表国家处理劳动争议的专职机构,

---

① 郭捷. 劳动法学[M]. 4版. 北京:中国政法大学出版社,2007:293.

负责直接受理和处理各种劳动争议案件,对争议的原因、过程等情况比较了解,且有一定的办案经验。因此,人民法院受理劳动争议案件时,应多向这些单位调查,认真听取他们的意见,密切配合,使案件的审理更加适合处理劳动争议的实际需要。

9.5.4 劳动争议诉讼当事人

劳动争议诉讼当事人是发生劳动争议的劳动者和用人单位。尽管目前劳动争议的诉讼之前必须先经过仲裁,但当事人向人民法院起诉后,劳动争议仍然是劳动者和用人单位之间的民事性质的争议,并不因为仲裁而成为行政性质的争议。当事人不服县(市)、区仲裁委员会裁决的,应向该仲裁委员会所在地的人民法院民事审判庭提起诉讼,不能把仲裁委员会作为劳动争议的当事人,也不能视为该案的第三人。劳动争议的诉讼开始后,仲裁委员会可为人民法院提供有关证据和情况。

2001年4月30日开始实施的《最高人民法院关于审理劳动争议案件适用法律若干问题的解释》(法释〔2001〕14号)(以下简称《劳动争议案件司法解释》)第九条规定:"当事人双方不服劳动争议仲裁委员会作出的同一仲裁裁决,均向同一人民法院起诉的,先起诉的一方当事人为原告,但对双方的诉讼请求,人民法院应当一并作出裁决。"第十条规定:"用人单位与其他单位合并的,合并前发生的劳动争议,由合并后的单位为当事人;用人单位分立为若干单位的,其分立前发生的劳动争议,由分立后的实际用人单位为当事人。用人单位分立为若干单位后,对承受劳动权利义务的单位不明确的,分立后的单位均为当事人。"第十一条规定:"用人单位招用尚未解除劳动合同的劳动者,原用人单位与劳动者发生的劳动争议,可以列新的用人单位为第三人。原用人单位以新的用人单位侵权为由向人民法院起诉的,可以列劳动者为第三人。原用人单位以新的用人单位和劳动者共同侵权为由向人民法院起诉的,新的用人单位和劳动者列为共同被告。"第十二条规定:"劳动者在用人单位与其他平等主体之间的承包经营期间,与发包方和承包方双方或者一方发生劳动争议,依法向人民法院起诉的,应当将承包方和发包方作为当事人。"

9.5.5 劳动诉讼案件的管辖

根据《民事诉讼法》的有关规定,结合劳动争议案件的诉讼主体既有法人,又有劳动者个人,以及劳动争议必须及时处理等特点和要求,人民法院的劳动争议案件管辖一般由劳动争议仲裁委员会所在地的人民法院受理。

由于仲裁管辖与诉讼管辖各有其规则,当事人不服仲裁裁决而起诉时,不应当要求诉讼管辖与仲裁管辖完全对应。具体而言,对于案情比较简单、影响不大的劳动争议案件,一般由劳动争议仲裁委员会所在地的基层人民法院做第一审;对于案情比较复杂、影响很大的劳动争议案件,基层人民法院审理有困难的,可由中级人民法院做第一审。《劳动争议案件司法解释》第九条第二款规定,当事人双方就同一仲裁裁决分别向有管辖权的人民法院起诉的,后受理的人民法院应当将案件移送给先受理的人民法院。

9.5.6 劳动争议案件的诉讼程序

劳动争议案件的诉讼程序应按照《民事诉讼法》的有关规定执行,主要包括起诉、受理、审查前的准备、开庭审理、调解判决和执行。

9.5.7 诉讼时效

根据有关法律规定，劳动争议当事人对仲裁裁决不服的，自收到裁决之日起15天内，可以向人民法院起诉。一方当事人在法定期限内既不起诉、又不履行仲裁裁决的，另一方当事人可以申请人民法院强制执行。

本 章 小 结

通过学习本章，在了解处理劳动争议的原则、劳动争议的立法概况和劳动争议处理机构的基础上，掌握劳动争议的概念和分类、劳动争议处理的范围及处理程序、诉讼和仲裁中调解与诉讼和仲裁外调解的不同点。使学生能够在学习和领会现行法律规定的基础上，学会运用劳动争议处理程序和有关制度用所学的知识解决实践中出现的问题。

复习思考题

一、名词解释

1. 权利争议　　2. 利益争议　　3. 个别争议　　4. 集体争议

二、单项选择题

1. 某企业需要与部分职工变更劳动合同。该企业与部分职工在变更合同关系的过程中发生争议。关于劳动争议的处理，下列表述正确的是（　　）。
   A. 职工侯某表示愿意与企业调解解决，经企业劳动争议调解委员会调解，与该企业达成调解协议，则该协议具有必须履行的法律效力
   B. 职工年某决定申请仲裁，并在规定的仲裁申请时效内向有管辖权的劳动争议仲裁委员会提出申请，则劳动争议仲裁委员会应予受理
   C. 职工马某直接向有管辖权的人民法院提起民事诉讼，人民法院应予以受理
   D. 职工岳某决定申请仲裁，但他未与该企业达成书面仲裁协议，则劳动争议仲裁委员会不予受理

2. 用人单位可以设立劳动调解委员会，其主任由（　　）担任。
   A. 职工代表　　　　　　　　　　　B. 用人单位代表
   C. 工会代表　　　　　　　　　　　D. 工会成员或双方推举的人员

三、多项选择题

1. 根据《劳动争议调解仲裁法》，下面有关仲裁裁决的表述，正确的是（　　）。

A. 仲裁裁决只有在调解未达成协议的前提下才能做出
B. 仲裁裁决自作出之日起具有法律效力
C. 当事人对仲裁裁决不服的，自收到裁决书之日起 15 日内，可以向人民法院起诉
D. 发生法律效力的仲裁裁决书，一方当事人逾期不履行的，另一方当事人只能申请人民法院而不能申请仲裁委员会强制执行

2. 2009 年 10 月，谭某于烹饪学校毕业后，到盛大饭店做厨师。盛大饭店于 11 月和谭某签订了为期 5 年的劳动合同。合同中约定试用期为半年，试用期满进行考试，若考试不合格则延长试用期半年。饭店每月支付谭某工资 2 500 元。谭某在试用期内工作认真，但由于缺少经验，半年后考试不合格，盛大饭店决定延长其试用期半年，并通知谭某，延长试用期期间，谭某的工资为原工资的 50%，即 1 250 元。谭某认为这一决定没有道理，就找到饭店评理。饭店经理称，在延长试用期期间降低工资是本饭店多年的做法，对谭某不能搞特殊。本案谭某与盛大饭店的争议可以采取的解决方式有(　　　　)。

A. 调解　　　　B. 协商　　　　C. 仲裁　　　　D. 起诉

四、简答题

1. 简述劳动争议的种类。
2. 如何理解劳动争议仲裁的范围？

五、论述题

1. 试论述劳动争议仲裁与劳动争议诉讼的关系。
2. 试分析劳动争议仲裁的法律性质。

六、案例分析题

李某于 2003 年 8 月进入 A 公司工作，签订了 5 年期限的劳动合同。2008 年 8 月 1 日劳动合同到期，公司提前 30 天通知李某劳动合同到期终止，不予续签。7 月 25 日，在办理工作交接时，李某提出在 A 公司工作期间周六也上班，公司却一直没有支付加班工资，要求终止劳动合同时一并补发从 2003 年以来的加班费。另外，2006 年符合年假条件，应享受 10 天的带薪年假，已经向公司提出申请，但一直没批准，因此应给予相应的补偿。公司拒绝了李某的要求。李某遂打算提起仲裁。

问题：案例中李某的仲裁时效该如何起算？

课 后 阅 读

全国各地创新劳动争议调解机制 6 典型经验

中华全国总工会法律工作部部长刘继臣称，各级工会积极适应新形势、新任务的要求，努力创新劳动争议调解工作机制，取得了很好的效果。各地创新的劳动争议调解工作机制的一些典型经验和做法主要如下。

(1) 建立法院委托工会调解劳动争议案件制度。山东、辽宁、江苏、四川等省工会与人民法院共同开展了由法院委托工会组织和特邀调解员调解进入诉讼程序的劳动争议案件

工作，如江苏省88%的县(市、区)已部署和开展这项工作。截至2007年，工会组织接受人民法院委托调解以及特邀调解员协助调解的劳动争议案件1 418件，调解成功868件，成功率达62.4%。青岛市各级工会、法院全面推广委托调解工作。全市12个区(市)工会受理委托调解案件218件，调解结案211件，调解成功率达97%。一些地方工会的同志也诚心诚意地希望劳动行政部门主导的劳动争议仲裁庭将部分申请仲裁的案件委托工会进行仲裁前调解，以减少劳动行政部门既要行政执法，又要进行仲裁而造成的工作压力。

(2) 建立职工维权合议庭制度。辽宁省本溪、鞍山等一些县市工会会同人民法院成立了职工维权合议庭。职工维权合议庭是人民法院设立的专门合议庭，由一名审判长与一名以上职工陪审员组成，专门审理与职工权益相关的劳动争议案件。职工陪审员在调解阶段是调解员，在审判阶段是审判员，在执行阶段是监督员。2007年，鞍山市三县四区总工会都与同级人民法院相继成立了职工维权合议庭，职工陪审员队伍已经近50人。

(3) 建立中心调解庭和首席调解员制度。江苏省宜兴市70%的乡镇工会建立"中心调解庭"和调解室，设立首席调解员，整合工会特邀调解员、兼职仲裁员、区域调解员、职工法律援助团等调解资源，受理法院委托和仲裁委托调解的劳动争议案17件，涉案金额57.8万元，调解结案率100%。

(4) 建立基层工会法律顾问制度。大连市总工会与市司法局共同建立和推行基层工会法律顾问制度，聘请热心职工维权事业的专业律师无偿为基层工会担任法律顾问，将工会维权关口前移至劳动争议预防和调解阶段。2007年，全市建立基层工会法律顾问制度的工会组织已达2 655家，法律顾问参与劳动争议预防、调解工作6.8万人次，提出法律意见和建议近万条，参与处理劳动争议引发的重大突发性事件27件。

(5) 建立区域劳动争议调解工作联动机制。北京市朝阳区总工会与区劳动和社会保障局、区法院、区司法局共同建立劳动争议调解工作联动机制，成立由4家组成的联动机制领导小组和朝阳区劳动争议调处中心。劳动争议调处中心受理朝阳区域内中央和市属企事业单位发生的劳动争议，经调解达成的调解协议书具有合同效力，仲裁和法院均予认可。劳动争议调处中心成立两个月内，已调解劳动争议16件，调解成功率50%，已办结法院委托督促执行案10件。

(6) 建立企业劳动争议调解中心。首钢总公司成立劳动争议调解中心，设立专门的办公地点，由调解中心聘请的调解员轮流值班，提供劳动法律咨询，宣传劳动法律、法规和政策，组织开展劳动争议调解工作。调解中心成立以来，所属各级劳动争议调解组织(中心)共接待职工咨询445人次，化解劳动争议600余件，申请仲裁的案件数逐年下降。

(资料来源：http://news.sohu.com/20070920/n252262492.shtml.)

第10章 劳动监督检查法律制度

学习目标

知识目标	技能目标
1. 了解劳动监督检查的概念、特点与意义	1. 熟悉劳动监督检查相关法律法规
2. 了解劳动监督检查的体系	2. 理解劳动监督检查体系中各类方式的关系
3. 了解劳动监察的概念、特征、监察主体及权限	3. 掌握劳动监察部门的监察程序
4. 了解劳动监察的客体、内容及程序	4. 熟悉工会监督的监督方式
5. 了解工会监督的内容	5. 熟悉群众检举控告的过程和相关材料的写作
6. 了解人民群众监督的方式	6. 熟悉其他行政机关监督监督检查的执法程序
7. 了解其他行政机关监督检查的类型与方式	7. 能够对具体案例，提出如何实施劳动监督检查

使用童工的行为应当严肃查处

2003年4月,劳动监察机构接到群众举报,反映某高校后勤集团食堂使用一名童工。劳动监察机构根据举报提供的线索找到一名疑似童工的员工,单位负责人解释说该员工是其在本单位食堂任厨师的舅舅介绍来打工的,才工作了20多天,录用他时其舅舅保证他已满16岁,但是单位不能提供该员工的身份证以及其他录用登记证明材料。劳动监察机构立即与该员工户籍所在地派出所联系,当地派出所积极配合,开具户籍证明,证明该员工出生于1987年5月15日,即该员工年龄未满16周岁,确实是童工。劳动监察机构根据《禁止使用童工规定》(国务院令第364号)第六条和第八条规定对该单位处以15 000元罚款,并责令单位在3日内将该童工遣送回家。

(资料来源:http://www.cn12333.com/casus_view.asp?id=134.)

劳动监督检查是劳动法得以实施的重要保障,劳动法律部门中多项劳动法律规范都对劳动监督检查制度做出了规定。本章阐述了劳动监督检查的概念、意义、劳动监督检查的体系,劳动监察的概念、主体、对象与客体、内容和劳动监察程序,并对工会组织和人民群众的监督检查以及其他行政机关的监督检查进行了专门的论述。通过学习本章,读者可全面掌握劳动监督检查制度的基本理论知识和相关的法律规定。

10.1 劳动监督检查法律制度概述

当前,在劳动法制建设上不但要解决有法可依问题,更要坚持有法必依。"徒法不足以自行",建立健全劳动监督检查制度,对于保障劳动法律法规的实施,维护劳动者的合法权益,规范用人单位的劳动用工行为,加强劳动力市场管理,促进经济发展和社会稳定等,都有着十分重要的意义。

10.1.1 劳动监督检查的概念

劳动监督检查,又称劳动监督或劳动法监督,是指法定监督主体为保护劳动者的合法权益,依法对用人单位和劳动服务主体遵守劳动法的情况,进行的监督检查。

劳动监督检查是保证劳动法律法规得到良好实施的一项重要法律制度,其特点如下。

(1) 监督检查的主体是依法享有劳动监督权的行政机关、社会团体、有关单位和劳动者个人,监督检查主体的核心是县级以上各级劳动行政部门,并以县级以上各级人民政府有关部门为补充,以各级工会组织、其他组织和个人为辅助和延伸。

(2) 监督检查的目的是实现劳动法律法规的内容,核心是为了保护劳动者合法权益。

(3) 监督检查的对象是用人单位和劳动服务主体的行为是否合法。

(4) 监督检查的方式是依劳动法律法规规定的各项措施。

监督检查的基本方式是,对遵守劳动法的情况进行检查,对检查中发现的违反劳动法的行为及时制止和纠正,并依法追究违法行为人的法律责任等。

我国一直非常重视劳动监督检查工作的开展,劳动监督立法一直是劳动立法的一个重要组成部分。1993 年原劳动部制定了《劳动监察规定》，对劳动监察的一般规则和劳动保护监察以外其他方面的劳动监察的规则做了规定。1994 年制定的《劳动法》中，第十一章"监督检查"，对劳动监督检查主体及权限等做了专门规定。与此配套，又相继制定了《劳动监察员管理办法》《劳动监察程序规定》《矿山安全监察工作规则》《压力管道安全管理监察规定》《处理举报劳动违法行为规定》等法规。并且，《劳动监察法》的制定，已列入立法规划。2004 年 10 月 26 日国务院通过了《劳动保障监察条例》，对劳动保障监察做了进一步规定。2007 年 6 月 29 日通过的《劳动合同法》第六章就劳动合同相关制度中的监督检查进行了更加详细的规定，2007 年 8 月 30 通过的《就业促进法》中同样规定了劳动监督检查制度。

此外，中华全国总工会还就劳动监督定了专项规章。1995 年，中华全国总工会根据《劳动法》和《工会法》有关规定，制定了《工会劳动法律监督试行办法》，就劳动保护监督以外的劳动监督，做了具体规定。

全国各地方也制定了劳动监督检查地方性法规，如《黑龙江省劳动监督检查条例》《天津市劳动监督检查规定》等。

10.1.2 劳动监督检查的意义

劳动监督检查是劳动法律法规规定的用以监督用人单位遵守劳动法的情况和劳动者合法权益是否受到侵犯所采取的措施。其意义表现在以下一些方面。

1. 有利于劳动法律法规的实施，促进劳动立法的完善

法律从制定到实现中间有一段很长的距离，立法机关和行政机关制定出法律法规后，立法的使命就完成了，更重要的就是如何保证法律的内容在社会生活中得到贯彻实现。法律的实现，一是要靠公民和社会组织自觉的守法；二是靠有关机关依照法律在公民、法人等因争议提交诉讼和仲裁时，对纠纷进行裁决的法律适用活动；三是有关机关主动对法律的遵守情况进行监督检查，发现违法行为及时进行纠正。劳动监督检查就是属于第三种措施，在劳动法规不能得到公民的自觉遵守，并且当事人不愿把争议提交诉讼或仲裁的情况下，劳动监督就成为保证劳动法实施的主要措施之一。在监督检查过程中，对于发现的问题与立法不足，也可以通过一定途径反馈到立法机关，从而促进立法的完善。

2. 有利于保护劳动者的合法权益

制定本法的主要目的是保护劳动者的利益。在劳动法律关系中，劳动者一方是弱者，各方面都无法与用人单位相抗衡。劳动关系建立后，劳动者与用人单位又有隶属关系。用人单位往往利用自己所处的优势违反劳动法的规定，侵犯劳动者的合法权益。而劳动者也往往由于财力、时间、精力以及其他顾虑所限，不敢理直气壮地与用人单位进行斗争。大量的用人单位的违法行为是通过国家机关主动进行检查才被发现，劳动监督部门在发现问题后，要依法制止并纠正这些，并给予必要的制裁，从而使劳动者的合法权益得到有效保护。

3. 有利于维护劳动力市场秩序和劳动秩序，促进经济发展，维护社会和谐

在经济发展过程中，有的用人单位一味追求利润和效益，违反劳动法律用工制度，致使用人单位与劳动者之间出现纠纷，影响到劳动力市场秩序和劳动秩序的稳定，对经济发

展起到阻碍作用。劳动监督检查就是要最大限度地避免和减少违法事件发生，维护劳动力市场秩序和劳动秩序，从而为经济发展提供有力保障。

10.1.3 劳动监督检查的体系

依据我国《劳动法》和有关法规的规定，我国的劳动监督检查体系由行政监督和社会监督两部分组成。其中，行政监督由劳动监察和相关行政监督组成，社会监督主要有工会监督和群众监督。

1. 劳动行政部门监督

《劳动法》第八十五条规定："县级以上各级人民政府劳动行政部门依法对用人单位遵守劳动法律、法规的情况进行监督检查，对违反劳动法律、法规的行为有权制止，并责令改正。"

在劳动监督检查体系中，劳动行政部门监督是最基本、最重要的监督形式，其他监督形式都是对劳动行政部门监督的配合。主要表现在以下方面。

（1）劳动行政部门监督是最全面的劳动监督。其监督范围比其他监督形式都广泛，可以说，不论何种劳动关系，不论劳动关系的哪部分内容和哪个运行环节，也不论用人单位的隶属关系和所在行业（部门），都可依法纳入其监督范围。其他主体的劳动监督大多只在特定范围内对劳动法实施的情况进行监督，或者只限于某项或某几项劳动法律制度，或者局限于某个行业（部门），或者只限于劳动关系的某部分内或某个环节。

（2）劳动行政部门监督是约束力度最大的劳动监督。劳动行政部门是国家法定专门从事劳动管理的部门，其劳动监督行为是代表本级政府实施的，属于国家劳动监察，其法律效力高于其他劳动监督形式。

根据相关法律法规的规定，国务院现设人力资源和社会保障部、国家安监总局、国家煤矿安监局3个部局劳动行政机构。人力资源和社会保障部主要负责劳动和社会保险、城乡就业、劳动服务、劳动合同、劳动标准、职工工资等方面的政策制定与监督检查；国家安监总局综合管理全国安全生产工作，依法行使国家安全生产监督管理职权和国家煤矿安全监察职权。国家煤矿安监局是由国家安监总局实行部门管理的国家局。地方各级县以上政府均设有对应的人力资源和社会保障机构和安全生产监督管理机构，人力资源和社会保障机构负责对应的辖区内的劳动监督职责，安全生产监督管理机构负责辖区内除煤矿和特种设备外的安全生产监督。国家煤矿安监局在19个省（自治区、直辖市）设立直属煤矿安监局，负责地方煤矿的安全监察工作。省（自治区、直辖市）煤矿安监局可在大中型矿区设立安全监察办事处，作为其派出机构，负责该矿区的安全监察工作。涉及生命安全、危险性较大的锅炉、压力容器（含气瓶，下同）、压力管道、电梯、起重机械、客运索道、大型游乐设施等特种设备的安全监察由质量技术监督部门负责。国家安监总局负责监督质量技术监督部门的该项监察工作。

2. 相关行政部门监督

《劳动法》第八十七条规定："县级以上各级人民政府有关部门在各自职责范围内，对用人单位遵守劳动法律、法规的情况进行监督。"

在劳动监督体系中,劳动行政部门监督是最基本、最重要的监督形式,但也需要其他相关行政部门监督的配合。因为一方面,劳动法与其他法律部门在内容上存在交叉,有的违法行为既违反了劳动法,也同时违反了其他法律部门的有关规定,需要其他行政部门与劳动行政部门配合处理。另一方面,违反劳动法的行政制裁措施中某些制裁措施只能由劳动行政部门以外的特定行政部门实施。例如,吊销营业执照的权力专属于工商行政部门。所以,为了保障劳动法的全面实施,应当由有关行政部门在各自职责范围内,对劳动法遵守的情况实行监督。

相关行政部门的监督,主要包括企业所在地的行政主管部门、财政部门、税务部门、审计部门、工商行政管理部门、技术监督部门、公安机关、卫生行政管理部门、教育行政管理部门等机关进行的监督检查工作。

3. 工会监督

《劳动法》第八十八条第一款规定:"各级工会依法维护劳动者的合法权益,对用人单位遵守劳动法律、法规的情况进行监督。任何组织和个人对于违反劳动法律、法规的行为有权检举和控告。"

依据《工会法》的规定,工会是职工自愿结合的工人阶级的群众组织,中华全国总工会及其各工会组织代表职工的利益,依法维护职工的合法权益。监督用人单位遵守劳动法,是《劳动法》和《工会法》赋予工会的一项基本职责。

工会监督是一种最重要的社会监督,工会拥有一套全国统一并且几乎遍及各个用人单位的组织体系,且以全体职工为后盾,这是其他任何分散性的社会监督无法与之相比的。所以,行政监督只有在工会监督的密切配合下,才能全面和有效地保证劳动法实施。

4. 群众监督

《劳动法》第八十八条第二款规定:"任何组织和个人对于违反劳动法律、法规的行为有权检举和控告。"

在劳动监督体系中,群众监督是对劳动行政部门监督、其他行政机关监督和工会监督的必要补充。充分发挥人民群众在这方面的作用,对于督促用人单位严格遵守劳动法律、法规,切实保障劳动者的合法权益具有十分重要的意义。

10.2 劳动监察

劳动监察是劳动监督检查制度中最重要的监督形式,属于行政执法的范畴,是行使行政权力的具体行政行为。劳动行政主管部门对违反劳动法规的单位或劳动者,可以依据现行劳动法律、法规、规章的决定,分别给予警告、通报批评、罚款、吊销许可证、责令停产整顿的处罚;对触犯其他行政法规的,建议有关行政机关给予行政处罚;对触犯刑律的,建议执法机关追究刑事责任。

10.2.1 劳动监察的概念

劳动监察,是指法定专门机构和人员以国家的名义对用人单位遵守劳动法律法规的情况进行强制性的监督、检查并对违法行为进行处罚的活动。

相对于一般的劳动监督检查，劳动监察主要有以下几个方面特征。

1. 法定性

进行监察的主体是法律法规规定的行政机关或授权的社会组织，其他任何组织和个人都不得进行劳动监察；劳动监察规则直接由法律规定，并且这种法律规定是强行规范，监察主体必须严格依据法律实施检查活动；被监察主体不得以协议或其他任何方式规避监察。

2. 行政性

劳动监察属于行政执法和行政监督的范畴，是劳动行政机关以劳动法律法规为依据，根据法律的授权对用人单位进行的监督检查，是行使行政权力的具体行政行为，与司法监督、权力机关的监督行为性质不同。

3. 唯一性

在劳动监督体系中，只有劳动监察是以国家名义对劳动法的遵守实行统一的监督。

4. 全面性

劳动监察涉及劳动法律法规遵守和执行的所有方面，凡是用人单位涉及劳动法的行为都属于劳动监察的监察对象。

5. 处罚性

劳动监察主体依据法律、法规享有对用人单位的处罚权。

 阅读材料

劳动监察的产生与发展

劳动监察于1802年起源于英国，英国最初对《学徒工健康和道德法》的监督是通过自愿性委员会进行的，但监督的成效不大，1833年政府将监督工作授权给一些社会名流，由他们履行真正的监察职责，对4名监察员的任命标志着劳动监察制度的诞生。国际劳工组织通过了第一批国际劳工标准，其中有关劳动监察的有两项国际标准，一是1919年的《劳动监察（卫生部门）建议书》，二是1923年《劳动监察建议书》。1947年，国际劳工组织通过了《（工商业）劳动监察公约》和1969年《劳动监察（农业）公约》。

我国劳动监察制度正式建立于20世纪90年代。1993年8月4日，原劳动部发布《劳动监察规定》，根据该规定，县（区）以上劳动行政部门设立劳动监察机构，其主要职责是宣传劳动法律、拟订劳动标准、对用人单位执行劳动法的情况进行监督检查、检查劳动安全卫生等。1994年颁布的《劳动法》进一步推进了劳动保障监察工作的开展。截至2005年年末，全国共有劳动保障监察机构3 201个，劳动保障监察机构组建率为94.8%。各级劳动保障部门配备劳动保障专职监察员2万人。

劳动监察被看作是一种事实上必需的国家干预责任，一种保护劳动者身心健康所必需的政府法定义务。劳动监察是公共行政系统的一部分，是对劳资双方力量不均衡进行干预的行政执法手段。

（资料来源：翟玉娟. 中国劳动监察的困境与挑战——以劳动行政部门的屡屡败诉为例[J]. 行政与法. 2008(8)：75－79.）

10.2.2 劳动监察的主体

劳动监察的法律性质属于国家行政执法，根据相关法律法规的规定，劳动行政部门设立劳动监察机构并配有劳动监察员进行劳动监察。

1. 劳动监察机构

劳动监察机构，在国外又称劳工检查机构，是经法律授权代表国家对劳动法的遵守和执行情况进行监督检查的专门机构。从许多国家所建立的劳动监察机构的情况来看，劳动监察机构的法律地位有以下特点。

（1）劳动监察机构一般设置在各级劳动行政部门，在同级劳动行政部门行政首长和上级劳动监察机构的领导、监督和指导下开展工作。

（2）劳动监察机构的设置有两种模式。一种是设置一个综合性劳动监察机构，由它全面行使劳动监察权；另一种是按监察对象分别设置若干个专业性劳动监察机构，它们相互间地位平等并列。

（3）劳动监察机构不同于劳动部门内其他机构。其他机构只是承担劳动部门的一定管理职能的管理机构，不具有独立性。劳动监察机构则是行使国家监察职能的机构，它依法独立行使监察权而不受劳动部门内其他机构和劳动部门外其他部门、单位和个人的干预；其职权由法律直接规定，而不由劳动部门通过内部职能分工来确定。

在我国，县级以上劳动行政部门都设置综合性劳动监察机构，具体负责除劳动安全卫生监察以外各项劳动监察工作。各级劳动监察机构都分别受同级劳动行政部门领导和上级劳动监察机构业务指导。县级劳动监察机构的管辖范围，除省级政府另有规定外，一般及于本行政区域内的各单位；省级、地（市）级劳动监察机构的管辖范围，由省政府规定。

2. 劳动监察员

劳动监察员，国外又称劳工监察员或劳工检察官，是指国家设立的执行劳动监察的专职或兼职人员。按我国立法要求，劳动监察机构应当配备专职劳动监察员和兼职劳动监察员。其中，兼职劳动监察员主要负责与其本职业务相关的单项检查，但行政处罚权会同专职监察员进行。

劳动监察员必须具备相应的任职条件，劳动监察员应当熟悉劳动业务，掌握劳动法律知识，坚持原则，秉公办事。具体主要包括专业知识条件、专业培训和学历条件、技术职称条件、工作经历条件、身体条件、品行条件等。

关于劳动监察员任命的权限和程序，我国有关法规对一般劳动监察员和矿山安全监察员、锅炉压力容器监察人员做了有所不同的规定。

3. 劳动监察主体的监察权限

劳动监察机构与人员在履行监察职责过程中所享有的法定权力主要有以下几点。

1）检查权

根据我国劳动监察法规的规定，劳动监察员有权根据工作需要，随时进入有关单位进行检查；查阅（调阅）或复制被检查单位的有关资料，询问有关人员，必要时可向有关单位或劳动者下达《劳动监察询问通知书》《劳动监察指令书》，并要求其在收到该通知书或

《指令书》之日起 10 日内据实向劳动监察机构作出书面答复。检查权是劳动监察诸多权限中的最基本的权限，是劳动监察机构职能的体现，是劳动监察机构履行职责的重要保证，是由劳动监察的本质属性决定的。

2）调查权

劳动监察的基本任务就是依法对用人单位进行监督检查以发现问题，需要处理时，劳动监察机构应本着实事求是的原则，对发现的问题进行深入细致的了解，在全面掌握事实的前提下，才能公正处理。依据劳动法律法规，劳动监察人员的调查权表现在进入现场，查阅、复制与监察事项有关的文件、资料，询问当事人及见证人等。

3）建议权

劳动监察机构根据检查、调查的情况，在必要的情况下可以对被监察对象行使建议权。建议权是在行使检查权和调查权的基础上实现的，目的是改善和促进工作，或对出现的问题与所造成的损失提出必要的补救措施。劳动监察机构对于不执行、不正确执行或者拖延执行国家劳动法律、法规以及规章的，可以要求其执行或者正确执行；对于用人单位发布的不适当的规章制度、命令指示，可以要求其限期纠正、修改、补充、完善或撤销；已经给劳动者权益造成损害的，可以要求其采取必要的补救措施；对用人单位行为中的缺点、漏洞和薄弱环节（如劳动安全卫生方面），建议其总结教训、认真加以改进。

4）审查认证权

我国劳动安全监察法规中规定，劳动安全监察机构有权对劳动安全卫生条件和生产指挥、特种设备操作等人员，进行考核、考试、审查、验收、鉴定，并对其中的合格者颁发许可证、合格证、操作证等资格证件。

5）处置权

处置权又称指令制止和责令纠正权。根据我国劳动安全监察法规的规定，劳动安全监察机构对事故隐患、特别是重大隐患，有权责令企业限期整改，对违章现象有权纠正和制止，遇有紧急、严重的不安全、不卫生情况，或企业在接到《监察意见通知书》无故不采取补救措施或不停止违法行为的，有权采取责令停止机器运转、封闭矿井、组织或支持工人撤离现场等措施。

6）处罚权

按照我国现行法规的规定，劳动监察主体有权对违反劳动法的被监察主体依法分别给予警告、通报批评、罚款、吊销许可证、责令停产停业整顿的处罚。对需要由有关行政机关给予特定行政处罚者向有处罚权的行政机关提出处罚建议，对触犯刑法者建议司法机关追究刑事责任；劳动监察主体还有权对阻挠、刁难、殴打劳动监察员等妨碍监察公务的或者不按规定时间答复《监察询问通知书》《监察指令书》的，以及不如实反映情况的责任人员给予行政处罚，凡触犯《治安管理处罚法》的则建议公安机关处理。

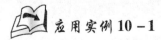

青山区劳动监察大队为农民工讨薪 110 余万元

青山区人社局劳动监察大队接到刘某等 36 人投诉，反映包头市某建筑劳务有限责任公司拖欠他们

2014年3月—2015年9月的工资110余万元。前来投诉的农民工从事钢筋工种，工程已经完工，却多次向该公司索要工资未果。

接到投诉举报后，青山区人社局劳动监察大队立即派出专职劳动监察员前往该建筑劳务有限责任公司核查事实。经多方面调查取证，因该建筑劳务有限责任公司与福建省某建设工程有限公司分包项目工程中存在农民工工资争议，双方协商未果，确实存在拖欠农民工工资的行为。青山区人社局劳动监察大队及时联系福建省某工程有限公司负责人，及时介入事件进行干预，明确违法行为，责令限期整改，促使双方公司参与协商。最终双方公司达成一致，并达成工资支付协议，从而成功帮助36名农民工讨回欠薪110余万元。

10.2.3 劳动监察的对象与客体

劳动监察制度是由国家劳动行政部门依据法律授权，按照法律规定和法律程序对用人单位侵犯劳动者合法权益的行为进行检查、约束、制止和处罚的劳动行政执法制度。因此，劳动监察只能以用人单位为监察对象，劳动监察的客体则是为劳动法律法规所保护而为用人单位违法侵害的劳动者的合法权益。

原劳动部1993年制定的《劳动监察规定》曾将用人单位和劳动者都作为劳动监察对象。后来《劳动法》对此做了修改，它明确规定"县级以上各级人民政府劳动行政部门依法对用人单位遵守劳动法律、法规的情况进行监督检查"，从而将劳动者从劳动监察对象中排除了，原因如下。

1. 劳动监察的立法目的要求劳动监察要以用人单位为监察对象

劳动法以保护劳动者为主旨，劳动监察是作为平衡和补救劳资关系不平衡的内在矛盾而发展起来的法律制度，它只能以处于弱势地位的劳动者的利益为保护对象。劳动监察最初就是在雇主不遵守劳动法的现象相当普遍和严重的背景下产生的，一开始就直接以监督雇主遵守劳动法为目的。从世界绝大多数国家的劳动监察立法实践来看，一般均将劳动者排除在劳动监察对象之外。

2. 劳动关系的特点和劳动监察的行政性质也决定劳动监察不能以劳动者为检查对象

劳动关系双方当事人虽然都必须遵守劳动法，并且都必须受到监督，但是，劳动法已将执行劳动纪律的权力赋予用人单位，用人单位可依法对劳动者行使生产和工作指挥权和违纪行为裁决权。其中已包含了对劳动者遵守劳动法的监督。相反，劳动者在劳动关系中处于从属地位，对于用人单位遵守劳动法的情况，不可能像用人单位监督劳动者那样单凭自己的力量进行有效的监督。

从劳动监察的法律性质来看，劳动监察并不是对普通民事主体间的合同争议进行监督管理，而是对在法律上不对等的劳动法律关系进行干预。它通过对劳动者合法权益进行强化保护，对用人单位肆意侵犯劳动者合法权益的行为进行惩处，从而维护社会和法律的公平正义。

当然，劳动监察尽管要以保护劳动者合法权益为根本，但它仅是对劳动者合法权益的保护，而不是故意袒护甚至纵容劳动者恣意妄为，对其非法要求和不法利益不予保护。同时，对用人单位正常的经营行为和管理行为不能随意干涉，而只能制止其非法侵犯劳动者合法权益的行为。

10.2.4 劳动监察的内容

根据我国《劳动监察规定》和有关劳动法规的规定，除劳动保护监察以外的劳动监察，主要有下述一些方面的内容：①社会劳务中介机构和社会培训机构遵守有关规定的情况；②劳动合同的订立和履行情况；③用人单位订立、变更和解除集体合同，制定内部劳动规则的情况；④单位招聘职工的行为；⑤劳动者的工作时间；⑥用人单位保障最低工资和工资支付，遵守企业工资总额宏观调控规定的情况；⑦国有企业经营者的收入情况；⑧单位和劳动者缴纳社会保险费情况；⑨社会保险金给付情况；⑩单位遵守职工福利规定的情况；⑪单位和劳动者遵守职业技能开发规定的情况；⑫社会职业技能考核鉴定机构对劳动者职业技能考核鉴定及发放证书的情况；⑬承办境外承包工程、对外劳务合作、公民个人出境就业的机构维护境外就业人员合法权益的情况；⑭法律、法规、规章规定的其他事项。

根据我国《劳动法》《矿山安全法》《矿山安全监察条例》《特种设备安全监察条例》等劳动安全卫生法规的规定，劳动保护监察的内容主要如下：①企业（包括矿山）新建、扩建、改建工程和重大技术改造工程的设计和竣工验收；②锅炉压力容器和其他特种危险设备的设计、制造、安装、使用、检验、修理和改造；③特种危险物品的生产、储存、运输和使用；④劳动保护用品的设计、生产、经营和发放；⑤企业劳动安全卫生技术措施计划的实施和劳动安全卫生技术措施经费的使用；⑥劳动安全卫生技术培训、考试和发证；⑦有关劳动安全卫生新技术、新工艺、新设备、新材料的鉴定；⑧女职工和未成年工的特殊劳动保护；⑨劳动安全卫生法所规定的其他事项。

10.2.5 劳动监察的程序

劳动监察的程序，是指劳动监察主体在依法行使劳动监察权的活动中所应遵循的过程和步骤。

劳动监察必须遵循法定程序，这是对劳动监察机关依法行政的必然要求，也是劳动监察行为具有法律效力的一个必要条件。劳动监察大体分为以下三大程序。

1. 劳动监察执法检查的程序

劳动执法检查是整个劳动监察程序中的组成部分。大致分为以下4个阶段。

（1）准备阶段，即做好执法检查的准备工作，确定实施检查的人员，制定检查实施方案。

（2）实施阶段。这是对检查范围内的用人单位遵守劳动法的情况实际调查了解的阶段，也是全部检查活动过程中的关键性阶段。

（3）终结处理阶段。这是根据调查了解所得到的事实和材料依据劳动法律法规进行分析评价做出处理的阶段。

（4）写出总结报告，即检查结果的书面材料。报告的主要内容应当包括执法检查工作的基本情况，检查中发现的问题与倾向，对问题产生的原因的分析，处理意见（监察决定或监察建议）。

2. 案件处理程序

处理用人单位的违法行为，依照下列程序。

1) 登记立案

对发现的违法行为,经过审查,认为有违法事实、需要依法追究的,应当登记立案。

2) 调查取证

对已立案的案件,应当及时组织调查取证。

3) 处理

在调查取证后,对需要追究法律责任的案件,劳动行政主管部门应当做出处理决定。处理决定作出前,劳动行政主管部门应当听取当事人申辩。

4) 制作处理决定书

劳动行政主管部门作出处理决定,应当制作处理决定书。处理决定书应当加盖劳动行政主管部门印章,并载明:①当事人姓名、住址等基本情况;②劳动行驶主管部门认定的违法事实;③适用的法律、法规、规章或规范性文件;④处理结论;⑤处理决定的履行日期或者期限;⑥当事人依法享有的申请行政复议或者提起行政诉讼的权利;⑦做出处理决定的行政机关名称;⑧做出处理决定的日期。

5) 送达

劳动监察机构在处理决定做出之日起七日内,应当将处理决定送达当事人。处理决定书自送达当事人之日起生效。

劳动监察员对事实清楚、证据确凿、情节简单的违法行为,可以简化程序,当场处理。当场处理应当填写当场处理决定书,并递交当事人,当事人对当场处理有异议的,应当按正常程序办理。

3. 行政复议或行政诉讼

单位和劳动者对劳动行政处罚不服的,可按照《中华人民共和国行政诉讼法》(以下简称《行政诉讼法》)、《中华人民共和国行政复议条例》的规定申请复议或起诉。复议和诉讼期间,不影响原决定的执行,单位和劳动者逾期不申请复议,不起诉又不执行处理决定的,劳动监察机构可以申请人民法院强制执行。

应用实例 10-2

用人单位应当遵守劳动工时制度的规定

某日,劳动保障监察机构接到群众举报,反映某公司存在超时加班的行为。劳动保障监察机构迅速介入了解,经实地调查,该公司由于近期接到一笔大订单,临时增加了工作任务,要求全体员工(共 20 人)每天工作时间由原来的 8 小时延长至 10 小时,并取消了周六、周日的正常休息,这种情况已经持续了两个半月,且属于强迫员工加班,虽然支付了加班工资,但是很多员工身体已无法承受这样的劳动强度。根据原劳动部《违反〈中华人民共和国劳动法〉行政处罚办法》(劳部发〔1994〕532 号)第四条、第五条的规定,劳动保障监察机构下达了整改指令书,要求单位及时改正现有的工时制度,支付劳动者加班工资,并对该公司行为处以 6 000 元罚款。

为保护劳动者的身心健康,国家对劳动者的工作时间加以明确规定。《劳动法》第三十六条规定:"国家实行劳动者每日工作时间不超过八小时、平均每周工作时间不超过四十四小时的工时制度。"1995 年修改过的《国务院关于职工工作时间的规定》第三条对《劳动法》第三十六条加以修正:"职工每日工作 8 小时、每周工作 40 小时。"《劳动法》第三十八条规定:"用人单位应当保证劳动者每周至少休息一日。"第四十一条规定:"用人单位由于生产经营需要,经与工会和劳动者协商后可以延长工作时间,一般每日不得超过一小时;因特殊原因需要延长工作时间的,在保障劳动者身体健康的条件下延长工作时间每日不得超过三小时,但是每月不得超过三十六小时。"该公司的做法已经违反了以上法律、法规的规定,根据原劳动部《违反〈中华人民共和国劳动法〉行政处罚办法》(劳部发〔1994〕532号)第四条:"用人单位未与工会和劳动者协商,强迫劳动者延长工作时间的,应给予警告,责令改正,并可按每名劳动者每延长工作一小时罚款一百元以下的标准处罚。"第五条:"用人单位每日延长劳动者工作时间超过三小时或每月延长工作时间超过三十六小时的,应给予警告,责令改正,并可按每月劳动者每超过工作时间一小时罚款一百元以下的标准处罚。"虽然该公司支付了劳动者加班工资,但是其做法剥夺了劳动者休息休假的权利,违反了《劳动法》相关规定,最终得到应有的处罚。

(资料来源:http://www.cn12333.com/casus_view.asp?id133.)

10.3 工会和人民群众的监督

根据我国《劳动法》等相关法律法规的规定,劳动监督除了国家行政机关的监督检查之外,还包括社会监督,其中最重要的是工会监督,另外还有人民群众的监督。

10.3.1 工会的劳动监督

《劳动法》第八十八条第一款规定:"各级工会依法维护劳动者的合法权益,对用人单位遵守劳动法律、法规的情况进行监督。"另外,《工会法》第二条第二款规定:"中华全国总工会及其各工会组织代表职工的利益,依法维护职工的合法权益。"这从法律上明确规定了工会的劳动监督权。

工会对劳动法实施情况进行监督检查也是工会性质的必然要求,它是保护劳动者权益的法定组织,具有维护劳动者合法权益的职责。《劳动法》第七条第二款规定:"工会代表和维护劳动者的合法权益,依法独立自主地开展活动。"这就决定了工会组织应对用人单位遵守劳动法律、法规和规章的情况进行监督,就用人单位违反有关法律、法规的规定,侵犯职工合法权益的行为开展调查,并提出处理意见。

工会主要从以下几个方面对用人单位的守法情况进行监督,以维护劳动者的合法权益。

1. 对执行工时制度、工资制度进行监督

工作时间和休息休假制度是公民劳动权的重要组成部分,是职工权益的重要体现。劳动法规定职工每日工作8小时,平均每周40小时的工时制度。工会对用人单位有关劳动时间的执行情况要给予监督。《工会法》第二十二条规定,企业、事业单位违反劳动法律、法规规定,有下列侵犯职工劳动权益情形,工会应当代表职工与企业、事业单位交涉,要求企业、事业单位采取措施予以改正;企业、事业单位应当予以研究处理,并向工会作出答复;企业、事业单位拒不改正的,工会可以请求当地人民政府依法作出处理:①克扣职工工资的;②不提供劳动安全卫生条件的;③随意延长劳动时间的;④侵犯女职工和未成年工特殊权益的;⑤其他严重侵犯职工劳动权益的。

2. 对执行有关女职工和未成年工的特殊劳动保护进行监督

根据《工会法》第二十二条的规定,企业、事业单位违反保护女职工和未成年工特殊权益的，工会应当代表职工与企业、事业单位交涉，要求企业、事业单位加以纠正。女职工和未成年工的劳动权益要受到较之成年工人更加特殊的保护，在《工会法》《未成年人保护法》《妇女权益保障法》等法律、法规中都对女职工和未成年工的劳动保护作出了详细的规定，用人单位必须执行这些规定。

3. 对企业辞退、处分职工进行监督

《工会法》第二十一条第一款、第二款规定："企业、事业单位处分职工，工会认为不适当的，有权提出意见。企业单方面解除职工劳动合同时，应当事先将理由通知工会，工会认为企业违反法律、法规和有关合同，要求重新研究处理时，企业应当研究工会的意见，并将处理结果书面通知工会。"

4. 对用人单位的劳动保护条件进行监督

《工会法》第二十三条规定："工会依照国家规定对新建、扩建企业和技术改造工程中的劳动条件和安全卫生设施与主体工程同时设计、同时施工、同时投产使用进行监督。对工会提出的意见，企业或者主管部门应当认真处理，并将处理结果书面通知工会。"工会的异议不应当限于新建、扩建企业和技术改造过程中的劳动条件和劳动防护，而应当扩及于一切与法律法规不符的劳动保护设施。

5. 对企业危害职工安全的行为进行的监督

《工会法》第二十四条规定："工会发现企业违章指挥、强令工人冒险作业，或者生产过程中发现明显重大事故隐患和职业危害，有权提出解决的建议，企业应当及时研究答复；发现危及职工生命安全的情况时，工会有权向企业建议组织职工撤离危险现场，企业必须及时作出处理决定。"第二十六条规定："职工因工伤亡事故和其他严重危害职工健康问题的调查处理，必须有工会参加。工会应当向有关部门提出处理意见，并有权要求追究直接负责的主管人员和有关责任人的责任。对工会提出的意见，应当及时研究，给予答复。"

6. 对用人单位其他危害劳动者身心健康，侵犯职工合法权益的行为进行监督

《工会法》第二十二条第(五)项规定，对于企业、事业单位"其他严重侵犯职工劳动权益的"，工会应当代表职工与企业、事业单位交涉，要求企业、事业单位采取措施予以改正。这是一个概括性的条款，也就是说，凡是用人单位有危害劳动者合法权益的行为，工会都有权进行监督。

但应注意，工会的监督权仅限于提出处理建议和要求处理，无权对事件作出处理决定，这是与行政监督不同的地方。

应用实例 10-3

加班加点应与工会和劳动者协商

近期，某合资企业一名职工到劳动监察大队投诉单位从 2002 年 11 月开始每天早 8 点上班，晚上加班至 12 点，无休息日，职工每月工资 600 元，加班费每小时 2.1 元，月收入 1 145 元，连续加班加点，职工身体承受不了，要求尽快解决企业长期安排职工超时加班的问题。接到投诉后，劳动监察大队立案进行了调查。经查实，该企业确实存在加班现象，除去工人吃饭时间，每天加班 7 小时，严重超时。为

此,劳动监察大队依法作出决定:①下达《劳动保障监察责令改正通知书》,责令其限期改正加班加点的行为,按规定支付加班费,并根据情况安排职工补休;②处以罚款3 000元。

《劳动法》第四十一条规定:"用人单位由于生产经营需要,经与工会和劳动者协商可以延长工作时间,一般每日不得超过一小时;因特殊原因需要延长工作时间的,在保障劳动者身体健康的条件下延长工作时间每日不得超过三小时,但每月不得超过三十六小时。"第三十八条规定:"用人单位应当保证劳动者每周至少休息一日。"按照《劳动法》的规定,用人单位因生产经营需要,可以加班加点,但必须符合法定条件:一是与工会和劳动者协商;二是不得超过法定加班加点的时限。凡是不符合这两个条件的加班加点即为违法。本案中,职工连续4个月加班加点且每天加班时间超过3个小时,远远超过了法律规定的时限,而且未能保证劳动者每周至少休息一日,严重违反了法律规定,对劳动者身体健康造成了严重威胁。另外,《劳动法》第四十四条规定,①安排劳动者延长工作时间的,支付不低于工资的150%的工资报酬;②休息日安排劳动者工作又不能安排补休的,支付不低于工资的200%的工资报酬;③法定休假日安排劳动者工作的,支付不低于工资的300%的工资报酬。本案中,按职工每月工资600元计算,职工每小时工资为3.6元,按规定,外资企业加班费应以劳动者上月实得工资为基数计算加班费,即加班费每小时应为5.4元(3.6×1.5),该企业每小时付给职工2.1元的加班费,显然是不符合规定的。

《山东省劳动和社会保障监察条例》第二十四条规定:"用人单位违反国家规定,延长劳动者工作时间的,由劳动和社会保障行政部门给予警告,责令改正,并可以处以三千元以上三万元以下的罚款。"劳动监察机构对该企业作出了适当的行政处罚,严厉打击了用人单位的违法行为,切实维护了劳动者的合法权益。

(资料来源:http://www.cn12333.com/casus_view.asp?id126.)

10.3.2 人民群众监督

《劳动法》第八十八条第二款规定:"任何组织和个人对于违反劳动法律、法规的行为有权检举和控告。"这赋予了各类社会组织和劳动者个人对违反劳动法律、法规的行为进行监督的权利。这里的"组织和个人"是指除了劳动行政部门、政府有关部门和工会组织外的社会组织和公民个人。例如,《女职工劳动保护规定》第十四条规定:"妇联组织有权对本规定的执行进行监督。"

群众监督主要特点如下。

1. 监督主体具有广泛性

任何组织和个人都有权对劳动法的遵守情况进行监督。

2. 监督方式具有特定性和任意性

监督方式具有特定性和任意性,即群众监督的方式只限于检举和控告,具体采取何种形式可由群众自行选择。并且,检举和控告既可以是口头形式也可以是书面形式。

实践中群众监督的方式可以多种多样,如群众组织向有关部门检举和控告;职工或其他个人通过口头或书面形式向用人单位及其领导提出质询、批评和建议;报刊、广播、电视等媒体通过舆论提出要求,展开批评等。事实证明,开展群众监督对于使劳动关系密切,增强用人单位领导的工作责任感,及时查处违反劳动法规的行为,保障劳动者的主人翁地位,均有十分重要的意义。

对于群众的监督,有关部门要十分重视,为群众举报和控告提供方便,并保护检举、控告人的合法权益。

10.4 其他行政机关的监督检查

其他行政机关的监督检查，是指县级以上各级人民政府有关部门，在各自职责范围内，依法对用人单位遵守劳动法律、法规的情况进行监督。《劳动法》第八十七条规定："县级以上各级人民政府有关部门在各自职责范围内，对用人单位遵守劳动法律、法规的情况进行监督。"这里所说的"有关部门"，包括企业所在地的行政主管部门、财政部门、税务部门、审计部门、工商行政管理部门、技术监督部门、公安机关、卫生行政管理部门、教育行政管理部门等专项执法机关。

10.4.1 其他行政机关监督检查的类型

其他行政部门监督大致可分为两类。

1. 用人单位主管部门的监督

用人单位主管部门是政府中对用人单位进行直接综合管理的机关。主管部门在执行监督检查中处于主管行政机关的地位，是监督检查的当然机构，起着上级主管机关的组织、领导和指挥的作用。用人单位主管部门了解所属单位的情况，在管理过程中，容易发现用人单位执行劳动法方面的问题，对所属企业违反劳动法行为的处理也比较容易落实。

用人单位主管部门应当经常深入下属企业，了解、检查、监督劳动法律、法规的实施情况，听取劳动行政部门、其他行政机关、工会、职工群众对执行劳动法律、法规的意见和要求。发现有违法行为的，应当采取有效措施坚决制止和纠正，并可在其职责范围内予以处罚；超出其职责范围的，应提请相关机构进行处理。

2. 其他专项行政执法机关的监督

其他专项行政执法机关的监督主要指县级以上工商行政管理部门、公安部门、教育行政部门、卫生行政部门等除劳动行政部门、企业主管部门以外的专项行政执法机关在各自职责范围之内对劳动法律、法规的执行情况进行监督检查。例如，工商行政管理部门对用人单位招用童工屡教不改、情节严重的，经劳动行政部门提请，可吊销用人单位的营业执照；教育行政部门有权对用人单位使用童工问题进行监督检查；拐骗童工以及虐待童工的，由公安机关给予治安处罚等。其他行政专项执法机关对用人单位的劳动监督，既涉及其违反劳动法律法规的行为，又涉及其违反其他法律、法规的行为，是对劳动行政部门劳动法监督的有益补充。

10.4.2 其他行政机关开展监督检查的方式

其他行政机关监督检查的方式主要有3种。

1. 依法独立开展劳动监督活动

一般是在依法行使职权、进行其他执法活动的同时，对有关单位和个人遵守劳动法律、法规的情况进行监督检查。

2. 依法对劳动行政部门、其他行政部门或工会组织的建议进行调查处理

例如，《禁止使用童工规定》第十二条规定对下列违反本规定的人员，由县级以上劳动行政部门提请有关部门给予行政处分："①使用童工单位的法定代表人或者主要负责人和直接责任者；②为未满16周岁的少年、儿童核发个体营业执照的工商行政管理部门的行政负责人和直接责任者；③为未满16周岁的少年、儿童介绍职业的职业介绍机构以及有关单位的负责人和直接责任者；④为未满16周岁的少年、儿童做童工出具假证明的有关单位的直接责任者。"

3. 会同劳动行政部门、工会等监督主体进行劳动监督检查

各主体进行的联合监督检查，有利于违法行为的发现，也便于对其进行处理，是一种行之有效的监督方式。

本 章 小 结

劳动监督检查是劳动法制建设的重要一环，是学习和研究劳动法学应当掌握的重要内容。本章阐述了劳动监督检查制度的概念及意义，同时介绍了我国劳动监督检查的主体及其职权。监督检查的机构有各级劳动行政部门、有关行政部门以及工会和人民群众等，它们根据各自的职责范围对劳动法执行情况进行监督检查。

复习思考题

一、名词解释

1. 劳动监督检查　　2. 劳动监察

二、单项选择题

1. 劳动监察机构不享有的处罚权是（　　）。
   A. 警告　　　　　　　　　　　　B. 罚款
   C. 责令停产停业　　　　　　　　D. 吊销营业执照
2. 劳动监察机构在认为有必要的时候，可向用人单位发出《劳动监察询问通知书》，了解用人单位遵守劳动法律法规情况，用人单位应当在（　　）向劳动监察机构作出书面答复。
   A. 通知书发出之日起7日内　　　B. 收到通知书之日起7日内
   C. 通知书发出之日起10日内　　　D. 收到通知书之日起10日内

三、简答题

1. 简述工会监督的主要内容。

2. 简述群众监督的方式和主要特点。

五、论述题

试比较劳动监察与其他行政机关的监督检查之间的区别。

六、案例分析

女职工李某系某企业的职工。2006 年 8 月，李某因产假问题与该企业发生争执，后被该企业辞退，于是她到区劳动监察机构投诉。经调查，该企业没有与职工签订劳动合同，未缴纳社会保险，所以女职工享受不到生育保险待遇。同时，企业自行规定女职工在生育和哺乳期只休息一个月的产假，不报销生育期间的医疗费，产假期间不发工资，否则单位予以辞退。

问题：

1. 该企业的有关规定是否合法？李某在生育和哺乳期间应享有哪些权利？
2. 区劳动监察机构是否有权对该企业的行为进行监督检查？如该企业行为不合法，应如何处理？
3. 对该企业的行为，李某还可以通过哪些途径来维护自己的权益？

课 后 阅 读

向劳动保障监察机构举报的程序

1. 受理范围

凡属本区管辖的企业、事业单位或其他用人单位发生违反劳动保障法律法规的行为均属举报投诉受理范围。（注：不符合受理范围的举报案件，指导当事人到有关部门咨询或申诉。）

2. 受理条件

（1）违反劳动保障法律行为发生在两年以内的。

（2）有明确的被投诉用人单位，且投诉人的合法权益受到侵害是被投诉用人单位违反劳动保障法律的行为所造成的。

（3）属于劳动保障监察职权范围并由受理投诉的劳动保障行政部门管辖。

（4）投诉时投诉人应递交投诉文书。

3. 所需材料

（1）举报投诉者应出示身份证、工作证等。

（2）举报者举报本人所在单位违反劳动保障法律法规和规章的，应出示与所在单位建立劳动关系的有效证明，如《劳动合同》、录用通知书、工资卡等。

4. 举报投诉形式及内容要求

（1）举报投诉一般采用书面形式，由本人送到区劳动保障监察大队，也可以用电话举报。

（2）举报材料应包括以下内容：

① 举报者的姓名、性别、年龄、职业、身份证号码、工作单位、家庭地址、联系方式。

②被举报单位名称、被举报人姓名、详细地址(住址)、工商注册登记机关、法定代表人姓名、职务、联系电话。

③被举报事件发生的时间、地点、内容、经过、涉及的人数、金额等。

④被举报的事件必须真实。

⑤举报投诉人请求的事项。

⑥举报人签名,并注明举报时间。

5. 案件的受理和处理

劳动保障监察大队对违反劳动保障法律法规和规章的举报,将视案件的轻、重、急、缓,做好分门别类,并依法查处。

(1) 属于职工与单位之间的劳动争议案件,当事人按《劳动争议调解仲裁法》办理。

(2) 隶属区管辖的企业、事业单位发生的案件,由当事人向区劳动保障监察大队举报。

(3) 区劳动保障监察大队接到不属于受理范围的投诉案件,应告知当事人到相关部门处理。

6. 受理时限

自接到举报投诉之日起5个工作日内受理,自受理之日立案调查,60个工作日内完成调查,对情况复杂的,经劳动保障行政部门负责人批准,可以延长30个工作日;调查完成后在15个工作日内作出行政处罚(行政处理或者责令改正);在90日内对行政处罚、行政处理不履行的,申请人民法院强制执行。

7. 办理依据

《劳动法》《劳动保障监察条例》《社会保险费征缴暂行条例》《劳动合同法》《工资支付规定》等。

(资料来源: http://zhidao.baidu.com/link?url=bW7cwVQDDc5iNdl9I6xpIxi3L15ulVeii5oHroI4cfD6GrBNDliq035mTyclDn91QKmjOO6rXvggUpvMaHFYuK.)

第11章 违反劳动法的法律责任

学习目标

知识目标	技能目标
1. 了解劳动法律责任的特征 2. 了解违反劳动法的法律责任的种类 3. 了解用人单位违反劳动法的法律责任 4. 了解劳动者违反劳动法的法律责任 5. 了解其他劳动法主体违反劳动法的法律责任	1. 能够判断某种法律责任是否属于违反劳动法的法律责任 2. 能够判断违反劳动法的法律责任属于哪个种类 3. 能够运用仲裁、诉讼等方式追究用人单位违反劳动法的法律责任 4. 能够运用仲裁、诉讼等方式追究劳动者违反劳动法的法律责任 5. 能够运用仲裁、诉讼等方式追究其他劳动法主体违反劳动法的法律责任

强迫童工劳动构成犯罪

被告人范刚、李苑玮是夫妻关系,租用广州市越秀区王圣堂大街十一巷16号201房做手表加工及住宿场所。2013年4—10月,被告人范刚与李苑玮以招工为名,先后从中介处招来钟成(案发时16周岁)、苏添园(案发时13周岁)、周燊(案发时15周岁)三名被害人,使用锁门禁止外出的方法强迫3名被害人在该处从事手表组装工作。其间,被告人范刚对被害人钟成、周燊有殴打行为,被告人李苑玮对3名被害人有语言威胁的行为,被告人罗春龙于2013年5月入职后协助被告人范刚看管3名被害人。2013年10月20日,经被害人报警,公安人员到场解救了3名被害人,并将被告人范刚、李苑玮、罗春龙抓获归案。经法医鉴定,被害人钟成和周燊的头部、颈部、臂部受伤,损伤程度属轻微伤。

广州市越秀区人民法院经审理认为,被告人范刚、李苑玮、罗春龙以暴力、胁迫和限制人身自由的方法强迫未成年人劳动,其行为均侵犯了他人的人身权利,共同构成强迫劳动罪,情节严重。被告人范刚在共同犯罪中起主要作用,应认定为主犯;被告人李苑玮、罗春龙在共同犯罪中起次要或辅助作用,应认定为从犯,依法应当从轻处罚。被告人范刚、李苑玮自愿认罪,能如实供述自己的罪行,依法可以从轻处罚。依照刑法有关规定,认定被告人范刚犯强迫劳动罪,判处有期徒刑3年,并处罚金10 000元;被告人李苑玮犯强迫劳动罪,判处有期徒刑10个月,并处罚金5 000元;被告人罗春龙犯强迫劳动罪,判处有期徒刑7个月,并处罚金1 000元。宣判后,没有上诉、抗诉。判决已发生法律效力。

(资料来源:http://syzy.chinacourt.org/public/detail.php?id=7085.)

违反劳动法的法律责任是用人单位、劳动者和劳动行政部门等主体违反劳动法律所应该承担的法律后果,是保障劳动法主体的合法权益和保障劳动法顺利实施的重要措施,是劳动法的重要内容。本章就违反劳动法的法律责任的有关问题进行了阐述,主要包括违反劳动法的法律责任的种类、特征、构成要件以及不同主体违反劳动法的法律责任等内容。通过学习本章,读者可全面掌握违反劳动法的法律责任的基本知识。

违反劳动法的法律后果之一,就是要承担相关的法律责任。一般认为违反劳动法的法律责任有自己的特征和构成要件,主要包括民事责任、行政责任和刑事责任。

11.1 违反劳动法的法律责任概述

11.1.1 法律责任与违反劳动法责任

根据《辞海》和《辞源》里面的解释[①],在古代汉语中,"责"同"责任",其意大致有5种:①求,索取;②诘斥、非难;③义务;④处罚,处理;⑤债。根据《现代汉语词典》[②],"责任"是指分内应做的事;没有做好分内应做的事,因而应当承担的过失。这一词的运用范围极为广泛,有政治、经济、法律、道德等方面的责任。

---

① 辞海编辑委员会. 辞海(缩印本)[M]. 上海:上海辞书出版社,1980:1220;辞源修订组. 辞源(四)[M]. 北京:商务印书馆,1983:2951.
② 中国社会科学院语言研究所词典编辑室. 现代汉语词典[M]. 北京:商务印书馆,1983:1444.

第11章　违反劳动法的法律责任

"法律责任"这一概念在理论界有不同的观点,第一种观点认为,法律责任是指法律规定的行为主体应当实施的行为,法律责任也就是法律义务,两者是同一语;第二种观点认为,法律责任是指法律规定的义务和违反义务的后果;第三种观点认为,法律责任是违反法律的后果。对于这3种观点,第一种观点将法律责任与法律义务等同,抹去了两者的差异,也失去了法律上对责任理解的特点;第二种观点,在同一概念中概括了两种不同的现象——履行义务和违反义务,也难以揭示出法律责任的具体特点。所以,第三种观点是最为可取的[①]。

劳动法和其他法律一样,具有国家强制性,劳动法所规定的责任,是由于违反劳动法而产生的法律后果。劳动法律关系的任一主体,当其拒不履行劳动法规定的义务,或者作出劳动法所禁止的行为,并且具备了违法行为的构成要件,这个主体就应当承担这一违法行为所引起的后果。

违反劳动法的责任是指企业、机关、事业、团体、个体经济组织等用人单位的行政领导人员或劳动者,因违反劳动法律、法规造成或足以造成一定不良后果时应承担的各种法律责任。

11.1.2　违反劳动法的法律责任的特征

1. 违反劳动法的法律责任以劳动法规定的法律义务的存在为前提

法律责任是为确保法律义务的履行而设置的措施,没有法律义务的存在,就不会产生法律责任问题。法律责任只有在义务人不履行法律义务时,才能依法追究。就《劳动法》所规定的法律责任而言,需要强调的是,并不是所有违反劳动义务的行为都将被追究法律责任,只有违反法律义务,法律又明文规定的情况下,才可依法追究法律责任。在以社会为本位的立法中,为保护某些主体利益,将利益主体同时规定为义务主体,说明利益主体对这部分利益无权放弃。在利益主体违反法律规定,实际放弃了这部分利益时,立法者就要视这种利益放弃对社会的危害性而决定是否追究法律责任。例如,劳动者在最低工资以下接受了劳动报酬,通常只追究用人单位的法律责任,而不追究劳动者一方的责任;而违反安全生产的规定,则往往在追究用人单位的法律责任的同时,也追究劳动者的相应责任。

2. 否定性和不利性

违反劳动法的法律责任具有法律价值的否定性和事实内容的不利性。否定性和不利性是任何一个法律部门对当事人违法行为价值评价的结果,价值的评价结果决定着事实内容的程度。劳动法律责任的否定性和不利性通过责任体系的规定,一方面明确昭示劳动法的维权、协调等基本职能,另一方面以独特的责任形式而区别于政治责任、道德责任、宗教责任。不利性主要表现为违法行为人必须向违法相对人或国家给付一定的财物,履行一定的行为,接受一定的警诫或给付其他利益。

3. 综合性

违反劳动法的法律责任,在法律体系当中不是一项独立存在于民事、行政、刑事责任

---

① 郭明瑞,房绍坤,於向平. 民事责任论[M]. 北京:中国社会科学出版社,1991:5-7.

之外的法律制度，并不存在所谓的"劳动法律责任"，其表现为一种综合性的责任，即综合民事、行政和刑事三大责任形式，既能体现责任承担的相对性，又能使各种责任形式有机统一。这是由劳动法的兼容性决定的。

4. 由国家强制力保证实施

法律责任就是通过国家强制力迫使违法行为人接受对其不利的法律后果，从而体现国家对公共利益、社会秩序及他人利益的保护。法律责任的强制性表现为两个方面：第一，对责任主体而言，法律责任是必须履行的义务，如果不履行这种义务，则引起国家强制；第二，对执法主体而言，当法律责任的实现受到阻力时，可以依法强制执行。法律责任是国家对违反原义务者所强行追加的一种新义务。这种新义务虽是在原义务基础上产生的，但又不同于原义务，以国家的强制力对原义务的实现起保障作用。

违反劳动法的法律责任与普通民事责任的区别是，民事法律关系的权利主体一般须通过诉权使公权力介入。劳动法律关系有时需与诉权联系在一起，通过诉权将社会权利转化为国家公权力；有时则不需要通过诉权这一中介，便可转化为公权力。在体现私法因素的劳动合同法律关系中，如果义务人不履行义务，权利人只有通过仲裁或民事诉讼，才能使义务转化为责任，以使义务强制履行。在体现公法因素的劳动基准法律关系（如工资、休假等规定所涉及的法律关系）中，用人单位不履行法律规定的义务，劳动部门可以直接以公权力介入；劳动者作为利益人虽只是义务人，但也可以通过举报，促使公权力介入。

5. 执行主体专属性

法律责任只能由有权的国家机关对违法者依法予以追究，它体现了法律规范具有的国家强制力。国家专门机关只能是行使国家行政权和司法权的机关，其他任何社会团体、组织和个人都无权行使这项权力。根据《劳动法》的规定，劳动法律责任由劳动行政部门、公安行政部门、司法部门和其他有关部门来执行，未经法律授权的任何其他组织都无此权力。

11.1.3 违反劳动法的法律责任的条件

承担违反劳动法规定的法律责任，必须具备几个条件。

1. 行为人具有责任能力

行为人具有责任能力，即行为人具有承担法律责任的能力。它通常包含在劳动法主体的法律资格中，只要是具有劳动法主体资格的单位或个人，就认为具有责任能力。而这种劳动法主体资格，主要是指法律所赋予的特定权利能力和行为能力，如用人单位的用人权利能力和用人行为能力以及自然人的劳动权利能力和劳动行为能力。国家劳动行政管理部门及其工作人员作为责任主体，是因为他们与劳动关系具有密切性，法律也赋予其从事监督管理的职责，若其违反法定职责，则构成违反劳动法的责任。

2. 行为人者必须具有违反劳动法律规范的行为

违反劳动法的行为是指企业、机关、事业、团体等用人单位行政领导人员或劳动者违反《劳动法》或其他单行劳动法规的行为。例如，违反《女职工劳动保护规定》《禁止使用童工规定》《企业职工奖惩条例》《矿山安全法》等行为。另外，也包括违反本单位依照劳动法规制定的内部劳动规则、考勤制度、保密制度等合理的规章制度。这些违法行为既可以是积极的作为，也可以是消极的不作为。

3. 行为人的违法行为造成或足以造成一定的社会危害

社会危害是指行为人对国家、社会、用人单位、劳动者的合法权益所造成的侵害。这种侵害可以表现为一种现实的财产方面的损失，也可以表现为一种非财产性权利的丧失；既可以是现实的损害，也可以表现一种潜在的威胁或危害，如果不及时、有效地予以制止，这种潜在的危害就可能转化或发展为现实的危害。同时，行为人的社会危害必须达到一定程度，即已经具有可制裁性。通过法律制裁对违法行为实施的强制性矫正，使行为主体受到行政上、经济上乃至刑事上的法律惩处；对于直接被侵害的合法权益实施有效的保护、恢复和必要的赔偿，增强权利主体特别是劳动者对劳动权利的安全感。

4. 行为人必须有过错

判断用人单位领导人与劳动者有无违反劳动法的行为，主要是按其行为有无过错为标准。这种过错的形式有两种。

（1）故意，指责任人员明知自己的行为可能引起危害社会的结果，并且希望或者放任这种结果的发生。

（2）过失，指责任人员应当预见自己的行为可能发生一定的危害，但因为疏忽大意而没有预见，或者是过于自信能够避免危害性后果的发生而未采取必要措施，致使危害性后果发生。

不论是故意还是过失，有关责任人员都应承担违反劳动法的责任。但是，由于不可抗力或不能预见的原因给国家和劳动者造成不良后果的情况除外。

违反劳动法律法规的责任承担以过错为其基本要件之一，并不是说所有劳动法律责任的承担均应以过错为要件，法律另有规定的应从其规定。劳动法从其劳动关系所具有的基本属性出发，对劳动者在劳动过程中的人身进行了重点保护，如在劳动过程中造成的人身意外伤害和职业病，在责任归责上则适用无过错责任原则。但适用这一原则的前提是存在劳动关系且适用对象只能是用人单位。劳动者、其他社会中介机构、政府职能部门的责任承担必须以过错归责为原则。

11.1.4 违反劳动法的法律责任的立法概况

在各国劳动立法中，关于法律责任的立法有两种模式。

（1）集中立法，即在劳动法典或其他形式劳动基准法中，对法律责任做集中规定。有的只做原则性规定，如苏联的《劳动立法纲要》《蒙古人民共和国劳动法》等；有的则做具体规定，如《日本劳动标准法》《土耳其劳工法》等。

（2）分散立法，即各项劳动法规中分别就违反该法规的法律责任做具体规定。世界上没有罚则部分或罚则条款的劳动法规，极为鲜见。现代各国都将上述两种模式结合使用，以分散立法作为集中立法的具体化或补充，凡劳动法典或其他形式劳动基准法中未规定法律责任或对此规定不具体的，则适用其他劳动法规中的罚则条款。

在我国劳动立法中,《劳动法》设置"法律责任"专章,集中对违反《劳动法》的法律责任做了既具有原则性做又具有一定可操作性的规定;并且,还有若干关于法律责任的专项法规,如制定于《劳动法》颁布之前的《企业职工奖励条例》(1982年)和《国有企业辞退违纪职工暂行规定》(1986年),制定于《劳动法》颁布之后的《违反和解除劳动合同的经济补偿办法》(1994年)、《违反〈劳动法〉行政处罚办法》(1994年)和《违反〈劳动法〉有关劳动合同规定的赔偿办法》(1995年)等;此外,几乎各项劳动法规中都有关于法律责任的规定。例如,《职业病防治法》(2002年)就有法律责任的专章。

必须注意的是,我国关于违法劳动法的法律责任的全国性规定都是比较笼统的。例如,大多数是采取这样的形式来进行规定的:"违反……的,由劳动行政部门责令改正,给予警告;给劳动者造成损害的,应当承担赔偿责任。"这种立法模式比较能够适应层出不穷的现实状况,具有比较大的弹性和适用空间,但是却会造成普通民众和基层工作人员的适用困难。所以,全国许多地方劳动部门会针对本地区的状况,指定相关的实施细则。例如,深圳市2008年11月1日开始施行的《深圳经济特区和谐劳动关系促进条例》就规定:"用人单位未按照本条例第十条规定向劳动者提供劳动合同中文文本的,劳动行政部门应当责令其在五日内改正;逾期未改正的,以每人一千元的标准处以罚款。"此条款明确规定了责令改正的时间期限和罚款标准。

11.2 违反劳动法责任的种类

根据不同的标准,从不同的角度,可以对违反劳动法责任做不同的分类,从而揭示出违反劳动法责任的特点。

11.2.1 过错责任与无过错责任

按违反劳动法的归责原则分类,可以将违反劳动法的责任分成过错责任和无过错责任。

过错责任又称"主观责任",即依据主观归责原则来确定法律责任,过错责任原则要求只有在行为人不仅有加害而且有过错,同时具备了客观要件和主观要件的情况下才追究法律责任。依据过错责任原则,只有同时具备4个要件,才能追究法律责任:①行为人要有违反劳动法的作为或不作为;②行为人的行为必须造成或足以造成一定的危害;③违法行为和危害后果之间必须存在因果关系;④行为人要有过错(故意和过失,即明知故犯和疏忽大意)。前三个要件为客观要件,后一个为主观要件,是行为人决定其行为时的心理状态。过错责任的观念产生于古代法,确立于罗马法。资产阶级民法学接受了其被称为罗马法上最有价值的遗产。过错责任原则,已成为经济违法行为中最一般的规则。过错责任,一方面强调个人行为的自由,另一方面强调一个人只对自己意志自由范围内的过错行为负责。过错责任的出现是人类的一大进步,反映人类已理性地处理损害事件,顺应了当时的商品经济的发展,也为以后自由竞争提供了可靠的法律保障。我国劳动法也确立了过错责任原则。

无过错责任又称"客观责任",即依据客观归责原则,来确定法律责任。无过错责任在英国、法国、美国又称严格责任。它是不以行为人的主观过错为责任要件,即不以过错为归责原则的法律责任。无过错原则产生于19世纪,它是资本主义进入垄断时期的产物,现在也已被各国劳动法普遍采纳[①]。

无过错责任与过错责任的区别如下。

(1) 无过错责任不以行为人的主观过错为承担责任的必要条件。而对于过错责任,行为人的过错是构成法律责任的必要条件。

(2) 无过错责任只是适用于法律有文明规定的场合,而过错责任则适用于法律没有特别规定的各种场合。

(3) 在无过错责任中,责任的确定是从受害人一方损害程度来考虑的,而且法律往往规定赔偿限额或赔偿范围。对于过错责任,在确定责任时,应考虑行为人的过错形式或程度,并且一般没有责任限额。

(4) 在无过错责任中,受害人只负证明损害系对方行为所致的举证责任,而被告一方则须证明自己对于损害的发生有法律规定的免除或减轻责任的事由。而对于过错责任,受害人不仅要证明其损害是由于侵害人的过错行为所致,而且要证明这种损害的范围和程度。

11.2.2 民事责任、行政责任与刑事责任

以追究违反劳动法责任的形式分类可以分为民事责任和行政责任。就法律责任而言,主要有3种,即民事责任、行政责任和刑事责任,劳动法是"私法公法化"过程中产生的独立的法律部门,劳动法所调整的劳动关系是兼有平权型关系和隶属型关系的社会关系,在承担法律责任的形式上,主要是民事责任和行政责任。这种分类方式是法律规范当中主要采取的方式,因此下文也将主要采取这种分类具体地介绍违反劳动法的法律责任。

民事责任是一种以恢复被损害的权利为目的,并与一定民事制裁措施相联系的国家强制形式。对于劳动法来说,主要是损害赔偿责任。它的基本特点如下:①主要是财产性质的法律责任;②是劳动关系的一方当事人对另一方当事人的责任;③责任范围与造成的损害或损失的大小相适应。

行政责任是指用人单位及其负责人实施劳动法律、法规所禁止的,或用人单位依法制定的内部劳动规则所禁止的行为,由国家机关依法追究的责任。行政责任可分为行政处罚和行政处分。行政处罚是国家行政机关依法对违反劳动法规的用人单位给予的行政制裁,劳动监察机关依据劳动法规,对违反劳动法的用人单位可给予的处罚是罚款,注销或收回所发的生产许可证、产品合格证、营业执照、停产、整顿、封闭等。行政处分是对违反劳动法规的责任者和领导者,按照干部管理权限由主管部门给予纪律处分。纪律处分的形式有记过、记大过、降低职务(岗位)、降低工资级别、撤职、开除留用察看、开除公职。

民事责任与行政责任的区别如下。

(1) 法律强制程度不同。凡法律责任都具有强制性,这是法律责任与其他社会责任的根本区别。然而,各种法律责任的强制性程度是不同的。行政责任的强制性程度较强,具有制裁的现实性,表现如下:①它们必须由特定的国家机关强制追究,当事人不得和解;

---

① 董保华. 劳动法论[M]. 北京:世界图书出版社,1999:299.

②作出追究责任的裁决一经生效，必须执行，非经法定程序任何人不得赦免或拖延执行。而民事责任的强制性程度相对较弱，具有制裁的可能性，表现如下：①只要不损害国家和社会的利益，它可以由当事人双方平等地在法律规定的范围内自愿协商，自行决定；②对于法院作出的追究民事责任的生效判决，权利人一方也可以放弃自己的权利，减免对方的责任，而不执行或不完全执行判决。

（2）责任的功能性质不同。行政责任有明显的惩罚性，其直接目的在于惩罚违法行为，而民事责任适用的直接目的在于补偿民事违法行为所造成的损害，从而有明显的补偿性。

（3）承担责任的方式不同。行政责任多为纪律处分、行政拘留、罚款等，而民事责任多为财产责任。行政责任的确定不是以违法行为所造成的损失为依据，对行为人的经济处罚既可少于行为所造成的损失，也可大于行为所造成的损失。而民事责任的确定以恢复原状和等价赔偿为原则，不法行为人承担的赔偿数额一般与其行为所造成的损失相当。

（4）承担责任的财产去向不同。行政责任有些也是以财产来承担责任的，如处以罚金、罚款。这些财产一律要收缴国家所有，而民事责任的责任主体交付的财产一般交归受害人所有。违反劳动法民事责任与行政责任的比较如表 11-1 所示。

表 11-1 违反劳动法民事责任与行政责任的比较

项　　目	民事责任	行政责任
法律强制程度	可双方自愿达成；权利人可以放弃自己权利	不可以双方自愿达成，必须有公权力介入，权利人不能改变行政责任的判决
责任的功能性质	补偿性	惩罚性
责任承担方式	财产责任为主	纪律处分、行政拘留、罚款等
承担责任的财产去向	一般交归受害人所有	一律收缴国有

此外，违反劳动法，同时也触犯刑律的，应依据刑法追究刑事责任。刑事责任是指企业、事业单位领导违反劳动法规，情节、后果严重，触犯刑法，构成犯罪时所应当承担的法律责任。《中华人民共和国刑法》（以下简称《刑法》）第一百三十四条、第一百三十五条、第一百三十六条、第一百三十七条等规定，对于因违反规章制度或有关管理规定或玩忽职守等原因而发生重大伤亡事故或财产损失的，应追究有关人员的刑事责任。

11.2.3 法人责任与个人责任

按承担劳动法责任的主体分类，可以分为法人责任和个人责任。

法人责任是由法人对其行为的违法行为承担的法律责任。法人是社会组织，它不同于公民。法人责任的特点是，法人责任的行为主体是法人的工作人员，但对其行为后果承担责任的是法人。法人的责任是一种有限的责任，即法人只以其所有的或经济管理的财产承担法律责任。当然，法人工作人员只有在其执行职务中的行为及法人代理人在法人授权范围内的行为，才可能产生法人责任。非执行职务的行为或超越代理权的行为，不是法人的行为，只是法人工作人员或法人代理人的个人行为，不发生法人责任。

个人责任是由法人工作人员或法人代理人应承担的法律责任。法人承担了责任后,并不免除法人的工作人员依据劳动法或劳动纪律所应承担的个人责任。既追究法人责任,也追究个人责任可以称之为两罚制,这是各国劳动法的通例。个人责任有两种承担形式:第一形式是由法人对劳动者承担全部责任后,有权向有过错的法定代表人或其他工作人员追偿,这种形式可以说是一种内部责任;第二种形式是由法人与个人并列地承担责任,可以说是个人直接承担外部责任。我国劳动法对这两类责任都有规定。

法人责任与个人责任的区别如下。

(1) 义务范围不同。法律上所谓责任不仅以义务存在为前提,而且是在义务人不履行义务时才发生责任问题。因此,义务范围和责任范围是有联系的。一般地说,对劳动者承担义务的是用人单位(其中相当一部分是法人),而对法人承担义务的是法定的代理人,也就是经营者。

(2) 执法者不同。就法人责任而言,执法者是劳动监督、检查机构或劳动监察机构。在劳动法律关系中,劳动者和用人单位互为义务主体,但两者在追究法律责任上是有不同的。劳动者一方违反劳动法规定的义务,用人单位可以直接追究违法责任,而用人单位违反劳动法规定的义务,就需要通过国家行政机构的执法活动来追究责任。因此,法人的责任主要是由劳动监督检查机构来追究。就经营者个人责任而言,由于法人是通过法定代表人和委托代理人来行使职权的,所以在存在法人责任的情况下,有时还需要由企业的所有者对经营者追究个人责任。目前,国有企业所有者的实际代表是主管部门,通常是由原任命机关来进行追究。两者的区别是,就法人责任而言,义务人侵犯权利人的利益,不是由权利人直接来追究的,而是由劳动监督、检查部门来追究;而个人责任往往是由权利人直接来追究的。

(3) 承担法律责任的要件在具体内容上不同。法人责任和企业的生产经营范围或工作性质有关;个人责任和一定的职务相联系。

(4) 法律责任的形式不同。两类法律责任分别由不同的机构追究,形成不同的责任形式。劳动监督、检查部门和企业主管部门作为国家的行政机构,都可以行使行政制裁的权力,但由于在制裁者与被制裁者之间的隶属关系上有区别,故劳动监察机构行使的主要是针对法人的行政处罚权;主管部门行使的主要是针对个人的行政处分权。

11.2.4 分割责任与连带责任

根据承担责任的主体人数,违反劳动法的责任可分为一人责任和多人责任。多人责任的责任关系复杂,各责任者之间还要发生一定的关系。按各责任之间的关系,可以分为分割责任和连带责任。

分割责任是同一责任,由责任人分担的一种形式,实际上,是将一责任分割为各个独立部分,各自独立负责。例如,某企业的领导违章指挥,造成事故,使劳动者生命和国有财产遭受损失的,在追究个人法律责任时,可能涉及厂、车间、职能科室各方面的责任,各方面只对自己应承担的部分负责,相互并不承担连带责任。

连带责任的责任人对外有连带关系,即各个债务人就同一债务对债权人负有全部清偿的责任,在一人或几人对外承担责任后,承担了责任的人可以向其他责任者追偿。

11.2.5 履行责任、返还责任、赔偿责任

根据法律责任内容的性质,违反劳动法的责任还可以分为履行责任、返还责任和赔偿责任。

履行责任是指责任人须履行自己原承担的义务的责任。在民事法律关系当中,履行责任是普遍存在的。但是,在劳动法律关系当中,履行责任的范围比较窄,一般只适用于用人单位一方,而不适用于劳动者一方。这是由劳动关系所存在的隶属性特点决定的。这一点在劳动关系由民法调整时就已经确立了。例如,在雇佣合同当中,如果雇主有权强迫雇员继续提供服务,将会使服务合同变为奴役合同。

返还责任是以返还利益为内容的法律责任。就民法而言,主要适用返还不当得利;返还非法侵占的他人财物。对于劳动法而言,返还责任主要适用于返还非法侵占的他人财物,如劳动者被用人单位克扣的工资、经济补偿等。由于劳动关系所具有的人身性质,无效劳动合同一般不适用返还责任。

赔偿责任是指责任主体必须以财产赔偿对方损害为内容的责任形式。赔偿责任与履行责任、返还责任相比,具有补充性和通用性的特点,在履行责任、返还责任不能或不便适用的情况下,均可适用。因此,赔偿责任在法律责任中有着举足轻重的地位。在劳动法当中,很多情形下,适用的是赔偿责任而不是履行责任或返还责任。例如,《劳动法》第一百○二条规定,劳动者违反劳动法规定的条件解除劳动合同的,对用人单位造成经济损失的,承担赔偿责任;2008年1月1日生效的《劳动合同法》第八十六条规定,劳动合同依照该法第二十六条规定被确认无效,给对方造成损害的,有过错的一方应当承担赔偿责任。

11.3 用人单位违反劳动法的法律责任

用人单位违反劳动法的法律责任,是指根据劳动法律、法规与劳动者建立劳动关系,并作为劳动关系主体的企业、事业单位、机关、团体、个体经济组织及其责任人员实施的违法行为,应承担的法律后果。

用人单位违反劳动法的法律责任的主要特征有3个方面。

(1) 用人单位法律责任在劳动法的法律责任体系中居于首要地位。劳动法对劳动者是权利本位,对用人单位则是义务本位,因而,追究用人单位违反劳动法的法律责任,对保障劳动法的实施至为关键。于是,各国劳动法中法律责任制度,都以规定用人单位法律责任为重点。在我国《劳动法》的"法律责任"专章中,绝大部分条文是关于用人单位法律责任的规定。

(2) 用人单位法律责任以单位责任为主,责任人员个人责任为辅。用人单位违反劳动法的行为,都是由作为单位行政组成部分的管理人员具体实施的。当用人单位违反劳动法时,除了对用人单位追究法律责任以外,还有必要在一定场合追究责任人员个人的法律责任。这样,更能促使用人单位遵守劳动法。

(3) 用人单位法律责任大多由立法直接规定。除违约责任可以由劳动合同和集体合同约定外,用人单位的其他法律责任都由有关法规具体规定;即使违约责任的约定,也须符

合法定标准。至于哪些场合应当追究责任人员个人的法律责任，一般由立法规定，内部劳动规则关于这方面的规定是立法规定的具体化[1]。

在劳动法律关系中，用人单位本身是主体之一，又是管理者，所处的地位优于劳动者。因此，我国《劳动法》及有关法律、法规，对用人单位违反劳动法的法律责任做了一系列的规定。

11.3.1　用人单位制定的劳动规章制度违反劳动法律、法规规定的法律责任

用人单位有权根据情况和需要，按照国家法律、法规规定，制定单位内部具有普遍约束力、产生法律效力的行为规则、章程、措施和制度。但是所有规章制度都不得与《宪法》、法律、行政法规相抵触。

《劳动法》第八十九条规定，用人单位制定的劳动规章违反法律、法规规定的，由劳动行政部门给予警告，责令改正；对劳动者造成损害的，应当承担赔偿责任。

《劳动合同法》第八十条也规定："用人单位直接涉及劳动者切身利益的规章制度违反法律、法规规定的，由劳动行政部门责令改正，给予警告；给劳动者造成损害的，应当承担赔偿责任。"

 应用实例 11-1

企业制定规章制度不能违反法律法规

刘某是某厂职工，1999 年 2 月，与单位签订了五年期劳动合同。2000 年 3 月，刘某与朋友外出办事，向单位请假 7 天，18 天后回厂上班。厂办公室认为，刘某超过假期 11 天，属无故旷工，根据本厂无故旷工满 10 天应予除名，以及对旷工职工处以标准工资 15% 罚款的规定，应予除名并处罚款，报厂长同意后，正式作出决定。刘某不服，向劳动争议仲裁委员会申诉，劳动争议仲裁委员会审理后作出裁决：①撤销该厂作出的除名决定；②维持对该职工进行罚款的决定；③刘某被除名后到仲裁裁决生效期间，厂方应补发刘某的工资，并承担由此造成的损害赔偿责任。此外，还建议当地劳动保障局对该厂制定的规章进行监督检查。劳动保障局监察部门随即对该厂进行检查，给予警告并责令立即纠正关于职工旷工满 10 日即予除名的规定。

《劳动法》第四条规定："用人单位应当依法建立和完善规章制度，保障劳动者享有劳动权利和履行劳动义务。"用人单位有权制定厂规厂纪，规范日常工作秩序和职工奖惩。《劳动法》第八十九条又规定："用人单位制定的劳动规章制度违反法律、法规规定的，由劳动行政部门给予警告，责令改正；对劳动者造成损害的，应当承担赔偿责任。"可见，制定规章制度是用人单位的权利，但用人单位制定规章制度，不得违反法律规定，否则不仅无效，还要承担相应的责任。

本案所涉及职工奖惩问题，《企业职工奖惩条例》（国发〔1982〕59 号）第十六条规定："对职工罚款的金额由企业决定，一般不要超过本人月标准工资的 20%。"第十八条规定："职工无正当理由经常旷工，经批评教育无效，连续旷工时间超过十五天，或者一年以内累计旷工时间超过 30 天，企业有权予以除名。"根据上述规定，该厂制定的职工旷工满 10 天就予以除名的规定违法，由此导致刘某在仲裁处理期间，由于丧失劳动岗位造成的工资等损失，应由厂方承担。但该厂关于对旷工职工处以本人标准工资 15% 的罚款的规定，符合上述规定。劳动争议仲裁委员会作出的裁决和

---

[1] 王全兴. 劳动法学[M]. 北京：高等教育出版社，2005：132-133.

劳动保障局责令该厂改正其规章制度的决定，有相应的法律依据。

（资料来源：http://www.flzsw.com/anli/laodongfa/200609/3890.html.）

11.3.2 用人单位违反工作时间和休息休假规定的法律责任

《劳动法》及《国务院关于职工工作时间的规定》等有规定劳动者的工作时间、休息和休假等内容，并规定了违反相关法规的法律后果。

《劳动法》第九十条规定："用人单位违反该法规定，延长劳动者工作时间的，由劳动行政部门给予警告，责令改正，并可以处以罚款。"

《违反〈劳动法〉行政处罚办法》将《劳动法》所确定的法律责任做了更为具体的规定。即用人单位未与工会和劳动者协商，强迫劳动者延长工作时间的，应给予警告，责令改正，并可按每名劳动者每延长工作时间1小时罚款100元以下的标准处罚。用人单位每日延长劳动者工作时间超过3小时或每月延长工作时间超过36小时的，应给予警告，责令改正，并可按每名劳动者每延长工作时间1小时罚款100元以下的标准处罚。

2008年7月17日通过并施行的《企业职工带薪年休假实施办法》第十五条规定："用人单位不安排职工休年休假又不依照条例及本办法规定支付未休年休假工资报酬的，由县级以上地方人民政府劳动行政部门依据职权责令限期改正；对逾期不改正的，除责令该用人单位支付未休年休假工资报酬外，用人单位还应当按照未休年休假工资报酬的数额向职工加付赔偿金；对拒不执行支付未休年休假工资报酬、赔偿金行政处理决定的，由劳动行政部门申请人民法院强制执行。"

11.3.3 用人单位侵害劳动者工资报酬合法权益的法律责任

《劳动法》第九十一条规定，用人单位有下列侵害劳动者合法权益情形之一的，由劳动行政部门责令支付劳动者的工资报酬、经济补偿，并可以责令支付赔偿金：①克扣或者无故拖欠劳动者工资的；②拒不支付劳动者延长工作时间工资报酬的；③低于当地最低工资标准支付劳动者工资的；④解除劳动合同后，未依照该法规定给予劳动者经济补偿的。

《劳动合同法》第八十五条规定，用人单位有下列情形之一的，由劳动行政部门责令限期支付劳动报酬、加班费或者经济补偿；劳动报酬低于当地最低工资标准的，应当支付其差额部分；逾期不支付的，责令用人单位按应付金额50%以上100%以下的标准向劳动者加付赔偿金：①未按照劳动合同的约定或者国家规定及时足额支付劳动者劳动报酬的；②低于当地最低工资标准支付劳动者工资的；③安排加班不支付加班费的；④解除或者终止劳动合同，未依照该法规定向劳动者支付经济补偿的。

部分地区的地方性法规根据本地水平对于侵害劳动者工资报酬合法权益的法律责任作出了具体的规定。例如，2005年1月生效的《广东省工资支付条例》第四十七条规定："用人单位连续拖欠或者克扣劳动者工资二个月以上或者情节特别严重的，劳动保障部门应当责令其改正并作出行政处理决定。用人单位在规定的期限内拒不执行行政处理决定的，劳动保障部门可以依法申请人民法院强制执行。"第四十八条规定，用人单位有下列情形之一的，由县级以上劳动保障部门责令限期改正；逾期未改正的，可以对用人单位处以 5 000 元以上 10 000 元以下的罚款，并可以对其法定代表人处以 1 000 元以上 5 000 元以下的罚款：①未依法制定工资支付制度并告知本单位全体劳动者的；②未以货币形式支付劳动者工资的；③未在终止或者解除劳动关系当日结清并一次性支付劳动者工资的；④未如实编制工资支付台账的；⑤未向劳动者本人提供其工资清单的。第五十一条对采取逃匿等方式拖欠工资，致使劳动者难以追偿其工资而引发严重影响公共秩序事件的用人单位的法定代表人或者经营者，由公安机关依法处理；构成犯罪的，依法追究刑事责任。因用人单位拖欠、克扣工资而引发严重影响公共秩序事件的，用人单位法定代表人或者主要经营者应当在 24 小时内到现场协助劳动保障部门处理事件；未到现场的，由劳动保障部门处以 10 000 元以上 50 000 元以下罚款。这些规定都是针对广东特有的经济环境和经济水平而制定的：广东地区较多劳动密集型产业，拖欠和克扣劳动者劳动报酬事件时有发生，部分劳动者没有办法通过合法途径主张权利，偶有"跳桥讨薪"等事件。但是，目前物价飞涨，当地规定的 5 000 元以上 10 000 元以下的罚款，似乎对于违反劳动法的用人单位威慑作用不大。

2011 年 5 月 1 日生效的《刑法修正案（八）》明确规定了拒不支付劳动报酬罪：以转移财产、逃匿等方法逃避支付劳动者的劳动报酬或者有能力支付而不支付劳动者的劳动报酬，数额较大，经政府有关部门责令支付仍不支付的，处 3 年以下有期徒刑或者拘役，并处或者单处罚金；造成严重后果的，处 3 年以上 7 年以下有期徒刑，并处罚金。单位犯该罪的，对单位判处罚金，并对其直接负责的主管人员和其他直接责任人员，依照前款的规定以处罚。

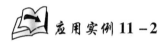

应用实例 11-2

试用期零业绩被拒付工资是否违反劳动法

2006 年 8 月 7 日，小张应聘到某设备公司，并与后者签订了"试用员工工资、奖金制度"协议。协议约定：小张应聘任润滑油的销售工作，试用期为 3 个月，基本工资为 1 000 元，奖金在公司所派任务完成的情况下每桶提取 10 元。如未完成销售任务每月结款 10 桶润滑油，公司有权给予处罚或者不发试用期基本工资。小张称，他从合同签订之日起便开始上班，但是由于任职期间他未能推销出润滑油，公司拒绝向他支付工资。9 月 18 日，小张申请辞职。后向劳动争议仲裁委员会提出仲裁申请，要求公司支付工资，仲裁委员会裁决支持了小张的请求。但设备公司不服，将仲裁委员会告上法庭。庭审中，设备公司提供了 2006 年 8—9 月的考勤簿，称小张仅出勤 16 天，对其空白记录日期的实际活动，公司不能确定，并且坚持不完成任务不能给付工资，要求撤销裁决书。

法院经审理认为，在设备公司"试用员工工资、奖金制度"的协议中，"劳动者在未完成劳动定额的情况下，用人单位有权不支付劳动报酬"的条款，违反了《劳动法》关于用人单位支付给劳动者的工资不得低于当地最低工资标准，工资应当按月支付给劳动者本人，不得克扣或者无故拖欠劳动者工资的规定。故该条款的约定，不具有法律效力，此设备公司应按协议约定 1 000 元/月的标准向小张支付工作期间的工资。对于其考勤记录中的空白，法院认为是该公司记录不完整，且公司没有证据证明，员工在空白日期从事了与工作无关的事，故法院不予采信。

（资料来源：http：//www.s251./.cn/Article/2929.html.）

应用实例 11-3

用人单位拖欠劳动者工资和加班工资应承担的法律责任

申诉人郝某向某仲裁委员会提出仲裁申请,要求被申诉人支付所拖欠的工资和加班工资。经仲裁委调查,被诉人某制衣有限公司属香港独资企业。申诉人郝某 1996 年 4 月被公司聘用,试用 1 个月后,与被诉人签订了为期 3 年的劳动合同,约定了劳动报酬。同年 7 月 19 日签订劳动合同,任后勤物业部经理,约定月工资 800 元。公司无故欠发郝某从 9 月 21 日—11 月 4 日的工资 1 153.20 元和其间 13 个休息日的加班工资。

仲裁委认为:被诉人属香港独资企业,其合法权益国家予以保护,但也必须遵守国家的法律、法规。劳动者依法享有取得劳动报酬的权利,被诉人无故拖欠申诉人的工资,违反国家有关工资支付规定。根据原劳动部《关于处理劳动争议案件若干政策性问题的复函》和《违反和解除劳动合同的经济补偿办法》,及某省《关于企业劳动者加班工资支付问题的通知》的规定,被诉人拖欠申诉人的工资应予补发并给予相应工资 25% 的经济赔偿金。申诉人郝某在 1996 年 9 月 21 日—11 月 4 日期间利用休息日加班 13 天,被诉人应支付其 200% 的工资。

仲裁委员裁定:被诉人补发申诉人郝某的工资 1 153.20 元和相应的赔偿金 288.3 元;被诉人支付给申诉人郝某休息日加班工资 483.72 元;仲裁费由被诉人承担。

(资料来源:http://www.chinalawedu.com/news/1900/23/2004/1/li52823734121140026090_80698.htm.)

11.3.4 用人单位违反劳动安全卫生法律规范的法律责任

1. 行政处罚责任

根据《劳动法》第九十二条的规定,《劳动合同法》第八十八条,以及《违反〈劳动法〉行政处罚办法》第七条至第十条规定和《使用有毒物品作业场所劳动保护条例》第五十八条至第六十九条,用人单位应当承担下列行政处罚责任。

(1) 用人单位有下列情形之一的,依法给予行政处罚;构成犯罪的,依法追究刑事责任;给劳动者造成损害的,应当承担赔偿责任:违章指挥或者强令冒险作业危及劳动者人身安全的;劳动条件恶劣、环境污染严重,给劳动者身心健康造成严重损害的。

(2) 用人单位劳动安全设施和劳动卫生条件不符合国家规定的,应责令限期改正;逾期不改的,可处以 5 万元以下罚款。用人单位未向劳动者提供必要的劳动防护用品和劳动保护设施,或未对从事有职业危害作业的劳动者定期检查身体的,应责令改正,并可处以 5 000 元以下罚款。情节严重的,提请县级以上人民政府决定责令停产整顿。

(3) 用人单位违反规定造成职工急性中毒事故或伤亡事故的,应责令制定整改措施,并可按每中毒或重伤或死亡一名劳动者罚款 1 万元以下的标准处罚;情节严重的,提请同级人民政府决定停产整顿。用人单位对发生的急性中毒或伤亡事故隐瞒、拖延不报或谎报的,以及故意破坏或伪造事故现场的,应责令改正,并可处以 2 万元以下罚款。

违反《职业病防治法》和《职业病危害事故调查处理办法》规定,用人单位不采取职业病危害预防措施而导致一般职业病危害事故的,由卫生行政部门责令限期治理,并处以 10 万元以上 15 万元以下罚款;导致特大或者重大事故的,由卫生行政部门责令停止产生职业病危害的作业,或者提请有关人民政府依照国务院规定的权限责令关闭,并处以 15

万元以上30万元以下罚款。用人单位未按规定及时报告职业病危害事故，对发生或可能发生急性职业病危害未立即采取应急救援和控制措施，拒绝接受调查或者拒绝提供有关情况和资料，对遭受或者可能遭受急性职业病危害的劳动者，未及时组织救治、进行健康检查或医学观察的，由卫生行政部门给予警告，责令限期改正；逾期不改的，处5万元以上20万元以下罚款。

（4）用人单位锅炉压力容器无使用证而运行的，或不进行定期检验的，应责令停止运行或查封设备，并可处以1万元以下罚款。用人单位锅炉压力容器有事故隐患的，应责令限期改正；对逾期不改的应责令停止运行，收回使用证件，并可处以1万元以下罚款。

（5）用人单位压力管道、起重机械、电梯、客运架空索道、厂内机动车辆等特种设备未进行定期检验或安全认证的，应责令改正，并可处以1万元以下罚款。

（6）用人单位新建、改建、扩建和技术改造项目的劳动安全卫生设施未能与主体工程同时设计、同时施工、同时投入生产和使用，安全卫生设施不符合国家规定标准的，应责令改正，并可处以5万元以下罚款。

（7）《使用有毒物品作业场所劳动保护条例》当中还规定了对于使用有毒物品的作业场所，用人单位应当承担的责任。第五十八条规定，用人单位违反该条例的规定，有下列情形之一的，由卫生行政部门给予警告，责令限期改正，处10万元以上50万元以下的罚款；逾期不改正的，提请有关人民政府按照国务院规定的权限责令停建、予以关闭；造成严重职业中毒危害或者导致职业中毒事故发生的，对负有责任的主管人员和其他直接责任人员依照刑法关于重大劳动安全事故罪或者其他罪的规定，依法追究刑事责任：①可能产生职业中毒危害的建设项目，未依照《职业病防治法》的规定进行职业中毒危害预评价，或者预评价未经卫生行政部门审核同意，擅自开工的；②职业卫生防护设施未与主体工程同时设计，同时施工，同时投入生产和使用的；③建设项目竣工，未进行职业中毒危害控制效果评价，或者未经卫生行政部门验收或者验收不合格，擅自投入使用的；④存在高毒作业的建设项目的防护设施设计未经卫生行政部门审查同意，擅自施工的。

第五十九条规定，用人单位违反该条例的规定，有下列情形之一的，由卫生行政部门给予警告，责令限期改正，处5万元以上20万元以下的罚款；逾期不改正的，提请有关人民政府按照国务院规定的权限予以关闭；造成严重职业中毒危害或者导致职业中毒事故发生的，对负有责任的主管人员和其他直接责任人员依照刑法关于重大劳动安全事故罪或者其他罪的规定，依法追究刑事责任：①使用有毒物品作业场所未按照规定设置警示标识和中文警示说明的；②未对职业卫生防护设备、应急救援设施、通讯报警装置进行维护、检修和定期检测，导致上述设施处于不正常状态的；③未依照该条例的规定进行职业中毒危害因素检测和职业中毒危害控制效果评价的；④高毒作业场所未按照规定设置撤离通道和泄险区的；⑤高毒作业场所未按照规定设置警示线的；⑥未向从事使用有毒物品作业的劳动者提供符合国家职业卫生标准的防护用品，或者未保证劳动者正确使用的。

第六十条规定，用人单位违反该条例的规定，有下列情形之一的，由卫生行政部门给予警告，责令限期改正，处5万元以上30万元以下的罚款；逾期不改正的，提请有关人民政府按照国务院规定的权限予以关闭；造成严重职业中毒危害或者导致职业中毒事故发生的，对负有责任的主管人员和其他直接责任人员依照刑法关于重大责任事故罪、重大劳动安全事故罪或者其他罪的规定，依法追究刑事责任：①使用有毒物品作业场所未设置有效通风装置的,或者可能突然泄漏大量有毒物品或者易造成急性中毒的作业场所未设置自动报警装置或者事故通风设施的;②职业卫生防护设备、应急救援设施、通讯报警装置处于不正常状态而不停止作业,或者擅自拆除或者停止运行职业卫生防护设备、应急救援设施、通讯报警装置的。

第六十一条规定,从事使用高毒物品作业的用人单位违反该条例的规定,有下列行为之一的,由卫生行政部门给予警告,责令限期改正,处5万元以上20万元以下的罚款;逾期不改正的,提请有关人民政府按照国务院规定的权限予以关闭;造成严重职业中毒危害或者导致职业中毒事故发生的,对负有责任的主管人员和其他直接责任人员依照刑法关于重大责任事故罪或者其他罪的规定,依法追究刑事责任:①作业场所职业中毒危害因素不符合国家职业卫生标准和卫生要求而不立即停止高毒作业并采取相应的治理措施的,或者职业中毒危害因素治理不符合国家职业卫生标准和卫生要求重新作业的;②未依照该条例的规定维护、检修存在高毒物品的生产装置的;③未采取该条例规定的措施,安排劳动者进入存在高毒物品的设备、容器或者狭窄封闭场所作业的。

第六十二条规定,在作业场所使用国家明令禁止使用的有毒物品或者使用不符合国家标准的有毒物品的,由卫生行政部门责令立即停止使用,处5万元以上30万元以下的罚款;情节严重的,责令停止使用有毒物品作业,或者提请有关人民政府按照国务院规定的权限予以关闭;造成严重职业中毒危害或者导致职业中毒事故发生的,对负有责任的主管人员和其他直接责任人员依照刑法关于危险物品肇事罪、重大责任事故罪或者其他罪的规定,依法追究刑事责任。

第六十三条规定,用人单位违反该条例的规定,有下列行为之一的,由卫生行政部门给予警告,责令限期改正;逾期不改正的,处5万元以上30万元以下的罚款;造成严重职业中毒危害或者导致职业中毒事故发生的,对负有责任的主管人员和其他直接责任人员依照刑法关于重大责任事故罪或者其他罪的规定,依法追究刑事责任:①使用未经培训考核合格的劳动者从事高毒作业的;②安排有职业禁忌的劳动者从事所禁忌的作业的;③发现有职业禁忌或者有与所从事职业相关的健康损害的劳动者,未及时调离原工作岗位,并妥善安置的;④安排未成年人或者孕期、哺乳期的女职工从事使用有毒物品作业的;⑤使用童工的。

第六十四条规定,违反该条例的规定,未经许可,擅自从事使用有毒物品作业的,由工商行政管理部门、卫生行政部门依据各自职权予以取缔;造成职业中毒事故的,依照刑法关于危险物品肇事罪或者其他罪的规定,依法追究刑事责任;尚不够刑事处罚的,由卫生行政部门没收经营所得,并处经营所得3倍以上5倍以下的罚款;对劳动者造成人身伤害的,依法承担赔偿责任。

第六十五条规定,从事使用有毒物品作业的用人单位违反该条例的规定,在转产、停产、停业或者解散、破产时未采取有效措施,妥善处理留存或者残留高毒物品的设备、包装物和容器的,由卫生行政部门责令改正,处2万元以上10万元以下的罚款;触犯刑律的,对负有责任的主管人员和其他直接责任人员依照刑法关于重大环境污染事故罪、危险物品肇事罪或者其他罪的规定,依法追究刑事责任。

第六十六条规定,用人单位违反该条例的规定,有下列情形之一的,由卫生行政部门给予警告,责令限期改正,处5 000元以上2万元以下的罚款;逾期不改正的,责令停止使用有毒物品作业,或者提请有关人民政府按照国务院规定的权限予以关闭;造成严重职业中毒危害或者导致职业中毒事故发生的,对负有责任的主管人员和其他直接责任人员依照刑法关于重大劳动安全事故罪、危险物品肇事罪或者其他罪的规定,依法追究刑事责任:①使用有毒物品作业场所未与生活场所分开或者在作业场所住人的;②未将有害作业与无害作业分开的;③高毒作业场所未与其他作业场所有效隔离的;④从事高毒作业未按照规定配备应急救援设施或者制定事故应急救援预案的。

第六十七条规定,用人单位违反该条例的规定,有下列情形之一的,由卫生行政部门给予警告,责令限期改正,处 2 万元以上万元以下的罚款;逾期不改正的,提请有关人民政府按照国务院规定的权限予以关闭:①未按照规定向卫生行政部门申报高毒作业项目的;②变更使用高毒物品品种,未按照规定向原受理申报的卫生行政部门重新申报,或者申报不及时、有虚假的。

第六十八条规定,用人单位违反该条例的规定,有下列行为之一的,由卫生行政部门给予警告,责令限期改正,处 2 万元以上 5 万元以下的罚款;逾期不改正的,责令停止使用有毒物品作业,或者提请有关人民政府按照国务院规定的权限予以关闭:①未组织从事使用有毒物品作业的劳动者进行上岗前职业健康检查,安排未经上岗前职业健康检查的劳动者从事使用有毒物品作业的;②未组织从事使用有毒物品作业的劳动者进行定期职业健康检查的;③未组织从事使用有毒物品作业的劳动者进行离岗职业健康检查的;④对未进行离岗职业健康检查的劳动者,解除或者终止与其订立的劳动合同的;⑤发生分立、合并、解散、破产情形,未对从事使用有毒物品作业的劳动者进行健康检查,并按照国家有关规定妥善安置职业病病人的;⑥对受到或者可能受到急性职业中毒危害的劳动者,未及时组织进行健康检查和医学观察的;⑦未建立职业健康监护档案的;⑧劳动者离开用人单位时,用人单位未如实、无偿提供职业健康监护档案的;⑨未依照职业病防治法和该条例的规定将工作过程中可能产生的职业中毒危害及其后果、有关职业卫生防护措施和待遇等如实告知劳动者并在劳动合同中写明的;⑩劳动者在存在威胁生命、健康危险的情况下,从危险现场中撤离,而被取消或者减少应当享有的待遇的。

第六十九条规定,用人单位违反该条例的规定,有下列行为之一的,由卫生行政部门给予警告,责令限期改正,处 5 000 元以上 2 万元以下的罚款;逾期不改正的,责令停止使用有毒物品作业,或者提请有关人民政府按照国务院规定的权限予以关闭:①未按照规定配备或者聘请职业卫生医师和护士的;②未为从事使用高毒物品作业的劳动者设置淋浴间、更衣室或者未设置清洗、存放和处理工作服、工作鞋帽等物品的专用间,或者不能正常使用的;③未安排从事使用高毒物品作业一定年限的劳动者进行岗位轮换的。

2. 刑事责任

《劳动法》第九十三条规定:"用人单位强令劳动者违章冒险作业,发生重大伤亡事故,造成严重后果的,对责任人员依法追究刑事责任。"根据《刑法》和《刑法修正案(六)》,第一百三十四条规定:"在生产、作业中违反有关安全管理的规定,因而发生重大伤亡事故或者造成其他严重后果的,处三年以下有期徒刑或者拘役;情节特别恶劣的,处三年以上七年以下有期徒刑。强令他人违章冒险作业,因而发生重大伤亡事故或者造成其他严重后果的,处五年以下有期徒刑或者拘役;情节特别恶劣的,处五年以上有期徒刑。"第一百三十五条规定："安全生产设施或者安全生产条件不符合国家规定，因而发生重大伤亡事故或者造成其他严重后果的，对直接负责的主管人员和其他直接责任人员，处三年以下有期徒刑或者拘役；情节特别恶劣的，处三年以上七年以下有期徒刑。"

同时，《刑法修正案（六）》对《刑法》第一百三十九条做了补充，规定了瞒报、谎报的责任："在安全事故发生后，负有报告职责的人员不报或者谎报事故情况，贻误事故抢救，情节严重的，处三年以下有期徒刑或者拘役；情节特别严重的，处三年以上七年以下有期徒刑。"

 应用实例 11-4

从事有毒有害作业劳动者的知情权受法律保护

2002年4月，小李经朋友介绍从农村到某市一韩资箱包加工企业工作，具体从事箱包缝纫。小李与企业订立了劳动合同，每月工资600元。一个月后，企业对小李的工作进行了调整，要其从事最简单的刷胶作业。后小李从朋友那里知道作为箱包黏合剂使用的胶水含少量有毒物质苯，而长期接触苯对人体健康有很大的危害，严重的还会导致白血病等。于是小李找到企业负责人提出调整回原劳动合同所签订的缝纫工作，负责人答复说胶水只是气味难闻并不影响身体健康，要么服从企业的安排，要么就解除劳动合同。小李遂到劳动保障部门反映情况，劳动保障部门工作人员对小李反映的问题很重视，到该企业查看了劳动合同，进一步调查了解有关情况，并认真向该企业宣传解释了有关的法律法规规定，企业认识到自己的行为是违反法律规定的，经与小李协商，对其工作重新进行了调整，并改正了没有对从事有毒物品作业的劳动者告知相关情况的做法。

根据《使用有毒物品作业场所劳动保护条例》的有关规定：用人单位在与劳动者订立劳动合同时，应当将工作过程中可能产生的职业病危害及其后果、职业病防护措施和待遇等如实告知劳动者，并在劳动合同中写明，不得隐瞒或者欺骗。劳动者在已订立劳动合同期间因工作岗位或者工作内容变更，从事与所订立劳动合同中未告知的存在职业病危害的作业时，用人单位应当依照规定向劳动者履行如实告知的义务，并协商变更原劳动合同相关条款。用人单位违反规定的，劳动者有权拒绝从事存在职业病危害的作业，用人单位不得因此单方面解除或者终止与劳动者所订立的劳动合同。此案中，小李所在的单位没有按照国家有关法律规定履行告知义务，在对小李进行工作调整时，没有将调整后的刷胶作业接触有毒物质的情况以及可能产生的职业病危害如实告知小李，也没有与其协商变更劳动合同条款，小李有权拒绝企业所做的工作调整，而企业当然也不能单方面解除与小李的劳动合同。同时，根据《使用有毒物品作业场所劳动保护条例》的规定，对于未按规定将工作过程中可能产生的职业中毒危害及其后果、有关职业卫生防护措施和待遇等如实劳动者关在劳动合同中写明的，卫生行政部门可以给予警告，责令限期改正，处2万元以上5万元以下的罚款；逾期不改正的，责令停止使用有毒物品作业，或者提请有关人民政府按照国务院规定的权限予以关闭。

（资料来源：http://www.51labour.com/labour-law-show-11624.html。）

11.3.5 用人单位违反女职工和未成年工保护方面规定的法律责任

1. 行政责任

《劳动法》第九十五条规定："用人单位违反该法对女职工和未成年工的保护规定，侵害其合法权益的，由劳动行政部门责令改正，处以罚款；对女职工或者未成年工造成损害的，应当承担赔偿责任。"

1) 针对女职工的特殊保护

《违反〈劳动法〉行政处罚办法》第十二条规定,用人单位有下列侵害女职工合法权益行为之一的,应责令改正,并按每侵害一名女职工罚款3 000元以下的标准处罚:①安排女职工从事矿山井下、国家规定的第四级体力劳动强度的劳动和其他禁忌从事的劳动;②安排女职工在经期从事高处、低温、冷水作业和国家规定的第三级以上劳动强度的劳动;③安排女职工在哺乳未满一周岁的婴儿期间从事国家规定的第三级以上体力劳动强度的劳动和哺乳期禁忌从事的其他劳动及安排其延长工作时间和夜班劳动的;④安排未成年人从事矿山井下、有毒有害、国家规定的第四级体力劳动强度的劳动和其他禁忌从中的劳动。

《违反〈劳动法〉行政处罚办法》第十三条规定,用人单位安排女职工在怀孕期间从事国家规定的第三级以上体力劳动强度的劳动和孕期禁忌从事的劳动的,应责令改正,并按每侵害一名女职工罚款3 000元以下的标准处罚。用人单位安排怀孕7个月以上的女职工延长工作时间和从事夜班劳动的,应责令改正,并按每侵害一名女职工罚款3 000元以下的标准处罚。

《违反〈劳动法〉行政处罚办法》第十四条用人单位违反女职工保护规定,女职工产假低于90天的,应责令限期改正;逾期不改的,按每侵害一名女职工罚款3 000元以下的标准处罚。

应用实例11-5

用人单位不得安排怀孕7个月以上的女职工进行夜班劳动

王某系某纺织厂已婚女职工,2000年年初怀孕,经合同医院产科于8月签发的检查结果证明:王某已怀孕7个月,建议停止夜班劳动,并且在工作时间内安排中间休息,以免影响胎儿和孕妇健康。王某凭医院检查证明,向厂劳资科要求停止安排每3天一次的夜班劳动,并允许工作过程中中途离岗休息,劳资科当场拒绝,提出要么继续上夜班,要么扣发工资、奖金。王某遂以自己身体实在吃不消为由向当地劳动保障监察大队举报。劳动保障监察大队接到举报后,立即与纺织厂劳资科负责人联系,向其宣传了有关法律法规规定,纺织厂劳资科随即向王某道歉,同意停止安排其夜班劳动并安排其在每日劳动时间内休息一小时。

(资料来源:http://www.flzsw.com/anli/laodongfa/200609/3991.html.)

2) 针对未成年工的特殊保护

《劳动法》第九十四条规定:"用人单位非法招用未满十六周岁的未成年人的,由劳动行政部门责令改正,处以罚款;情节严重的,由工商行政管理部门吊销营业执照。"

另外,我国《禁止使用童工规定》也作出了类似的规定,第六条规定:"用人单位使用童工的,由劳动保障行政部门按照每使用一名童工每月处5 000元罚款的标准给予处罚;在使用有毒物品的作业场所使用童工的,按照《使用有毒物品作业场所劳动保护条例》规定的罚款幅度,或者按照每使用一名童工每月处5 000元罚款的标准,从重处罚。劳动保障行政部门并应当责令用人单位限期将童工送回原居住地交其父母或者其他监护人,所需交通和食宿费用全部由用人单位承担。用人单位经劳动保障行政部门依照前款规定责令限期改正,逾期仍不将童工送交其父母或者其他监护人的,从责令限期改正之日起,由劳动保障行政部门按照每使用一名童工每月处1万元罚款的标准处罚，并由工商行政管理部门吊销其营业执照或者由民政部门撤销民办非企业单位登记；用人单位是国家机关、事业单位的，由有关单位依法对直接负责的主管人员和其他直接责任人员给予降级或者撤职的行政处分或者纪律处分。"第八条规定："用人单位未按照本规定第四条（用人单位招用人员时，必须核查被招用人员的身份证；对不满16周岁的未成年人，一律不得录用。用人单位录用人员的录用登记、核查材料应当妥善保管）的规定保存录用登记材料，或者伪造录用登记材料的，由劳动保障行政部门处1万元的罚款。"第九条规定："无营业执照、被依法吊销营业执照的单位以及未依法登记、备案的单位使用童工或者介绍童工就业的，依照本规定第六条、第七条、第八条规定的标准加一倍罚款，该非法单位由有关的行政主管部门予以取缔。"第十条规定："童工患病或者受伤的，用人单位应当负责送到医疗机构治疗，并负担治疗期间的全部医疗和生活费用。童工伤残或者死亡的，用人单位由工商行政管理部门吊销营业执照或者由民政部门撤销民办非企业单位登记；用人单位是国家机关、事业单位的，由有关单位依法对直接负责的主管人员和其他直接责任人员给予降级或者撤职的行政处分或者纪律处分；用人单位还应当一次性地对伤残的童工、死亡童工的直系亲属给予赔偿，赔偿金额按照国家工伤保险的有关规定计算。"

《违反〈劳动法〉行政处罚办法》第十二条规定："安排未成年工从事矿山井下、有毒有害、国家规定的第四级体力劳动强度的劳动和其他禁忌从事的劳动的，按每侵害一名未成年工罚款三千元以下的标准处罚。"第十五条规定："用人单位未按规定对未成年工定期进行健康检查的，应责令限期改正；逾期不改的，按每侵害一名未成年工罚款三千元以下的标准处罚。"

2. 刑事责任

《禁止使用童工规定》第十一条规定"拐骗童工，强迫童工劳动，使用童工从事高空、井下、放射性、高毒、易燃易爆以及国家规定的第四级体力劳动强度的劳动，使用不满14周岁的童工，或者造成童工死亡或者严重伤残的，依照刑法关于拐卖儿童罪、强迫劳动罪或者其他罪的规定，依法追究刑事责任。"

据此，《刑法》第二百四十四条之一规定："违反劳动管理法规，雇佣未满十六周岁的未成年人从事超强度体力劳动的，或者从事高空、井下作业的，或者在爆炸性、易燃性、放射性、毒害性等危险环境下从事劳动，情节严重的，对直接责任人员，处三年以下有期徒刑或者拘役，并处罚金；情节特别严重的，处三年以上七年以下有期徒刑，并处罚金。有前款行为，造成事故的，又构成其他犯罪的，依照数罪并罚的规定处罚。"

11.3.6 用人单位采用非法手段强迫劳动者劳动等行为的法律责任

1. 行政责任

《劳动法》第九十六条用人单位有下列行为之一，由公安机关对责任人员处以15日以下拘留、罚款或者警告；构成犯罪的，对责任人员依法追究刑事责任：①以暴力、威胁或者非法限制人身自由的手段强迫劳动的；②侮辱、体罚、殴打、非法搜查和拘禁劳动者的。

2. 刑事责任

《刑法》第二百四十四条规定:"以暴力、胁迫或者限制人身自由的方法强迫他人劳动的,处三年以下有期徒刑或者拘役,并处罚金;情节严重的,处三年以上十年以下有期徒刑,并处罚金。明知他人实施前款行为,为其招募、运送人员或者有其他协助强迫他人劳动行为的,依照前款的规定处罚。单位犯前两款罪的,对单位判处罚金,并对其直接负责的主管人员和其他直接责任人员,依照第一款的规定处罚。"

应用实例 11-6

强迫职工劳动的法律责任

2005 年,李某承包了某市东泉建材厂,与于某共同管理该厂,2006 年 2 月,他们通过中介公司招收了一批外来民工,采用扣押工人的证件及通信工具、延长劳动时间、克扣工资并指使民工王某、张某等人殴打、看管等手段限制工人人身自由,强迫工人进行劳动,情节严重。工人不堪忍受,纷纷逃离。同年 6 月 28 日,该市公安局接到报案后迅速行动,当场把于某、王某、张某等人抓获,并解救受害工人 50 余人。

法院审理认为,被告人于某、王某、张某的行为已经构成强迫职工劳动罪,依照《刑法》第二百四十四条,判处于某有期徒刑 8 个月,并处罚金人民币 20 000 元。对于被告人王某和张某,分别判处拘役 6 个月,各处罚金人民币 10 000 元。

11.3.7 用人单位违反社会保险法规的法律责任

1. 行政责任

《劳动法》第一百条规定:"用人单位无故不缴纳社会保险费的,由劳动行政部门责令其限期缴纳;逾期不缴的,可以加收滞纳金。"对于滞纳金的标准,《违反〈劳动法〉行政处罚办法》第十七条规定:"用人单位无故不缴纳社会保险费的,应责令其限期缴纳;逾期不缴的,除责令限期补交所欠款额外,可以按每日加收所欠款额千分之二的滞纳金。滞纳金收入并入社会保险基金。"这些规定是为了保证社会保险制度的推行,加收滞纳金不仅有利于直接保护劳动者的合法权益,也有利于我国社会保险制度的实施和完善。

此外,《社会保险费征缴暂行条例》第二十三条规定:"缴费单位未按照规定办理社会保险登记、变更登记或者注销登记,或者未按照规定申报应缴纳的社会保险费数额的,由劳动保障行政部门责令限期改正;情节严重的,对直接负责的主管人员和其他直接责任人员可以处 1 000 元以上 5 000 元以下的罚款;情节特别严重的,对直接负责的主管人员和其他直接责任人员可以处 5 000 元以上 10 000 元以下的罚款。"第二十四条规定:"缴费单位违反有关财务、会计、统计的法律、行政法规和国家有关规定,伪造、变造、故意毁灭有关账册、材料,或者不设账册,致使社会保险费缴费基数无法确定的,除依照有关法律、行政法规的规定给予行政处罚、纪律处分、刑事处罚外,依照该条例第十条的规定征缴;迟延缴纳的,由劳动保障行政部门或者税务机关依照第十三条的规定决定加收滞纳金,并对直接负责的主管人员和其他直接责任人员处 5 000 元以上 20 000 元以下的罚款。"

2. 刑事责任

《社会保险费征缴暂行条例》第二十七条规定:"劳动保障行政部门、社会保险经办机构或者税务机关的工作人员滥用职权、徇私舞弊、玩忽职守,致使社会保险费流失的,由劳动保障行政部门或者税务机关追回流失的社会保险费;构成犯罪的,依法追究刑事责任;尚不构成犯罪的,依法给予行政处分。"第二十八条规定:"任何单位、个人挪用社会保险基金的,追回被挪用的社会保险基金;有违法所得的,没收违法所得,并入社会保险基金;构成犯罪的,依法追究刑事责任;尚不构成犯罪的,对直接负责的主管人员和其他直接责任人员依法给予行政处分。"根据现行《刑法》的规定,上述行为根据具体情况可以适用滥用职权罪、玩忽职守罪、违规运用资金罪等罪名。

11.3.8 用人单位违反劳动合同的法律责任

违反劳动合同的责任是指劳动合同当事人的一方或双方违反劳动合同所规定的义务而引起的法律后果,表现为民事责任。我国《劳动法》和《劳动合同法》对用人单位违反劳动合同法律规定的行为,建立了一系列追究法律责任的制度,主要集中在《劳动法》第九十七至第九十九条和《劳动合同法》第八十一条至第八十九条、第九十一条的规定当中。此外,《违反和解除劳动合同的经济补偿办法》也对相关内容做出了规定。

1. 用人单位未按规定起草合同内容或交付合同文本

《劳动合同法》第八十一条规定:"用人单位提供的劳动合同文本未载明该法规定的劳动合同必备条款或者用人单位未将劳动合同文本交付劳动者的,由劳动行政部门责令改正;给劳动者造成损害的,应当承担赔偿责任。"

2. 用人单位违反法律规定解除合同或故意拖延不订立劳动合同

《劳动法》第九十八条规定:"用人单位违反本法规定的条件解除劳动合同或者故意拖延不订立劳动合同的,由劳动行政部门责令改正;对劳动者造成损害的,应当承担赔偿责任。"

《劳动合同法》第八十二条规定:"用人单位自用工之日起超过一个月不满一年未与劳动者订立书面劳动合同的,应当向劳动者每月支付二倍的工资。用人单位违反本法规定不与劳动者订立无固定期限劳动合同的,自应当订立无固定期限劳动合同之日起向劳动者每月支付二倍的工资。"

《劳动合同法》第八十七条规定:用人单位违反本法规定解除或者终止劳动合同的,应当依照该法第四十七条(即经济补偿按劳动者在本单位工作的年限,每满1年支付1个月工资的标准向劳动者支付。6个月以上不满1年的,按一年计算;不满6个月的,向劳动者支付半个月工资的经济补偿。劳动者月工资高于用人单位所在直辖市、设区的市级人民政府公布的本地区上年度职工月平均工资3倍的,向其支付经济补偿的标准按职工月平均工资3倍的数额支付,向其支付经济补偿的年限最高不超过12年。本条所称月工资是指劳动者在劳动合同解除或者终止前12个月的平均工资)规定的经济补偿标准的2倍向劳动者支付赔偿金。

《劳动合同法》第八十九条规定:"用人单位违反本法规定未向劳动者出具解除或者终止劳

动合同的书面证明,由劳动行政部门责令改正;给劳动者造成损害的,应当承担赔偿责任。"

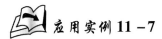

用人单位不得违法解除劳动合同

2007年7月1日,何某入职某工厂,从事高粉尘工作;2009年5月20日,何某经职业病防治中心诊断为一期混合尘肺职业病;2009年7月10日,何某经劳动能力鉴定委员会鉴定为七级伤残。2009年10月28日,工厂向何某发出《工作调整通知书》,告知何某因患职业病已不适宜在原岗位工作,并提供3个新的工作岗位供何某选择,让其在两天内书面回复。2009年10月30日,工厂以何某未按时回复,不服从工厂工作安排,严重违反工厂规章制度为由将何某解雇。后何某不服,向劳动争议仲裁委员会提起仲裁,请求:①撤销工厂的开除决定;②要求工厂为其安排适当的工作。

何某的行为是否属于严重违反工厂规章制度?工厂将何某解雇的行为是否合法?

第一,工厂在无证据证明何某已不适宜继续从事原工作,也未与何某协商的情况下,单方要求何某调整工作岗位是不符合法律规定的。

第二,用人单位制定的规章制度必须是经合法有效的程序产生的;该规章制度明确具体且符合法律规定,并已告知全体员工;严重与否取决于员工行为的性质和对用人单位造成的负面影响程度。本案中,工厂向何某送达了《工作调整通知书》,要求其调换岗位并于两日内书面回复,但还未到两日,工厂便以何某不服从工作安排,严重违反工厂规章制度为由将其解雇,显然,何某的行为不构成《劳动合同法》第三十九条规定的"严重违反用人单位规章制度"。

第三,何某在工厂工作期间患职业病,被鉴定为七级伤残,其行为也不构成严重违反工厂规章制度,所以工厂与其解除劳动合同属于非法解除,何某可要求工厂继续履行劳动合同。

(资料来源:http://www.jobeasy.cn/art/ArticleShow.aspx? ArticleID = 30982.)

3. 因用人单位原因致使劳动合同无效

《劳动法》第九十七条规定:"由于用人单位的原因订立的无效合同,对劳动者造成损害的,应当承担赔偿责任。"

《劳动合同法》第八十六条规定:劳动合同依照该法第二十六条(①以欺诈、胁迫的手段或者乘人之危,使对方在违背真实意思的情况下订立或者变更劳动合同的;②用人单位免除自己的法定责任、排除劳动者权利的;③违反法律、行政法规强制性规定的)规定被确认无效,给对方造成损害的,有过错的一方应当承担赔偿责任。

4. 用人单位违反法律规定与劳动者约定试用期或者扣押劳动者证件

《劳动合同法》第八十三条规定:"用人单位违反本法规定与劳动者约定试用期的,由劳动行政部门责令改正;违法约定的试用期已经履行的,由用人单位以劳动者试用期满月工资为标准,按已经履行的超过法定试用期的期间向劳动者支付赔偿金。"

《劳动合同法》第八十四条规定:"用人单位违反本法规定,扣押劳动者居民身份证等证件的,由劳动行政部门责令限期退还劳动者本人,并依照有关法律规定给予处罚。用人单位违反本法规定,以担保或者其他名义向劳动者收取财物的,由劳动行政部门责令限期退还劳动者本人,并以每人五百元以上二千元以下的标准处以罚款;给劳动者造成损害的,应当承担赔偿责任。劳动者依法解除或者终止劳动合同,用人单位扣押劳动者档案或者其他物品的,依照前款规定处罚。"

应用实例 11-8

用人单位不得扣押劳动者证件

2013年9月,林某通过应聘入职当地某广告公司,双方签订为期两年的劳动合同时,林某应公司要求提交了学历证书和职业资格证书原件。入职后,公司一直没有返还林某所提交的证书原件。为此,林某多次向公司提出要求返还,但公司以规章制度规定"员工入职后应由公司代为保管相关证件证书,待员工劳动合同期满再予归还"为由,拒绝返还其证书。林某多次交涉未果,遂提起劳动仲裁,要求公司返还其学历证书及职业资格证书。经仲裁庭调解,公司返还了林某的相关证书。

用人单位有权通过制定相应的规章制度对员工进行劳动管理,但规章制度的内容必须符合法律的规定。《劳动合同法》第九条明确规定,用人单位招用劳动者,不得扣押劳动者的居民身份证和其他证件。因此,学历证书、资格证书作为员工受教育经历和相关技能的证明,用人单位扣押此类证件,实际上是变相限制劳动者的人身自由,损害了劳动者自主择业的权利。本案中,公司未经林某同意,强行"代为保管"个人证书证件,实为扣押,并且规章制度的规定因明显违反法律规定而无效,因此公司应当返还林某相关证件。

(资料来源: http://www.wuhunews.cn/zt/rsfy/2016-04-14/909429.html。)

5. 用人单位招用未与其他单位解除劳动合同的劳动者

《劳动法》第九十九条规定:"用人单位招用尚未解除劳动合同的劳动者,对原用人单位造成经济损失的,该用人单位应当依法承担连带赔偿责任。"

《劳动合同法》第九十一条规定:"用人单位招用与其他用人单位尚未解除或者终止劳动合同的劳动者,给其他用人单位造成损失的,应当承担连带赔偿责任。"

《违反〈劳动法〉有关劳动合同规定的赔偿办法》第五条规定:"用人单位招用尚未解除劳动合同的劳动者,对原用人单位造成经济损失的,除该劳动者承担直接赔偿责任外,该用人单位应当承担连带赔偿责任。其连带赔偿的份额应不低于对原用人单位造成经济损失总额的百分之七十。"

 应用实例 11-9

用人单位招用未与其他单位解除劳动合同的劳动者需要承担连带责任

赵某是北京某科技发展公司(以下简称"发展公司")的工程师,与公司签订了期限为5年的劳动合同。为了培养业务骨干,发展公司于2005年4月送赵某到美国进行为期3个月的技术培训。培训结束回国后,由于其技术比以前有了很大提高,于是,开始对现在的工作职位和薪水产生了不满。2005年8月,赵某向公司口头提出解除劳动合同,未等公司答复,赵某便不辞而别,跳槽到北京某信息科技公司(以下简称"科技公司")上班,并与科技公司签订了劳动合同。赵某离岗后,尽管公司采取了一些补救措施,但仍给公司造成10万元的直接经济损失。此后,发展公司要求赵某回原单位上班,赵某没有回应。发展公司又与赵某所在的科技公司进行书面联系,希望能让赵某回发展公司工作,但科技公司以已与赵某签订劳动合同与由予以拒绝。于是发展公司向劳动争议仲裁委员会提起仲裁申请,要求赵某和科技公司对发展公司的损失承担连带赔偿责任。

那么,科技公司是否应承担连带赔偿责任?

依照《劳动法》的规定,劳动合同是劳动者与用人单位确立劳动关系、明确双方权利和义务的协议,依法订立的劳动合同对双方均有约束力。本案中赵某与发展公司依法签订的劳动合同,内容齐全,手续完备,不存在欺诈与威胁行为,是合法有效的。虽然劳动合同双方当事人经协商一致,可以解除劳动合同,但根据《劳动法》的规定,劳动者解除劳动合同提前30天书面通知用人单位,既是劳动者的义务也是劳动者解除劳动合同的法定程序,未履行此程序,用人单位可以不同意解除劳动合同。《劳动法》第一百〇二条规定:"劳动者违反本法规定的条件解除劳动合同或者违反劳动合同中约定的保密事项,对用人单位造成经济损失的,应当依法承担赔偿责任。"本案中,赵某仅是向公司口头提出了解除劳动合同的意愿,而未提前30天以书面形式通知用人单位,发展公司也没有同意其解除劳动合同的要求,因此双方并未对劳动合同协商解除达成一致,劳动合同仍然有效,赵某依法构成违法解除劳动合同。因此,赵某应承担因其违法解除合同而给公司造成的实际生产和经营的损失。

《劳动法》第九十九条规定:"用人单位招用尚未解除劳动合同的劳动者,对原用人单位造成经济损失的,该用人单位应当依法承担连带赔偿责任。"原劳动部发布的《违反〈劳动法〉有关劳动合同规定的赔偿办法》第六条规定,用人单位招用尚未解除劳动合同的劳动者,对原用人单位造成经济损失的,除该劳动者承担直接赔偿责任外,该用人单位应当承担连带赔偿责任。其连带赔偿的份额应不低于对原用人单位造成经济损失总额的70%,向原用单位赔偿下列损失:①对生产、经济和工作造成的直接经济损失;②因获取商业秘密给原用人单位造成的经济损失。《劳动争议案件司法解释》第十一条第三款规定:"原用人单位以新的用人单位和劳动者共同侵权为由向人民法院起诉的,新的用人单位和劳动者列为共同被告。"1996年原劳动部在关于实行劳动合同制度若干问题的通知中明确规定:"用人单位在招用职工时,应查验终止、解除劳动合同证明以及其他能证明该职工与任何用人单位不存在劳动关系的凭证,方可与其签订劳动合同。"根据上述规定,用人单位在招收劳动者时,验明劳动者与其他企业是否存在劳动关系,是用人单位的义务,劳动者没有与原单位解除劳动合同的,不应与之签订劳动合同。否则,该用人单位应当承担连带赔偿责任。本案中,科技公司没有对赵某是否与原单位解除劳动合同关系作初步审查,就招用尚未解除劳动合同的赵某,侵害了发展公司的合法权益,且给发展公司造成了经济损失,所以,发展公司以赵某和科技公司作为共同被告,要求科技公司承担连带责任符合法律规定。

(资料来源: http://china.findlaw.cn/laodongfa/ldgszy/ldzy/ldjf/ldhtjf/64649.html.)

6. 用人单位违反经济补偿规定

用人单位违反《劳动法》规定,解除劳动合同后,未依照法律、法规规定给予劳动者经济补偿的,应承担法律责任。按规定,劳动行政部门应责令支付劳动者的工资报酬、经济补偿,并可责令按相当于支付劳动者工资报酬、经济补偿总和的1~5倍支付劳动者赔偿金。责令用人单位支付劳动补偿金按《违反和解除劳动合同的经济补偿办法》执行。

7. 用人单位违反劳动合同法有关建立职工名册规定

2008年9月3日通过并且生效的《中华人民共和国劳动合同法实施条例》(以下简称《劳动合同法实施条例》)第三十三条规定:"用人单位违反劳动合同法有关建立职工名册规定的,由劳动行政部门责令限期改正;逾期不改正的,由劳动行政部门处2 000元以上2万元以下的罚款。"

8. 用工单位违反有关劳务派遣规定

《劳动合同法实施条例》第三十五条规定:"用工单位违反劳动合同法和本条例有关劳务派遣规定的,由劳动行政部门和其他有关主管部门责令改正;情节严重的,以每位被派遣劳动者1 000元以上5 000元以下的标准处以罚款；给被派遣劳动者造成损害的，劳务派遣单位和用工单位承担连带赔偿责任。"

11.3.9 用人单位未按规定开展职工培训的法律责任

《企业职工培训规定》第二十四条规定，企业如有不按国家规定组织开展职工培训，侵占职工培训校舍，损害培训教师或管理人员正当利益，影响培训工作正常进行，强令未经培训的职工上岗作业，以及不按国家规定适用培训费用或将培训费用挪作他用的情况，劳动保障行政部门或经济综合部门将对直接责任者和企业法定代表人给予批评教育，责令改正。

于2008年1月1日生效的《就业促进法》第六十七条规定，违反该法规定，企业未按照国家规定提取职工教育经费，或者挪用职工教育经费的，由劳动行政部门责令改正，并依法给予处罚。部分地区的地方性法规明确规定了行政处罚的力度。例如，2010年1月1日生效的《广东省实施〈中华人民共和国就业促进法〉办法》第五十五条规定，企业未按照该办法第三十九条规定足额提取或者使用职工教育经费的，由人力资源和社会保障主管部门责令改正，并可处以20 000元以上50 000元以下的罚款。这种具体的规定就更加具有操作性，但是随着物价水平的提高，罚款数额也应作出相应的变化。

11.3.10 用人单位无理阻挠行政监督的法律责任

1. 行政责任

《劳动法》第一百〇一条规定："用人单位无理阻挠劳动行政部门、有关部门及其工作人员行使监督检查权，打击报复举报人员的，由劳动行政部门或者有关部门处以罚款；构成犯罪的，对责任人员依法追究刑事责任。"为使该规定便于实施，《违反〈劳动法〉行政处罚办法》第十八条又做了配套性规定，即用人单位无理阻挠劳动行政部门及其劳动监察人员行使监督检查权，或者打击报复举报人员的，处以10 000元以下罚款。这些规定对于全面实施监督检查的法律制度具有重要意义。

2. 刑事责任

用人单位无理阻挠劳动行政部门、有关部门及其工作人员行使监督检查权，打击报复举报人员的，构成犯罪的，对责任人员依照《刑法》第二百七十七条规定的妨害公务罪处理：以暴力、威胁方法阻碍国家机关工作人员依法执行职务的，处三年以下有期徒刑、拘役、管制或罚金。

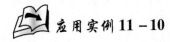

应用实例 11-10

用人单位不得无理阻挠劳动保障监察

某市劳动保障监察大队在常规巡视检查中发现某饭店存在擅自招用外来劳动力，不签订劳动合同等劳动违法行为，并向其下达了限期改正指令书。但该店以业务太忙为由推托搪塞，在限期内没有采取任何整改措施。为维护法律的严肃性，该市劳动局对其无理阻挠劳动保障监察行为作出罚款决定。该饭店收到处罚决定书后，在规定的期限内既不缴纳罚款，也不申请行政复议或提起行政诉讼。该市劳动局向人民法院申请强制执行，收缴了罚款及因到期不缴纳罚款的加处罚款。

劳动保障监察是劳动保障行政部门依法对用人单位遵守劳动和社会保障法律法规的情况进行监督检查，对违法行为进行制止并给予处罚的劳动保障行政执法行为。《劳动法》第八十五条规定："县级以上各级人民政府劳动行政部门依法对用人单位遵守劳动法律、法规的情况进行监督检查，对违反劳动法律、法规的行为有权制止，并责令改正。"据此，劳动保障行政部门向存在劳动保障违法行为的用人单位下达限期改正指令书是其行使法律赋予的劳动保障监察权的一种基本方式，用人单位必须严格按照限期改正指令书的期限和内容进行整改，无正当理由逾期不进行整改就是无理阻挠劳动保障行政部门行使劳动保障监察权。《劳动法》第一百○一条规定："用人单位无理阻挠劳动行政部门、有关部门及其工作人员行使监督检查权，打击报复举报人员的，由劳动行政部门或者有关部门处以罚款。"

（资料来源：http://www.flzsw.com/anli/laodongfa/200609/3891.html.）

11.4 劳动者违反劳动法的法律责任

劳动者违反劳动法的法律责任，是指劳动者因违反劳动法所承担的法律责任。其特征主要表现如下。

（1）以约定责任为主。劳动法偏重于保护劳动者，对劳动者是权利本位，因此，它对劳动者法律责任的规定大大少于用人单位法律责任。于是，劳动者法律责任主要是由劳动合同和作为其附件的内部劳动规则，以及集体合同规定。

（2）违纪责任寓于违约责任之中。劳动法赋予劳动者的法律责任主要表现为违约责任和违纪责任。其中违纪责任属于违约责任的组成部分。这是因为，劳动纪律是劳动合同的法定必要条款，存在于作为劳动合同附件的内部劳动规则之中，违反劳动纪律也就是违反劳动合同，因而违纪责任属于违约责任。

（3）集体合同违约责任通过承担劳动合同违约责任实现。集体合同条款依法可以取代和补充劳动合同内容，当单个劳动者因违反集体合同而应当向用人单位承担违约责任时，就应当按照违反劳动合同一样承担违约责任。

（4）实行过错责任原则，劳动者因违反劳动法而承担法律责任，必须以主观上有过错为要件①。

我国有关劳动法律规定的劳动者应当承担的法律责任主要如下。

11.4.1 劳动者违反法律或合同约定解除劳动合同的法律责任

劳动者应遵守劳动合同的解除条件，正确地行使国家法律赋予的劳动合同解除权，而不能违反法律规定随意解除劳动合同，以切实地维护劳动合同的严肃性。

《劳动法》第一百○二条和《劳动合同法》第九十条规定，劳动者违反法律规定的条件解除劳动合同，对用人单位造成经济损失的，应当依法承担赔偿责任。

劳动者违法或违反合同约定解除劳动合同，对用人单位造成经济损失的，其赔偿范围通常有下面几个方面：①用人单位招收录用其所支付的费用；②用人单位为其支付的培训

---

① 王全兴. 劳动法学[M]. 北京：高等教育出版社，2005：133.

费用，双方另有约定的按约定处理；③对生产、经营和工作造成的直接经济损失；④劳动合同约定的其他赔偿费用。

应用实例 11-11

劳动者违反培训协议解除劳动合同应承担赔偿责任

某企业职工刘某与企业签订了为期6年的劳动合同。在合同执行了4年半的时候，企业出资9 000元送刘某进行业务培训，双方签订了培训协议作为劳动合同的附件。其中规定：刘某结业后在企业服务的年限不得少于3年，原劳动合同的期限也随之延长，若结业3年内刘某要求解除劳动合同，应承担相应的赔偿责任。刘某结业后，在企业工作一年就提出要求解除劳动合同，企业没有同意。后来刘某多次与企业交涉，企业最终同意解除劳动合同，但提出要刘某赔偿企业为其支付的9 000元培训费后方能办理有关手续。刘某认为企业提出的赔偿数额过高，而且双方协商解除劳动合同，企业还应付给他经济补偿金。双方僵持不下，企业遂向劳动争议仲裁委员会申请仲裁。仲裁委员会受理后，经过多次调解，企业与刘某最终达成协议，刘某赔偿企业6 000元培训费，双方解除劳动合同。

对刘某提出的要企业支付经济补偿金的要求不应支持。第一，《劳动法》第二十四条规定："经劳动合同当事人协商一致，劳动合同可以解除。"第二十八条规定："用人单位依据本法第二十四条、第二十六条、第二十七条的规定解除劳动合同的，应当依照国家有关规定给予经济补偿。"对于当事人双方协商一致解除劳动合同的经济补偿问题，原劳动部发布的《违反和解除劳动合同的经济补偿办法》（劳部发〔1994〕481号）第五条做了具体规定，即"经劳动合同当事人协商一致，由用人单位解除劳动合同的，用人单位应根据劳动者在本单位工作年限，每满一年发给相当于一个月工资的经济补偿金，最多不超过十二个月。"也就是说，在双方协商一致解除劳动合同的情况下，必须是由用人单位提出解除要求的，劳动者才能得到经济补偿金。而本案是刘某主动提出与单位解除劳动合同的，即使是双方协商解除也不能根据上述规定要求单位支付经济补偿金。第二，劳动者违反培训协议应承担相应的赔偿责任。《劳动法》第一百〇二条规定："劳动者违反本法规定的条件解除劳动合同或者违反劳动合同中约定的保密事项，对用人单位造成经济损失的，应当依法承担赔偿责任。"原劳动部发布的《违反〈劳动法〉有关劳动合同规定的赔偿办法》（劳部发〔1995〕223号）第四条规定，劳动者违反规定或劳动合同的约定解除劳动合同，对用人单位造成损失的，劳动者应赔偿用人单位下列损失：①用人单位招收录用其所支付的费用；②用人单位为其支付的培训费用，双方另有约定的按约定办理；③对生产、经营和工作造成的直接经济损失；④劳动合同约定的其他赔偿费用。本案中刘某与单位签订了服务年限协议后，在服务期限内提出解除劳动合同的做法违反了服务协议，即劳动合同的约定，使企业为其支付的培训费未能完全发挥应有的作用，企业要求刘某退赔培训费用是理所当然的。第三，刘某退赔的培训费数额如何确定。刘某自知理亏，对企业要求其退赔培训费的主张不敢拒绝，但对赔偿数额提出了异议。根据原劳动部办公厅《关于试用期内解除劳动合同期处理依据问题的复函》（劳办发〔1995〕264号）的规定精神，用人单位出资（指有支付货币凭证的情况）对职工进行各类技术培训，职工提出与单位解除劳动关系的，如果在试用期内，则用人单位不得要求劳动者支付该项培训费用。如果试用期满，在合同期内，则用人单位可以要求劳动者支付该项培训费用，具体支付方法是，约定服务期的，按服务期等分出资金额，以职工已履行的服务期限递减支付。根据这一规定精神，刘某的申诉请求是有道理的。因为双方约定的服务期限是3年，企业支付的培训费是9 000元，将培训费按服务期限等分，劳动者每服务一年应递减3 000元。刘某经培训结业后，在单位工作了一年，所以应当赔偿企业两年的培训费，即6 000元。双方认为这样的计算比较合理，因而达成了协议，这些劳动争议得到了妥善解决。

（资料来源：http://www.sz51.cn/Article/403.html）

11.4.2 劳动者违反劳动合同中约定的保密事项应承担的法律责任

劳动者违反劳动合同中约定的保密事项承担法律责任必须具备下列前提条件：一是在劳动合同中，双方当事人约定了保密事项；二是劳动者必须有违反劳动合同约定的保密事项的行为；三是必须有损害事实。

《劳动法》第一百〇二条和《劳动合同法》第九十条规定，劳动者违反劳动合同中约定的保密义务或者竞业限制，对用人单位造成经济损失的，应当依法承担赔偿责任。

《违反〈劳动法〉有关劳动合同规定的赔偿办法》第五条规定，劳动者违反劳动合同中约定的保密事项，对用人单位造成经济损失的，按《反不正当竞争法》第二十条（即经营者违反该法规定，给被侵害者造成损害的，应当承担损害赔偿责任，被侵害的经营者的损失难以计算的，赔偿额为侵权人在侵权期间因侵权所获得的利润；并应当承担被侵害的经营者因调查该经营者侵害其合法权益的不正当竞争行为所支付的合理费用）规定处理。

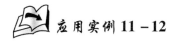
应用实例 11-12

带着前公司商业秘密跳槽应否负法律责任

朱某是 A 制药公司的业务员，手中掌握着大量的公司客户名单。公司为了保护企业的商业秘密，与朱某签订了保密协议，约定：朱某在职期间应严格保守公司的客户名单等商业秘密，不得向公司外任何人员泄露，如有违反，将承担违约责任。一年后，因 B 制药公司高薪聘请，朱某从 A 公司辞职后到了 B 公司，并将 A 公司的客户名单作为与 B 公司协商待遇的条件。B 公司从朱某处了解到 A 公司的商业秘密后，即采取了针对性的措施，轻而易举地在市场竞争中占据了有利地位，A 公司的市场份额出现大幅度下降。A 公司得知上述情况后，认为朱某违反了双方约定的保密协议，即诉至劳动争议仲裁委员会，要求朱某承担违约责任。但是朱某则认为自己虽然将有关信息透露给了他人，但市场竞争由多种因素构成，导致 A 公司重大损失的责任不应由自己承担。

劳动者违反与原单位的保密协议，并且泄露该单位的商业秘密而并对原单位造成经济损失的，劳动者应当赔偿原单位的经济损失。

11.4.3 劳动者违反劳动法的行政责任与刑事责任

劳动者违反劳动纪律，按《企业奖惩条例》规定，给予行政处分，包括警告、记过、记大过、降级、撤职、留用察看、开除等。如果劳动者违法情节和社会危害严重，触犯刑律，构成犯罪的，应按有关法律、法规的规定，承担不同的刑事责任，如职务侵占罪等。

此外，《企业职工培训规定》第二十五条规定，职工如有无故不服从单位安排参加职工培训；严重违反单位规章制度，扰乱职工培训正常进行；破坏职工培训校舍、仪器设备等情况的，由企业给予批评教育，经教育拒不改正的，可以给予行政处分。

11.5 其他劳动法主体违反劳动法的法律责任

11.5.1 劳动行政机关和其他行政机关及其工作人员违反劳动法的法律责任

1. 滥用职权、玩忽职守、徇私舞弊的法律责任

1)行政责任

《劳动法》第一百○三条规定:"劳动行政部门或者有关部门的工作人员滥用职权、玩忽职守、徇私舞弊,构成犯罪的,依法追究刑事责任;不构成犯罪的,给予行政处分。"

《劳动合同法》第九十五条规定:"劳动行政部门和其他有关主管部门及其工作人员玩忽职守、不履行法定职责,或者违法行使职权,给劳动者或者用人单位造成损害的,应当承担赔偿责任;对直接负责的主管人员和其他直接责任人员,依法给予行政处分;构成犯罪的,依法追究刑事责任。"

《就业促进法》第六十一条规定:"违反该法规定,劳动行政等有关部门及其工作人员滥用职权、玩忽职守、徇私舞弊的,对直接负责的主管人员和其他直接责任人员依法给予处分。"

《禁止使用童工规定》第十二条规定,国家行政机关工作人员有下列行为之一的,依法给予记大过或者降级的行政处分;情节严重的,依法给予撤职或者开除的行政处分;构成犯罪的,依照刑法关于滥用职权罪、玩忽职守罪或者其他罪的规定,依法追究刑事责任:①劳动保障等有关部门工作人员在禁止使用童工的监督检查工作中发现使用童工的情况,不予制止、纠正、查处的;②公安机关的人民警察违反规定发放身份证或者在身份证上登录虚假出生年月的;③工商行政管理部门工作人员发现申请人是不满16周岁的未成年人,仍然为其从事个体经营发放营业执照的。

《使用有毒物品作业场所劳动保护条例》第五十七条规定,卫生行政部门的工作人员有下列行为之一,导致职业中毒事故发生的,依照刑法关于滥用职权罪、玩忽职守罪或者其他罪的规定,依法追究刑事责任;造成职业中毒危害但尚未导致职业中毒事故发生,不够刑事处罚的,根据不同情节,依法给予降级、撤职或者开除的行政处分:①对不符合该条例规定条件的涉及使用有毒物品作业事项,予以批准的;②发现用人单位擅自从事使用有毒物品作业,不予取缔的;③对依法取得批准的用人单位不履行监督检查职责,发现其不再具备该条例规定的条件而不撤销原批准或者发现违反该条例的其他行为不予查处的;④发现用人单位存在职业中毒危害,可能造成职业中毒事故,不及时依法采取控制措施的。

《国务院关于特大安全事故行政责任追究的规定》第二条规定,地方人民政府主要领导人和政府有关部门正职负责人对下列特大安全事故的防范、发生,依照法律、行政法规和本规定的规定有失职、渎职情形或者负有领导责任的,依照本规定给予行政处分;构成玩忽职守罪或者其他罪的,依法追究刑事责任:①特大火灾事故;②特大交通安全事故;③特大建筑质量安全事故;④民用爆炸物品和化学危险品特大安全事故;⑤煤矿和其他矿山特大安全事故;⑥锅炉、压力容器、压力管道和特种设备特大安全事故;⑦其他特大安全事故。地方人民政府和政府有关部门对特大安全事故的防范、发生直接负责的主管人员和其他直接责任人员,比照本规定给予行政处分;构成玩忽职守罪或者其他罪的,依法追究刑事责任。特大安全事故肇事单位和个人的刑事处罚、行政处罚和民事责任,依照有关法律、法规和规章的规定执行。

《社会保险稽核办法》第十三条规定："社会保险经办机构工作人员在稽核工作中滥用职权、徇私舞弊、玩忽职守的，依法给予行政处分；构成犯罪的，依法追究刑事责任。"

2）刑事责任

上述所列的规定都表明，滥用职权、徇私舞弊、玩忽职守的行为构成犯罪的，依法追究刑事责任。根据《刑法》第三百九十七条的规定，国家机关工作人员滥用职权或者玩忽职守，致使公共财产、国家和人民利益遭受重大损失的，处3年有期徒刑或者拘役；情节特别严重的，处3年以上7年以下有期徒刑。该法另有规定的，依照规定。国家机关工作人员徇私舞弊，犯滥用职权罪和玩忽职守罪的，处5年以下有期徒刑或者拘役；情节特别严重的，处5年以上10年以下有期徒刑。该法另有规定的，依照规定。

 应用实例11-13

县劳动局不履行保护人身权、财产权法定职责应承担的责任

原告汤某写了一份反映其所在的工作单位某县建材公司有违反劳动法律、法规、滥用职权，停发及乱扣其经济收入，要求县劳动局依法调查处理的申请，于1996年1月1日寄交县劳动局。1月4日，县劳动局局长在此信上批示："将此文转交物资局处理。"事后，既未对申请信中所反映的问题进行监督检查，也未给汤某本人作出答复。

此县人民法院认为，《劳动法》第八十八条第二款规定："任何组织和个人对于违反劳动法律、法规的行为有权检举和控告。"原告汤某认为建材公司违反劳动法律、法规，侵害了自己的合法权益，写信要求查处，是行使公民的正当权利。《劳动法》第九条第二款规定："县级以上地方人民政府劳动行政部门主管本行政区域内的劳动工作。"被告县劳动局是此县行政区域内劳动工作的主管部门，汤某就劳动工作方面的问题向其投诉，是适当的。《劳动法》第八十五条规定："县级以上各级人民政府劳动行政部门依法对用人单位遵守劳动法律、法规的情况进行监督检查，对违反劳动法律、法规的行为有权制止，并责令改正。"第八十六条规定了劳动行政部门执行监督检查公务的权力，第十二章规定了劳动行政部门对用人单位违反劳动法律、法规的行为进行处理的各种权限。这些规定说明，县劳动局有责任，也有权力对用人单位遵守劳动法律、法规的情况进行监督、检查和处理。《劳动法》第八十七条规定："县级以上各级人民政府有关部门在各自职责范围内，对用人单位遵守劳动法律、法规的情况进行监督。"物资局是人民政府的一个部门，对其主管的建材公司遵守劳动法律、法规的情况有权进行监督，但是无权对违法行为进行处理。县劳动局把要求查处违法行为的来信批转无处理权的物资局去处理，自己既不履行监督检查的职责，也不向物资局了解监督的结果如何，并且不给来信人答复，不能认为其已履行了法定职责。如果允许行政机关对自己主管业务范围内收到的公民来信，只要批出后就可了事，就可以认为履行了职责，再不必检查、落实和给来信人做出答复，那么，法律赋予公民的检举、控告权利就会形同虚设。县劳动局已经履行了法定职责的辩解理由，不能成立。据此，县人民法院依照《行政诉讼法》第五十四条第（三）项的规定，于1996年4月23日判决：责成被告县劳动局依法对县建材公司遵守劳动法律、法规的情况进行监督检查，并在两个月内对原告汤某本人做出书面答复。案件受理费100元，其他诉讼费用200元，由被告县劳动局承担。

（资料来源：http://www.flzsw.com/anli/laodongfa/200609/3977.html.）

2. 挪用社会保险基金的法律责任

国家工作人员和社会保险基金办事机构工作人员违反劳动法有关社会保险基金"专款专用"原则的规定，挪用社会保险金甚至给国家、人民和广大劳动者带来损害的，应承担强制性的法律责任。

《劳动法》第一百〇四条规定："国家工作人员和社会保险基金经办机构的工作人员挪用社会保险基金，构成犯罪的，依法追究刑事责任。"

《最高人民检察院关于挪用失业保险基金和下岗职工基本生活保障资金的行为适用法律问题的批复》规定："挪用失业保险基金和下岗职工基本生活保障资金，情节严重，致使国家和人民群众利益遭受重大损害的，对直接责任人员，以挪用特定款物罪追究刑事责任；国家工作人员利用职务上的便利，挪用失业保险基金和下岗职工基本生活保障资金归个人使用，构成犯罪的，以挪用公款罪追究刑事责任。"

3. 违法举办经营性职业中介机构的法律责任

《就业促进法》第六十三条规定："地方各级人民政府和有关部门、公共就业服务机构违反该法规定，举办经营性的职业中介机构，从事经营性职业中介活动，向劳动者收取费用的，由上级主管机关责令限期改正，将违法收取的费用退还劳动者，并对直接负责的主管人员和其他直接责任人员依法给予处分。"

11.5.2　工会及其工作人员的法律责任

工会能否成为承担劳动法法律责任的主体仍未达成共识。但是根据《工会法》第二条规定，工会是职工自愿结合的工人阶级的群众组织，而且《工会法》第十四条规定："中华全国总工会、地方总工会、产业工会具有社会团体法人资格。基层工会组织具备民法通则规定的法人条件的，依法取得社会团体法人资格。"其还规定了工会的法律地位，即社会法人资格。所以，工会本应可以作为劳动法责任主体而存在。

但是目前有关法律规定只是针对工会工作人员或代表，而没有针对工会本身。例如，《工会法》第五十五条规定："工会工作人员违反该法规定，损害职工或者工会权益的，由同级工会或者上级工会责令改正，或者予以处分；情节严重的，依照《中国工会章程》予以罢免；造成损失的，应当承担赔偿责任；构成犯罪的，依法追究刑事责任。"又如，《工会参与劳动争议处理试行办法》第五条规定："参加劳动争议调解、仲裁工作的工会代表应当遵纪守法、公正廉洁，不得滥用职权、徇私舞弊、收受贿赂、泄露秘密和个人隐私。"

11.5.3　调解和仲裁机构及其工作人员的法律责任

《中华人民共和国企业劳动争议处理条例》第三十八条规定："处理劳动争议的仲裁工作人员在仲裁活动中，徇私舞弊、收受贿赂、滥用职权、泄露秘密和个人隐私的，由所在单位或者上级机关给予行政处分，是仲裁员的，仲裁委员会应当予以解聘；构成犯罪的，依法追究刑事责任。"

《劳动争议仲裁委员会组织规则》第二十六条规定："仲裁工作人员如有违反办案规则的行为，由所在单位根据情节轻重给予批评教育、行政处分；如是仲裁员的，仲裁委员会可以解聘，有关部门可以取消其仲裁员资格；构成犯罪的，由司法机关依法追究其刑事责任。"

11.5.4　劳动就业服务机构的法律责任

1. 职业中介机构的法律机构

《就业促进法》对于职业中介机构的法律责任作出比较详细的规定。

第六十四条规定:"违反该法规定,未经许可和登记,擅自从事职业中介活动的,由劳动行政部门或者其他主管部门依法予以关闭;有违法所得的,没收违法所得,并处一万元以上五万元以下的罚款。"

第六十五条规定:"违反该法规定,职业中介机构提供虚假就业信息,为无合法证照的用人单位提供职业中介服务,伪造、涂改、转让职业中介许可证的,由劳动行政部门或者其他主管部门责令改正;有违法所得的,没收违法所得,并处一万元以上五万元以下的罚款;情节严重的,吊销职业中介许可证。"

第六十六条规定:"违反该法规定,职业中介机构扣押劳动者居民身份证等证件的,由劳动行政部门责令限期退还劳动者,并依照有关法律规定给予处罚。违反该法规定,职业中介机构向劳动者收取押金的,由劳动行政部门责令限期退还劳动者,并以每人五百元以上二千元以下的标准处以罚款。"

此外,《就业服务与就业管理规定》和《境外就业中介管理规定》还分别就国内就业中介机构和境外就业中介机构规定了不同的法律责任。

1)国内就业中介机构法律责任

根据《就业服务与就业管理规定》罚则的规定,职业介绍机构如果有下列行为,将由劳动保障行政部门责令改正,并可以处1万元以下罚款;有违法所得的,可处以不超过违法所得3倍的罚款,但最高不得超过3万元;情节严重的,提请工商部门吊销其营业执照,或者提请原登记管理机关办理撤销登记;对当事人造成损害的,应承担赔偿责任:①超出核准的业务范围经营;②提供虚假信息;③超标准收费;④介绍求职者从事法律、法规禁止从事的职业;⑤为无合法证照的用人单位或无合法身份证件的求职者进行职业介绍服务活动;⑥以暴力、胁迫、欺诈等方式进行职业介绍活动;⑦伪造、涂改、转让批准文件;⑧以职业介绍为名牟取不正当利益或进行其他违法活动。另外,职业介绍机构未明示合法执照、批准证书、服务项目、收费标准、监督机关和监督电话的,除责令改正外,还可以并处1 000元以下的罚款。

2)境外就业中介机构法律责任

《境外就业中介管理规定》第三十四条规定,境外就业中介机构违反本规定,有下列行为之一的,由劳动保障行政部门责令改正,没有违法所得的,处以10 000元以下罚款;有违法所得的,处以违法所得3倍以下但不超过30 000元的罚款;对当事人造成损害的,应当承担赔偿责任;构成犯罪的,依法追究刑事责任:①提供虚假材料骗领许可证的;②以承包、转包等方式交由其他未经批准的中介机构或者个人开展境外就业中介活动的;③拒不履行本规定第十条规定义务的;④不与其服务对象签订境外就业中介服务协议书的;⑤逾期未补足备用金而开展境外就业中介业务的;⑥违反本规定,严重损害境外就业人员合法权益的。

第三十五条规定,未将境外就业中介服务协议书和劳动合同备案的,由劳动保障行政部门处以1 000元以下罚款。

第三十六条规定,境外就业中介机构在中介活动中为他人编造情况和提供假证明,骗取出入境证件,没有违法所得的,由县级以上公安机关处以10 000元以下的罚款;有违法所得的,没收违法所得,并可处以违法所得3倍以下但不超过30 000元的罚款;构成犯罪的,依法追究刑事责任。

第三十七条规定，对未经批准发布境外就业中介服务广告的，由工商行政管理机关责令停止发布，没有违法所得的，处以10 000元以下的罚款；有违法所得的，没收违法所得，并可处以违法所得3倍以下但不超过30 000元的罚款。

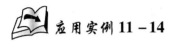

举报非法职介才能维护劳动者权益

李某系入城求职的民工，一日看到某职业介绍机构的招聘信息，便前来求职，并按要求交纳了100元报名费和劳务中介费。该职业介绍公司介绍其到某用人单位工作。当他拿着该公司提供的地址找到用人单位时，得到的结果却是用人单位根本不招工。他返回这家职业介绍机构，该机构又为其提供了一家公司，可是他寻了数日，根本就找不到这家公司。至此，他才明白自己上了当。于是他再次来到该职介机构要求退钱。但职介机构根本不予理睬。李某遂到当地劳动保障监察大队举报。劳动保障监察人员查实，该职介机构未经劳动保障行政部门批准、未办理《工商营业执照》、从业人员也没有相应的职业资格证书，属非法职业介绍。劳动保障行政部门对该职介机构做出处理决定，责令其立即停止非法劳务中介活动，处以罚款，并责令其赔偿求职者的经济损失。

（资料来源：http://www.chashanlsh.com/chashanlsh/vip_doc/388035.html.）

2. 职业培训、鉴定机构的法律责任

1）职业培训机构法律责任

《企业职工培训规定》第二十七条规定，承担职工培训任务的培训机构违反本规定，有下列情形之一的，由政府劳动行政部门或经济综合部门给予批评教育，情节严重的可取消培训资格：①教学管理混乱，培训质量不高，考核质量低劣的；②侵害受培训职工权益，情节严重的；③违反国家规定乱办班、乱收费、乱发证的；④截留、挪用培训经费的。

2）职业鉴定机构法律责任

《职业技能鉴定规定》第二十五条规定："职业技能鉴定指导中心和职业技能鉴定站（所）的工作人员，在职业技能鉴定工作中弄虚作假、徇私舞弊的，视情节轻重，由其所在单位根据人事管理权限给予行政处分，并停止其在指导中心或鉴定站（所）的工作；考评人员如有上述行为者，吊销考评员资格证书。"

第二十六条规定，违反该规定第十三条[即职业技能鉴定站（所），必须遵守劳动行政部门的有关规定、实施办法。职业技能鉴定试题必须从国家规定的试题库提取，不得自行编制试题]、第十四条[即职业技能鉴定站（所），应受理一切符合申报条件、规定手续人员的职业技能鉴定，要严格执行考评员对其亲属的职业技能鉴定回避制度]和第十八条第（二）项（即职业技能鉴定收费标准，由省、自治区、直辖市劳动行政部门按照财政部、劳动部《关于工人考核费用开支的规定》，商当地财政、物价部门做出具体规定，造成不良影响的职业技能鉴定站（所），由劳动行政部门吊销其《职业技能鉴定许可证》；对乱收费的，没收其非法所得费用。没收的费用，专项用于职业技能鉴定事业。

第二十七条规定，违反该规定第三条第（二）项中第五项（即《技术等级证书》的印鉴和核发办法）和第十七条第（三）项（即证书由劳动部统一印制，劳动行政部门按规定核发），伪造、仿制或滥发《技术等级证书》《技师合格证书》《高级技师合格证书》的，除宣布其所发证书无效外，还应视情节轻重，由其上级主管部门或监察机关对主要责任者给予行政处分；对其中通过滥发证书获取非法收入的，应没收其非法所得，并处以非法所得5倍以下的罚款；构成犯罪的，应依法追究刑事责任。

11.5.5 劳务派遣单位的法律责任

根据《劳动合同法》第九十二条，任何个人或单位，违反该法规定，未经许可，擅自经营劳务派遣业务的，由劳动行政部门责令停止违法行为，没收违法所得，并处违法所得1倍以上5倍以下的罚款；没有违法所得的，可以处5万元以下的罚款。劳务派遣单位违反该法有关劳务派遣规定的，由劳动行政部门责令限期改正；逾期不改正的，以每人5 000元以上10 000元以下的标准处以罚款，对劳务派遣单位，吊销其劳务派遣业务经营许可证。用工单位给被派遣劳动者造成损害的，劳务派遣单位与用工单位承担连带赔偿责任。

本 章 小 结

本章主要介绍用人单位、劳动者等其他劳动法律关系主体违反劳动法所引起的劳动法律责任。需要注意的是，学习本章的时候并不能够孤立地关注关于法律责任的规定，而是需要配合劳动法其他内容的规定，如劳动保护的内容等，并且也不能单独地关注全国性的法律法规和部门规章，还应该配合关注所在地的地方性法律法规和部门规章。

复 习 思 考 题

一、单项选择题

1. 我国《劳动法》规定，劳动者违反法律规定的条件解除劳动合同或者违反劳动合同中约定的保密事项，对用人单位造成经济损失的，应当依法承担（　　）。
   A. 行政责任　　　　　　　　　　B. 赔偿责任
   C. 刑事责任　　　　　　　　　　D. 连带赔偿责任
2. 对于阻挠、刁难、殴打劳动监察员、妨碍监察公务等情况，劳动监察机构有权对责任人员进行（　　）。
   A. 拘留　　　　　　　　　　　　B. 罚款
   C. 吊销执照　　　　　　　　　　D. 行政处分
3. 《劳动法》规定，县级以上各级人民政府劳动行政部门对用人单位违反劳动法律、法规的行为（　　）。
   A. 有权检举　　　　　　　　　　B. 有权控告
   C. 有权制止，并责令改正　　　　D. 有权提出意见
4. 《劳动法》规定，用人单位强令劳动者违章冒险作业，发生重大伤亡事故，造

成严重后果的,对责任人员依法追究(　　)责任。

　　A. 行政　　　　B. 经济　　　　C. 刑事　　　　D. 民事

5. 下列属于违反劳动法责任形式中的行政处分责任的是(　　)。

　　A. 罚款　　　　　　　　　　　B. 开除

　　C. 没收违法所得财物　　　　　D. 吊销许可证

6. 某建筑工程队低价招用20名学徒工,合同中规定他们每天必须从事高空作业或繁重搬运工作,否则不能结算当月工资。用工当月,工程队因违反安全施工规定造成事故,致使学徒工多人伤亡。有关部门经调查发现这些学徒工均是不满15周岁的边远地区农民子弟。对此,劳动行政部门拟采取的(　　)是不符合法律规定的措施。

　　A. 责令雇主解除劳动合同,遣返这批学徒工

　　B. 责令雇主承担遣返费用,并给予经济补偿

　　C. 收缴雇主在非法用工期间的经营所得

　　D. 告知事故受害者及其家属向雇主索赔的权利,并协助他们向雇主索赔

二、多项选择题

1. 《劳动法》规定,用人单位有(　　),由劳动行政部门责令支付劳动者的工资报酬、经济补偿,并可以责令支付赔偿金。

　　A. 克扣或无故拖欠劳动者工资的

　　B. 解除劳动合同后,未依照该法规定给予劳动者经济补偿的

　　C. 拒不支付劳动者延长工作时间工资报酬的

　　D. 低于当地最低工资标准支付劳动者工资的

　　E. 安排未成年工从事矿山井下作业的

2. 在某国有企业工作的吴某,在向该企业递交辞职书的第2日不辞而别,对这种违反劳动法规定解除劳动合同的行为,该企业决定向仲裁委员会申请仲裁。该企业有权要求吴某赔偿单位的损失包括(　　)。

　　A. 该单位招收录用吴某时向有关管理机构交纳的200元行政管理费用

　　B. 企业为培养吴某,曾派他到国外学习,企业为此支付培训费用1万元

　　C. 由于吴某不辞而别,企业没有及时找到人员顶替吴某的工作,由此给该企业造成直接经济损失2万元

　　D. 由于吴某不辞而别,给该企业生产造成间接经济损失4万元

三、简答题

1. 违反劳动法的法律责任有什么特征?
2. 承担违反劳动法规定的法律责任必须具备什么条件?
3. 违反劳动法而应承担的民事责任和行政责任有何区别?

四、案例分析题

2001年9月初,罗某为牟利,非法开设组装耳机线的家庭式工场,要林某、刘某为其招工。林某除直接自己招收一人,又以介绍1名工人每月50元介绍费的报酬,通过曾勇及曾清文(已处理)分3批从江西省萍乡市等地招来19名工人,并声明每月工资200元

(食、住除外),工人中有未满 16 周岁的童工 14 名。刘某则自己张贴招工启事,以每月 300~350 元的工资分别招收 7 名工人,其中未满 16 周岁的童工 1 名。罗某规定进厂工人必须到年底才能离开回家;并规定每日工作 13 个小时,下班后不能随意离开宿舍。江西籍童工谭某不堪重负,多次要求回家均遭拒绝并被辱骂,以至于 2001 年 11 月 10 日早晨独自离厂,至今下落不明。

问题:
1. 罗某强迫工人超时劳动违反了什么法律规定?应该如何处理?
2. 罗某雇佣童工并强迫其劳动违反了什么法律规定?应该如何处理?

课 后 阅 读

山西黑砖窑案

2007 年 5 月,山西省临汾市洪洞县公安局按照上级部署,在全县境内展开了以乡村居民点为重点的民爆物品大排查专项行动。5 月 27 日,广胜寺镇派出所民警李定按照县公安局和所里的部署带着 4 名协勤员在曹生村一带进行拉网式排查。

案发砖场位于曹生村的地界上,但离曹生村约有 2 公里,在村子最东端的山脚下,处于和三条沟村的交界处,地点十分隐蔽。犯罪嫌疑人王兵兵交代,他是在去年去运城修理制砖机时认识衡庭汉的,2006 年 3 月他与衡庭汉达成口头协议,将砖场的生产承包给衡庭汉,每生产 1 万块砖坯,付给衡庭汉 360 元,开始时衡庭汉从运城一个关闭的砖场拉来 20 名工人,后来又增加了十几个。"管理和生产我一概不管不问,他(衡庭汉)有没有付工人工资我不清楚。"

调查发现,这是一起家族式有组织、有预谋的涉恶犯罪团伙案,犯罪嫌疑人将黑手伸向的主要是外出打工的年轻人和流落在社会上的智障人群,所有被骗的 31 人均是外地人员,分布于全国 12 个省,但都是从西安车站、郑州车站和运城市芮城县砖场胁迫、诱骗而来。包工头衡庭汉是河南省淅川人,他的妻子杨小兰是湖北省郧县人。衡庭汉组织家庭成员,其妻子杨小兰、妹妹衡某某、弟弟衡庭军专门在湖北、西安、陕西渭南和山西运城一带以坑蒙拐骗的手段引诱智障人员和流浪人员到此打工,然后采取暴力手段胁迫他们进行超强劳动,非但不给丝毫报酬,甚至没有给予基本的生存条件。其余 5 个打手有和杨小兰是老乡的赵延兵、周学平 2 人,另有陈志明(甘肃省)、刘东生(河南省驻马店市)2 人和其儿子衡名扬。而赵延兵开始时是做工的,后来成了打手,打起人来格外狠,刘宝就是被他打死的。

经过详细调查,公安局把该案定性为"是一起非常严重的诱骗、胁迫外地人员、限制人身自由、虐待强迫他人劳动的黑恶势力团伙犯罪案"。

2007 年 7 月 17 日,法院判决,赵延兵犯故意伤害罪,判处死刑,剥夺政治权利终身;犯非法拘禁罪,判处有期徒刑三年,决定执行死刑,剥夺政治权利终身。衡庭汉犯故意伤害罪,判处无期徒刑,剥夺政治权利终身;犯非法拘禁罪,判处有期徒刑十年,决定执行无期徒刑,剥夺政治权利终身。王兵兵犯非法拘禁罪,判处有期徒刑九年。衡明阳犯非法拘禁罪,判处有期徒刑二年。刘东升犯非法拘禁罪,判处有期徒刑二年。

(资料来源:http://wenku.baidu.com/view/893904d126fff705cc170a1e.html.)

参考文献

[1] 韩德培. 人权的理论与实践[M]. 武汉：武汉大学出版社，1995.
[2] 毛泽东. 毛泽东选集(第1卷)[M]. 北京：人民出版社，1991.
[3] 杨燕绥，等. 劳动法新论[M]. 北京：中国劳动社会保障出版社，2004.
[4] 关怀，林嘉. 劳动法[M]. 北京：中国人民大学出版社，2006.
[5] 王全兴. 劳动合同立法中若干重要问题讨论[J]. 中国劳动，2007(7)：10-15.
[6] 吴超民，王全兴，张国文. 中国劳动法新论[M]. 北京：中国经济出版社，1994.
[7] 周长征. 劳动法原理[M]. 北京：科学出版社，2004.
[8] 王全兴. 劳动法学[M]. 北京：高等教育出版社，2004.
[9] 李景森，贾俊玲. 劳动法学[M]. 北京：北京大学出版社，2001.
[10] 周其仁. 产权与制度变迁：中国改革的经验研究[M]. 北京：社会科学文献出版社，2002.
[11] 韩君玲. 劳动与社会保障法简明教程[M]. 北京：商务印书馆，2005.
[12] 郭捷. 劳动法学[M]. 4版. 北京：中国政法大学出版社，2007.
[13] 徐智华. 劳动法学[M]. 北京：北京大学出版社，2008.
[14] 郭明瑞，房绍坤，於向平. 民事责任论[M]. 北京：中国社会科学出版社，1991.
[15] 董保华. 劳动法论[M]. 北京：世界图书出版社，1999.